JN074765

SHOW-HEY シネマルーム

シネマルーム

48

2021年
上半期
お薦め70作

弁護士
映画評論家

坂和章平

はじめに

1）『シネマルーム48』は２０２０年11／1から２０２１月4／30までの６ヶ月間に観た、洋画６７本、邦画２２本、計８９本の映画（オンライン試写を含む）の中から、２０２１年上半期お薦め７０作を選び（但し『海辺の彼女たち』については２回鑑賞し、その都度評論）まとめたものです。

新型コロナウイルスが猛威を振るう中、①昨年4／7からの第１波に伴う最初の緊急事態宣言（5／25まで）、②1／8からの2度目の緊急事態宣言（3／21まで）、③4／25からの3度目の緊急事態宣言（5／11までの予定が5月末まで延長）が続きましたが、映画館の営業と休業を巡っては、ワケのわからない議論を繰り返しながら現在に至っています。巨人 vs 阪神戦が２千試合目の節目を迎えた5／15（土）、東京ドームには1万４９５７人の観客が押し寄せ、"ラッキー7"の攻撃では、マスク越しとはいえ「六甲おろし」と「闘魂こめて」の応援歌が響き渡りました。それなのに、マスク姿で黙って座り、スクリーンを観ているだけの映画館をなぜ休業させるの？

そんな疑問を抱えたまま、私は4／25以降は3度目の映画館通いのない生活を続けています。もっとも、それによって『シネマ48』の製作スピードが早まり、ゴールデンウィーク中に７０本の選択とその目次立て、さらにコラム作成や画像・イラスト挿入などの作業が完了しました。そして5／17の今、「はじめに」を書いています。

2）5／17付朝日新聞は、東京五輪・パラリンピックの開催をどうするのがよいかを3択で聞くと、「中止」が最も多く４３％、「再び延期」が４０％、「今夏に開催」は１４％にとどまった。4月調査と比べ、「中止」が大きく増え、「今夏」は半減した、と伝えました。また、楽天グループの三木谷浩史氏は、5／14放送の米ＣＮＮテレビのインタビューで、「新型コロナウイルスの流行下、東京五輪開催は自殺行為だ」、「日本政府の新型コロナ対応は１０点満点で2点だ」と批判し、ソフトバンクグループの孫正義氏も、5月13日の米ＣＮＢＣテレビのインタビューで、「日本政府の新型コロナ対応については非常に恐れている」と発言しています。２０２０年3／24、憲政史上最長の政権を目指していた安倍晋三総理が、ＩＯＣ（国際オリンピック委員会）のバッハ会長との４５分間の電話会談を経た上で、①東京大会は延期せざるを得ない、②遅くとも、来年夏までに開催する、ことで合意したと発表しました。この"苦渋の選択"は当時としては多分ベストのものとして受け入れられていましたが、私は「この決断自体がナンセンス！」、「２０２１年7月の東京五輪の開催は絶対無理！」と予言しました。「菅首相は、東京五輪・パラリンピックについて『国民の命や健康を守り、安全な、安心の大会を実現することは可能』と話しています。首相のこの発言に納得できますか。」との質問に対する回答が、「納得できる」が２０％、「納得できない」が７３％だったのも当然でしょう。五輪観客の有無や上限数の判断についても、「6月上旬にも示す」と言われていますが、これもナンセンスです。

五輪開催の是非を巡るわが国のこんな体たらくぶりを見ていると、本土が連日空襲され、１９４５年3／26から4／5までの「沖縄戦」では、沖縄を失いながら、なお、"本土決戦"と"1億総玉砕"を主張し、広島と長崎への原爆投下という現実に直面するまで敗戦

2

の決定を下せなかった１９４５年７～８月当時の大日本帝国と全く同じだと言わざるを得ません。今の日本で、いつ、誰が東京五輪・パラリンピック中止の決断を下すのでしょうか？そんな問題意識の中、『シネマ４８』の表紙は、聖火を手に持ちながら走る、あっと驚くような私の勇姿（？）です。こりゃ一体ナゼ？それについては、≪１頁コラム≫「表紙撮影の舞台裏（３７）」（２２４頁）をしっかり読んで下さい。

３）『シネマ４８』では、「巻頭２作」として『劇場版「鬼滅の刃」無限列車編』と『DAU.ナターシャ』を掲載しました。「鬼滅フィーバー」は誰でも知っていますが、『DAU.ナターシャ』を知っている人は？まだ第１作だけの公開ですが、この"狂気のDAUプロジェクト"が今後どのように展開していくか、そして何本の映画が日本で公開されるか、注目です。

４）毎年、上半期のトップはアカデミー賞の話題ですが、第９３回アカデミー賞では『ノマドランド』vs『ミナリ』の頂上対決に注目！ある意味で中国vs韓国の頂上対決ともいえるそれは"中国の勝ち"となりましたが、さらに注目すべきは、クロエ・ジャオ監督が２０１３年に海外雑誌で、「私が育った場所では至るところに嘘で溢れていたから」と発言したことが中国への侮辱とインターネット上で非難を受けていたため、中国国営テレビ（CCTV）をはじめとする中国の主要メディアが『ノマドランド』の作品賞、監督賞、主演女優賞の３冠ゲットもクロエ・ジャオ監督の授賞式での喜びのインタビューも一切報道していないことです。
　世界に先駆けて実現した４／１６の日米首脳会談における共同声明と、４／２８に誕生１００日を迎えたバイデン大統領の施政方針演説は、対中強硬政策を打ち出したのが特徴です。そのため、米国のアジア・極東戦略、とりわけ台湾問題を巡ってはトランプ時代以上の"米中新冷戦"が予想されますが、せっかくアカデミー賞が『ノマドランド』を選んでくれたのだから、中国はもう少し米国と仲良くしては？私は『八佰』の大ヒットは当然とした上で、『ノマドランド』の中国での大ヒットも期待しています。

５）目次をどう構成するかについてはいつも頭を悩ませますが、『シネマ４８』のそれは、「第２章　男の生き方」、「第３章　女の生き方」の分類ですっきりさせることができました。２０１９年３／１０には『"法廷モノ"名作映画から学ぶ生きた法律と裁判』を出版しましたが、なぜかフランスの法廷モノは『マリーアントワネットの首飾り』（０１年）しかありませんでした。そんな中、『私は確信する』は意外な掘り出し物でしたが、ほかに法廷モノがないため、第２章のような目次立てにしました。また、２０２１年のNHK 大河ドラマ『青天を衝け』の主人公は渋沢栄一ですが、それなら五代友厚にも注目！しかして、『天外者（てんがらもん）』とは？
　他方、今はジェンダー論が花盛りですが、良くも悪くもこれまでは男中心の歴史。したがって、歴史上の人物として知られているのはほとんどが男性で、女性が少ないのは仕方なし。したがって、『燃ゆる女の肖像』や『アンモナイトの目覚め』等の歴史上重要な役割を果たしたヒロインを私はほとんど知りません。まして、『約束の宇宙』、『ミッション・マンガル　崖っぷちチームの火星打ち上げ計画』、『パピチャ　未来へのランウェイ（PAPICHA）』、『野球少女』、『パリの調香師　しあわせの香りを探して』等に主人公として

登場する女性も知りません。さあ、そんなヒロインたちの生き方は？さらに、『海辺の彼女たち』では、ベトナムからやってきた３人の技能実習生に注目！

6）『シネマ４８』では、続いて「第４章　邦画」、「第５章　中国映画」、「第６章　韓国映画」と分類することで、悩みが一挙に整理できました。邦画では、まず『すばらしき世界』と『ヤクザと家族　The Family』の２本のヤクザ映画が核になり、中国映画では、いかにも“これぞ中国映画”で、大ヒットした愛国映画である『八佰』が、他方では、いかにも“これも中国映画”という心温まる名作である『春江水暖〜しゅんこうすいだん』と『羊飼いと風船』が核になりました。

　また、あくまで米国と対立・対抗する中国は経済的にも軍事的にも元気だし、ワクチン外交だって米国以上の強みを発揮していますが、残りの任期が１年を切った韓国の文在寅政権は、過去の盧武鉉や李明博、朴槿恵政権と同じようにレームダック状況です。これは任期が５年で１期のみ、という韓国の大統領制度の欠陥だと思いますが、そんな危なっかしい政治状況にもかかわらず、韓国映画はメチャ元気。アカデミー賞では昨年の『パラサイト　半地下の家族』（１９年）の作品賞、脚本賞に続いて、今年は『ミナリ』でユン・ヨジョンが助演女優賞を受賞したのがお見事なら、『KCIA　南山の部長たち』の問題提起、『王の願い―ハングルの始まり―』の歴史モノ、『新感染　ファイナル・ステージ』、『藁にもすがる獣たち』のエンタメもの、『夏時間』での若手女性監督の活躍も、すべてお見事です。

7）ハリウッド映画特有のド派手な「アクションもの」に対比されるのが、ヨーロッパの巨匠たちによるクソ難しい映画や、若手監督によるアイデア溢れる企画です。時にはB級映画にもあっと驚く面白いものがあります。そんな視点で「第７章　映画は仕掛け！映画はアイデア！」を設定すると、そこにピッタリの１０作がハマりました。そんな分類だと邦画は負けてしまうのが常ですが、『シネマ４８』では『きまじめ楽隊のぼんやり戦争』と『おとなの事情　スマホをのぞいたら』のアイデアが秀逸です。スウェーデンの巨匠、ロイ・アンダーソンの『ホモ・サピエンスの涙』やドイツの巨匠、クリスティアン・ペッツォルト監督の『水を抱く女』にも引けを取らない、面白いラインナップになりました。

8）さらに、私は２０２０年５月に、『ヒトラーもの、ホロコーストもの、ナチス映画大全集―戦後７５年を迎えて』を出版しましたが、ホロコーストものの名作はその後も次々と生まれています。『ヒトラーに盗られたうさぎ』と『この世界に残されて』はその延長として必見です。そこで「第８章　小品にもこんな名作が！」を設定すると、『ニューヨーク　親切なロシア料理店』も『声優夫婦の甘くない生活』も、この章にピッタリ！さらに、『わたしの叔父さん』と『旅立つ息子へ』もシネコンでは絶対に上映されない映画ですが、第８章にピッタリでした。

　てなわけで、『シネマ４８』に収録した７０本は充実したラインナップになっていますので、しっかりお楽しみください。

　２０２１（令和3）年5月17日

弁護士・映画評論家　坂　和　章　平

目　次

6

8

ミニコラム

巻頭超話題2作
鬼滅フィーバーvs狂気のプロジェクト

SHOW-HEY シネマルーム

★★★★

劇場版「鬼滅の刃」無限列車編

2020 年／日本映画
配給=東宝、アニプレックス／117 分

2020（令和 2）年 11 月 14 日鑑賞　　TOHOシネマズ西宮OS

Data

監督：外崎春雄
原作：吾峠呼世晴『鬼滅の刃』（集英社ジャンプ　コミックス刊）
キャラクターデザイン：松島晃
脚本制作：ufotable
アニメーション制作：ufotable
出演：花江夏樹／鬼頭明里／下野紘／松岡禎丞／日野聡／平川大輔／石田彰／小山力也／豊口めぐみ／榎木淳弥

みどころ

　　日本列島を襲った新型コロナウイルス騒動も、9 月以降は少し沈静化？そう思っていると、10 月 16 日からは突如、鬼滅フィーバーが！

　　そんな騒動はコロナと違って大歓迎だし、その興行収入は 16 億→50 億→100 億→200 億→250 億と右肩上がり。しかし、私は基本的に興味なし！そんなスタンスだったが、ある日、ある偶然で鑑賞してみると・・・。

　　複雑な時代背景と状況設定、そして、とがったキャラが目立つ多くの登場人物と多種多様な鬼たち。その全体像を理解するのは大変だが、来年は 72 歳を迎える私でも、"鬼滅フィーバー"の何たるかは、少しだけ実感！

　　「柳の下の二匹目のどじょう」を期待して第 2 弾が登場するのは確実だから、それまでにもう少し勉強しておこう。

—— ＊ —— ＊ —— ＊ —— ＊ —— ＊ —— ＊ —— ＊ —— ＊ —— ＊ ——

■□■コロナ禍の日本列島を「鬼滅フィーバー」が席巻！■□■

　　黒沢清監督の『スパイの妻』（20 年）（『シネマ 47』53 頁）が第 77 回ベネチア国際映画祭で銀獅子賞（監督賞）を受賞した。10 月 16 日（金）に公開されたそんな話題作を、私は 10 月 17 日（土）に鑑賞したが、シネコンのロビーは子供連れで超満員。売店も長蛇の列をなしていたため、パンフレットも買えない状態だった。

　　その原因は、コロナ禍の日本列島を突如「鬼滅フィーバー」が襲ったため。「ステイホーム」と「三密防止」が叫ばれた 2020 年 4 月以降、映画館からも人が消えていたから、シネコンがこんなにごった返すのを観たのは久しぶり。こりゃすごいと思っていると、『劇場版「鬼滅の刃」無限列車編』は、最初の 3 日間（16 日〜18 日）の興行収入が 46 億円、11 月 8 日までで 204 億円、観客動員数が 1,537 万人を突破し、公開 24 日間で国内興行収入歴代 5 位になったそうだから、すごい。もっとも、私は連日テレビの各種バ

ラエティ番組で話題にされている「鬼滅フィーバー」に興味ナシ。積極的に観る気は全く
なかったが、ある偶然で鑑賞することに。

■□■劇場は満席！半分は子供だが・・・■□■

　私が本作を観たのは、午前と午後の鑑賞を終えた後の３本目で、１４時３０分からの上
映だったが、大きな劇場は超満員。私の右隣の２人は高校生だったが、左隣は１０歳ぐら
いの女の子の３人連れだった。事前にパンフレットを購入してパラパラ読んだが、ストー
リーはともかく、登場人物はややこしいし、そもそも名前が難しい。子供たちにこんな難
しい漢字が読めるの？

　また、「鬼滅」の本来のストーリーは“鬼退治”だということは知っていたが、主人公の
竈門炭治郎（花江夏樹）が、「鬼殺隊」の剣士とは何とも物騒。また、煉獄杏寿郎（日野聡）
は、鬼殺隊における最強の剣士「柱」の一人だというから、「鬼殺隊」は幕末期の「新選組」
と同じように身分序列に厳しく、規律も厳しそうだ。さらに、「炎柱」たる煉獄は、鍛錬に
鍛錬を重ね、鍛え上げられた肉体と精神力を持つ「柱」の中でも上位を誇るらしい。する
と、そのモデルはさしずめ「新選組」における沖田総司・・・？

■□■「鬼退治」は同じでも、童話『桃太郎』とは大違い！■□■

　アンデルセン作品の代表たる『白雪姫』や『赤ずきんちゃん』は童話だが、結構恐～い
物語。それと同じように、日本の代表的な童話である『桃太郎』は、桃太郎がイヌとサル
とキジを子分に従え、勇んで鬼ヶ島の鬼退治に向かう物語だから、結構恐～い物語。また、
『金太郎』も「熊にまたがり、お馬の稽古」をしている少年時代はのどかな童話だが、成
長した後は、坂田金時と名を改め、源頼光配下の四天王の一人として、大江山に住む鬼、
酒呑童子を退治する物語だから、本当は恐～い物語だ。しかし、私が幼児の時に読んだ（読
んでもらった）記憶では、『桃太郎』も『金太郎』もファンタジー色が強かったから、怖さ
を感じることはほとんどなかった。しかして、本作も同じ鬼退治の物語だが、こちらの恐
さは『桃太郎』や『金太郎』とは段違い！

　前述のように、鬼退治のための舞台である「無限列車」や「鬼殺隊」がかなり物騒なら、
それを迎え撃つ鬼の側には、十二鬼月がいるらしい。そして、本作中盤に登場するその中
の一人・魘夢（下弦の壱）（平川大輔）は、他人の不幸や苦しみを見ることを悦としており、
夢を操る強力な血鬼術を使用するらしい。そのため、無限列車に乗って勇んで鬼退治に出
かけた炭治郎や我妻善逸（下野紘）や嘴平伊之助（松岡禎丞）たちは、この魘夢の血鬼術
によって大いに苦しめられることに・

■□■『無限列車』vs『スノーピアサー』！両者の世界観は？■□■

　ポン・ジュノ監督の『スノーピアサー』（13 年）（『シネマ 32』234 頁）は、「近未来モノ」
であると同時に、「潜水艦モノ」と同じ「密室モノ」の面白さがたっぷり詰まったすばらし

い映画だった。その底流には、聖書にある「ノアの箱船」を映画化した『ノア　約束の舟』（14年）（『シネマ33』196頁）の世界観にも通じるような「末法思想」があったし、厳しい階級対立がストーリー展開の軸になっていた。しかして、なぜ『スノーピアサー』は氷河期の地球を１７年間も走り続けていたの？

それと同じように（？）、『無限列車編』と題された本作の主な舞台は「無限列車」の中。それは炭治郎たちの任務の地が「無限列車」になったためだが、短期間のうちに４０人もの人が行方不明になっていたのはすべて鬼たちのせい？愛媛県の松山市で生まれ育った私は、高校生の時まで、市内を走る「坊ちゃん列車」に親しんできた。また、梅津寺の海水浴場や群中の祖父母の家に行く時は、伊予鉄道の郊外列車に乗っていた。そんな私だから、「スノーピアサー」の造形と同じように、「無限列車」の造形には興味があったが、その出来は十分満足できるものだ。本作は大正時代の物語だから、座席をはじめ全体的に木製になっているのは当然だが、そのビジュアルを含めてその出来には十分満足！そんな無限列車内で展開される、鬼の魘夢（下弦の壱）と、炭治郎や煉獄たちとの激突は？

■□■血鬼術とは？夢の世界と無意識の領域は超難解！■□■

本作の主人公・炭治郎もその師匠たる煉獄も鬼退治に向かう「新選組」とイメージすれば、団塊世代の私でも、直感的にそのキャラクターが理解できる。それに対して、本作中盤に無限列車内に登場する十二鬼月の一人（一匹）である魘夢（下弦の壱）は前述のキャラクターだが、その血鬼術とは一体ナニ？「夢の世界」や「無意識の世界」は映画の中に時々登場するが、概してそれはわかりにくい。しかし、そうだからこそ、それをスクリーン上でいかにビジュアル的に見せるかが腕の見せ所になるが、さて本作では？

魘夢が操る血鬼術はかなり強力だから、炭治郎は簡単にそれにかかってしまい、妹の竈門禰豆子（鬼頭明里）を含む家族と楽しく過ごすことに。その夢の中から抜け出すために炭治郎は自らの首に刃を当てることになるのだが、さてその展開は？他方、煉獄も血鬼術にやられていたが、こちらはさすがにやられっぱなしではなく、「無意識の領域」の中でも自分の意志でそれを突破していくからそんな煉獄の力量に注目！そして、魘夢の血鬼術から抜け出した煉獄は、「炎柱」たる自分の最大の武器である「炎の呼吸」を使って、魘夢と対決することになるが、それが本作中盤最大のスペクタクルになるので、そのド派手な展開をしっかり楽しみたい。

■□■煉獄と猗窩座（上弦の参）との死闘は？■□■

私は最近『半沢直樹』シリーズ人気に便乗した「１００倍返しまんじゅう」を味わったが、「鬼滅フィーバー」に便乗した多くのものの１つに、「鬼滅の刃」の女性キャラクター甘露寺蜜璃と同じ名前の、和歌山県紀の川市の古刹・甘露寺が、「恋の聖地」として鬼滅ファンの人気を集めていることが、新聞で報じられた。

そんなバカバカしい話題（？）の一方で、１１月２４日付読売新聞は、畑中章宏（民俗学者）の『「鬼滅」残酷な近代への哀惜』を掲載した。そこで語られている「同情、共感　鬼と人の伝統的関係」は、なんともクソ難しい解説（学説）だが、本作ラストに登場する猗窩座（上弦の参）の人格（鬼格？）を考える上で、これは大いに参考になるので、しっかり勉強したい。猗窩座（上弦の参）が魘夢（下弦の壱）以上に強力な力を持っているのは当然だが、面白いのは、彼が強者に対する敬意を持っていること。猗窩座は魘夢に勝利した煉獄に対して非常な敬意を払っているため、何とか煉獄との対決を避けたいらしい。そのため、あくまで立ち向かってくる煉獄を受け止めながらも決定的な反撃をせず、何度も「つまらない人間なんかやめて、楽しい鬼の世界で一緒に活躍しよう」と勧誘してくるので、その展開に注目！諸葛孔明だって、劉備玄徳からの「三顧の礼」によって劉備の部下になったのだから、煉獄だって猗窩座からそこまで高く評価され、勧誘されれば、ひょっとして・・・？

　宮本武蔵 VS 佐々木小次郎の「巌流島の決闘」は一瞬でケリがついたが、本作に見る猗窩座と煉獄との死闘はそんな興味を持たせつつかなり長く続くので、しっかり楽しみたい。

２０２０（令和２）年１１月２６日記

鬼滅フィーバーは韓国・米国でも！しかし、中国は？

　１）炭治郎の耳飾りは旧日本軍の "旭日旗" に似ているから変更せよ！そんな "論点" を含みながらも、『鬼滅』は韓国でも大ヒット！１月下旬の公開から５／１８までの観客数は２００万人を超え、単行本もバカ売れだ。４／２３から公開された米国では、最初の３日間の興行収入が２１００万ドル（約２２億円）を記録し、北米で公開された外国語映画では歴代１位に！『デーモンスレイヤー』の呼び名で知られる同作の興行収入は、台湾・香港・マカオで約２９億円、東南アジアで約８億円、韓国で約１７億円など、世界各国で合計８１億円を超えた。

　２）他方、ハリウッドで大人気の、人気ゲームを実写化した『モンスターハンター』（20年）は、中国で２０２０年１２月に公開されるやいなや、「同作の中にアジア系の子供たちに対する差別的なセリフがある」として、上映中止処分にされると共に、「国家電影局」は海外の映画に対する検閲を一斉に強化した。そんなとばっちりを受けて、興行収入が歴代トップの約４００億円となり、『千と千尋の神隠し』の３１６億円を塗り替え大ヒット中の『鬼滅』は、中国での公開が大幅に遅れた上、「二度目の検閲が必要」という大混乱に！

　３）中国では、温家宝前首相がマカオ紙へ「中国は公平と正義に満ちた国であるべきだ」と寄稿したことが問題視され、SNS上で削除されているが、映画と政治は別モノなのでは！？

２０２１（令和３）年５月２０日記

"ワクチン敗戦"下の"ワクチン狂騒曲"の開演をどう考える？

1）ワクチン接種率 NO.1 の国はイスラエル。ガザ地区を巡るパレスチナとの軍事衝突は大変だが、すでにコロナには勝利した。コロナの爆発的拡大の中で"ロックダウン"を繰り返した西欧諸国も、感染者数世界一になった米国も、ワクチン接種が進む中で日常生活を取戻しつつあり、"集団免疫"獲得の日も近い。トランプ前大統領から"武漢ウイルス"と罵倒された中国は中国共産党独自の手法でコロナを克服し、今や"ワクチン外交"を展開中。それに対し、日本の接種率は2％で世界ワースト、断トツのビリ、だ。

2）日本はGDPでは中国に追い越されたし、ジェンダーギャップ指数では１２０位の後進国だが、G７（主要先進7か国会議）のリーダー的立場ではなかったの？米国は既にワクチンが余ってきたのに、なぜ同盟国・日本にワクチンが少ないの？河野太郎新型コロナウイルスワクチン接種推進担当大臣はファイザー製ワクチンの（量的）確保はできたと胸を張ったが、いつまでに接種できるの？かつて安倍総理は、国産の抗インフルエンザ薬「アビガン」が新型コロナウイルスにも有効だと胸を張り、昨年５月中の「承認」を目指すと表明したが、国産ワクチンはどうなっているの？

　日本は１９４５年8/15の敗戦後、一貫して平和と安全そして経済成長を誇ってきたが、今や"ワクチン敗戦"は明らかだ。5/18付朝日新聞は、「国産ワクチン治験　アジアと共同方針」と報じ

たが、何を今さら！

3）ワクチン接種の優先順位は①医療従事者②６５歳以上の高齢者③基礎疾患を有する者・高齢者施設等の従事者④それ以外。コロナ解決の"切り札"がワクチンだということは、昨年4/7に最初の緊急事態宣言を発出した時点で周知の事実。それから１年。医療従事者への接種も完了しないまま、高齢者に対して、Ⓐ4/12からは国が支給するファイザー製ワクチンを自治体毎に接種、Ⓑ5/17からは自衛隊による東京・大阪の大規模会場での接種予約、が始まった。ワクチン接種の遅れが政権の危機・崩壊に直結すると危惧した菅首相は１日１００万回の接種という大号令も発したが・・・。

4）Ⓐの自治体毎の接種は、夜中から並んだ、ネット予約が困難、余ったワクチンを首長が勝手に接種、スギ薬局の社長への予約枠の優先確保、等々の問題点が噴出！日本列島は、自粛要請破りの会食者探しの他、速さと公平さのどちらを優先するか、等のバカげた議論が花盛り。他方、Ⓑの方は、「苦しい時の自衛隊頼み」に野党が文句を言わないという論点はともかく、東京は５万人の予約枠に４.４万人だったが、大阪では２６分間で２万５千人の予約枠が終了した。大阪人特有の"いらち"はここでも顕著だ。

5）"ワクチン狂騒曲"が開演した今、私は"冷ややか"な気持ちで、バカバカしい展開と"みじめな結末"を見届けたい。

　　２０２１（令和3）年5月19日記

Data

監督：イリヤ・フルジャノフスキー
　　　／エカテリーナ・エルテリ
出演：ナターリヤ・ベレジナヤ／オ
　　　リガ・シカバルニャ／ウラジ
　　　ーミル・アジッポ／リュッ
　　　ク・ビジェ／アレクセイ・ブ
　　　リノフ

★★★★★

DAU. ナターシャ

2020 年／ドイツ、ウクライナ、イギリス、ロシア映画
配給：トランスフォーマー／139 分

| 2021（令和 3）年 3 月 20 日鑑賞 | シネ・リーブル梅田 |

👀 みどころ

　　ソ連邦時代の『戦争と平和』4 部作（65 年〜67 年）も壮大だったが、"DAU
プロジェクト"のバカでかさは想定外！プーチン大統領のあまりに長い任期と
同様、ソ連邦（ロシア）のやり方はある意味ハチャメチャだ。DAU とは？"DAU
プロジェクト"とは？

　　『戦争と平和』のナターシャは"理想の女性"だったが、本作のナターシャ
は？第 70 回ベルリン国際映画祭で銀熊賞を受賞した本作は"DAU プロジェク
ト"で作られる全 16 作の第 1 弾だが、"ソ連全体主義"の社会を"完全再現"
した"狂気のプロジェクト"の中で、ナターシャはどんな役割を？

　　過激な性描写には『愛のコリーダ』（76 年）との対比でも興味津々だが、
プーチンが大学卒業後、最初に就職したソヴィエト国家保安委員会（KGB）は、
1950 年代どんな役割を？その尋問風景は如何に？

　　鑑賞後は疲れがどっと出ること間違いなしだが、あと 15 作、あなたはいつ、
どう観る？

—— * —— * —— * —— * —— * —— * —— * —— * —— * ——

■□■ "DAU" ってナニ？"DAU.プロジェクト"とは？■□■

　　本作のパンフレットには旧ソビエト連邦の大地図が載せられている上、ロシア語の記事
もちらほら。そして、そのイントロダクションには次のとおり書かれている。すなわち

| オーディション人数 39.2 万人、衣装 4 万着、欧州最大 1 万 2 千平米のセット、主要キャスト 400 人、エキストラ 1 万人、制作年数 15 年・・・・・「ソ連全体主義」の社会を完全再現した狂気のプロジェクト！ |

　　また、チラシには"ソ連全体主義"の社会を現代に蘇らせる"前代未聞の手法で人間
の本質に迫る、狂気のプロジェクト！"の文字が躍っている。

本作のタイトルにされている“DAU”とは一体ナニ？それは、「１９６２年にノーベル物理学賞を受賞したロシアの物理学者、レフ・ランダウからとられている」そうだ。「彼はアインシュタインやシュレーディンガーと並び称されるほどの優秀な学者であると同時に、スターリンが最高指導者を務めた全体主義時代において、自由恋愛を信奉し、スターリニズムを批判した罪で逮捕された経歴を持つ」そうだ。しかして、「ロシアの奇才イリヤ・フルジャノフスキー監督は、処女作『４』が各国の映画祭で絶賛を浴びると、ソ連時代に生きた物理学者レフ・ランダウの伝記映画に着手したが、それは次第にいまや忘れられつつある「ソヴィエト連邦」の記憶を呼び起こすために『ソ連全体主義』の社会を完全に再現するという前代未聞かつ壮大なスケールのプロジェクトに発展」したそうだ。

　それが“DAUプロジェクト”だが、それが「史上最も狂った映画撮影」と称されているのは一体ナゼ？それは本作を鑑賞する中でじっくりと・・・。

■□■ナターシャは“あの名作”のヒロインと同じ名前だが■□■

　他方、同じくタイトルになっている“ナターシャ”は、“DAUプロジェクト”に約２年間参加し、現実に物理工学研究所のカフェでウェイトレスとして働いていたナターリヤ・ベレジナヤの役名。“DAUプロジェクト”は１９３８年から１９６８年までのソ連邦の動きを再現するものだが、ナターシャは１９０７年生まれ、１９４２年からカフェのリーダーとして働き始めるという設定にされている。そのナターシャ役を“DAUプロジェクト”に参加した１９７２年生まれの素人女優（？）ナターリヤ・ベレジナヤが演じているわけだが、そんなヒロインはもちろんはじめて。

　ロシア（ソ連）で“ナターシャ”と聞けば、誰でもトルストイの長編小説『戦争と平和』のヒロインを思い浮かべるはず。私はオードリー・ヘプバーンがナターシャ役を演じたハリウッド版の『戦争と平和』（５６年）を１０回近く観る中で、“ナターシャは理想の女性”というイメージができ上がっている。また、当時“これぞソ連映画！”と、今回の“DAUプロジェクト”と同じように、世界をあっと驚かせる規模の中でソ連が完成させた『戦争と平和』４部作（６５年〜６７年）では、リュドミラ・サベーリエワがナターシャ役を演じていたが、これも信じられないような可憐さで、オードリー・ヘプバーンに勝るとも劣らないナターシャ像を表現していた。また、ソ連版『戦争と平和』４部作では、「アウステルリッツの戦い」と「ボロジノの戦い」の物凄さに、ただただ圧倒されたものだ。そんなわけで、ロシア（ソ連）映画でナターシャと聞けば、すぐにそんな理想の女性像を思い浮かべてしまうが、さて本作のナターシャは・・・？

　ちなみに、本作は第７０回ベルリン国際映画祭で銀熊賞（芸術貢献賞）を受賞したが、同時に第２弾である『DAU.Degeneratioon（原題）』も出品され、こちらは同じベルリン映画祭のコンペ外で上映されている。“DAUプロジェクト”では今後全部で１６本の映画を公開するそうだが、そこでナターシャはどれくらい出演？

18

■□■ "ソ連全体主義"とは？その社会の"完全再現"とは？■□■

本作のパンフレットにある"INTERVIEW"で、イリヤ・フルジャノフスキー監督は、「すでに７００時間の撮影済みのフィルムがあると聞いていますが、何本くらいの映画を世に出す予定なのでしょうか。また、そのテーマは何ですか？」との質問に対し、「１６本は制作する予定です。いくつかは既に編集中です。映画のテーマですが、人間の本質をその人生、時の流れ、空間を用いてさまざまなカタチで描きたいと思っています、つまり、そこで起こったことをさまざまな視点から眺めるということです」と答えている。

本作が「狂気のプロジェクト！史上最も狂った映画撮影」と言われているのは、"DAU プロジェクト"によって"ソ連全体主義"の社会を完全再現しようとしたこと。"DAU プロジェクト"で再現しようとしたのは１９３８年から１９６８年までの"ソ連全体主義社会"だが、その３０年間に"ソ連全体主義社会"はどのような展開を？

ナチス・ドイツによる１９３９年９月のポーランド侵攻によって第二次世界大戦がはじまったが、ナチス・ドイツのソ連への侵攻は１９４１年６月。当時のソ連の指導者はスターリンだ。彼は第二次世界大戦後の"世界の分捕り合戦"の絵を、米国のルーズベルト、英国のチャーチルと共に描いていたが、そのスターリンは１９５３年３月に死亡。その跡を継いだニキータ・フルシチョフは"スターリン批判"を展開してスターリン体制からの決別を目指したが、その後の"米ソ冷戦時代"を含む、１９６８年までの"ソ連全体主義"の実態とは？

イリヤ・フルジャノフスキー監督は壮大な"DAU プロジェクト"展開の中で、主要キャスト４００名を現実に物理工学研究所の中で生活させ、その姿を必要に応じて撮影したらしい。そして、本作と『DAU.Degeneratioon（原題）』を含め、計１６本の映画を公開する予定だというから、いやはやすごい。たまたま（？）、その"DAU プロジェクト"公開の第１弾が本作になったわけだが、さあ、第７０回ベルリン国際映画祭で銀熊賞（芸術貢献賞）を受賞した『DAU. ナターシャ』とは一体どんな映画？

■□■スタートは、女同士の"対決"から！■□■

本作冒頭は１９５２年。ソ連邦物理工学研究所のカフェが舞台だ。カフェの責任者であるナターシャは、若いウェイトレスのオーリャ（オリガ・シカバルニャ）を使いながら働いていたが、店の客筋のほとんどは秘密実験に携わっている多くの科学者たち。あの時代のソ連の料理や酒がどんなものか私は全然知らないが、客たちは殆ど常連客らしいし、店の料理にも雰囲気にも十分満足しているようだ。

カフェの経営はどうなっているの？資本主義体制で育った私はすぐにそんなことを考えてしまうが、それは本作では全くわからないし、イリヤ・フルジャノフスキー監督もそれには全く興味がないらしい。そして、客が帰った後、ナターシャがオーリャと語り合うシークエンスを観ていると、イリヤ・フルジャノフスキー監督の関心はどうも"愛の姿"にあるようだ。４０代のナターシャと、医者の娘でまだ２０代のオーリャは、男性経験にお

いても、お肌のハリや美しさにおいても違うのが当然だが、なぜナターシャは「あんたは、まだ愛を経験したことがない」とオーリャのことをバカにするの？ひょっとして、それは嫉妬の裏返し？そこらがよくわからないまま、半分酔っ払い状態の女２人の会話（口喧嘩？）はあらぬ方向（？）に進み、ついには取っ組み合いのけんかになってしまうから、アレレ・・・。これって一体ナニ？これにて２人の女の関係はジ・エンド・・・？

■□■過激な性描写は如何に？その過激度は？■□■

　来る４月３０日からは大島渚監督の『愛のコリーダ　修復版』（７６年）が公開される。「阿部定事件」をテーマにした同作は過激な性描写が注目され、裁判にもなったが、『愛のコリーダ完全ノーカット版』でのそれは如何に？それとの対比においても、本作中盤に描かれるナターシャとフランス人科学者・リュック（リュック・ビジェ）の"過激な性描写"は見ものだが、さて、その過激度は如何に？

　物理工学研究所における科学者たちの研究は現実に行われ、その研究成果も発表されているそうだが、本作で登場するシークエンスはそれが成功した後のパーティらしい。その主催者がなぜオーリャなのかはわからないが、その規模はかなりでかい。そんなパーティに、多くの科学者たちの顔なじみであるカフェの店長・ナターシャが招かれたのはある意味当然だが、そのパーティの席でロシア語と英語をちゃんぽんしながら、リュックとナターシャが仲良くなっていくシークエンスは興味深い。もっとも、私はそれはあくまでもパーティの上でのストーリーであり、まさかその延長として２人のベッドインまで行き着くことにビックリ！しかも、そのことはオーリャも同意の上らしいが、２人がベッドインに及ぶのは一体どの場所？どのベッド？

■□■国家保安委員会の尋問は？その威力は？実態は？■□■

　本作がどんな風にストーリー展開していくのかはサッパリ知らなかったが、本作中盤のハイライトは、リュックと一夜を共にしたナターシャが、ソヴィエト国家保安委員会（KGB）の犯罪捜査の上級役員たるウラジーミル・アジッポ（ウラジーミル・アジッポ）から尋問を受けるシークエンスになる。

　２０００年にボリス・エリツィンの後を継いで第２代ロシア連邦大統領に就任したウラジミール・プーチンは、１９７５年にレニングラード大学法学部を卒業した後、すぐにKGBに就職し、さまざまな諜報活動に従事したらしい。プーチンがKGBでの仕事を開始した１９７５年という時期は、私が弁護士として活動を開始した１９７４年とほぼ重なるが、それは１９５２年生まれの彼が１９４９年生まれの私とほぼ同世代だから当然のことだ。プーチンが１９７５年からスタートしたKGBの一員としての役割は知る由もないが、本作のアジッポを見ていると、１９５２年当時のソ連のKGBが物理工学研究所において、いかなる役割を果たしていたのかがはっきりと見えてくる。

　研究所内では、秘密実験とはいえ自由な科学研究の中ではじめて新たな研究成果が得られるはずだが、今アジッポがナターシャを尋問しているのは、ナターシャが外国人研究者

と寝たこと。なぜ、それが悪いことなの？西側の人間である私にはそれ自体がさっぱりわからないが、本作に見る尋問風景は静かだが、迫力がある。『笑の大学』（０４年）『シネマ6』２４９頁）で観た検閲官・向坂（役所広司）による劇作家・椿（稲垣吾郎）への尋問は、それなりに迫力があったが同時にユーモアたっぷりだった。しかし、本作を観ていると、当初は優しく尋問に入ったアジッポは、途中からナターシャを別室に連れて行き、素っ裸にひん剥いたうえ、あれやこれやの心理的圧迫や身体的圧迫を・・・。この尋問でアジッポがナターシャに"自白"を求めたのは、前述の通り、ナターシャが外国人研究者とベッドを共にしたことだが、それに続いてアジッポがナターシャに求めたのは、リュックのスパイとして告発すること。日本の刑事事件でも、「被疑者の自白調書」は取調官（刑事や検事）の思うがままに作られることはさまざまな事件で明らかになっているが、KGBのベテラン捜査官・アジッポによるナターシャへの尋問風景を見ていると、次々とナターシャの手書きの調書が作成されていくからすごい。なるほど、これが１９５０年代のソヴィエト国家保安委員会（KGB）の実態なの！

■□■どっと疲れが！あと１５作を、いつ観る？どう観る？■□■

　日本では２００１年４月に始まった小泉純一郎内閣がブレーンとして重宝した竹中平蔵氏の考え方に沿って「郵政民営化」改革が進んだが、それと同時に労働法制も大きく切り替わった。それが従来の"年功序列方式"に代わる、新たで自由な労働法制だ。それによって非正規労働が拡大し、富める者と貧しき者との格差が広がったとの批判も強いが、私はその路線に肯定的だ。そして、何よりもそんな批判が自由にできることこそが"民主主義国"たる日本の良いところだと実感！それは、本作を観ていても、カフェの責任者であるナターシャとその従業員に過ぎないオーリャとの"労使関係"がさっぱりわからないからだ。本作導入部で２人が展開した取っ組み合いのけんかと、「２度と顔を見たくない」との"捨てゼリフ"を聞いていると、２度とこの２人が同じ職場で働くことはないと思ったのだが、いやはや、その実態は・・・？

　それはともかく、どんなストーリーがどう展開していくのか全く見当がつかない本作は、息詰まるような尋問のシークエンスが終わると、再びこの２人がカフェの中で飲み食いしながら"話し合い"をしている風景になる。アジッポの尋問を終えたナターシャには新たな任務もありそうだが、それは今後どんな風に展開していくの？そんな興味もあるが、それ以前に、オーリャはナターシャとリュックとの情事をすべて見聞しているし、逆にナターシャはオーリャが意識を失うまでに酒におぼれた姿を十分に見聞しているから、今後、そんな風にお互いに何もかも知り合った２人の仲はどのように展開していくの？そんな目でスクリーンに映る２人の姿と会話を追っていると、突然スクリーンが暗くなり、本作はジ・エンドに・・・。そんな終わり方に、一方ではアレレと思いつつ、他方では、なるほど、なるほど・・・。

　ちなみに、第２弾『DAU.Degeneratioon（原題）』はどんな物語で、ナターシャはどん

な役割を果たすの？さらに、"DAUプロジェクト"では計１６本も公開されるそうだが、第２弾『DAU.Degeneratioon（原題）』を含めて、あと１５作を、あなたはいつどう観る？本作の鑑賞後、どっと疲れが出たのは当然だが、そんな興味も津々と・・・。

■□■ソ連崩壊３０年の今、KGB創始者の銅像の行方は？■□■

"DAUプロジェクト"で作られた１６本の映画が描く"ソ連全体主義"の３０年間は１９３８年から１９６８年までの３０年間だが、２０２１年の今年は、ソ連邦大統領だったゴルバチョフが辞任し、ソビエト連邦最高会議でソ連邦解体を宣言した１９９１年１２月から３０周年になる。日本では２０１９年４月３０日に平成の３０年間が終わり、令和の時代に入ったが、ソ連邦の最後の３０年間は平成の３０年間とほぼ重なっている。前述した平成の３０年間は、大きく①失われた１０年、②小泉改革の１０年、③不毛の政権交代とアベノミクスの１０年、に分けられるが、ソ連邦最後の３０年間も激動の３０年間だった。

前述のように、プーチンは１９７５年にKGBに就職したが、本作で見るようにソ連邦時代のKGBは大活躍（暗躍？）していた。KGBの前身であった秘密警察組織をソ連草創期に創設したのはジェルジンスキー氏で、ロシアの首都・モスクワにあるKGB（現連邦保安局）本部前には、立派な彼の銅像が建てられていたらしい。しかし、１９８９年１１月に東ドイツにおいてベルリンの壁が崩壊し、ソ連邦も解体に向かう中で、各地のレーニン像が取り壊されたのと同じように、このジェルジンスキー像も１９９１年８月に守旧派のクーデター失敗に歓喜した群衆によって引き倒され、ソ連が崩壊に向かう歴史的場面になったそうだ。その後、銅像は市内の公園に移設されていたが、２０２１年２月、プーチン氏がトップを務める愛国運動団体「全ロシア人民戦線」幹部の著名作家、プリレピン氏らがモスクワ市当局に再設置を請願した結果、市当局に政策提言を行うモスクワ社会評議会は、ジェルジンスキー像を元の場所に戻すか、同じ場所に中世ロシアの英雄ネフスキーの銅像を設置するかを問うオンライン住民投票の実施を決定した。そして、２月２５、２６日に行われた投票には３２万人が参加し、ジェルジンスキー像への支持は４５％、ネフスキー像は５５％だったそうだ。

２０２１年３月２３日付産経新聞の「ソ連崩壊３０年」と題した連載記事はその詳細を報じ、その最後では、リベラル紙のノーバヤ・ガゼータが銅像の再設置問題について、「ロシアの歴史が停止し、３０年前の地点へと国が逆戻りしていることを表している」と分析している。なるほど、なるほど。朝日新聞が見向きもしないこんな記事を産経新聞が報道してくれたことに感謝しつつ、上記を"DAUプロジェクト"の第１弾たる本作の評論の一部としたい。

２０２１（令和３）年３月２４日記

第1章
第93回アカデミー賞！これぞハリウッド！

Data

監督・製作・脚色・編集：クロエ・ジャオ

原作：ジェシカ・ブルーダー『ノマド：漂流する高齢労働者たち』（春秋社）

出演：フランシス・マクドーマンド／デヴィッド・ストラザーン／リンダ・メイ／シャーリーン・スワンキー／ボブ・ウェルズ

★★★★★

ノマドランド

2020 年／アメリカ映画

配給：ウォルト・ディズニー・ジャパン／108 分

2021（令和3）年3月27日鑑賞　　TOHO シネマズ西宮 OS

👀 みどころ

　"ノマド"って一体ナニ？また、テレワークは知っているが、ノマドワークとは？ノマドランドとは？

　女優、フランシス・マクドーマンド×ノンフィクション女性作家、ジェシカ・ブルーダー×北京生まれの女性監督、クロエ・ジャオ。この3人の女性の息がピッタリ！彼女たちは、広大なアメリカ大陸を旅する本物のノマドたちの生き方を如何にスクリーン上に描き出すの？

　ベネチア国際映画祭で絶賛！ゴールデングローブ賞で絶賛！アカデミー賞でも6部門にノミネート！こりゃ必見！対抗馬は米国に移住した韓国人監督、リー・アイザック・チョンの『ミナリ』だが、その"頂上決戦"は如何に！？

―――＊―――＊―――＊―――＊―――＊―――＊―――＊―――＊―――＊

■□■ノマドとは？ノマドワークとは？原作は？■□■

　辞書を調べると、「ノマド」（Nomad）とは、英語で「遊牧民」や「放浪者」の意味。遊牧民や放浪者のことを「ノマドロジー」とも言うそうだ。なお、ノマドの語源は、フランス語の「遊牧民」だ。また、「知恵蔵」の解説を読むと、近年、IT 機器を駆使し、オフィスだけでなく様々な場所で仕事をする新しいワークスタイルを指す言葉としてノマドが定着したため、このような働き方をノマドワーキング、こうした働き方をする人をノマドワーカーと呼ぶそうだ。2020年1月以降、新型コロナウイルスがパンデミック化する中、「テレワーク」という言葉が普及し、定着したが、それより以前の2010年頃からは、情報化社会の広がりの中でノマドワーキング、ノマドワーカーという言葉も生まれていたわけだ。なるほど、なるほど・・・。

　もっとも、『ノマドランド』と題された本作のノマドは、IT 機器を駆使してノマドワークをしている人が主人公ではなく、「現代のノマド（遊牧民）」と呼ばれている女性、ファ

ーン（フランシス・マクドーマンド）が主人公。「現代のノマド」とは、家を持たずにキャンピングカーで暮らしている人々のこと。彼らは旅の先々で仕事を見つけながら、各地を転々としているそうだ。日本でも、レジャーの１つとしてキャンピングカーでの気ままな長期の旅が人気になっているが、米国で近時大量のノマドが発生したのはそうではなく、２００８年に世界を襲った金融危機によって経済的豊かさを失い、それまでの日常世界からはじき出された人たちが、止むを得ず始めた生き方だ。キャンピングカー１台さえあれば、広いアメリカなら何とか生活できるから、それもいいのでは？そんな風に気楽に考えることができればそれでいいのだが、何の何の！！その実態は？

　本作の原作は、女性作家、ジェシカ・ブルーダーの『ノマド　漂流する高齢労働者たち』。これは、彼女が３年間にわたって、何百件ものインタビューをこなしながらノマドたちをレポートしたノンフィクションで、キャンピングカーに乗った彼女は、時には高齢者たちに交じり、低賃金労働の現場に潜入したこともあるそうだ。

■□■主演女優は？女性監督は？女性３人のタッグに注目！■□■

　２０１７年にそのノンフィクションを読んで衝撃を受けたのが、『スリー・ビルボード』（17 年）（『シネマ 41』18 頁）で第９０回アカデミー賞主演女優賞、第７５回ゴールデングローブ賞最優秀主演女優賞を受賞したハリウッドのベテラン女優フランシス・マクドーマンド。マクドーマンドは直ちに本作の映画化権を購入したうえで、本作の監督には長編第２作たる『ザ・ライダー』（17 年）の出来栄えに感動したクロエ・ジャオを起用すると決めたそうだ。

　１９８２年に北京で生まれた女性クロエ・ジャオは、子供時代にはモンゴル草原に憧れたそうだが、その後米国で生活し、成長していく中で、西部開拓の米国の歴史を知り、西へ西へと広大な大地を移動する姿に憧れを持ったらしい。そんな北京生まれ米国育ちのクロエ・ジャオ監督にとっては、マクドーマンドが持ち込んできたブルーダーの原作は、絶好の素材だったはずだ。ある新聞紙評で、彼女は「私は北京生まれで、モンゴルの大平原に憧れていました。米国に移り住み、それが中西部の風景への憧れになった。自分を見失った時、私は西に向かいたくなるんです」と語っているが、これは、目下鋭く対立しているとはいえ、大陸国の中国と、大陸国のアメリカで生まれ育ったからこそ言えること。如何に四季豊かな美しい日本国であっても、ちっぽけな島国にすぎない日本に生まれ育ったのでは、到底理解することのできない感覚だろう。

　ドキュメンタリー映画のような本作を撮影するため、クロエ・ジャオ監督率いる撮影隊は、５カ月間、７つの州を旅しながらノマドのコミュニティーと共に暮らしたそうだ。また、マクドーマンドは実際にアマゾンの配送センターや赤カブの収穫工場などで働き、彼女自身の生き方、考え方を投影しながらファーンの人物像を作り上げたそうだ。まさに女優マクドーマンドは、ホンモノのノマドになりきるべく懸命な努力をしたわけだ。本作に登場する本職の俳優はこのフランシス・マクドーマンドとデヴィッド・ストラザーンの２

人だけで、他の出演者は実際に車上生活を送っている人々ばかりだから、『ノマドランド』と題されたドキュメンタリータッチの本作での存在感はホンモノだ。なるほど、なるほど・・・。

　日本では、森喜朗元東京五輪・パラリンピック実行委員会会長の「女性蔑視発言」後、東京オリンピック・パラリンピック大会組織委員会は女性理事の数を１２人に増やし、割合を４２％に引き上げる等の改善がなされた。そんな、ジェンダー・ギャップ指数が先進国で第１２１位の日本に比べれば、本作は原作、主演、監督のすべてが女性だから、本作を鑑賞するについては、そんな点にも注目！

■□■主人公はなぜ"現代のノマド"に？彼らの必需品は？■□■

　本作の主人公は、"現代のノマド"の１人であるファーン。したがって、別の言い方をすれば、本作は夫を亡くした６０歳過ぎの女性・ファーンを主人公にしたロードムービーだ。日本でもロードムービーの名作は多いが、やはりロードムービーは広い大地のアメリカが最もよく似合う。西部劇で見た、馬によるロードムービーもそれなりの味があるが、"現代のノマド"たちの移動手段はもっぱらキャンピングカーだ。日本でも軽自動車を改装したものから大型バスを改装したものまで、大小も金額もさまざまなキャンピングカーがあるが、さて、ファーンが乗るキャンピングカーは？私が老後の時間を暇とカネに任せて"現代のノマド"になるのなら、改装した大きなバスを選択するはずだが、ファーンが乗るのは小さな自家用車を改装したもので、その中に最低限の家財道具を積み込み、日雇いの仕事を求めつつ全米を移動する旅に出ることになったが、それは一体なぜ？

『ノマドランド』　　全国公開中
配給：ウォルト・ディズニー・ジャパン

『ミナリ』の舞台は、２０１６年１１月８日に投開票された米国大統領選挙で有名になった８つの激戦州ではなく、アメリカ南部のアーカンソー州だった。しかし、ファーンが住んでいたのは、アメリカ西部のネバダ州のエンパイア。２００８年に世界を襲った"金融危機"は多くの人々の境遇を変えたが、ネバダ州でも炭鉱閉鎖で町が寂れてしまったため、ファーンはやむなく住居を処分し、キャンピングカーで暮らす道を選んだらしい。なるほど、なるほど・・・。

■□■ホームレス？いやいや、私はハウスレス！■□■

本作では、かつて代用教員をしていたファーンに対して、教え子の１人から「先生はホームレスなの？」と聞かれた時、ファーンが「私はホームレスではない。ハウスレスよ」と反論するシークエンスが大きなポイントになる。しかし、ホームレスとハウスレスは、何がどう違うの？本作を鑑賞するについては、その点をしっかり突き詰めて考える必要がある。

本作後半、故障したキャンピングカーの修理代を借りるため、久しぶりに訪れた姉の家で、結婚して幸せに暮らしている姉から、ファーンが「なぜ早くから家を離れたの？」、「なぜ夫を亡くした後、家に戻ってこなかったの？」と質問されるシーンが登場する。この姉に限らず、誰でもそう考えるのが普通だが、ファーンの「ホームレスではなく、私はハウスレスよ」という言葉を聞けば、ファーンの心の中には、"ハウス"はなくとも、ホーム、つまり、先に旅立った夫をはじめ、多くの家族の思い出が詰まっていることがよくわかる。『パラサイト　半地下の家族』(19年)(『シネマ46』14頁)では、主人公たち貧乏家族は、より立派な"ハウス"を求めて悪戦苦闘していたが、ファーンにとって、ハウスはキャンピングカーで十分、家族の思い出と共に生きるほうが大切だ、そう考えていたことが明らかだ。日本人も、１９６０年代の高度経済成長の中でマイホームを求めてあくせく働いてきたが、２０２１年の今、大切にすべきはホーム？それともハウス？

■□■この老齢女性ノマドに注目！彼女のライフスタイルは？■□■

ロードムービーたる本作のストーリー形成に大きく貢献するノマドは2人。その１人は、まず７０代の女性ノマド、スワンキー（シャーリーン・スワンキー）だ。キャンピングカーで町から町へ移動するだけでなく、キャンピングカーを長期間駐車させたまま、ハウス代わりにして毎日働きに出るノマドにとって、車の維持は命の維持と同じ。したがって、タイヤがパンクした場合に備えてスペアタイヤを備えておくべきことはノマドのイロハのイだが、突然ノマドになったファーンはそんなことも知らなかったらしい。そんなファーンに対してスペアタイヤの不可欠さを説き、ファーンより１０歳以上年長であるにもかかわらずパンクの修理をしてくれたばかりか、あれこれとサポートしてくれたのが彼女だ。

ノマドはある意味気楽だが、体の具合が悪いときは大変。末期がんを抱えたままノマド生活を続けているスワンキーに、そんな不安はないの？彼女はどんな人生観の中でノマド生活を楽しんでいるの？女優ではない本物の老齢ノマド、スワンキーは「病室で残された

人生を過ごすより、ノマドとして旅して再びカヌーの旅をしたい」と語っていたが、さて、そのココロは？そして、彼女の最期の日はいつ、どこで？

■□■この男性ノマドにも注目！■□■

　ノマドになったファーンが本作の旅の中で出会う多くの本物のノマドたちは、乗っているキャンピングカーと同じように本当に多種多様。移動先もそれぞれの好みに任されているから、日本列島の感覚なら、普通は寒い時は南へ、暑い　時は北へ、というパターンだが、広いアメリカではそうでもないらしい。スクリーン上では当初、アマゾンの倉庫で働きながらノマド生活をするファーンの姿が映されるが、ノマド仲間から情報を集めるうちに、アリゾナ州で「砂漠の集い」というノマドのイベントがあることを知ったファーンはそれに参加することに。このイベントは著名なノマド生活者の作家や活躍中のユーチューバーがノマド生活者を支援するために開催しているものだが、ファーンはそこに参加する中でさらにノマド仲間が広がり、ノマドの生き方を学ぶ良い機会になったらしい。

　そんな中で知り合った老ノマドが前述のスワンキーだが、新たに移動したサウスダコタ州のキャンプ場で新たな仕事を見つけ新たなノマド生活に入ったファーンは、そこでは「砂漠の集い」で知り合ったデヴィッド（デヴィッド・ストラザーン）と再会することに。ちなみに、別れの挨拶は、日本語では「さようなら」、英語では「Good bye」だが、中国語では「再見」。それと同じように（？）、ノマド語（？）では、別れの時に「さようなら」とは言わず、「またどこかの旅先で（See you down in the road）」というそうだ。したがって、一度はこの言葉を交わして別れたデヴィッドと再会できたファーンは大喜びだが、デヴィッドはそれ以上に喜んだばかりでなく、どうもファーンに対して"ある種の感情"を持ち始めたらしい。そんなデヴィッドは息子に孫が生まれたことを契機にノマド生活に別れを告げたが、そこでデヴィッドがファーンにかける言葉に注目！

　本作に登場する本物の俳優はファーンを演じるマクドーマンド以外はデヴィッドを演じるデヴィッド・ストラザーンだけだが、ノマドだって当然男と女。そこでは互いにどんな感情が？２人のプロの俳優はそれをさすがの演技で見せてくれるので、この男性ノマド、デヴィッドにも注目！

■□■ベネチア・GG賞で快挙！アカデミー賞の頂上決戦は？■□■

　本作は①第７７回ベネチア国際映画祭で金獅子賞、②第４５回トロント国際映画祭で観客賞（最高賞）等を受賞したほか、③第７８回ゴールデングローブ賞で最優秀作品賞と最優秀監督賞を受賞し、④第９３回アカデミー賞では作品賞、監督賞、主演女優賞、脚色賞、撮影賞、編集賞の６部門にノミネートされている。

　日本で３月２６日に公開された本作の"対抗馬"は、同じようにアカデミー賞の作品賞、監督賞、主演男優賞、助演女優賞、脚本賞、作曲賞の６部門にノミネートされた米国育ちの韓国人監督リー・アイザック・チョンによる『ミナリ』（20年）だ。同じ日にこの両作を鑑賞した私は、両作の"頂上決戦"に注目！　　　２０２１（令和３）年４月７日記

ノマドランド

TOHOシネマズ日比谷ほか全国公開中

中国映画を語る

熱血弁護士 坂和章平

オスカー受賞記念 特別編

（ばんわ・しょうへい）（51）

作品賞・監督賞・主演女優賞をゲット！ —女性パワーの結集に注目—

SHOW-HEY シネマルーム

★★★★★

ミナリ (MINARI)

2020年／アメリカ映画
配給：ギャガ／116分

2021（令和3）年3月26日鑑賞 | TOHO シネマズ西宮OS

Data

監督・脚本：リー・アイザック・チョン

出演：スティーヴン・ユアン／ハン・イェリ／アラン・キム／ネイル・ケイト・チョー／ユン・ヨジョン／ウィル・パットン／スコット・ヘイズ

みどころ

　"ミナリ"（MINARI）って一体ナニ？それは、日本では「春の七草」で有名なセリ（芹）のこと。韓国でも白菜キムチや鍋料理に不可欠な野菜だが、水辺に種をまけば勝手に育つとは何とたくましい！

　韓国に初のアカデミー作品賞をもたらしたポン・ジュノ監督の『パラサイト　半地下の家族』（19年）は、2つの家族の"格差"が大テーマだった。それに対して、今年のアカデミー賞主要6部門にノミネートされた本作は、米国に移住した家族が農園経営という夢の実現を目指すもの。リー・アイザック・チョン監督自身の体験を基にした、その奮闘は如何に？

　心臓病の息子の扱いを巡る激しい夫婦喧嘩はいかにも韓国流。韓国からやってきた祖母のキャラも異色。購入した土地の前所有者は事業に失敗して自殺。そんな一家を次々と襲う試練とは・・・？

　監督は、本作のタイトルをなぜ『ミナリ（MINARI）』としたの？それをじっくり考えながら、アカデミー賞最有力作を楽しく鑑賞したい。

───＊───＊───＊───＊───＊───＊───＊───＊───＊───

■□■今年も韓国映画旋風が？『ノマドランド』と頂上決戦！■□■

　2020年の第92回アカデミー賞では、ポン・ジュノ監督の『パラサイト　半地下の家族』（19年）（『シネマ46』14頁）が作品賞と監督賞を受賞したが、韓国映画がアカデミー賞の作品賞を受賞したのは同作がはじめて。近時の韓国映画のレベルの高さは折り紙付きだから、この結果には納得だが、今年のアカデミー賞でも韓国映画旋風が！それが、第93回アカデミー賞で作品賞、監督賞、主演男優賞、助演女優賞、脚本賞、作曲賞の6部門にノミネートされた、1978年生まれの韓国人監督リー・アイザック・チョンによる本作だ。

もっとも、正確に言えば、本作は韓国映画ではなく『ムーンライト』（16 年）や『レディ・バード』（17 年）等、作家性の強い作品で映画ファンの心をつかみ、今やオスカーの常連となったスタジオＡ２４と、『それでも夜が明ける』（13 年）でアカデミー賞作品賞を含む3部門を獲得した、ブラッド・ピット率いる PLAN B が制作した、"韓国系米国映画"だ。しかし、１９８０年代に米国南部のアーカンソー州に移住した韓国系移民の生きザマを描く本作のセリフの大半は韓国語。もっとも、アメリカに移民し住んでいるのだから、ジェイコブ（スティーヴン・ユアン）とモニカ（ハン・イェリ）夫妻はもとより、長女のアン（ネイル・ケイト・チョー）も、末っ子のデビッド（アラン・キム）もそれなりに英語を操っている。しかし、私の感覚では、本作のセリフは９９％が韓国語だから、本作の実質は韓国映画だ。

　他方、そんな本作と第９３回アカデミー賞の頂上決戦に挑むのは、米国在住の中国人女性監督クロエ・ジャオの『ノマドランド』（20 年）。第７８回ゴールデングローブ賞では、外国語映画賞を受賞した本作に対して、『ノマドランド』は作品賞と監督賞を受賞しているし、アカデミー賞では作品賞、監督賞、主演女優賞、脚色賞、撮影賞、編集賞の6部門にノミネートされているから、両者の勝負は見モノだ。去る３月２９日、バイデン政権のブリンケン国務長官とサリバン大統領補佐官は、日本に続いて韓国を訪問したが、更に続いてアラスカ州アンカレジでは、中国の楊潔篪（ヤン・ジエチー）共産党政治局員、王毅国務委員兼外相の2人と"対峙"した。そこでは、バイデン政権の対中国強硬政策が顕著になっている。しかし、アカデミー賞レースでは、本作と『ノマドランド』の頂上決戦に見られるように、米中韓の勢力が拮抗しているので、それに注目！

■□■土が良い！ここを農園に！韓国野菜を！そんな思惑は？■□■

　２０２０年１１月３日に投開票された米国の大統領選挙では、①激戦州の中で「最重要」と位置付けられた南部のフロリダ州、②「ラストベルト3州」とされた、五大湖周辺のウィスコンシン州、ミシガン州、ペンシルベニア州、③これまで「レッドステート」とされてきた南東部のジョージア州、南西部のアリゾナ州、南部のテキサス州、④選挙人は１８人と多くはないが、有権者の構成が「アメリカの縮図」と言われるオハイオ州、という8つの激戦州が有名になった。南部のアーカンソー州はその中には入っていないが、第４２代ビル・クリントン大統領の出身地として有名だ。

　それはともかく、本作冒頭に家族の引っ越し風景が描かれるのは、去る３月２３日に観た韓国映画『夏時間』（19 年）と同じ。同作の引っ越し先は、祖父が１人で住んでいる郊外の立派な一戸建てだったが、本作におけるジェイコブたち4人家族の引っ越し先は、何と車輪付きの平屋だったから、ジェイコブから「家だよ」と言われたモニカは「約束が違うじゃない」と不満を爆発！ところが、ジェイコブは「土が良いからここに来たんだ」、「ここで大きな農園をつくり、韓国野菜を栽培する」と宣言し、上機嫌だ。細かい事情が分からない2人の子供も、車輪付き住宅の面白さと、だだっ広い農地に満足らしい。しかし、

心臓に病を抱えているデビッドのことを心配するモニカは、病院まで1時間以上かかるこんな僻地に住むことに大反対だ。周知の通り（？）、韓国人夫妻の夫婦喧嘩は日本人夫婦とは違ってド派手だから、2人の子供はそれを涙ながらに聞いていたが、こんな状態でこの4人家族は新天地での生活をやっていけるの？

　冒頭からそんな不安がいっぱいだが、ご近所との付き合いや教会通いが始まる中で、実はこの土地の前所有者は事業に失敗して自殺したという、いわくつきの土地だとわかったから、さらにモニカはおかんむり。ジェイコブは、一方ではモニカと共に「ヒヨコの鑑別」という、何ともつまらない仕事に従事しつつ、それ以外の時間はすべて畑仕事に費やしていたが、ここはホントに土が良く、農園に最適で韓国野菜をタップリ栽培できるの？

■□■なぜ妻の母を韓国から？祖母の異色キャラに注目！■□■

　『夏時間』では、引っ越した3人家族に、認知症が進んでいる祖父と伯母さんを加えた5人家族の物語が進んでいった。それと同じように、本作でもジェイコブとモニカの相談（夫婦ゲンカ？）の結果、2人が今以上に働くためには、デビッドの世話をしてもらう手が必要だとして、韓国からモニカの母親・スンジャ（ユン・ヨジョン）をアメリカに招くことになる。

　本作は、1970年代に韓国から米国に移住したチョン監督自身の幼少期の思い出を基に脚本が練られ、演出されたもの。したがって、天才子役のアラン・キムが演じるデビッドは監督自身の分身だし、ジェイコブ、モニカ夫妻はチョン監督の両親がモデルだ。さらに、"韓国で最も敬愛されている伝説の女優"ユン・ヨジョン演じる祖母スンジャを巡るエピソードも、監督自身のさまざまな思い出をもとに作られているから、本作ではその異色キャラと面白いエピソードの数々に注目！

　面白いエピソードの第1は、スンジャとデビッドとの"相性"。三浦友和と山口百恵夫妻の"相性"が抜群に良いことは、俳優・三浦友和の半生を振り返った自伝的「人生論」である『相性』（11年）を読めば明らかだが、アメリカのテレビに出てくるような"優しいおばあちゃん"の登場を期待していたデビッドにとって、騒がしく毒舌、そして、料理もできず字も読めない祖母・スンジャにビックリ。このおばあちゃんの唯一の特技は花札で、子供たちに花札（博打）を教える始末だから、アレレ・・・。

　第2のエピソードは、2人の対立が極限に達した時に発生した"小便事件"。デビットはスンジャが飲んでいるコップの中の水を、いつの間にか自分のおしっこに差し替えたから、それを知らないままスンジャがこれを飲んだら・・・？こんな手口は子供のいたずらにしては度が過ぎているから、それを知ったジェイコブが烈火のごとく怒ったのは当然。しかし、そんな事態の中でこそ生きてきた祖母・スンジャの異色キャラとは？

　第3のエピソードは、本作ラストのクライマックスに登場するもの。そのネタバレは厳禁だから、あなた自身の目でしっかりと！

■□■再三のド派手な夫婦ゲンカに注目！その論点は？■□■

　韓国人の夫婦喧嘩の激しさは『パラサイト　半地下の家族』（１９年）でもはっきりしていたが、本作でも、引越してきた当日をはじめとして、ド派手な夫婦喧嘩のシークエンスが何度も登場するので、それに注目！お互いの言い分をしっかり観察し、論点を整理をした上で、どちらの主張が妥当かをしっかり判断したい。心臓に病気を抱えるデビッドを巡って韓国からモニカの祖母を招くことについて、２人の意見が一致したのは幸い。しかし、ベテラン弁護士の私の目には、この土地での農園づくりの理想に燃え、奴隷のような“ひよこの鑑別作業”で人生を費やしてしまうことを断固拒否するジェイコブと、デビッドと家族を守ることに重点を置くモニカとは、今や根本的に相容れない立場になっていると言わざるを得ない。したがって、農園に引く地下水が涸れる危機の中で資金繰りに悩むモニカに対して、ジェイコブは「俺が責任を取る。失敗したら好きにしてくれ」と、最後の決意を披露したが、「家族が一緒にいることよりも事業の成功の方が大切なの？」、どうしてもそう考えてしまうモニカが納得できないのは仕方がない。

　他方、韓国人にキリスト教徒が多いことは周知のとおりだが、本作にはやっと教会通いを始めたジェイコブたち家族の前に、信心深い（？）ポール（ウィル・パットン）という何とも異色な隣人が登場し、ジェイコブの野菜栽培を手伝うことになるので、この男のキャラとそのストーリーに注目！最初はいかにも怪しげな雰囲気だったポールが意外に働き者で、農場におけるジェイコブの良きパートナーになったのは幸い。しかし、そんな２人で農業経営に努力した結果は？野菜栽培の成否・結果が土や水、そして天気に左右されるのは当然だが、それ以上に、作ったものを販売し、投下資本を回収し、利益を得るのは大変。この土地の前所有者はそれに失敗したから自殺したようだが、さてジェイコブは・・・？

　パール・バックの大河小説『大地』（３１年）では、幾多の苦労に耐えながら主人公は大富豪になったが、それは無条件かつ献身的な妻の協力があったからこそ。本作ではそれはどうも無理なようだから、さてジェイコブの“大農園計画”の成否は・・・？

■□■ミナリとは？なぜ本作のタイトルを『MINARI』に？■□■

　あれほど相性の悪かったスンジャとデビッドの仲は、あの“小便事件”以降、急速に打ち解け合ったから不思議なものだ。ジェイコブもモニカも医者から言われたとおり、デビッドに対していつも「走ってはダメ」と注意していたが、外で働く両親に代わって子供たちの世話をすることになった（？）スンジャは平気でデビッドを外に連れ出し歩かせていた。その当否は疑問だが、韓国から粉トウガラシや煮干しを持ち込んだことで娘のモニカに喜んでもらったスンジャは、更に、さかんにデビッドを外に連れ出す中で韓国から持ち込んだミナリの種を川べりに植えたが、ミナリって一体ナニ？

　『ミナリ』とは、「セリ」の韓国語。Wikipedia によると、セリ科の多年草であるセリ（芹）は、日本原産で、春の七草の一つだ。そして、「水田の畦道や湿地などに生え、野菜として栽培もされている。独特の強い香りと歯触りに特徴がある」とされている。韓国でミナリ

と呼ばれるそんなセリは、白菜キムチに入れたり、和え物にしたり、鍋に入れたりと、韓国料理での活躍の場は実に幅広いそうだ。

　本作中盤には、外で一生懸命に働く両親に代わって、留守番役を担っているスンジャが、再三デビッドを連れて川辺に行き、セリを植えるシークエンスが登場するが、ホントにこんな植え方でセリ（ミナリ）は育っていくの？また、何よりもリー・アイザック・チョン監督はなぜ本作のタイトルを『ミナリ』としたの？それをしっかり考えたい。

■□■監督のチョー辛かった体験がクライマックスに！■□■

　映画撮影の現場で一番難しいのは、きっと火事の撮影。それは、本物のセットを燃やして火事の撮影をする以上、撮り直しはできないからだ。黒澤明監督の『蜘蛛巣城』（５７年）における蜘蛛巣城の炎上ぶりと、その中で弓矢で射られる三船敏郎演じる武将の表情のリアルさは今なお語り草だ。それとは規模の大小が全然違うとはいえ、本作ラストに訪れる火事のシークエンスが本作のクライマックスになるので、それに注目！

　ジェイコブもモニカも、"不治の病"とばかり思っていたデビッドの心臓病が、ある日の診察で快方に向かっていると知ってビックリ！それは一体なぜ？デビッド本人を含めて家族全員がこの吉報を喜んだのは当然だが、それとは逆に、ある日スンジャが倒れ込んだから、さあ大変。まさか、その原因があの日の"小便事件"だったら"笑い話"で収まるところだが、年相応、そしてタバコばかり吸っているスンジャの不摂生ぶりからすれば、かなりヤバいのでは？そう思っていたが、半身不随状態になりながらもスンジャは何とか命を取りとめたから、これもラッキー。しかし、今やスンジャの右腕は全く動かず、左手もかなり不自由だから、こんな状態でしっかり留守番役が務まるの？そう思っていると、２人の子供を連れて遠出した息子夫婦が用事を終えて自宅に帰ってくると・・・？

　この評論を書いている３月３０日には、札幌市中央卸売市場の隣にある場外市場で発生した火事で、激しく炎が吹き上がっている映像をテレビで何度も見たが、リー・アイザック・チョン監督自身のチョー辛かった体験だという、本作ラストで起きる収穫物小屋の火事のシークエンス（の迫力）は如何に？ジェイコブとポールが丹精込めて作った１年間の収穫物をすべて失ってしまえば、４人家族はもとより、自分のミスで火事を招いたと自責の念でいっぱいのスンジャも、おしまい・・・？

　そう思えなくもないが、火事の後、デビッドと共に水辺に赴いたジェイコブが、そこで目のあたりにした、大きく繁殖しているミナリを摘み取っていると、いつのまにかジェイコブの心の中には新たな希望が！なるほど、なるほど。これが"ミナリ効果"であり、リー・アイザック・チョン監督が本作のタイトルを『ミナリ』とした理由なの・・・？そんなラストの静かな問いかけにあなたは納得するはずだ。『パラサイト　半地下の家族』は韓国内の２つの家族の物語から格差を鋭く問題提起したが、本作では、米国へ移住したジェイコブ一家から、しっかり"ミナリ"の意味を学びたい。

２０２１（令和３）年４月７日記

Data

監督：アダム・ウィンガード
脚本：エリック・ピアソン／マック
　　　ス・ボレンスタイン
出演：アレクサンダー・スカルスガ
　　　ルド／ミリー・ボビー・ブラ
　　　ウン／レベッカ・ホール／ブ
　　　ライアン・タイリー・ヘンリ
　　　ー／小栗旬／エイザ・ゴンザ
　　　レス／ジュリアン・デニソン
　　　／カイル・チャンドラー／デ
　　　ミアン・ビチル／ランス・レ
　　　ディック

SHOW-HEY シネマルーム

★★★★

ゴジラ vs コング

2021 年／アメリカ映画
配給：東宝／113 分

2021（令和3）年4月9日鑑賞　　TOHO シネマズ西宮 OS

みどころ

　ゴジラ映画もキングコング映画もたくさんあるが、ゴジラ vs キングコング の"頂上対決"は本作がはじめて！なぜ、ゴジラは"破壊神"？そして、キン グコングは"守護神"？その確認（復習）や両者の"出自"を含めて、なぜ両 者が激突するに至ったのか、をしっかり見極めたい。

　巨人 vs 阪神の激突とその頂上決戦はぜひ観戦したいが、アントニオ猪木 vs モハメド・アリの対決（76 年）は「世紀の凡戦」だった。他方、台湾有事も 米中激突も見たくないのと同じように、ゴジラ vs コングの頂上対決もホント は観たくない。しかし、もし両者戦わば、その結末は・・・？それは、あなた 自身の目でしっかりと！

―――＊―――＊―――＊―――＊―――＊―――＊―――＊―――＊―――＊―――＊―――＊

■□■７０年代の馬場 vs 猪木の頂上対決は？■□■

　ジャイアント馬場率いる「全日本プロレス」と、アントニオ猪木率いる「新日本プロレ ス」が、互いの名誉をかけて各種の名勝負・名イベントを繰り広げていたのは１９７０年 代。１９７２年にアントニオ猪木が「全日本プロレス」に対してクーデターを画策したと して除名され、永久追放されたことが、その後の両陣営対決の原因だ。そんなプロレス全 盛時代の"頂上決戦"はもちろんジャイアント馬場 vs アントニオ猪木の直接対決だが、そ んなドリーム決戦の実現は？ジャイアント馬場にとっても、アントニオ猪木にとっても、 次々に登場してくる挑戦者との対決は当然だが、２人が直接"頂上対決"することになれ ば、それは名誉と命を懸けた真剣勝負にならざるを得ない。

　１９７６年６月２６日に開催されたアントニオ猪木 vs モハメド・アリの異種格闘技戦は 日本中の注目を集めたが、その「世紀の凡戦」に私を含む多くのプロレスファンは失望！ しかして、ジャイアント馬場とアントニオ猪木の頂上決戦の実現は？

■□■なぜゴジラは"破壊神"？キングコングは"守護神"？■□■

『GODZILLA』（14年）（『シネマ33』254頁）に登場するハリウッド版のゴジラは"破壊神"と称されているが、それはなぜ？ちなみに、『ゴジラ』（1954年）（『シネマ33』258頁）に登場する日本版のゴジラは、水爆実験と第五福竜丸の悲劇が付きまとっているから、"破壊神"というイメージは全くない。また、ハリウッド版ゴジラはモナーク（MONARCH）という研究機関との関係で描かれていくから、その点でも日米の違いは大きい。他方、『キングコング：髑髏島の巨神』（17年）（『シネマ40』未掲載）によれば、アメリカ生まれの

キングコングは"守護神"と称されているが、それはなぜ？そのキングコングは今、髑髏島に生息しているはずだが、その現状は？

　本作導入部でモナークが従事している任務は、未知の地にある巨大怪獣"タイタン"達の故郷の手がかり

をつかむこと。そんな中、突如ゴジラが深海の中から姿を現し、世界を再び危機に陥れていったが、ゴジラは一体何を怒っているの？このままでは人類は滅亡・・・？そんな危機の中、人類はゴジラへの対抗措置としてキングコングを髑髏島から連れ出すという前代未聞の決断を。その結果、否応なしに実現することになったのがゴジラ vs キングコングの頂上対決だが、さあ、その展開は？ゴジラ vs コングの頂上対決は如何に？

■□■巨人 vs 阪神の激突は？米中の激突は？■□■

　２０２０年もセ・リーグでダントツの１位になった巨人だったが、日本シリーズではソフトバンクに４連敗。これは２０１９年に４連敗した悪夢の再現だから、もはやセ・リーグとパ・リーグの実力差は歴然！他方、長年"ダメ虎"ぶりを見せてきた２０２１年の阪神タイガースは、新人長距離砲・佐藤輝明の話題に湧きながら、華麗なるスタートダッシュに成功！これなら、今年の巨人 vs 阪神の激突は面白そうだ。ここ数シーズンは負け越しが続いている阪神が巨人に勝ち越せば、ひょっとして今年は阪神タイガースにセ・リーグ優勝の目も・・・？

　そんな事態が起きればかなりのハプニングだが、長期的な戦略の下で力を蓄え続けた中国は、ここ数十年、習近平体制の中で、経済力と軍事力を増強し続けてきた。そして今、トランプ大統領が退場し、バイデン大統領が登場してくると・・・？副大統領として仕えたオバマ大統領と同じ路線を進めるのでは？そんな不安もあったバイデン政権は、意外に

も矢継ぎ早に対中強硬策を打ち出し、親台湾政策も露骨に示しているが、これに対する中国の反発は強い。台湾海峡での不穏な動きが増強される中、近い将来、台湾有事はもとより、米中の激突も・・・?

　巨人 vs 阪神の激突はぜひ観戦したいし、阪神タイガース vs ソフトバンク（楽天？西武？）との頂上対決もぜひ観戦したいが、さすがに米中の頂上対決はノーサンキュー。そんな心配をしつつ、ゴジラ vs キングコングの頂上対決に注目！

■□■ゴジラ vs コングの頂上対決は？■□■

　『ゴジラ vs コング』というタイトルを見れば、本作は両者の頂上対決をテーマにした映画であることは明らかだ。日米開戦を避けるべく当時の政治家や軍人がどんな努力をしたのかについてはさまざまな資料があるが、それはゴジラ vs コングの頂上対決でも同じ。しかして、日米開戦に至るさまざまな資料が国家の機密事項とされたのと同じように、本作に見るゴジラ vs コングの頂上決戦に至る事情、その戦いぶり、その勝敗、結末などについては厳重な情報統制がとられている。また、『パラサイト　半地下の家族』（19年）（『シネマ 46』14頁）が"ネタバレ厳禁"とされていたのと同じように、いや、本作についてはそれ以上に、ネタバレ厳禁とされている。そのため、ゴジラ vs コングの頂上対決をこの評論で実況中継することができないのは残念だが、それは仕方ない。その迫力と結末は、あなた自身の目でしっかりと！

　私としてはアントニオ猪木 vs モハメド・アリの"世紀の対決"が「世紀の凡戦」になってしまったのと同じ結果にならないことを願うばかりだが・・・。

２０２１（令和３）年４月１４日記

Data

監督・原案・脚本：パティ・ジェンキンス

出演：ガル・ガドット／クリス・パイン／クリステン・ウィグ／ペドロ・パスカル／ロビン・ライト／コニー・ニールセン

SHOW-HEYシネマルーム

★★★★

ワンダーウーマン　１９８４

2020年／アメリカ映画

配給：ワーナー・ブラザース映画／151分

2020（令和2）年12月19日鑑賞　　TOHOシネマズ西宮OS

👀 みどころ

　私は今や「アメコミもの」は見飽きてしまったうえ、アマゾン族の女王ダイアナのド派手なファッションも前作１本だけで十分。しかし、コロナ禍でのハリウッド映画のお正月大作は本作だけだから、仕方なく鑑賞。

　導入部は、女ばかりのアマゾン族の競技大会と、現代（１９８４年）のショッピングモールでのダイアナパワーのご紹介。それで終われば「星２つ」だが、「願えば夢は叶う」をテーマとし、ドリーム・ストーンをその"小道具"とした本作は、トランプ大統領そっくりの実業家マックスを敵役と設定したのが大成功！石油利権はもとより、ソ連との核戦争、米国による全世界支配を巡る、シリアスな社会問題提起作に？！

　女にとって恋は大切だが、アマゾン族の女王ダイアナには、恋よりも全世界のための"ある重大な任務"が！？アメコミ特有の大活劇と、アメコミには意外な社会問題提起性（？）を、しっかり楽しみたい。

―――＊―――＊―――＊―――＊―――＊―――＊―――＊―――＊

■□■前作は９００億円の大ヒット！コロナ禍での第２弾は!?■□■

　私はいわゆる「アメリカンコミック（アメコミ）もの」や「スーパーヒーローもの」には飽きてしまったが、それまで米国の興行収入記録トップだった『スパイダーマン』（02年）を抜いて全米Ｎｏ．１の大ヒットを記録したのが２０１７年公開の『ワンダーウーマン』（17年）。そのヒロインは女だけの部族、アマゾン族の王女ダイアナ（ガル・ガドット）だった。

　彼女は部族の女王ヒッポリタとギリシャ神話の大神ゼウスの間に生まれた娘で、アマゾン族の訓練により卓越した格闘術を誇り、加えて父ゼウスから受け継いだ神域の力をも発

揮する比類なき戦士。そのアメコミ史上の最強美女が、前作では恋人のアメリカ人兵士スティーブ・トレバー（クリス・パイン）に連れられて第一次世界大戦に登場していた（『シネマ４０』未掲載）。そこでの敵＝「悪の権化」は、ナチスドイツの指揮官ルーデンドルフ（ダニー・ヒューストン）とその配下で毒ガス作りに邁進する女性科学者マル博士（エレナ・アヤナ）だった。

　私は同作について、星３つながら「本作は２時間２１分の長尺だが、まったく飽きさせないのは立派。たまにはこんな映画で頭を空っぽにして楽しむのもいいだろう。」と書いたが、コロナ禍で公開が遅れていたその第２弾たる本作が、お正月のハリウッド大作としてやっと公開。１２月１９日付産経新聞は「コロナ禍　米映画悲鳴　劇場閉鎖や公開延期　興収は中国に抜かれ」との見出しで、「人気スパイ映画『００７』の最新作『ノー・タイム・トゥ・ダイ』は当初、４月に公開される予定だったが、１１月から来年４月へと再度の延期が決まった。」等と伝えたが、そんな状況下で本作は年末年始に日本で公開される最大のハリウッド映画になる。そう考えれば、いくら「アメコミものにはもう飽きた」と言っても、観ておかなくちゃ！そんな風に、義務感半分で本作を鑑賞したが、意外や意外、その出来はグッド！

■□■なぜ時代を１９８４年に？時代は西洋文明の絶頂期！■□■

　本作を監督し、原案、脚本、製作したのは、第１作と同じ１９７１年生まれの女性監督パティ・ジェンキンス。パンフレットにある「Director Interview」での、「なぜ物語の舞台を１９８４年に設定したのでしょうか？」の質問に対して彼女は次のとおり答えている。

> 「今回はワンダーウーマンと現代社会の関係性を描きたかったんです。ダイアナは神であり、人類はどうあるべきかを考えていますから、人間が苦悩する現代に登場させたいと思いました。８０年代と言えば西洋文明の絶頂期で、現在にも繋がっている時代。当時、私たちは「何でも手に入るし、それは永久に変わらない」という夢を見ていました。やりたいことをして、欲しいものを買い、どこへでも出かけて、あちこちにゴミを捨てる。そんな資本主義や過剰主義をアメリカが信じた結果、いったい何が起きたのか・・・。本作ではダイアナの視点から８０年代を描きますが、彼女は美しいものではなく犯罪との戦いに集中しています。しかし、受け取るメッセージには混乱もしている。今回は現代を直接描くのではなく、隠喩や並列で語っているんです。」

　この文章を読んだだけでは何が言いたいのかよくわからないが、アメコミ特有のくだらなさでいっぱいかと危惧していた本作は、予想以上にその問題意識がはっきり浮かび上がっているので、それに注目！たしかにパティ・ジェンキンス監督が言うように「８０年代は西洋文明の絶頂期」。１９８４年１１月の選挙で大統領に選ばれたのは２期目のロナルド・レーガンだ。１９８４年は長く続いた「東西冷戦」でやっと西側の勝利が確定し始めた時期であると同時に、レーガン（米）、サッチャー（英）、中曽根（日）が採用し、大成功したいわゆる新自由主義政策によって、西側の優位が確立した時期だ。新自由主義のキ

ーワードは"小さな政府"。日本でもそれを目指してさまざまな分野で"規制緩和"が進められるとともに、土地バブルも拡大していった。また、１９８４年は、天安門事件（６月４日）、東西ベルリンの壁の崩壊（１１月）という世界的大事件が起きた１９８９年の５年前だから、さまざまな分野においてその予兆が・・・？ひょっとして、本作もその予兆の１つ・・・？。

　ちなみに、１９８４年は私の弁護士登録１０年目の年で、それまでの公害問題を卒業し、後にライフワークとなる都市問題にはじめて切り込んだ年。５月には大阪駅前再開発問題研究会が始まり、９月にはアベノ再開発訴訟を提起した。また１９８９年は日本では土地バブルが崩壊するとともに昭和から平成に時代が変わった節目の年だ。パティ・ジェンキンス監督は第２弾の時代をそんな１９８４年に設定したが、その時、ダイアナはどこで何を？

■□■バーバラはどんな女？マックスはどんな男？■□■

　１９８４年の今、ダイアナはスミソニアン博物館で学芸員として働いていたが、本作ではそんなダイアナの前に、バーバラ（クリスティン・ウィグ）とマックス（ペドロ・パスカル）が登場する。バーバラは新しく博物館に赴任してきたおばさん風の女で、地味（ドジ？）な学芸員。優秀さではダイアナと甲乙つけがたいようだが、そんなバーバラと明るく快活なダイアナがなぜか意気投合。バーバラの最初の仕事は博物館に送られてきた"ドリーム・ストーン"の分析だが、バーバラは悪戦苦闘中。そこでダイアナは時々バーバラを手伝っていたが、その中で気づいてきたことは・・・？

　もう一人、本作でダイアナが出会うのは「あなたの願いは全て私が叶えよう」が決まり文句の、テレビＣＭで全米に顔を売るビジネスマン、マックス。その決まり文句だけで私たちはトランプ（前）大統領を想像してしまうが、本作に見るマックスは若き日のトランプ大統領そっくり！トランプの「お前はクビだ！」の決めゼリフとマックスの「あなたの願いは全て私が叶えよう」の決めゼリフは真逆だが、実は・・・？

　トランプタワーをはじめとするトランプ大統領の富がいくらあるのかはわからないが、マックスのそれも同じ。ところが、その後、スクリーン上では石油の発掘をエサに、多くの投資家から多額の資金を集めたものの、それが完全な詐欺だったことが明らかにされるからアレレ・・・。マックスは息子のアリスタにはとことん優しいうえ、あくまで「パパを信じろ」と教育していたが、さて・・・？

■□■ドリーム・ストーンとは？願えば望みが叶う！？■□■

　『アラビアンナイト』では、アラジンと魔法のランプが有名。それを映画化した『アラジン』（19 年）は"ランプの魔人"ジーニーが"３つの願い"を何でも叶えてくれるのがストーリーの基本だった（『シネマ４５』未掲載）。ちあきなおみが歌った「四つの願い」はいろいろとややこしかった（？）が、『アラジン』は単純だった。

　しかして、本作のストーリー形成上最大のポイントになる"ドリーム・ストーン"は、

40

それを手にした者の願いを何でも1つ叶えてくれる"魔法の石"らしい。スミソニアン博物館に送られてきたその石を研究する中で、知性と美しさの他に強さまで併せ持ったダイアナの魅力にゾッコンになったバーバラは「ダイアナになりたい！」と願っていると、アレレ、アレレ・・・？

　他方、第一次世界大戦で死亡してしまったダイアナの恋人、スティーブ・トレバーが本作で再登場（復活）してくるストーリーには、少し違和感があるが、本作は所詮アメコミだからそこは大目に考えたい。ダイアナがトレバーによく似た男の登場に戸惑ったのは当然だが、それはどうやらダイアナがドリームストーンにトレバーとの再会（生き返らせること）を強く願った結果らしい。もちろん、そんな望みが叶えられればダイアナは大満足だ。2020年12月に至ってやっと、ファイザー社（米）とビオンテック社（独）が共同開発した新型コロナウイルス用のワクチンが認可され、イギリスでもアメリカでも投与が始まったが、そこで心配されるのはその副作用（副反応）。それと同じように、ドリーム・ストーンには、何でも1つ願いが叶えられる代わりに、何か重大なものを失うという、重大な副作用（副反応）が・・・。

■□■マックスの願いは？なるほど！しかし、そんなのあり？■□■

　2020年12月の今、世界中の誰よりもドリーム・ストーンが欲しいと願っているのは、きっとトランプ大統領。なぜなら、もし彼がドリーム・ストーンを入手すれば、頼みにしていた連邦最高裁判所から訴えを却下された大統領選挙の違法性を認めさせ、選挙結果をひっくり返し、トランプ再選の願いを叶えることができるからだ。しかし、1984年の今、西洋文明が絶頂期であるにもかかわらず、マックスは破産の上、投資詐欺で逮捕されること確実になっていた。しかし、言葉巧みにバーバラに接触したマックスは、首尾よくドリーム・ストーンを盗み出すことに成功。そして、そこから見せるマックスのウルトラC（？）がすごいので、それに注目！

　彼がドリーム・ストーンに願った願いは、「ドリーム・ストーンそのものになりたい」というものだったから、それによって彼は他者の願いを叶えるパワーと、願いを叶える毎に自身のパワーを増幅させる力を獲得することに。ここにも、アメコミ特有の荒っぽさ（いい加減さ）があるが、それも大目に見ることにしたい。

　以上のように、ドリーム・ストーンに掛けた三者三様の願いはその後いかなる展開に？そしてまた、もし、三者三様のそれが叶っていくとその後のストーリー展開は如何に？

■□■マックスは米国大統領をも支配！すると全世界は？■□■

　ドリーム・ストーンに対して「ダイアナのようになりたい」と願ったバーバラの夢の実現には少し時間を要したが、ドリーム・ストーンのパワーを己のものとしたマックスの夢の実現は早かった。突然マックスが石油の試掘に成功したことで、事態は急転。会社には入社希望者が詰めかけてくるとともに、直ちに中東の某国に飛んだマックスは、国境を確定させ異教徒を追い払うという某国大統領の願いを叶えてやる代わりに、某国の石油利権

を独占してしまったから、一気に世界秩序にも大修正が！さらに、米ソ冷戦に勝利したとはいえ、まだまだ多くのソ連の脅威と対峙していた１９８４年当時の米国大統領の悩みを聞き、「何でも願いをかなえてやる」と水を向けると、そこで米国大統領が語った願いとは？

　本作冒頭は、日本のTV番組「SASUKE」を彷彿させるアマゾン族の競技大会の回想シーン。そこには、大人たちに交じって幼い日のダイアナが参加し「あわや優勝！」という楽しい（？）シークエンスが描かれる。また、それに続いては、ド派手なアマゾン族特有の衣装（鎧兜？）に身を固めたダイアナが、現代（＝１９８４年）のショッピングモールに現れた強盗達を並外れたパワーで成敗する、漫画のようなシークエンスが描かれる。近時大ヒットしている「アメコミもの」は、そんなくだらないシークエンスの連続だから私は飽きてしまっていたが、「願いは叶う」をテーマにした本作後半からは、ダイアナ、バーバラ、マックスの三者三様の願いが交錯しぶつかり合う中で、シリアスな社会問題提起作になっていく（？）ので、それに注目！

■□■マックスの夢（＝暴走）の実現は？その阻止は？■□■

　クライマックスに向けて、本作が映像的に面白いのは、恋人のトレバーと現代（１９８４年）で再会できたことの見返りとして、徐々に本来のパワーを失っていくダイアナと、「ダイアナになりたい」との夢を実現したことによって、ダイアナ並みのパワーを身につけたバーバラとの対決だ。今やバーバラはダイアナ以上の強力なパワーを身につけていたから、この女同士の頂上対決は見モノ。果たして、その結果は如何に？

　他方、クライマックスに向けて本作がストーリー的に面白いのは、米国大統領を意のままに操ることに成功したマックスの“野望”が“暴走”していくこと。米国大統領の願いは「核で全世界を支配すること」だったから、マックスがその夢を実現させてやると、全世界の秩序は如何に？さらに、すべてのメディアを独占したマックスは、全世界の人々にも「すべての人々の夢を実現させてやる！」と叫び、それを次々と実現させていったから、その混乱は如何に？ダイアナは２０２０年の大統領選挙前の某大統領と同じように（？）暴走していく（？）マックスを何とか阻止しようとしたが、「マックスの邪魔はさせない」とその前に立ちふさがったのがバーバラだ。なるほど、単なる「アメコミもの」と思っていた『WW８４』は、こんな面白い今風のクライマックスに！こりゃ必見！

　なお、キネマ旬報１月上・下旬合併号では「速攻レビュー！！　『ワンダーウーマン　１９８４』を読む」と題して「REVIEW１　トランプそのものの悪玉（ヴィラン）、そしてドナー版「スーパーマン」への返礼」と「REVIEW２　オタク女子の悲哀と「貞淑」という悪徳〜フェミニズム批判的観点から見た『ワンダーウーマン　１９８４』」が掲載されているので（７６〜９９頁）これも必読！

２０２０（令和２）年１２月２３日記

SHOW-HEYシネマルーム

Data
監督：ブライアン・カーク
脚本：アダム・マーヴィス／マシュー・マイケル・カーナハン
出演：チャドウィック・ボーズマン／シエナ・ミラー／ステファン・ジェームズ／キース・デイヴィッド／テイラー・キッチュ／J・K・シモンズ／アレクサンダー・シディグ／ルイス・キャンセル／ヴィクトリア・カルタヘナ

★★★★

２１ブリッジ

2019年中国・アメリカ合作映画
配給：ショウゲート／99分

2021（令和3）年4月10日鑑賞　　TOHOシネマズ西宮OS

👀👀👀 みどころ

　水の町、商人の町、大阪は村田英雄の『王将』で歌われたように "八百八橋" に囲まれているが、ニューヨーク市の最中心部たるマンハッタン島は "２１ブリッジ" で！

　強盗殺人犯を追跡するため "２１ブリッジ" を封鎖せよ！コロナ禍、都市の "ロックダウン" は世界中に見られたが、そんな命令の実行は可能なの？

　そんなアイデアが本作の発端。シドニー・ポワチエ、デンゼル・ワシントン、ウィル・スミスの系譜に連なる黒人の名俳優、チャドウィック・ボーズマンの遺作となった本作では、手に汗握るクライム・アクションを楽しむと共に、NY市警８５分署の "構造汚職" の実態にしっかり迫りたい。

—— * —— * —— * —— * —— * —— * —— * —— * —— * ——

■□■ 大阪は八百八橋だが、マンハッタンは２１ブリッジ！ ■□■

　ニューヨークを舞台にした映画や、ニューヨークをタイトルにした映画は多い。マンハッタンはニューヨーク市の地区。また、ブルックリンはニューヨークの　　　にある。しかして、本作のタイトル『２１ブリッジ』とは一体ナニ？

　東京は当時の "都市設計家" だった徳川家康が造った町。それに対して大阪は豊臣秀吉が造った町だ。徳川幕府の中心になった江戸に対し、商人の町となった大阪は、淀川を中心とする水運が盛んになったうえ、「八百八橋」と称され、たくさんの橋が重要な役割を果たした。それは村田英雄が歌った有名な「王将」の歌詞からも明らかだ。

　ニューヨーク市を構成する５つの行政区の１つであるマンハッタン区は、ハドソン川河口部の中州にあるマンハッタン島が大部分を占めている。言うまでもなくマンハッタン区、ブルックリン区、クイーンズ区、ブロンクス区、スタテンアイランド区という５つの行政区から構成されているニューヨーク市は世界の中心地だが、その中でもマンハッタン区は

タイムズスクエアやウォール街を有する商業、金融の集積地だ。そんなマンハッタン区は地理的に“21ブリッジ”で他地区に連絡しているから、この“21ブリッジ”を封鎖すれば、マンハッタンの都市封鎖は可能に・・・？

　本作のタイトルが『21ブリッジ』というタイトルにされたのは、一体なぜ？それは、主演兼プロデューサーのチャドウィック・ボーズマンが、殺人強盗犯を追跡するためにニューヨーク・マンハッタン島にかかる21の橋をすべて封鎖する、というシンプルかつ大胆なアイデアに惚れこんだためだ。もっとも、中国の武漢を見るまでもなく、新型コロナウイルスの感染を防止する都市の“ロックダウン”は可能だが、それは国家の意思によるもの。そう考えれば、1本の映画を作るために、「21ブリッジ」を封鎖するなんてことがホントにできるの？

4月9日(金)より全国ロードショー

■□■ 『キネマ旬報』で特集！■□■

　『キネマ旬報』4月下旬号は26頁から35頁まで、10ページにわたって本作を特集し、①芝山幹郎（映画評論家・翻訳家）「単細胞に見えて不思議に頭のよい映画」、②猿渡由紀（映画ジャーナリスト）「チャドウィック・ボーズマンの思いをのせて」、③杏レラト（映画ライター）「ブラックムービー史からみる『21ブリッジ』」の3本の解説を載せた。これはきっと主演兼プロデューサーのチャドウィック・ボーズマンが2020年に43歳の若さで亡くなったため、その哀悼の意を込めたもので、それぞれが興味深い読みモノだ

が、とりわけ、上記③は読みごたえがある。

　私が強く印象に残っている三大黒人俳優は、①『夜の大捜査線』（67年）等のシドニー・ポワチエ、②『マルコムX』（92年）等のデンゼル・ワシントン、③『アリ』（01年）『シネマ2』190頁）等のウィル・スミスの3人。したがって、『ブラックパンサー』（18年）で主演した黒人俳優、チャドウィック・ボーズマンを私は知らなかったが、上記③によれば、同作によって90年代ブラック・ルネサンスのブームのような現象が再び巻き起こったらしい。それなのに、『ブラックパンサー』の続編を待っている最中にチャドウィック・ボーズマンは他界してしまったわけだ。そんな俳優、チャドウィック・ボーズマンについて上記③では、「ポワチエの正統派を継ぎ、ワシントンのように時代を超えるスター性と実力を兼ね備えた稀有な俳優、チャドウィック・ボーズマン。脈々と続いてきたブラックムービーの歴史の中で、2010年以降の潮流を象徴するような大きな存在であった。」と絶賛している。

■□■犯人もビックリ！なぜここに300kgもの麻薬が？■□■

　本作は、退役軍人のマイケル（ステファン・ジェームズ）とレイ（テイラー・キッチュ）が、ブルックリンにあるレストラン、"モスト"のワインセラーに隠されているコカインを盗み出すためマスク姿で進入するシークエンスから始まる。裏道に車を停め、ワインセラーに侵入し、30kgのコカインを袋に詰めて出発。マシンガンは持っているが、それはあくまで念のためだ。ところが、そんな事前の手はずとは異なり、そこには店員がいた他、ワインセラーの中には聞かされていた量の10倍にも上る300kgの大量のコカインがあったからビックリ。更に想定外だったのは、すぐに多数の警察官が突入してきたことだ。マイケルは何とか隠れようとしたが、レイは軽率にも警察官の1人を射殺したため、現場はたちまち激しい銃撃戦に。

　7人の警察官を射殺し、1人に瀕死の重傷を負わせることができたのは、2人の犯人の軍人としての経験だが、こうなれば、約50kgのコカインだけを手にレストランから逃走するほかない。逃走中も運転するレイに対して、マイケルは冷静に「信号を守れ」と命じたのは、ニューヨーク市内に張り巡らされている領域監視システム、ロウアー・マンハッタン・セキュリティ・イニシアティブ（LMSI）を意識したため。ロンドンは今や監視カメラだらけだが、中国はもっとすごいらしい。しかして、ニューヨーク市警が活用しているロウアー・マンハッタン・セキュリティ・イニシアティブの威力は？

■□■NY市警85分署が"21ブリッジ"の封鎖命令を！■□■

　映画が描くニューヨーク市警（NYPD）、とりわけその85分署にはこれまでにもいろいろ個性の強い刑事が登場するが、本作でチャドウィック・ボーズマンが演じるニューヨーク市警のアンドレは殉職した警察官の息子で、「良心に従うこと。善悪の判断を他人に左右されないこと。この残酷な世界で、正しい道を進むことを」をモットーに生きている殺人課の刑事だ。本作導入部では、13年前のアンドレ少年の姿と、今は優秀な刑事でありな

がら９年間で８人を射殺したということで"内務調査"を受けているアンドレの姿が登場する。アンドレは、それはあくまで「正義の代価だ」と主張しているが、真相はさて…？そんなアンドレが凄惨なレストランの現場にやってくると・・・？

　他方、今、犯行現場を仕切っているのは、８５分署の署長であるマッケナ警部（Ｊ・Ｋ・シモンズ）。アンドレがマッケナ警部から事件の解決を指示されたのは実績からして当然だが、なぜ麻薬課のフランキー・バーンズ刑事（シエナ・ミラー）と組むことになったの？大量のコカインが盗まれた事件だからフランキーと組むのは当然といえば当然だが、いくら麻薬課として有能でも、子供と一緒に暮らすママさん刑事のフランキーには凶悪犯逮捕というハードな任務は難しいのでは？

　そんな現場には、信号を無視して暴走する２人組の犯人らしき姿が捉えられた、との吉報が。逃亡犯の行き先がブルックリンだと読んだアンドレは、マンハッタン島に架かる２１の橋すべてをはじめ、川やトンネル、列車などを止め、島全域を封鎖するという大胆な案を提示。マッケナ警部も即座にそれをOKし、FBIや当局の許可を取り付けたから、マッケナ警部も有能だ。ただし、武漢市のロックダウンは何か月も続いたが、マンハッタン島に架かる２１ブリッジの封鎖は午前５時まで。つまり、アンドレ刑事とフランキーは、それまでの犯人逮捕が至上命令とされたわけだが・・・。

４月９日(金)より全国ロードショー

■□■３０kgのコカイン強奪の以来主は？犯人の逃亡先は？■□■

　本作導入部の展開を観ていると、『２１ブリッジ』というタイトルどおりの問題提起に大成功！さあ、犯人たちは封鎖されたマンハッタン島から脱出し、逃亡できるの？犯人たちが目指す逃亡先はアンドレが読んだとおり、すぐお隣のブルックリン？それとも、アンドレと対立しているFBIの読みどおり、外国・・・？

　本作中盤は、マイケルとレイが連絡係だったトリアノ・ブッシュ（ルイス・キャンセルミ）を脅して、麻薬強奪の依頼主であるホーク・タイラー（ゲイリー・カー）と対決する物語、更にマイアミに高飛びするため偽の身分証明書をつくる男・アディ（アレクサンダ

ー・シディグ）と対決する物語、が展開していく。

　３０kgのコカイン強奪という、危険のない（？）気楽な仕事（？）だったはずなのに、多数の警察官を殺す羽目になったのは依頼主の責任だ。それがマイケルとレイの言いたかったことだが、私に言わせれば、今さらそんなことを議論しても仕方ない。そう考えていると、今度はなぜかそこに大量のニューヨーク市警の面々が駆けつけてきたうえ、ドアののぞき穴から警告もなしにいきなりアディの目を撃ったから、アレレ・・・？自分のアジトに２人の犯人を含めた関係者を集めて話し合いをしていたアディにもいろいろと言いたいことがあったはずだが、死に際に「クールハンド」と言いながら謎のUSBをマイケルとレイに託しただけ。さあ、このUSBには一体何が？

４月９日(金)より全国ロードショー

■□■NY市警は横暴？市民の守り手？こんなあんな疑問！■□■

　「潜入もの」や「マフィアもの」を観ていると、警察官とヤクザ（マフィア）が意外にも上層部でつながっていたり、"警察上層部は汚職まみれ"という実態が浮かび上がってくるケースが多い。「警察じゃけぇ、何をしてもええんじゃ」と役所広司扮する広島県警の警察官（巡査部長）が広島弁でまくし立てていた『孤狼の血』(18年)（『シネマ42』33頁）でも、女性作家・柚月裕子の原作に沿って"ヤクザと警察の癒着ぶり"が描かれていた。同作で役所広司が演じていた主人公も一匹狼だったが、『ダーティーハリー』(71年)でクリント・イーストウッドが演じた警察官も同じような一匹狼。そう考えると、本作のアンドレは、ある意味優秀で模範的な警察官だが、過去に警察官を殺した犯人を殺したことで"内務調査"を受けているくらいだから、やっぱりアンドレも一匹狼・・・？本作中盤からはアンドレのそんな本性（？）が少しずつ暴露されていくので、それに注目！

　マイケルとレイにとって、なぜ犯行直後の現場にあんなに大勢のNY市警の警察官が急襲したのかが疑問なら、アディにとっては自分のアジトをNY市警が急襲し、いきなりアディを撃ったのかが疑問。一刻も早く犯人を追い込まなければならないアンドレもそれと同じ疑問を持ちながら、やっとブッシュの根城であるクラブ"パンナム"に到着すると、ここにも先に到着していたNY市警８５分署の警察官がブッシュを射殺した後だったから、

アレレ・・・。さらに、マイケルとレイが逃げ込んだ食肉工場で、アンドレはレイを射殺しマイケルと対峙したが、そこではアンドレの相棒であるフランキーがマイケルの人質にされてしまったから、さあ、アンドレはどうするの？

　捜査の第一線で銃撃戦を含むハードな捜査を続けながら、アンドレの頭の中に次から次に湧いてくるそんな疑問は、ひょっとして"あのUSB"を開けば明らかに・・・？

■□■黒幕は誰だ？癒着・汚職の実態は？その仕組みは？■□■

　ヤクザ映画にはいつも博打場（賭場）が登場するが、ヤクザの収入源（しのぎ）の基本はその博打収入ではなく、みかじめ料。つまり、用心棒代だ。弁護士の顧問料もこれとよく似たものだが、それは弁護士もやくざと同じ"自由業"だから仕方ない。

　それに対して、警察は公務員だから、その給料は地位に応じて固定されている。しかし、それだけではお小遣いに不足するため、多くの警察官が求めるのは"内緒のお小遣い"。警察官でも残業し、長時間勤務すれば残業手当や精勤手当がもらえるが、それらはすべて"表の金"だから使い勝手が悪い。何とか警察官が"自由に使えるお小遣い"として、"裏金の支給"はできないの？それができれば、日夜市民のために働いているニューヨーク市警の警察官は、もっとよく働くはずだ。『孤狼の血』の主人公は、自分だけ"裏のお小遣い"を稼いでいたが、NY市警85分署の有能な署長・マッケナ警部なら、NY市警の警察官全員のためにそう考えたとしても何ら不思議ではない。すると、

4月9日(金)より全国ロードショー

ひょっとして、本作における"黒幕"の正体はNY市警85分署のマッケナ署長？

　黒幕の正体は？癒着・汚職の実態は？その仕組みは？そんな構造的な問題をしっかり考えながら、本作ラストでは、マッケナ警部の自宅に1人で乗り込むアンドレの姿と、2人の究極の対決をしっかり見極めたい。

2021（令和3）年4月19日記

Data

監督・脚本：バート・フレインドリッチ

原案：スザンネ・ビア／アンダース・トーマス・ジェンセン

出演：ジュリアン・ムーア／ミシェル・ウィリアムズ／ビリー・クラダップ／アビー・クイン

SHOW-HEY シネマルーム

★★★★

秘密への招待状

2019 年／アメリカ映画
配給：キノフィルムズ／112 分

2021（令和 3）年 2 月 13 日鑑賞　　TOHO シネマズ西宮 OS

みどころ

　織田信長は女だった！"大奥"には女ではなく、麗しい男たちを！そんな新説（珍説？）に基づく小説があるくらいだから、リメイクの手法では、男から女へ、女から男への変更は自由。スザンネ・ビア監督の名作『アフター・ウェディング』（06 年）をそんな風にリメイクすると？

　"産みの母親"vs"育ての母親"をテーマにした作品は多いが、スザンネ版と同じストーリーで進んでいく本作では、必然的にそのテーマは先鋭化していく。そんな事態になれば、夫婦は離反、父と娘に続いて母と娘もバラバラ、そして新妻は"成田離婚"以上のスピードで離婚を決意！？

　そんなハラハラドキドキの展開後、巨額の寄付金が質量ともにさらにアップされるから、アレレ・・・。そんな決断は一体なぜ？ネタバレ厳禁なルールの中、スザンネ版と共に本作の面白さをしっかり楽しみたい。

―― * ―― * ―― * ―― * ―― * ―― * ―― * ―― * ―― * ――

■□■リメイクあれこれ。主役を男から女へ！なるほど納得！■□■

　織田信長は女だった！そんな新説（珍説？）で書かれた面白い小説が、佐藤賢一の『女信長』だったが、意外や意外、読んでみるとその説得力にビックリ！また、17 世紀前半、若い男だけを襲う疫病が流行し、時の将軍徳川家光も死去。窮余の一策として、一人娘の千恵が「家光」になったものの、男性人口が減少する中、大奥に女ではなく、麗しい男たちが集められた。そんな"男女逆転の発想"で"大奥"を描いた、よしながふみ原作の人気漫画『大奥』が、2021 年 2 月 26 日発売のコミックス 19 巻で、約 16 年にわたる連載を終えることになったが、その説得力にもビックリ！

　他方、『パラサイト　半地下の家族』（19 年）（『シネマ 46』14 頁）が、ハリウッドでのリメイク決定！そんなニュースにもビックリだが、本作は私の大好きなデンマークの女性

監督、スザンネ・ビアの『アフター・ウェディング』(06年)(『シネマ16』63頁)のハリウッドでのリメイクだから、まずはそれに注目！ちなみに、吉永小百合と天海祐希が共演した『最高の人生の見つけ方』(19年)(『シネマ46』336頁)は、ハリウッド映画『最高の人生の見つけ方』(07年)(『シネマ20』329頁)のリメイクだったが、ハリウッド版の主役は、ジャック・ニコルソンとモーガン・フリーマンの2人のおじさん俳優だったはず。

それと同じように、『アフター・ウェディング』の導入部に登場した、インドの孤児たちの援助活動に従事する理想主義者も、結婚式のシークエンスに登場した大富豪も男だったはず。ところが、それをハリウッドがリメイクした本作冒頭に登場する、インドのカルカッタのスラム街で、孤児院の運営に人生のすべてを捧げている女性はイザベル（ミシェル・ウィリアムズ）。また、愛娘・グレイス（アビー・クイン）のウエディングに夫のオスカー（ビリー・クラダップ）と共に臨んでいるのは、22年前にゼロから起業し、今や全米のメディア代理店のトップに立つ億万長者の女性、テレサ（ジュリアン・ムーア）だ。アレレ、こりゃどうなっているの？しかし、よく考えてみると、なるほど納得！

■□■"産みの母親"vs"育ての母親"問題が急浮上！■□■

"産みの母親"vs"育ての母親"問題をテーマにした名作の1つが、井上真央と永作博美が共演した『八日目の蟬』(11年)(『シネマ26』195頁)。近時の、『光をくれた人』(16年)(『シネマ40』239頁)も、『夕陽のあと』(19年)(『シネマ46』346頁)も、『朝が来る』(20年)(『シネマ47』118頁)も同じテーマの映画だったが、母性を前面に押し出したこれらの女（母親）たちの物語は、それぞれ奥が深い。それは、「妊娠は女の特権」という当たり前のことと密接に関係するからだ。そのため、そんなテーマの映画では、男の軽さと女の強さがどうしても際立ってしまう。

そんな視点から言うと、男2人の主役から女2人の主役にリメイクした本作では、"産みの母親"vs"育ての母親"問題が急浮上することになる。しかし、それが本作の大きなテーマであることがわかるのは、既にスザンネ版を見てネタバレ情報を持っている観客に限られるから、スザンネ版を見ていない人は、本作導入部に見るテレサからイザベルへの多額の資金援助の申し入れや、それに付せられた"ある条件"の意味はまったく分からないはずだ。したがって、イザベルがインドからニューヨークに飛び、さらに、テレサの娘グレイスのウェディングに臨む一連のストーリーは、ミステリーだらけのはずだ。これは一体ナニ？テレサは一体何を狙っているの？

■□■新婦の父は？スピーチは？こんな面会ホントにあり？■□■1

彫刻家として大成功した父親オスカー、今や全米一のメディア代理店のトップに立つ億万長者の母親テレサの大切な娘グレイスの結婚式ともなれば、それが超豪華なのは当然。また、『ゴッドファーザー』(72年)第1部冒頭の超豪華な結婚式は、出席者は多くても黒社会の人々に限定されており、閉鎖的だが、グレイスの結婚式の参加者は当然オープンだ。それでも、出席者の名前は事前に管理されているはずだから、思いつきのようなテレサの

提案で、テレサたちのファミリーに縁もゆかりもないイザベルが突然出席することになる本作導入部のストーリーはかなりヘンだ。

イザベルは、超高層ビルの広々としたテレサのオフィスで、さっさと寄付金に関わる契約の調印をし、週末にはインドに帰りたいと思っていた。にもかかわらず、インドで待っているわが子のような男の子ジェイに「もう少し待っていてね」と電話を入れ、週末には行きたくもない結婚式に出席させられたから、ついイライラ。しかも、ビジネスのためのあの席で、テレサは結婚する自分の娘のことや結婚後に授かった双子の息子の話など、一方的に自分の身の上話ばかりを聞かせ、肝心の寄付の話は「もう少し精査させてほしい」と言うだけで未だ決定してくれなかったから、フラストレーションがたまっていたのは当然だ。イザベルのためにわざわざ用意されたドレスを着て、高いヒールを履いて駆けつけたのは仕方ないが、式への到着が少し遅れたのはそんなイライラのせいもあったのだろう。

そんなイザベルの目の前に飛び込んできたのは、新婦の肩を抱く父親の姿だが、アレレ、この顔は・・・？さらに、動揺するイザベルの耳に聞こえてきたグレイスのスピーチは、通り一遍のものではなく、異例の身の上話。そして、その内容は、「世界一素晴らしいお母さん」と讃えた母親が、産みの母親ではなく、育ての母親であることをユーモアたっぷりに語ったものだから、会場はやんやの喝采！しかし、突然そんな話を聞かされた"産みの母親"たる当の本人イザベルの気持ちは・・・？

■□■テレサはなぜ？そんな疑問の中、人間模様は大混乱に！■□■

新婦の父親の顔を見て驚いたのがイザベルなら、ガーデンパーティーの中で参列者から一人離れて立っているイザベルを見て驚いたのがオスカーだ。「どうして、私の娘があそこにいるの？」。それがイザベルの質問なら、「なぜ君がこの結婚式に参加しているの？」。それがオスカーの質問だ。もちろん、一人一人の観客も同じ疑問を持つはずだが、それ以上に疑問なのが、テレサはイザベルがグレイスの産みの母親であることを知ったうえで、強引にグレイスの結婚式にイザベルを参加させたのかどうか、ということ。もしそうだとしたら、それは何のため？他方、多額寄付の申し出はホント？ひょっとして、それはこのシナリオを実現させるための単なる方便？そんな疑問が次々と湧いてくる。

テレサ役を演じたジュリアン・ムーアは演技力豊かなベテラン女優だが、導入部でのテレサの振る舞いやお喋りに不自然な点や強引な点があったことは間違いない。しかし、テレサは自分が苦労して産んだ実の息子たちと同じようにグレイスを愛していることは嘘ではないようだから、もし結婚式の直後に"産みの母親"vs"育ての母親"問題が浮上すれば、何よりもグレイスが迷惑することはわかっているはずだ。そして、もしそんな結果になれば、これまで築いてきたテレサの家の夫婦、親子の絆が一気に崩れてしまうはずだ。そんな心配が次々と浮かんでくる。そして、本作中盤ではイザベルとオスカーとの話し合いはもちろん、イザベルとテレサとの話し合い、イザベルとグレイスとの話し合い等のシークエンスが次々と登場してくるから、それに注目！その節目節目に、それぞれの立場の

男女の人間の感情の
発露が観られるのも
当然だから、本作で
はそこに見られる人
間模様をしっかり観
察したい。さらに、
「成田離婚」（新婚旅
行から帰ってすぐに
離婚すること）以上
に早い、グレイスか
らの「離婚したい」

との気持ちも発露されるから、コトの影響は新婦にも及んでいくことに。

　さあ、この人間模様の大混乱はどう収束していくの？そこで提示される問題は、これは
すべてテレサの企み通りの展開？それとも？ということだが・・・。

■□■当初の寄付を上回る新提案は？その狙いは？背景は？■□■

　スザンネ版では２人の主人公は男だったから、結婚式終了後、「俺の娘なのか？」という
議論が登場していた。しかし、２人の主人公を女にしてリメイクした本作では、"産みの母
親" vs "育ての母親"がテーマになってくるため、必然的にその議論は一切なくなってい
る。しかし、前述した疑問が次々と湧いてくるのは、スザンネ版も本作も同じだ。

　私はスザンネ版で、論点その１〜論点その５に分けて評論したから、興味がある人は是
非それを参照しながら読んでもらいたい。その「論点５」は、巨額の寄付金の契約をめぐ
る攻防戦だったが、それは本作もまったく同じだ。「いろいろ考えたが・・・」と前置きし
たうえで、テレサがイザベルに提示した新たな条件は、「１年ごとの寄付金ではなく、イザ
ベルとグレイスの名前を付けた２００万ドルの基金を設立し、２人で使い道を決めればい
い」というものだったから、イザベルはビックリ！「これで私の財産がやっと減ったわ」
とテレサはあっさりしたものだったし、これによってテレサが経営の第一線から退く決意
であることも明らかだが、テレサがそこまで基金を膨らませた上、グレイスの冠までつけ
るのは一体何のため？また、その条件としてイザベルがニューヨークに住むことを義務付
けたのは、一体何のため？それをしっかり考えたい。

■□■ネタバレ御免で、これだけは・・・■□■

　本作最終盤には、本作最大の"ある秘密"が明かされるが、それもスザンネ版と同じだ
から、皆さんにはそこに至るスリリングな展開をしっかり楽しんでもらいたい。ちなみに、
スザンネ版の評論のラストでは「あっと驚く新事実が……」と題してネタバレさせている
が、そんな結末は本作も同じであることを、ネタバレ御免で書いておきたい。

２０２１（令和３）年２月１７日記

SHOW-HEY シネマルーム

★★★★

アウトポスト

2019年／アメリカ映画
配給：クロックワークス／123分

2021（令和3）年3月20日鑑賞	梅田ブルク7

Data

監督： ロッド・ルーリー
原作： ジェイク・タッパー『The Outpost: An Untold Story of American Valor』（リトル・ブラウン・アンド・カンパニー刊）
出演： スコット・イーストウッド／ケイレブ・ランドリー・ジョーンズ／オーランド・ブルーム／マイロ・ギブソン／ジャック・ケシー／ウィル・アッテンボロー

👀 みどころ

「アラモの砦」の戦いは有名だが、私は中国で大ヒットした『八佰(The Eight Hundred)』（20年）で観た「四行倉庫の戦い」を知らなかったし、本作のテーマである「カムデシュの戦い」も知らなかった。「カムデシュの戦い」とは？また、「アウトポスト」とは？

斎藤道三が築造した稲葉山城は何が優れていたの？それと対比すれば、すぐに"前哨基地"のあるべき姿がわかるはず。しかし、運悪く（？）劣悪な地形のアウトポストに配属されると、ひょっとして「アラモの砦」と同じような全滅の危険が・・・？

米国陸軍の強さはどこに？旧日本陸軍の在り方とも対比しながら、本作の中でその回答をしっかり見つけ出したい。

——— * ——— * ——— * ——— * ——— * ——— * ——— * ——— * ——— * ———

■□■ものすごい戦争映画を鑑賞！カムデシュの戦いとは？■□■

私は2月5日にオンライン試写でものすごい映画を鑑賞した。もっとも、私は自分のデスク上にあるパソコンの画面で映画鑑賞するのは、どうしても集中できないので、基本的に邪道だと思っている。本作も前半は画面に集中できず、"ながら鑑賞"していたが、クライマックスの「カムデシュの戦い」になると、食い入るように集中することに。しかし、本作が劇場で公開されると、こんなものすごい戦争映画はやっぱり劇場の大スクリーンで！そう考えて劇場へ。

『アウトポスト』と題された、ものすごい戦争映画である本作のテーマは、アフガニスタン戦争における「カムデシュの戦い」。去る3月13日に見た中国映画『八佰(The Eight Hundred)』（20年）では、1937年の第2次上海事変のラストに起きた「四行倉庫の戦い」をはじめて知ったが、本作では、「カムデシュの戦い」をはじめて知ることに。

「カムデシュの戦い」とは、２００９年１０月３日に、アフガニスタン北東部の山奥に設置された前哨基地で勃発したもので、約５０人の米軍兵が約３００名という圧倒的な勢力のタリバン兵による組織的な猛攻撃に立ち向かった戦いのことだ。私はジョン・ウェイン主演の『アラモ』（60年）や、それをリメイクした『アラモ（THE ALAMO）』（04年）（『シネマ6』112頁）で描かれた「アラモの戦い」はよく知っていたが、知らなかったなあ、「カムデシュの戦い」は・・・。

■□■アウトポストとは？■□■

本作鑑賞中、私は本作のタイトルとされている「アウトポスト」の意味が全くわからなかった。しかし、"その道のプロ"はたくさんいると見えて、本作に関するブログを読むと、これは「前哨基地」のことらしい。また、goo辞書には、「１．≪軍事≫前哨基地［部隊］、２．（場所の）はずれ；出先機関、支店」と書かれており、weblioには、「辺境の植民地、前哨、前哨部隊」と書かれている。

また、あるブログには、カムデシュには前哨基地キーティングとローレル（COPs Keating and Lowell）、観測所フリッチェ（Observation Post Fritsche）と書かれており、他のブログでもその点については色々と解説されている。なるほど、なるほど。

■□■なぜ米国はアフガン戦争を？アフガンからの撤退は？■□■

アフガニスタン戦争やイラク戦争をテーマにした映画は多いが、なぜアメリカはベトナム戦争で大きな痛手を負ったのに、これらの戦争をしたの？そこで強調されたのは、米国の"世界の盟主"として、また、"世界の憲兵"としての役割だが、「アメリカファースト」を唱えたトランプ前大統領は、早期のアフガニスタンからの撤退を公約とし、退陣直前までそのための手を打ってきたが、その結末は？

ちなみに、２００９年１０月当時の米国大統領は民主党のバラク・オバマだが、アフガニスタン戦争（２００１年～２０２０年）とイラク戦争（２００３年～２０１０年）を国民の圧倒的支持のもとに展開したのは、２００１年１月から２００９年１月まで２期８年間大統領を務めた、共和党のジョージ・W・ブッシュ。したがって、その時代のアフガニスタンの米軍のアウトポストは、すべて万全！私は勝手にそう思っていたが、米軍とアフガニスタン国軍を含めた約５０人で守られているカムデシュのアウトポストは、そもそも防衛に弱い地形だったらしい。

他方、日本人はその実態を全く知らないが、耳にタコができるほど聞かされたタリバン（兵士）のアメリカへの反抗心は強い。本作前半は、そんな「カムデシュ」の「アウトポスト」で過酷な任務に従事する兵士たちの姿が次々と描かれていくが・・・。

■□■米兵たちの日常は？VS日本陸軍のそれは？■□■

アメリカの戦争映画に見る陸軍兵士たちの日常は、厳しさの反面、電話、手紙、あるいはハッパ（？）等、一定の自由がある。しかし、アフガニスタンのアウトポストには女性兵士はいないから、若い兵士たちが常に女に飢えているのは当然。アウトポストの兵士た

ちの日常を描く本作前半で異様に（？）目立つのは、兵士たちのおしゃべりの多さだ。

　これは、毎日のようにタリバンの攻撃にさらされている恐怖の裏返しでもあるのだろうが、冗談めかしながらも各自の口から機関銃のように飛び出す言葉は、異様に多い。もちろん、そこには汚い言葉が含まれている、というよりは、汚い言葉のオンパレードだし、彼らが口にする冗談のほとんどは女（の下半身）に関するものだ。したがって、それを延々と見せられ聞かされている前半は少し退屈だったが…。

　日本陸軍の組織としてのマネジメントの未熟さや、二等兵いじめの酷さは、『人間の條件』（59 年〜61 年）全 6 部作や、『兵隊やくざ』（65 年）シリーズ等で明らかだ。さらに、韓国の金綺泳（キム・ギヨン）監督が日本陸軍の理不尽さを描いた『玄界灘は知っている』（61 年）には唖然とさせられた（『シネマ 47』275 頁）。それらと本作を比べると、上記のような米国陸軍の自由さが際立っている。もっとも、いくら自由だといっても、軍隊では階級、命令、規律等が絶対だから、本作でもキーティング基地の責任者が、当初のキーティング大尉からイエスカス大尉、そして、イエスカス大尉からブロワード大尉と変わっていく中で、その実態がさまざまに変化していく姿が興味深い。本作では、所詮生身の人間、生身の男の集団だから、という当然のことを当然のこととしたうえで、あえて米国陸軍における米兵たちの日常をしっかりウォッチしたい。その 1 つのポイントが、兵士同士の"友情"だが、さて、本作でのそれは・・・？

■□■なぜあんな盆地に基地を？VS 稲葉山城との違いは？■□■

　「アウトポスト」の 1 つであるカムデシュの前哨基地としての脆弱さは事前に指摘されていたようだが、米軍はなぜ、あんな盆地に前哨基地を作ったの？ちなみに、一介の油売り商人から城持ち大名にまでのし上がった斎藤道三は、権謀術策でも抜きんでていたが、城づくりでも素晴らしい才能を発揮した。そのため、金華山に稲葉山城（のちの岐阜城）を築城したわけだ。松山市生まれの私は、子供の時から城山の上にある松山城に何度も（何十回も）上ったが、稲葉山城はそれ以上に高い（険しい）から、山上に昇るのは大変。お城や前哨基地はそうありたいものだが、なぜ米軍はあんな盆地にキーティング基地を作ったの？ちなみに、１５８２年６月２日未明、明智光秀に急襲された本能寺は、いかに立派でも 1 つのお寺に過ぎないから、武装した大軍が四方から襲いかかってくればいかに織田信長でもどうしようもなかった。本作を観ていると、アウトポストの中に観測所などのさまざまな施設が設置されていることはわかるが、それを図面上で解説するシークエンスはないから、観客にはそれはわからない。

　本作ラストのクライマックスでは、それらのさまざまな施設がタリバンの攻撃によってどのように分断されるのか、また、どのようにしてそれを阻止し、反撃していくのかが描かれるが、所詮、前哨基地を盆地（谷底）に設置したという致命的欠陥はどうしようもない。また、それとは別に本作を観てはっきりわかるのは、アフガニスタン国軍は全く当てにならないことだが、逆に強調されるのは、米軍兵士の闘争心と結束力の強さだ。本作を

観ていると、やっぱり米国陸軍は世界一の強兵。誰もがそう理解できることになるが・・・。

■□■やっぱり武器は豊富！ヘリは強い！応援到着まで何分？■□■

　アウトポストは、アフガン国内にたくさん設置されたため、ひとつひとつのアウトポストを守る米兵は少ない。しかし、アウトポストを守る米軍兵士が持っている武器は優秀かつ豊富。さらに、もしアウトポストが危機に陥った場合、最新鋭の通信機器を駆使すれば、後方からすぐに、ベトナム戦争の時の大活躍でおなじみの、強力な攻撃ヘリが支援に来てくれるはず。したがって、「あと何分持ちこたえたら・・・」と前向きに考えられるのが強みだ。

　アメリカの攻撃ヘリの威力は、ベトナム戦争の名作として今なお語り継がれている『地獄の黙示録』(79年)、『ディア・ハンター』(78年)、『ランボー』(82年)、『プラトーン』(86年) 等で明らかだが、その威力はアフガンでも維持されているらしい。もちろん、タリバンだってバカではないから、彼らの総攻撃は準備万端を整えたうえでのもの。しかして、カムデシュの戦いの全貌は？その結末は？本作後半に見るその壮絶な展開は、固唾を飲みながらあなた自身の目でしっかりと！

２０２１（令和３）年３月２２日記

Data
監督・脚本：ダン・クラウス
出演：ナット・ウルフ／アレキサン
　　　ダー・スカルスガルド／アダ
　　　ム・ロング／ジョナサン・ホ
　　　ワイトセル／ブライアン・マ
　　　ーク／オシ・イカイル／アン
　　　ナ・フランコリーニ／ロブ・
　　　モロー／オリヴァー・リッチ
　　　ー／トゥンジ・カシム

キル・チーム

2019年／アメリカ映画
配給：クロックワークス／88分

2021（令和3）年1月29日鑑賞　　シネ・リーブル梅田

■□■ショートコメント■□■

◆1月20日に就任した米国のバイデン新大統領は、次々と新しい"大統領令"に署名し、トランプ政権の政策を次々と覆している。その一つが、アフガニスタンからの米軍の撤退だ。新政権の主張は、アフガニスタンからの撤退は旧支配勢力たるタリバンが和平合意を守ることが条件だったから、「それを守っていなければ撤退もなし」ということだ。

　本作はアフガニスタンに駐留していた米軍内で、2010年に実際に起きた現地の民間人射殺事件をテーマにした映画。理想に燃えて現地に赴任した若き兵士アンドリュー（ナット・ウルフ）に与えられた任務は華々しい戦闘ではなく、地元住民の取り調べ。つまり、地雷の設置や武器の調達さらには情報の提供など、民間人だってタリバンに協力しているケシカラン奴がいるから、それを選別するのも重要な任務というわけだ。現に、地元住民に優しく接していた上司のウォレス軍曹（トゥンジ・カシム）は、思わぬ爆死をしてしまうことに。すると、アンドリューの次の上司は？

◆「キル・チーム」（＝殺人部隊）とは何とも物騒なネーミングだが、もちろん、そんな名前の部隊が実際にあったわけではない。これは、ドキュメンタリー作家としてアカデミー賞に2度ノミネートされたダン・クラウス監督が撮ったドキュメンタリー映画のタイトルだ。そして、それを映画化したのが本作だ。

『人間の條件』（59年-61年）6部作でも、『兵隊やくざ』シリーズでも、さらには韓国のキム・ギヨン監督の『玄界灘は知っている』（61年）（『シネマ47』275頁）でも、日本陸軍の新兵いじめは陰湿だが、ヤンキー魂に富み、根が陽気な（？）米国陸軍では、そんな雰囲気はまったくない。新たにアンドリューたちの上司として赴任してきたディークス軍曹（アレクサンダー・スカルスガルド）は、任務の遂行に関しては前任者よりもメチャ厳しいが、「ハッパを吸うこと」をはじめ、細かいことには寛容（？）らしい。しかも、部隊内のリーダーの選抜については、彼独自の基準があるらしい。その結果思いがけずリーダーに選ばれたアンドリューは、故郷の両親に電話をかけて無邪気に喜んでいたが・・・。

◆戦闘行為は最も命の危険を伴う行為だが、やることは単純。しかし、治安維持活動は難しい。ウォレスとディークスという両極端な上司を対比するまでもなく、その任務の遂行にあたっては、兵士一人一人の人間性が試されることになる。兵士に笑いながら近づき、お菓子をねだる村の子供たちに米兵殺害の意思はないだろうが、絶対にないと言い切ることはできない。現に、子供たちに手を振り、ニコニコと笑えと命じていたウォレス軍曹は地雷で吹き飛ばされてしまったのだから・・・。

　そう考えると、地雷のありかを調べたり、武器を隠し持っていないかを調べたりしていると、あの男もこの子供も怪しげ・・・？しかも、現実にある村でそんな任務を遂行している最中に、どこからか銃弾が飛んでくると・・・？

◆本作はすべての物語が終わった後に、字幕で２０１０年３月に起きた現実の事件を巡る裁判の結果が表示される。しかし、本作は「法廷もの」ではなく、いわばその事件を巡るアンドリューとディークスを主人公にした「心理もの」だ。したがって、ディークス軍曹への信頼と不信の間で揺れ動くアンドリューの内心の葛藤を、俳優ナット・ウルフが如何に表現するかが本作の出来を左右することになる。それはディークス軍曹も同じで、彼自身は任務遂行のためと信じ込んでいるものの、その“やり口”は如何なもの？そんなやり方で固まり、いわば“確信犯”とも言えるディークス軍曹には心の揺れはないの・・・？

◆そんな視点で考えると、本作は実によくできているが、１つだけ私が納得できないのは、アンドリューとディークスが逮捕され、裁判にかけられようとする時、２人を同じ車両に乗せて運ぶシークエンスになること。そこでディークスは、これ幸いとばかりにアンドリューに対して「俺たちは何も悪いことはしていない」「俺はこれまですべて乗り切ってきた」「裁判の結果に自信を持て」等の言葉をかけるわけだ。そうなると、それに対するアンドリューの対応は？という興味がわくことになり、映画のシークエンスとしては興味深いが、弁護士の目で見れば、逮捕された被疑者同士が自由に打ち合わせできる、こんな機会が作られることはありえないはずだ。それはともかく、さあ、２人の裁判の結果は？

２０２１（令和３）年２月３日記

第2章
男の生き方

Data

監督・原案・脚本：アレクシス・ミ
　　シャリク
出演：トマ・ソリヴェレス／オリヴ
　　ィエ・グルメ／マティルド・
　　セニエ／トム・レーブ／リュ
　　シー・ブジュナー／アリス・
　　ドゥ・ランクザン／イゴー
　　ル・ゴッテスマン／クレマン
　　ティーヌ・セラリエ／イゴー
　　ル・ゴッテスマン／ドミニ
　　ク・ピノン／シモン・アブカ
　　リアン／マルク・アンドレオ
　　ーニ／アントワーヌ・デュレ
　　リ

SHOW-HEY シネマルーム

★★★★★

シラノ・ド・ベルジュラックに会いたい！

2018 年／フランス映画
配給：キノフィルムズ、東京テアトル／112 分

2020（令和 2）年 11 月 22 日鑑賞　　テアトル梅田

👀 みどころ

　イギリスがシェイクスピアなら、フランスはエドモン・ロスタン。イギリス が『ロミオとジュリエット』なら、フランスは『シラノ・ド・ベルジュラック』。
　それがフランスの主張だが、日本人のあなたは『シラノ・ド・ベルジュラック』を知ってる？
　「潜水艦モノが面白い」のと同じように「劇中劇」は面白い。それは『恋に 落ちたシェイクスピア』でも『蒲田行進曲』でも立証済みだが、さて本作は？
　このスピード感！このドタバタ感！そしてこの面白さ！やっぱり劇中劇は 面白い！

―――＊―――＊―――＊―――＊―――＊―――＊―――＊―――＊―――＊―――＊

■□■イギリスが『ロミオ』なら、フランスは『シラノ』！■□■

　イギリスが誇る劇作家がシェイクスピアなら、フランスが誇る劇作家はエドモン・ロス タン。また、イギリスが誇る演劇がシェイクスピアの『ロミオとジュリエット』なら、フ ランスが誇る演劇は、エドモン・ロスタンの『シラノ・ド・ベルジュラック』だ。
　本作の原案と脚本を書き監督したのは、１９８２年にパリで生まれたアレクシス・ミシ ャリクだが、彼の初長編作品となった本作には、そんな意気込みが溢れている。
　本作を観ながら私がすぐに思い出したのは、名作『恋におちたシェイクスピア』(97 年)。 同作は『ロミオとジュリエット』の初演を背景とし、若かりし日のシェイクスピアと彼を 信奉する上流階級の娘ヴァイオラとの恋愛を描いた悲喜劇。しかして、本作もそれと同じ ように、『シラノ・ド・ベルジュラック』の初演を背景とし、若かりし日のエドモン・ロス タン（トマ・ソリヴェレス）と彼を信奉する娘・ジャンヌ（リュシー・ブジュナー）との 恋愛を描く悲喜劇で、まさにフランス版の『恋におちたシェイクスピア』だ。

60

アレクシス・ミシャリク監督はパンフレットにあるインタビューで、「この映画はどのようにして誕生したのですか」という質問に対し、彼は「最初のきっかけは１９９９年にジョン・マッデンの映画『恋におちたシェイクスピア』を見たことです」と答えたうえで、「実話をもとに、若きシェイクスピアが美しいミューズのおかげで借金を返し、インスピレーションを得て代表作『ロミオとジュリエット』を書き上げたかを描いています。なぜフランスではこういう映画が作られていないのか不思議に思ったんです」と説明している。しかし、彼が書いた原案と脚本がすぐに映画化に結び付いたわけではなく、一度は舞台劇として書き直す等の苦労をしたうえで本作の完成を見たそうだが、さてその完成度は？

■□■何よりも人との「出会い」が大切！エドモンは誰と？■□■

来年１月に７２歳を迎える私は、何よりも大切なことは人との「出会い」だと痛感している。本作導入部は、無名の劇作家で詩人のエドモン・ロスタンが「とんだ駄作だな。１週間で打ち切る。」とパリの名だたる劇場の支配人から言い放たれてしまったにもかかわらず、様々な人物と大切な「出会い」を重ねていく姿が描かれる。

その第1は、その芝居で主演していた大女優・サラ（クレマンティーヌ・セラリエ）と出会い気に入られたこと。第2は、自分の夫は天才で、必ず傑作を書くと信じる妻・ロズモンド（アリス・ドゥ・ランクザン）との出会いと結婚できたこと。第3は、サラの紹介で出会うことができた名優、コンスタン・コクラン（オリヴィエ・グルメ）から、ハチャメチャながらも2時間後に作品を持ってこい、と作品の注文を受けたこと。第4は、その注文された芝居の台本を書くためカフェの席に座り、真っ白なノートを前に呆然としていたエドモンに対して、黒人の店主・オノレ（ジャン＝ミシェル・マルシアル）から才気あふれるヒントをもらえたこと。

これらの「出会い」によって、エドモンは「醜男だが行いは華麗な人物」という設定を思いつき、実在の剣術家にして作家のシラノ・ド・ベルジュラックを主人公にする芝居を書くという方向性が決まったわけだ。もちろん、その原案に基づいて台本を書くのはエドモン自身。思いつく限りのアイディアを語るエドモンに対して、コクランは「喜劇にしろ！」という注文だけで、ゴーサインを出してくれたから、さらにラッキーだ。問題は残された時間がわずかしかないことだが、エドモンはそれをどうクリアするの？

■□■「劇中劇」は面白い！どれが現実？どれが芝居？■□■

「潜水艦モノ」は面白い！それと同じように、劇中劇は面白い！それが私の持論だが、それを見事に立証したのが、『恋におちたシェイクスピア』だった。そこでは、美人女優グウィネス・パルトローが『十二夜』の登場人物ヴァイオラと同名のヒロインとして登場し、兄の名前を名乗る男装の麗人役を演じていた。それに対して本作では、エドモン自身が衣装係の女性ジャンヌ（リュシー・ブジュナー）に恋する、エドモンの友人で俳優のレオ（トム・レーブ）の代わりにラブレターを書いたり、愛の言葉をささやいているうちに、『恋に落ちたシェイクスピア』と同じようなドタバタ劇が進んでいくので、それに注目！

『ロミオとジュリエット』では、毒薬を飲んで死んでしまう悲劇の前の、バルコニーで愛を交わすシーンが最高の見どころだが、レオ（影の役者はエドモン）とジャンヌがバルコニー（？）で、互いに姿を見せないまま熱く愛を語り合うシーンが、本作前半最大の見どころになる。レオの方はそれだけで無我夢中になってしまったが、台本の完成を急いでいる劇作家のエドモンの方は、この体験を一刻も早く台本にまとめる作業が必要だが・・・。

■□■大スターも実は借金まみれ！？劇場への支払いは？■□■

現在、読売新聞の「時代の証言者」には、現代の吟遊詩人・さだまさしが登場しているが、１１月２６日付、連載１８回目のそのタイトルは「中国で映画製作 大借金」というもの。彼は、自ら出資した映画『長江』を完成させ、大ヒットさせたものの、収益としては最終的に２８億円の借金が残り、完済するのに約３０年かかったそうだ。彼に限らず、映画製作に手を出して失敗した芸能人は多い。

それと同じように（？）、１８９５年当時のパリでは、大俳優のコクランも実は多額の借金を抱えていたらしい。そのため、コクランはエドモンの新作をかつて所属したコメディ＝フランセーズへの復帰作にと目論だが、古巣の支配人から「パリ中の劇場から追放する」と言われたため、来年の１月１日まで借りているポルト・サン＝マルタン座で、急遽「シラノ」を上映することに決めたが、さて彼は劇場への支払いはできるの？

■□■こんなにわか稽古で開演できるの？観客は？反応は？■□■

『恋に落ちたシェイクスピア』と並ぶ劇中劇の名作『蒲田行進曲』(82 年)は、階段落としの大スペクタルと人情噺のバランスが絶妙だった。同作のハイライトは本番のカメラの前で決死の「階段落とし」が成功するか否かだったが、本作では、それ以前に『シラノ・ド・ベルジュラック』がほんとに開演できるのか否かに注目！だって、公演初日までの日程はメチャきついうえ、セリフに文句ばかり言う大女優をなだめたり、ジャンヌとの浮気を疑う妻からの追及をかわしたり、エドモンは台本作り以外の雑用（？）にも追われていたのだから。

大女優の代役に衣装係のジャンヌを急遽起用したのは窮余の一策ながらうまくハマってくれたが、恋の語らいやラブレターの代筆がバレてしまった後の友人レオの怒りは如何に？人間離れした鼻をもった醜男シラノ役を演じるコクランは意気揚々だから何とかなりそうだが、この台本の展開は彼が要求していたように、ホントに喜劇になるの？そんな心配も私の頭をかすめたが、何はともあれ開幕は？

１８９５年当時のパリの演劇界にはネットによる事前販売はないから、初日直前にポスターを貼るくらいでは宣伝効果はイマイチ。これでは観客の動員はどうなるの？そんな状況下に太っ腹なところを見せたのは、カフェの店主オノレ。彼は『シラノ・ド・ベルジュラック』の第一幕だけでも鑑賞した客には食事をタダにすると大盤振る舞いだが、さて？そんなドタバタ劇の中でやっと幕があがった『シラノ・ド・ベルジュラック』に対する観客の反応は？　　　　　　　　　　　２０２０（令和２）年１１月２６日記

62

Data
監督：アーマンド・イアヌッチ
原作：チャールズ・ディケンズ『デイヴィッド・コパフィールド』（新潮文庫刊、岩波文庫刊）
脚本：アーマンド・イアヌッチ／サイモン・ブラックウェル
出演：デヴ・パテル／ピーター・キャパルディ／ヒュー・ローリー／ティルダ・スウィントン／ベン・ウィショー

SHOW-HEY シネマルーム

★★★★

どん底作家の人生に幸あれ！

2019年／イギリス・アメリカ合作映画
配給：ギャガ／120分

2021（令和3）年1月26日鑑賞　　シネリーブル神戸

👀👀 みどころ

　『デイヴィッド・コパフィールド』（１８４９年）はイギリスの文豪、チャールズ・ディケンズの自伝的小説だが、そこで語られている内容はホント？それとも創作（でっち上げ）？

　時代の変革期を生きる人間の人生は急上昇と急降下を繰り返すものだが、まさにデイヴィッドはその典型。ホントかウソかは無視し、人生大逆転！の面白さをタップリ楽しもう！

――＊――＊――＊――＊――＊――＊――＊――＊――＊――

■□■文豪ディケンズの自伝的小説に注目！■□■

　イギリスの文豪、チャールズ・ディケンズといえば、「二都物語」や「クリスマス・キャロル」等で有名。そんな小説は私も読んでいるし、『オリバー・ツイスト』（05年）（『シネマ9』273頁）は、小説だけでなく映画も観ている。そんな彼には「デイヴィッド・コパフィールド」という長編小説もあるらしい。同作の前半部分は、ディケンズの自伝的小説で、ディケンズ自身は、同作が著作の中で一番好きだと公言しているらしい。なるほど、なるほど。こりゃ、面白そう。

■□■人生大逆転！その面白さは？■□■

　本作のチラシを見ても、本作の面白さは次のように強調されている。すなわち

> ２０２１年は大笑いと、大粒の涙で、≪人生大逆転≫の幕が上がる！
> ・愉快！ディケンズも墓の中で大笑いするだろう
> ・困難をポジティブに変える魔法のような映画！
> ・豪華キャストたちの狂気が爆発！とても魅力的

　そんな英国の国民的作家・ディケンズの原作を映画化した本作の邦題は『どん底作家の人生に幸あれ！』だから、本作のテーマは実に明快だ。

　冒頭の会場は、成人したデイヴィッド（デヴ・パテル）の講演会場らしい。そこに登場

してきたデイヴィッドはおもむろに自分の"出自"を含めた人生と自分の作品について語り始めたが、それってホント？それとも創作（でっち上げ）？

そんな講演を聞いていると、突然スクリーンは出産シーンに切り替わり、医師や看護師が右往左往する中で、玉のような男の子（デイヴィッド）が生まれてくるが、そんなデイヴィッドの出生もホントにホント？それとも創作（でっち上げ）？

■□■イギリスには厳格な身分格差が！■□■

7月2日発売『どん底作家の人生に幸あれ！』
価格：¥4,180（税込）　発売・販売元：ギャガ
(C) 2019 Dickensian Pictures, LLC and Channel Four Television Corporation

7月2日発売『どん底作家の人生に幸あれ！』
価格：¥4,180（税込）　発売・販売元：ギャガ
(C) 2019 Dickensian Pictures, LLC and Channel Four Television Corporation

日本の徳川時代は「士農工商」の身分秩序が絶対だったが、いち早く産業革命を成し遂げ、近代国家のトップに躍り出たイギリスも、王族、貴族を含む身分格差は厳しかった。本作を観ていると、そのことがよくわかる。しかし、ディケンズにとっては、そのことが小説を書くネタになっているようだから、それが面白い。本作冒頭、もがき苦しむ母親のお腹から生まれた男の子がデイヴィッド・コパフィールドだが、その父親は一体誰？

幼い頃から書くことが大好きだったデイヴィッドは、周囲の変わり者たちについていろいろと書き留めては空想して楽しんでいたらしい。デイヴィッドがそんな生活ができたのは、優しい母親と家政婦3人男幸せな暮らしがあったためだが、そんな幸せな少年時代もつかの間、母親が再婚することになると、デイヴィッドは厳しい身分格差の現実に直面することに・・・。

■□■登場人物たちの個性はメチャ強烈！■□■

本作の登場人物はメチャ多いうえ、それぞれの個性がメチャ強烈。もちろん、デイヴィッド少年もそうだが、母親が再婚した男、すなわちデイヴィッドの継父の躾の厳格さはケ

タ外れだった。その結果、デイヴィッドは産業革命期のイギリス特有の（?）労働者をこき使う瓶製造工場に追いやられてしまったから、まさに彼はどん底状態に!

しかし、そんな"どん底状態"の日々は、逆にデイヴィッドをたくましく成長させたらしい。母の死亡をきっかけに工場からの脱出を成功させたデイヴィッドは、今度は唯一の肉親である裕福な叔母・ベッツィ・トロットウッド（ティルダ・スウィントン）の助けで上流階級の名門校に通い始めたからラッキー。そして、今まで体験した"作り話"を同級生に披露して人気者になることに。さらに、卒業後は法律事務所で働き、恋人・クララ（モーフィッド・クラーク）もできてついに幸せを手に入れたかに見えたが・・・。

■□■人生は急降下と急上昇の繰り返し！■□■

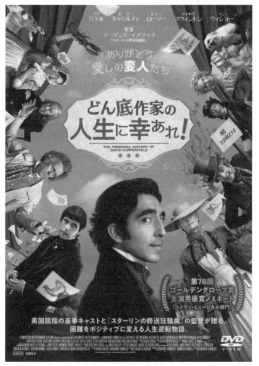

7月2日発売『どん底作家の人生に幸あれ！』
価格：¥4,180（税込）　発売・販売元：ギャガ
(C)2019 Dickensian Pictures, LLC and Channel
Four Television Corporation

中国映画『活きる』(94年)は、「禍福は糾える縄の如し」を痛感させる名作だった（『シネマ5』111頁）が、本作の主人公デイヴィッドの人生はそれ以上のジェットコースター状態で、多くの人物との出会いの中で急降下と急上昇を繰り返していくので、それに注目！

そんなデイヴィッドの人生だが、彼が子供の時から続けている習慣が、感じたことをいつもメモ用紙に書き留めること。メモ用紙に書き留めたものをいかに体系的に整理していたのかはわからないが、感じたことを常にメモすることは大切だ。それが大作家ディケンズを生む源になったわけだが、本作を観ていると、その一端を垣間見ることができる。

しかし、それにしても、彼が知り合う人々はどれもこれも変わった人ばかり。それを一人一人確認するのは大変だが、そのスピーディーな展開を見ていると、本作はあっという間に結末を迎えることに・・・。

2021（令和3）年2月1日記

■Data■
監督・脚本：マイケル・アルメレイダ
出演：イーサン・ホーク／カイル・マクラクラン／イヴ・ヒューソン／ジム・ガフィガン／エボン・モス＝バクラック／ハンナ・グロス／ジョシュ・ハミルトン／ピーター・グリーン／ジェームズ・アーバニアク／レベッカ・デイアン／ドニー・ケシュウォーズ／ルーシー・ウォルターズ

★★★★

テスラ エジソンが恐れた天才

2020年／アメリカ映画
配給：ショウゲート／103分

2021（令和3）年4月3日鑑賞	シネ・リーブル梅田

みどころ

　発明家・エジソンは誰でも知っているが、ニコラ・テスラを知ってる？また、"直流 vs 交流戦争"を知ってる？

　本作は『エジソンズ・ゲーム』（19年）で、エジソン、ウェスティングハウスに次ぐ"第3の男"として描かれたテスラを主人公とした伝記映画。

　日本では男の甲斐性は飲む・打つ・買うだが、天才・テスラには孤高・異端・狂気の3拍子が揃っていたらしい。そんな男の栄光とは？その没落とは？

——＊——＊——＊——＊——＊——＊——＊——＊——＊——＊——

■□■テスラを知ってる？"直流 vs 交流戦争"を知ってる？■□■

　今年のNHK大河ドラマ『青天を衝け』の主人公は渋沢栄一。彼があまり馴染みがないように、本作の主人公、ニコラ・テスラもあまり馴染みのない人物だ。原題は『Tesla』だけなのに、邦題にあえて『エジソンが恐れた天才』というサブタイトルをつけたのはそのためだ。発明王・エジソンの名前は誰でも知っているが、あなたはニコラ・テスラの名前を知ってる？また、エジソンが固執した直流と、ウェスティングハウスとテスラが開発した交流による"直流 vs 交流戦争"を知ってる？

　『エジソンズ・ゲーム』（19年）（『シネマ47』149頁）は、エジソンとジョージ・ウェスティングハウスの対決を中心とし、そこにニコラ・テスラが絡むストーリーだったから、『エジソンズ・ゲーム』という邦題がピッタリだったが、原題を『Tesla』とした本作はそうではなく、テスラを主人公にしたテスラの伝記映画だ。

■□■同じ伝記映画でも、視点や俳優で大違い！■□■

　『エジソンズ・ゲーム』では、テスラはエジソン、ウェスティングハウスに続く3番手の存在だった。しかし、イーサン・ホークがテスラを演じる本作では、テスラが主役。今日まで60作も続いているNHK大河ドラマでは、織田信長、豊臣秀吉、徳川家康が何度

『テスラ エジソンが恐れた天才』
2021年3月26日 ヒューマントラストシネマ有楽町ほか
全国順次ロードショー
配給：ショウゲート
(c) Nikola Productions, Inc. 2020

も登場しているが、作品によって、俳優によって、視点によって彼ら3人の扱いはさまざま。つまり、同じ人物の伝記ドラマでも、視点や俳優によって大きく違うわけだ。

　本作におけるテスラの伝記は、大財閥、J・P・モルガン（ドニー・ケシュウォーズ）の娘、アン（イヴ・ヒューソン）の視点から、アンのナレーションで構成されているが、さて、本作が描くテスラの人物像は？

■□■この天才の資質は孤高・異端・狂気の3拍子！■□■

　『エジソンズ・ゲーム』でも、発明王・エジソンの下で働くテスラが人遣いの荒いエジソンにいびられる（？）ストーリーが登場していたが、それは本作でも同じ。また、独立したテスラが、交流派のウェスティングハウスと組み、1893年のシカゴ万博でエジソンを叩きのめすストーリーも史実だから、当然それも本作でも同じ。本作が面白いのは、大財閥、J・P・モルガンの娘・アンの目を通して、ある時は彼女の憧れの存在だったテスラの実像を描き出そうとしたことだ。近時、日本でもノーベル賞を受賞した科学者が相次いで登場しているが、私が気に入らないのは彼らが意外におしゃべりなこと。それに対して、本作に見るテスラはとにかく無口だから、私と同じように財閥の令嬢・アンもそれが気に入ったらしい。もっとも、テスラの方はそんな女心を理解する能力は全くないから、さて、2人の仲は？

　また、本作では、エジソンとテスラが舐めていたソフトクリームをぶつけ合いながら決裂していく面白いシークエンスが、アンの目から2度も描かれるので、それにも注目！日本では男の甲斐性は昔から飲む・打つ・買うの3つとされていたが、本作が描く天才・テスラの資質は孤高・異端・狂気の3拍子。これはその1つか2つを備えていれば、それだけで十分トップになったり、逆に弾き飛ばされたりする資質。例えば、宮本武蔵は孤高と異端を備えていたが、狂気の面は少なかったはず。したがって、この3拍子をしっかり備えているテスラなら、本業の発明はできても、恋はもちろんムリ。しかし、発明をモノにするために不可欠な特許申請や投資家探しの能力は？

■□■特許申請は？投資家探しは？新研究は？■□■

　『エジソンズ・ゲーム』は、1882年にニューヨークで自ら発明した電球を電気で光

らせるイベントで大成功を収めるエジソンの姿から物語が始まった。そして、エジソンの直流に対して、交流の優位性を主張し、１８８６年に交流式の実演会を成功させたウェスティングハウスとの対立を深めていくストーリーが描かれた。その後、新聞記者を集めて発明を盗まれたと発表したエジソンは、「ハゲタカ」とウェスティングハウスを中傷し、"交流"は感電しやすく「死を招く」と攻撃したため、世紀の"電流戦争"が激化したが、そこでは特許をどのように取るかが大きなポイントになっていた。

『テスラ　エジソンが恐れた天才』
2021 年 3 月 26 日 ヒューマントラストシネマ有楽町ほか
全国順次ロードショー
配給：ショウゲート
(c) Nikola Productions, Inc. 2020

本作が描く"直流 vs 交流戦争"を巡る人的構成とその論点は当然そんな『エジソンズ・ゲーム』と同じだ。しかし、本作では当初エジソン側についていたＪ・Ｐ・モルガンが、途中からテスラ側に軸足を移していくところが興味深いので、それに注目！"直流 vs 交流戦争"における、ウェスティングハウスとそれに協力したテスラ陣営の勝利と、エジソン陣営の敗北は明らかになったが、その後のエジソンとテスラの進路は如何に？そして、Ｊ・Ｐ・モルガンをはじめとする投資家たちが、その次に投資するテーマはナニ？その投資先は？

　直流と交流の違いすら正確に理解できない私の頭では、本作終盤からテスラがフロリダに拠点を移動して始める"孤高の研究"の内容を理解することはできないが、その研究内容は？その研究費は？その投資は？

■□■この天才の最後は？栄光から没落へ！■□■

　織田信長、豊臣秀吉、徳川家康の３人は、それぞれ歴史に残る偉業を成し遂げたが、その最期は三者三様。志半ばで悲運の最期を遂げたのは信長。"五大老"、"五奉行"に後継ぎ・秀頼の未来を託しながら、結果的に裏切られてしまったのが秀吉。そして、健康に留意し長生きしたおかげで（？）"徳川３００年の世"の礎になったのが家康だ。

　"直流 vs 交流戦争"に勝利したテスラの電力システムにおける功績は有名だが、彼の発明はラジオ、ラジコン、噴水、電気モーター、点火プラグなど、私たちが今豊かに暮らせる数々のものに及んでいるから、その功績は家康に勝るとも劣らない。しかし、家康にはなかった"狂気"を備えていたテスラの最後は？本作はそれを明確に描いていないが、孤高・異端・狂気の３拍子を揃えた天才・テスラの最期は"栄光から没落へ"だったことをしっかり確認しておきたい。

２０２１（令和３）年４月９日記

Data

監督・脚本・脚色・原案：
　　アントワーヌ・ランボー
出演：マリーナ・フォイス／オリヴ
　　ィエ・グルメ／ローラン・リ
　　ュカ／スティーヴ・ティアン
　　チュー／フィリップ・ウシャ
　　ン／フランソワ・フェネール
　　／アルマンド・ブーランジェ
　　／レオ・ラバートランディ／
　　フィリップ・ドルモワ

SHOW-HEY シネマルーム

★★★★

私は確信する

2018 年／フランス映画
配給：セテラ・インターナショナル／110 分

2021（令和3）年2月20日鑑賞　｜　シネ・リーブル梅田

みどころ

　はじめてフランスの「法廷モノ」を鑑賞！「ヒッチコック狂の"完全犯罪"」と物議を醸した"未解決事件"とは一体ナニ？裁判を傍聴したアントワーヌ・ランボー監督は実話をもとに映画化したが、２０００年２月の"ヴィギエ事件"の一審裁判が、なぜ２００９年４月に？その他、なぜ一審は無罪に？なぜ２５０時間もの通話記録が二審でデュポン＝モレッティ弁護士の手に？等々、疑問点だらけだ。

　他方、著名弁護士に二審の弁護を依頼する女性・ノラは監督の創作だが、なぜ、そんな設定を？失踪した母親と被告人とされた父親の３人の子供たち以上にノラが動き回るのはあまりに不自然。しかも、ノラと弁護士との刑事裁判の在り方を巡る議論も、"空中戦"の感が強い。

　弁護士の最終弁論は力強くカッコ良いが、"無罪の推定"を強調するだけでいいの？さらに、理由の説明なしの無罪判決って一体ナニ？

　さて、本作を「法廷モノ」の名作の１本に入れて良いものやら・・・？

―――＊―――＊―――＊―――＊―――＊―――＊―――＊―――＊―――＊―――＊

■□■はじめて、フランスの本格的な「法廷モノ」を鑑賞！■□■

　私は、２０１９年３月１０日に『"法廷モノ"名作映画から学ぶ生きた法律と裁判』を出版し、計８４本の「法廷モノ」の名作を評論した。しかし、そこで取り上げたフランスの「法廷モノ」は、『マリーアントワネットの首飾り』(01 年)１本だけだった。同作はそれなりに面白い「法廷モノ」だったが、その法廷は１７８９年のフランス革命時代のそれだったから、現代社会におけるフランスの「法廷モノ」は１本もなかったことになる。そんな状況下、やっと"ヴィギエ事件"を映画化した「仏で４０万人動員の大ヒット裁判サスペンス」と宣伝されている本作を鑑賞！

私は寡聞にして、昨年観た『シカゴ7裁判』(20年)(『シネマ47』135頁)のことを知らなかったが、それ以上に、"フランス全土の注目を集めた"という"ヴィギエ事件"を知らなかった。これは、２０００年２月２７日に、フランス南西部のトゥールーズで起きた、３８歳の女性スザンヌ・ヴィギエが３人の子供を残して忽然と姿を消し、夫のジャック・ヴィギエ（ローラン・リュカ）に殺人容疑がかけられた事件だ。スザンヌの遺体は見つからず、ジャックは証拠不十分で釈放されたが、２００９年４月になってやっとトゥールーズで第一審の裁判が開かれ、ジャックは無罪。そして、検察側が控訴した第二審でも無罪になったそうだが、なぜそんな事件が今映画に？"ヴィギエ事件"は、なぜフランス全土の関心を集めたの？チラシには「ヒッチコック狂の"完全犯罪"か、"冤罪"か？」と書かれているが・・・。

　他方、陪審員と共に控訴審の審理に臨んだ裁判長、リキアルディ（フランソワ・フェネール）は、被告人席に座るジャックに対し、「あなたはヒッチコック監督のファンと聞きましたが、著書に彼の名が出てこないのはなぜ？」と質問していたからビックリ。こりゃ一体ナニ？フランスの刑事裁判のシステムは一体どうなっているの？弁護士の私は本作について、そんな疑問を筆頭に、あれやこれやの疑問点がてんこ盛りに・・・。

■□■ヴィギエ事件の経過は？一審の裁判はいつ？結果は？■□■

　本作をさらりとフランスの「法廷モノ」の名作として紹介するだけなら簡単。しかし、妻のスザンヌが失踪した事件で、なぜ夫のジャックに殺人罪の容疑がかけられ、起訴されたのかは、パンフレットを読んでもよくわからない。「法廷モノ」たる本作では、当然のように法廷での証人尋問のシーンがたくさん登場するが、その展開の意味を理解するためには、ややこしい事実関係をそれなりに理解することが必要だ、しかし残念ながら、いくらその努力をしても、弁護士の私ですら本作でそれを達成するのはムリ。それほど"ヴィギエ事件"の経過は複雑だ。

　パンフレットには、Timeline①「ヴィギエ事件　事件経過」②「スザンヌ失踪時の経過」、Diagram③「人物関係図」④「法廷図」、⑤Keywordsがあるので、それらの熟読が最低限必要だが、それらを読んでも、私には"ヴィギエ事件"はわからない。さらに、パンフレットには、大阪大学法学研究科教授、フランス刑法専門の島岡まな氏の"Commentary"「『私は確信する』を楽しむためのフランス司法と映画解説」があるが、いくら「法廷モノ」映画とは言え、パンフレットにこんな"Commentary"がつくのは珍しい。しかし、これを読んでもなおよくわからないのは、項を改めて分説する次の諸点だ。

■□■本作に見る、第１、第２の疑問点は？■□■

　本作に見る第１の疑問点は、パンフレットの事件経過では「２０００年２月２７日　スザンヌ・ヴィギエ失踪」、「２０００年３月１日　ジャック、妻の捜索届を警察に提出」、「２０００年３月８日　ジャック、妻の誘拐・監禁被害届を提出」、「２０００年３月１０日　ジャック勾留、家宅捜査」、「２０００年５月１１日　ジャック、妻殺害の容疑で、予審決定」

とされているのに、その後長い空白期間をおいて、「２００７年２月２２日　ジャック、妻殺害の容疑で重罪院に出頭」とされ、さらに、「２００９年４月２０日―４月３０日　オート＝ガロンヌ県トゥールーズの第一審でジャック無罪。検察側控訴」とされているのは、なぜ？つまり、ジャックを被告人とする殺人事件の第一審裁判が、２０００年５月１１日の予審決定から、９年もたってから始まったのは一体ナゼかということだ。また、この事件経過を読む限り、"ヴィギエ事件"の第一審の審理はわずか１０日間だけで終わっていることになるが、いくら"集中審理方式"といっても、それはちょっとおかしいのでは？

　第２の疑問点は、第二審だけの刑事弁護を受任するについて、弁護士は第一審記録の精査が最低限の義務だが、本作ではその点が全く分からないこと。ちなみに、「法廷モノ」として"ヴィギエ事件"の第二審を描く本作では、観客に対して第一審の内容を知らせるのが監督の当然の義務（？）だが、本作ではそれも全くない。それはともかく、ノラからの再三の要請の結果、モレッティ弁護士が第二審の弁護人を引き受けるについて、彼はノラがまとめた要点メモをもらうだけで、本作には彼が第一審記録のすべてを読んでいる風景が登場しない。その点、『霧の旗』（65年）で、大塚欽三弁護士が懸命に一審記録すべてを精査した結果、"ある重大な発見"をしていた姿とは対照的だ（『名作映画から学ぶ裁判員制度』153頁）。

■□■本作に見る、第3、第4の疑問点は？■□■

　第３の疑問点は、本作を観ている限り、第二審でも大勢の証人の証人審問をしていること。日本の刑事裁判では、第一審で尋問をした証人について再度第二審で証人尋問するのは例外で、よほど大きな事情変更がない限り、弁護人が申請しても裁判長はその申請を却下するはずだ。その点、フランスはどうなっているの？これは、ひょっとして一審でろくな証人尋問をしていなかったことの裏返し・・・？しかし、もしそうなら、そんなずさんな審理の第一審で無罪判決が出たのだから、第二審でも本作のようにシャカリキになる必要はないことになるが・・・。

　第４の疑問点は、本作最大のテーマとなる２５０時間にも及ぶ通話記録（CD）の取扱いだ。日本では、２０００年の「犯罪捜査のための通話傍受に関する法律」の施行によって、捜査の必要がある場合の通信傍受が認められたが、フランスでは"ヴィギエ事件"当時、既に捜査の必要がある場合の通信傍受は認められていたそうだ。それが本作最大のポイントとなる２５０時間に及ぶ通話記録（CD）だが、島岡まな氏の"Commentary"によれば、第一審ではそれは"無視された"らしい。たしかに、愛人関係にある男が人妻を殺害するよりも、"ヒッチコック好きの法学部教授による妻殺し完全犯罪"の方がマスコミが飛びつきやすかったネタかもしれないが、本作を観ている限りジャックを殺人犯に仕立て上げる証拠はあまりに弱い。

　それに対して、２５０時間の通話記録を精査すれば、スザンヌの失踪後、いかにスザンヌの愛人、オリヴィエ・デュランデ（フィリップ・ウシャン）が動き回っていたかが明ら

かになるはずだから、この証拠は第一審ではいかに活用されたの？モレッティ弁護士からその分析を丸投げされたノラが、シェフの仕事と育児の合間に２５０時間に及ぶこの通話記録を分析できたのなら、２０００年５月１１日の予審決定、２０００年５月１２日―２００１年２月の未決勾留を経たフランスの捜査機関は、当然それ以上に通話記録の分析ができたはず。そして、フランスの警察がこの通話記録を精査していれば、スザンヌの愛人だったデュランデを犯人として疑ったはずでは・・・？

　前述のように、島岡まな氏の"Commentary"では、この通話記録は"一審では無視された"と書かれているが、どのように無視されたのかは本作ではサッパリわからない。"ヴィギエ事件"の第二審を描くについて、"ヴィギエ事件"の第一審をエミリーと共にすべて傍聴したアントワーヌ・ランボー監督なら、この２５０時間に及ぶ通話記録（CD）が一審でどのように扱われたのかを明示するのが不可欠だったのでは？

■□■どこまでホント？ノラの人物像とその行動は不自然！■□■

　本作の原案を作り、監督、脚本、脚色したアントワーヌ・ランボー監督の「Director's interview」によると、彼はトゥールーズで"ヴィギエ裁判"を傍聴している中で、妻がなくなってからジャックと同棲していたエミリーという女性と出会ったそうだ。そして、９年もの間不当な裁判と戦った彼女の怒りは、「私が司法制度に感じている感情と重なりました」と語っている。アントワーヌ・ランボー監督は、そんなエミリーのキャラを本作のノラという架空の人物に反映させたそうだ。

　本作のノラは、レストランのシェフとして忙しく働いているシングルマザーで、長く"ヴィギエ事件"を調査しているという設定だが、どう考えてもそれは不自然。本作ではそれを補強するべく、最愛の一人息子・フェリクス（レオ・ラバートランディ）の家庭教師・クレマンス（アルマンド・ブーランジェ）が、妻・スザンヌ殺しの容疑者とされた夫・ジャックの娘であるため、「ノラはそのクレマンスのためにも真実を証明したいと願っていた」とされている。しかし、もしそうだとしても、同僚のシェフで恋人関係にあるブルノ（スティーヴ・ティアンチュー）の信頼を失ってまで、ノラが"ヴィギエ事件"に本作のようにのめりこむのは不自然だ。しかも本作の設定では、２５０時間に及ぶ通話記録の"文字起こし"をモレッティ弁護士から"丸投げ"されたノラが、仕事も子供も犠牲にしてそれに悪戦奮闘する姿が描かれるから、それも不自然だ。モレッティ弁護士は「事務所で君を雇いたい」とお世辞を言っていたが、時間的にも能力的にも私にはノラがそこまでやるのは無理だと考えざるを得ない。さらに本作では、スザンヌ殺しの犯人はジャックではなく、スザンヌと愛人関係にあったデュランデだと確信するノラが、時には感情的になりながら、デュランデを追求する姿が目立つが、これも不自然。これに対して、ジャックの無罪判決を目指すモレッティ弁護士が、「我々が目指すのはあくまでジャックの無罪であり、デュランデを殺人罪で訴追したり、有罪にすることではない」と何度も諭しているが、なぜノラはそこまでデュランデが犯人だと思い込んでいるの？

　他方、島岡まな氏解説の"Commentary"の通り、「フランスの刑事裁判では、損害賠償

などの民事裁判（付帯私訴）が同時に行われる」そうだ。そのため、本作のスクリーンで見る法廷の傍聴席には、スザンヌとジャックの3人の子供たち、ニコラ、ギョーム、クレマンスは傍聴席に座り、その弁護士たちは原告席に座っているが、本作ではこの人物たちの活動は全く描かれない。しかし、あくまで部外者であるノラに対し、3人の子供たちは父親の立場に立つか母親の立場に立つかは別として、"ヴィギエ事件"に強い関心を持つのは当然だ。それとの対比においても、本作ではあまりにも突出したノラの人物像とその行動は不自然と言わざるを得ない。

■□■フランスの警察はなぜ妻の愛人を疑わなかったの？■□■

妻の失踪とそれについての夫への殺人容疑。それが"ヴィギエ事件"だが、その逆の設定で、アメリカ合衆国憲法修正第5条「二重処罰の禁止」をテーマにした面白い映画が『ダブル・ジョパディー』(99年) だった (『シネマ1』38頁)。そこでは、妻に殺されたはずの夫は愛人と共に優雅な生活を送っていたが、なぜフランス警察は"ヴィギエ事件"において、スザンヌと愛人関係にあったデュランデの関与を疑わなかったの？ "ヴィギエ事件"におけるデュランデの位置づけは？その役割は？

デュランデは「タロット大会後、朝5時にスザンヌを自宅まで車で送り届けた」とか、「14時に電話をする約束をしていた。スザンヌのベッドの目覚まし時計も13時45分にセットされていた」とかの証言をしているが、それらの証言と、ジャックやジャックの娘・クレマンスの証言の信憑性との対比は如何に？その他、本作では、次々と関係者の証言が明らかにされるが、ハッキリ言ってそれらは複雑すぎて私を含め、多くの観客の理解は難しい。しかし、前述のように、フランスの警察が通話記録を精査していれば、スザンヌの愛人・デュランデを犯人として疑うことができたはずだが・・・？

■□■"推定無罪"の原則とは？フランスではどう定着？■□■

最新作『すばらしき世界』(20年) を発表した西川美和監督の「法廷モノ」の名作が『ゆれる』(06年) だった (『シネマ14』88頁)。その法廷での証人尋問シーンは実に見応えがあった。他方、戦後、アメリカの刑事訴訟法を導入した日本でも、"推定無罪の原則"が強調されてきたが、実はそれはお題目にすぎず、長い間、日本の刑事裁判の有罪率は99.8％だった。そんな状況下での周防正行監督の問題提起作が、『それでもボクはやってない』(06年) だった (『シネマ14』74頁)。文末に掲げた記事は、同作についての、産経新聞2007年 (平成19年) 1月19日付の私の評論だ。

そこでは、「"疑わしきは罰せず"や"無罪の推定"という刑事裁判の大原則は風前の灯・・・？」と書いたが、さて、フランスにおける"推定無罪の原則"の定着ぶりは？

■□■弁護士主役の「法廷モノ」は最終弁論に注目！■□■

弁護士を主人公にした「法廷モノ」の名作では、弁護人による最終弁論がクライマックスになることが多い。その代表が『レインメーカー』(97年) (『"法廷モノ"名作映画から学ぶ生きた法律と裁判』62頁)、『リンカーン弁護士』(11年) (『シネマ29』178頁)、『ジ

ャスティス』(01 年)(『シネマ 2』194 頁)等だが、本作でもアントワーヌ監督はモレッティ弁護士の最終弁論を本作のクライマックスに設定している。モレッティ弁護士と裁判長のリキアルディは同じ著名な法律家でありながら、もともと水と油の関係らしい。そのため、モレッティ弁護士は何度もリキアルディ裁判長の訴訟指揮に苦しめられていたが、最終弁論だけは水を打ったような静けさの中で弁護士の声が響き渡るので、それに注目！

　手元の原稿を読んだだけでは説得力、アピール力がないことは菅義偉首相の例で明らかだが、近時はプロンプター（原稿映写機）を使うことによってそれは大きく改善されている。もっとも、一言のよどみもなくモレッティ弁護士の声が、まるでシェークスピア劇での独り芝居のように響き渡る姿は映画の中だけの世界だから、それは割り引いて考える必要がある。また、弁護士の私がその内容を吟味してみると、その最終弁論は検察側から提示された証拠を一つ一つ弾劾していくものではなく、"推定無罪の原則"を大上段に振りかざして強調しているだけのものだから、あまり"内容"があるとは思えない。したがって、これはどちらかというと、傍聴席を陣取るマスコミ向け・・・？

　モレッティ弁護士がノラからの本件の依頼を再三断っていたのは、忙しくて時間がないことの他、一審で無罪になった事件の二審を受任しても、「もし、そこで有罪になれば弁護士の責任」、と考えた面もあったらしい。そんなモレッティ弁護士がノラに対して通話記録の分析を"丸投げ"したのは、ある意味で万一有罪になった場合の責任の分担を求めたため・・・？そんな解釈もできるはずだが、陪審員に対して"推定無罪の原則"を強調するだけの最終弁論で無罪判決を獲得できれば苦労はなし！だが・・・。

■□■判決理由の朗読は？せめて、要旨だけは！■□■

　弁護士を主役にした「法廷モノ」のハイライトは最終弁論だが、ハッピーエンドを共に楽しむためには、無罪判決の理由の説示が不可欠だ。なるほど、弁護人のこの努力がこのように評価された結果、こんな判決理由に。そう考える部分が不可欠なのだ。フランスは明治維新に入ったばかりの日本が必死にその法制度を取り入れようとした先進国の一つだが、フランスの刑事裁判の判決言い渡しでは、有罪か無罪かの主文の言い渡しだけで、判決理由の朗読や説明はないの？それについて、島岡まな氏の"Commentary"では何も触れられていないが、今般のコロナ騒動に伴う外出禁止措置について暴動まで起こすほどの"人権の国"フランスで、判決理由の朗読も説明もないのは、何とも意外だ。

本作ラストは、理由の説明なしの判決主義だけでモレッティ弁護士もノラも喜んでいたが、ホントにそれだけで喜べるの？また、無罪の理由が説示されない中で、マスコミは"ヴィギエ事件"の第二審の結果をいかに報道するの？そんなラストも含め、私には"フランスで４０万人を動員した「法廷モノ」の大ヒット裁判サスペンス"は疑問点だらけだが・・・。

２０２１（令和3）年2月24日記

有罪・無罪　あなたの判断は？

映　画

'09（平成21）年の裁判員制度の実施を控えて、最適の教材が登場した。それは『Shall we ダンス？』に続いて周防正行監督が正念場のげい作、六月の下調べを経て二十日公開（二十日公開のところもある）の映画『それでもボクはやってない』。監督自らが脚本を書いたそのテーマは痴漢冤罪事件。

米の陪審員を扱ったようだが、邦画では初めてのこと。満員電車での移動は日常茶飯事。あなたの頭の中は面食らうこといっぱい。突然「この人、痴漢！」と叫ばれたら…そんな時、これは決して他人ごとではない。

「犯人」とされたあなたには、警察官による取調べが待ち受けており、「自白」すれば罰金を納めて釈放。しかし「否認」すれば「被疑者」として逮捕、勾留された後、「起訴」されてしまえば今度はあなたは「被告人」とされ、そこで金を要した自由を奪った自由が中心では不99.8％という刑事裁判の審に臨む現状…

実感に唖然とするはず。一方で凶悪犯罪が増し、他方で凶悪犯罪者支援の必要性が強調されている今、ついに「無罪の推定」という刑事裁判の大原則は風前

の灯…？　また、裁判員制度と不可分なはずの「取調べの可視化」は検察の難色についにはばかり、実現見込みは不透明。

さらに、暗黒映画の名作「十二人の怒れる男」（'57年）から学ぶべき裁判員の心構えも、教育の素材、拝金主義の横行そして公共心を…

実感がいっぱい。そんな中、制度の実施はもうすぐ。

法科大学院第1期卒業による新司法試験の実施を続ける中、ついに「就職難」が現実となり、新人弁護士の質の低下が大いに懸念されている、この映画に見入る役所広司と瀬戸朝香が力的な弁護活動はお見事の極み。しかし、迅速から1年後に言い渡される判決は有罪、それとも無罪？

あなたが裁判員に選ばれる確率は116分の1と試算されている。被告人の人生があなたの司法参加はすべてに。こんな映画を観てしっかりと勉強しているべきだ。最後に、検察側と弁護側の位置関係にも十分注目を。（弁護士　坂和章平）

Data

監督：田中光敏
脚本：小松江里子
出演：三浦春馬／三浦翔平／西川貴
教／森永悠希／森川葵／内
田朝陽／迫田孝也／六角慎
司／丸山智己／徳重聡／か
たせ梨乃／田上晃吉／榎木
孝明／八木優希／河原健二
／ロバート・アンダーソン／
蓮佛美沙子／筒井真理子／
生瀬勝久／宅間孝行

★★★★★

天外者（てんがらもん）

2020 年／日本映画
配給：ギグリーボックス／109 分

2020（令和 2）年 12 月 12 日鑑賞　　TOHO シネマズ西宮 OS

みどころ

　　私の事務所近くの大阪証券取引所ビルの前に五代友厚の銅像があるが、坂本龍馬の"同級生"として幕末を駆け抜けた彼の功績は意外に知られていない。そんな彼に注目し、本作をプロデュースしたのは、私の旧知の大阪の弁護士。その「志」や良し！

　　今の若いモンは・・・？それは禁句だが、本作に見るW三浦の熱演による青春群像劇はメチャ面白い。そもそも、「天外者（てんがらもん）」とは一体ナニ？

　　コロナ禍で"鎖国状態"がさらに強まっている令和ニッポンにあって、あの時代の若者たちの外向きのエネルギーをしっかり吸収したい。

—— * —— * —— * —— * —— * —— * —— * —— * —— *

■□■天外者（てんがらもん）とは？五代プロジェクトとは？■□■

　　中国語も標準語と方言は全然違うが、それは日本語も同じ。もっとも、日本人なら誰でも大阪弁や京都弁は理解できるが、東北弁や土佐弁はもとより、鹿児島弁ともなると理解が難しい。しかして、『天外者』は「てんがいしゃ」ではなく、「てんがらもん」と読むそうだが、それって一体ナニ？『天外者』とは鹿児島弁で「凄まじい才能の持ち主」という意味らしい。本作の主人公は五代友厚（幼名　五代徳助、通称　才助）だが、なぜ、本作はそんなタイトルに？

　　Wikipedia によると、本作は２０１３年に五代友厚の「志」を次世代に継承すべく、製作総指揮の廣田稔を始めとした市民有志が「五代プロジェクト」を立ち上げる形で制作された、そうだ。熊本県出身の廣田稔氏は私の旧知の弁護士で、２００７年には『北辰斜にさすところ』（07年）（『シネマ16』278頁）をプロデュースしている。明治維新を成し遂げた後、政府の役人を辞し、大阪の実業家として大きな功績を残した五代友厚に、彼が目をつけたのは大阪の弁護士として実に達見！１９４６年生まれの彼は１９４９年生ま

れの私より３歳年上だから、これが人生最後の大仕事になると思われるが、その「志」は立派なもの。「五代友厚プロジェクト」が目指すものは、「五代友厚の『思い』と『志』を次世代に継承していくこと、現代に活かすこと」だと書かれている。

連日コロナ騒動に慌てふためき、「桜を見る会」の追及にうつつを抜かしている近時の日本国では、まさにそれが必要だと私も同感！さあ、そんな「志」の結集によって完成した本作の出来は？

■□■１８３６年生まれの２人の"同級生"に注目！■□■

五代友厚は１８３６年生まれ。そして、坂本竜馬も１８３６年生まれだから、薩摩藩と土佐藩、藩こそ違っても、２人は"同級生"。坂本龍馬は、同じ土佐の中岡慎太郎との"盟友関係"が語られることが多いが、本作は薩摩藩の五代友厚を主人公とした上で、その盟友（？）として土佐藩の坂本龍馬を面白く絡めた青春群像劇だ。

似たような青春群像劇に『長州ファイブ』（０６年）があったが、同作での"長州ファイブ"は、①井上馨、②伊藤俊輔、③井上勝、④遠藤謹助、⑤山尾庸三の５人だった。その前半では、１８６３年５月、すなわち１８５３年７月１８日のペリー率いる黒船の来航からちょうど１０年後に、この５人がイギリスに密航する、躍動感にあふれ歴史の勉強にもなる面白い物語が描かれていたが、残念ながら後半は多少"看板に偽りあり"だった（『シネマ１４』３３０頁）。

また、武田鉄矢が片山蒼の名前で自ら脚本を書き、若き日の坂本龍馬を演じた『幕末青春グラフィティ　坂本竜馬』（８２年）も、本作と似た青春群像劇だった。「サントリードラマスペシャル」として１９８２年１１月１６日に日本テレビ放送網で放映されたドラマはメチャ面白く、私はその後何度もビデオを見たものだ。

五代友厚は坂本龍馬と"同級生"だが、１８６７年１２月１０日に中岡慎太郎と一緒に３１歳で暗殺されてしまった坂本龍馬とは違って、彼は１８８５年（４９歳）まで生き抜き、①武士、②政府の要人、③実業家として、「日本を誰もが夢を持てる国にする」という、"自らの夢"を追う人生を駆け抜けていった人物。その銅像は私の事務所のすぐ近くの北浜駅前にある大阪証券取引所ビルの前に立っているので、私には馴染みの人物だ。彼の人生は、２０１５年のNHK朝ドラ『あさが来た』でも取り上げられたが、そこではあくまで波瑠が演じたヒロイン・あさが主役だったから、彼の人生は意外に知られていない。そこで、本作ではまず幼少時代の薩摩における彼の活躍ぶりを振り返ることによって、なぜ彼が薩摩で"天外者"と呼ばれたかを確認したうえ、本作全編にわたって、その「天外者」ぶりと、彼の夢の実現にかける執念と努力のサマを存分に楽しみたい。

■□■舞台は長崎！時代は１８５７年！２１歳の五代は何を？■□■

薩摩の開明藩主・島津斉彬（榎木孝明）の下で、西郷隆盛（宅間孝行）や大久保利通（迫田孝也）ら若手有望株が抜擢されていたことは、２００８年のNHK大河ドラマ『篤姫』でも描かれていた。本作を観れば、五代がこの１８２８年生まれの西郷、１８３０年生ま

れの大久保の少し下の世代にいたことがよくわかる。あの当時の一般的な武士が開明派の
藩主にすんなりついていけるはずはないから、お殿様から「世界地図から地球儀を作れ」
と藩主から命じられた五代の父親・五代秀尭（生瀬勝久）が、「わかりました」と答えたも
のの、困り果てていたのは当然。ところが、父親とは違う視点から物事を見ることができ
る幼少の五代は一晩でそれを作り上げたから、まずは母親・やす（筒井真理子）が「この
子はホントに天外者だ」と思ったのは当然。もっとも、五代のその才能を見抜いたのは母
親だけで、薩摩武士の魂でゴリゴリの兄にはそんな才能は理解できず、"西洋かぶれ"の弟
を敵視するばかりだった。

　そんなエピソードの後、本作導入部の舞台は長崎になる。時代は１８５７年、本作は、
当時２人とも２１歳だった五代と坂本が大勢の武士たちから逃げ回るシークエンスから始
まるが、それは一体ナゼ？五代や竜馬の少し先輩の、兄貴分的存在として１８５３年のペ
リー来航に最初に興奮したのは、佐久間象山、吉田松陰、そして勝海舟（丸山智己）たち。
その結果、１８５７年には長崎に海軍伝習所が造られ、勝海舟がそれを仕切り、坂本龍馬
がその片腕になっていた。そしてこの時、薩摩から伝習生として派遣された若者の１人が
五代だった。

　「天外者」の本来の意味は「凄まじい才能の持ち主」だが、伝習所で気張っている五代
の大言壮語を聞いていると、「天外者」のもう１つの意味は「大ほら吹き」とも解釈できる。
そんな五代が偶然知り合った遊郭の遊女・はる（森川葵）に語った夢は、「たとえどのよう
な人であっても、夢を見ることができるような日本を作りたい」ということだが、それっ
て大言壮語？それとも・・・？

■□■Ｗ三浦の熱演は？それに絡む若者たちは？■□■

　３８年前の『幕末青春グラフィティ　坂本竜馬』は、坂本龍馬の熱烈なファンである若
き日の武田鉄矢を中心に、吉田拓郎、井上陽水、もんたよしのりらのミュージシャン、さ
らには島田紳助、ビートたけしらのお笑い芸人が出演した青春群像劇だったが、２０２０
年公開の本作では、五代役と坂本役を、三浦春馬と三浦翔平のＷ三浦が熱演！薩摩弁と土
佐弁は本来聴解不可能な方言（？）だが、彼らのセリフは既に定着している有名なものが
多いので、十分理解できる。２０２０年７月１８日に主演の三浦春馬が急逝したことには
ビックリだが、本作での彼の熱演はすごい。「俺の力で世界を変えてやる！」と言う五代の
自負心（うぬぼれ）の強さは「天外者」と称された高い能力の裏返しだが、本人があまり
それを強調すると嫌味になることも多い。坂本龍馬もどちらかと言うとその傾向が強い
（？）ので、本来、五代と竜馬は"違う種類の油"同士。したがって、場合によれば"水
と油"と同じような"犬猿の仲"になる恐れもあるが、意外にも本作ではそんな２人が互
いにトップを競う、良きライバルになっていくので、それに注目。

　他方、導入部で、逃走中の五代によってお気に入りの万華鏡を壊されてしまった伊藤博
文（森永悠希）とのエピソードも面白い。一晩で地球儀を作り上げた五代なら、壊れた万

華鏡を分解して組み立て直すくらいはチョロいもの・・・？剣道の腕前、英語の能力に加えてそんな器用さを併せ持った五代の多才さに感服！さらに、１２月１６日付の朝刊は一斉に、三菱創業１５０周年記念事業委員会２６社が「三菱創業１５０年」の一面広告を掲載した。１８７０年に三菱の海運業を起こしたのは、本作で西川貴教が演じる三菱創業者の岩崎彌太郎だから、この男にも注目！

　１８５７年当時の長崎で彼らが暴れ回っていたのは２０歳そこそこの時代。したがって、一緒に牛鍋をつつくときは牛肉の取り合いになるのは仕方ない。しかし、そこで彼らが熱く語るテーマは、軍艦のこと、イギリスのこと、産業革命のこと、そして幕府のこと等だから、令和の時代に入った今ドキの若者とは大違いだ。前述した『幕末青春グラフィティ坂本竜馬』と本作が描く２つの青春群像劇と、令和の時代を生きる今の若者たちの青春群像劇をしっかり比較・対照したい。そして、Ｗ三浦の熱演と、それに絡む若者たちの姿を、しっかり観察したい。

■□■薩英戦争から何を学ぶ？五代の支援者は？■□■

　「長州ファイブ」たちのイギリスへの"密航"は１８６３年５月だが、その前年の１８６２年１２月には、高杉晋作の命令に従って、井上馨や伊藤俊輔（博文）等が、品川御殿山に建設中のイギリス公使館の焼き討ち事件を起こしている。また、下関での長州藩による外国船（アメリカ船）の砲撃は、１８６３年６月２５日。そして、急逝した兄・斉彬の後継者になった弟の島津久光（徳重聡）の大名行列に遭遇したイギリス人が、騎乗のまま久光の駕籠付近まで近づき列を乱してしまったことに激怒した薩摩藩士らが、"無礼討ち"としてイギリス人に斬りかかり、１人が死亡したという「生麦事件」の発生が、１８６３年６月２７日だ。

　しかし、これら一連の長州、薩摩の過激派分子（？）による左翼小児病的（？）な"攘夷"の決行によって、長州も薩摩も外国からの痛烈なしっぺ返しに遭うことになった。イギリスの東洋艦隊が鹿児島湾に侵入したとの報告を聞いた島津久光が、「直ちに開戦じゃ！」と命令したことによって薩英戦争が勃発したものの、イギリス戦艦からの艦砲射撃の前に、薩摩はあえなく敗退。五代と寺島宗則はあえなく捕えられてしまったから、アレレ。

　そんな五代を意外な方面から助けたのが、はるの身請け人になっていたイギリス人だった。しかし、貴重な捕虜経験（？）によって、五代はますますイギリスかぶれしていた（？）から、薩摩に戻った五代を、旧態然とした武士たちが、裏切り者、非国民扱いしたのは当然。本作は導入部から幕末時代に武器商人として大きな役割を果たしたトーマス・グラバー（ロバート・アンダーソン）が登場するが、彼は坂本龍馬と同じように、五代も愛したらしい。そのため、竜馬亡き後もグラバーは五代への支援を続けたからえらいものだ。『孫文の義士団』（０９年）（『シネマ２６』１４３頁、『シネマ３４』１０７頁）を観れば、日本の宮崎滔天が生涯孫文への援助を続けた姿がよくわかるが、グラバーはどんな気持ちで

五代への支援を生涯続けたのだろうか？ささやかながら、中国人留学生への坂和奨学金を続けている私には、本作を観ているとそんなところにも多いなる興味が・・・。

■□■武士から役人へ！そして実業家に！それはナゼ？■□■

本作前半は激動の幕末期における五代らの活動が描かれるが、後半は明治維新の高官になった五代が大阪に赴任するところから始まる。前半ラストで遊女のはると死別した五代は、ここですぐに武家の娘・豊子（蓮佛美沙子）と知り合い、その後すぐに結婚しているから、彼は女にかけても手の速さは抜群だったらしい。また、ここでも、彼の殺し文句は「たとえどのような人であっても、夢を見ることができるような日本を作りたい」と語ることだから、彼の女の口説き方（？）は変化していない。しかし、幕末の時代に"尊王 vs 攘夷"の二択しか見えていなかった多くの武士と違い、五代には技術やカネが見えていたから、すごい。また、岩崎弥太郎もカネの計算にかけては五代以上だったから、明治新政府の下で平気で刀を捨てた彼らにさまざまな役割があったのは当然だ。

Wikipedia によれば、１８６８年に発足した明治新政府の下で、五代は当初①参与職外国事務掛に就任したが、同年２月からは大阪で、②外国事務局判事、外国権判事、大阪府判事、初代大阪税関長などを歴任。そして、③翌１８６９年５月に会計官権判事として横浜に転勤を命じられた後、２ケ月で退官し下野したそうだ。彼が役人を辞めて大阪で実業家を選んだのは一体ナゼ？本作では、それをじっくり考えたい。

本作では描かれていないが、五代には１８８１年に起きた北海道開拓事業に関する「北海道開拓使官有物払下げ事件」に関与していたという"黒い疑惑"が付きまとっている。この事件は、NHK 朝ドラ『あさが来た』でも描かれていたが、実はこれは"誤報"だったらしい。ちなみに、本作の公開に合わせるかのように、２０２０年１２月１５日付産経新聞は「五代　政商説覆す」との見出しは、大阪市大同窓会が企画、PHP 研究所が出版した『新・五代友厚伝』が五代友厚の政商説が誤報であることを明確にしたことを報じていたが、さて、その真相は？

五代を巡るそんな"黒い疑惑"問題を考えるにつけても、「桜を見る会」問題で揺れる安倍晋三前総理や、コロナ対応を巡って大きく支持率を落としている菅新政権の評価は、もう少し長いスパンで見る必要があるのでは・・・？

２０２０（令和２）年１２月１６日記

Data

監督・脚本： ジョシュ・トランク
出演：トム・ハーディ／マット・ディロン／カイル・マクラクラン／リンダ・カーデリーニ／ジャック・ロウデン／ノエル・フィッシャー／キャサリン・ナルドゥッチ／ニール・ブレナン／ジーノ・カファレリ／ティルダ・デル・トロ／メイソン・グッチョーネ／カイデン・アクリオ／ジョシュ・トランク

SHOW-HEYシネマルーム

★★★

カポネ

2020 年／アメリカ、カナダ映画
配給：アルバトロス・フィルム／104 分

2021（令和3）年2月27日鑑賞 ┃ オンライン試写

■□■ショートコメント■□■

◆「アル・カポネ」と聞けば、それがアメリカのマフィアの首領（ドン）であることは、日本人でもよく知っている。フランシス・フォード・コッポラ監督の『ゴッドファーザー』（72 年、74 年、90 年）3 部作は、ヴィトー・コルレオーネを"ゴッドファーザー"（ドン）とするイタリア系マフィアのファミリーを描いた名作だったが、そのコルレオーネ以上に有名なマフィアのドンがアル・カポネだ。コルレオーネが活躍したのは１９４０～５０年代のニューヨークだが、アル・カポネが活躍したのは１９２０年代のシカゴ。

　アル・カポネを主人公にした名作には、ロバート・デ・ニーロがアル・カポネ役を演じ、ケビン・コスナーが彼を捕まえようと奮闘する調査官役を演じた『アンタッチャブル』(87 年) 等がある。『ゴッドファーザー』3 部作は、娘の結婚式に集まったコルレオーネファミリーの華やかなシークエンスから始まり、"2代目"への承継を巡る壮大なドラマが展開していったが、さて、「カポネ」と題された本作は？

◆本作には期待感がいっぱい。しかも、チラシにはギャング特有の（?）かっこいい白い縦縞のスリーピース服にピッタリお似合いのネクタイを付けた主人公のカポネが、カッコよく葉巻をくゆらせている姿が写っている。イギリスのチャーチル首相の葉巻好きは有名だが、ハリウッドを代表する名優トム・ハーディ扮するカポネが葉巻をくゆらすかっこいい姿は、そりゃ最高！

　本作の冒頭は、フロリダにあるカポネの大邸宅に家族が集まり、感謝祭を過ごすシークエンスから始まる。かわいい孫の１人から感謝祭の意味を聞かれたカポネは、"手短に"その説明に入ったが、その様子は少しヘン！

　食事中くらいは葉巻を口から外せば・・・？そんな気持ちは本作の鑑賞中ずっと続くが、それを横においても、本作冒頭に見るこのカポネの姿は、『ゴッドファーザー』第1部の冒頭に見たコルレオーネの威厳ある姿とは少し違うが・・・。こりゃ、一体どうしたの？

◆私は１９４９年生まれだが、本作冒頭の感謝祭のシークエンスは１９４６年のお話。長

い服役生活を終えたカポネが、やっと家族と共に静かな隠遁生活を送っていた時期らしい。２１世紀に入った今では、「人間８０年」が常識だが、若い時にもらった梅毒のため、今や思考力や判断力をすっかり失ってしまったカポネは、四六時中、幻覚やフラッシュバックに悩まされていたらしい。血気盛んな頃には殺人を含めさまざまな悪行を重ねていたはずだから、カポネのことを「うらめしや・・・」と思う人はたくさんいるはず。したがって、夜な夜なそんな幻覚を見ることになると・・・？

◆本作に見るトム・ハーディは、全編を通じて葉巻をくわえた姿（ちなみに後半は葉巻からニンジンに変更！）で重厚な演技を見せるが、その頭の中に浮かんでいる姿は現実？それとも、幻？本作を鑑賞するについて、観客はそれを見極める必要がある。そのうえ、あのかっこいいはずのトム・ハーディ演じるアル・カポネが、導入部の"おもらし"に続いて、中盤では大便まで失禁することに。後半も再三そんなシーンが登場するので、カポネの妻・メエ（リンダ・カーデリーニ）はもちろん、執拗な盗聴・監視活動を行っているFBIにも、その臭いが伝わりそう・・・。

◆２月２３日に見た韓国映画『藁にもすがる獣たち』(20年)は、１０億ウォン（約９５００万円）の札束が入ったボストン・バッグを巡って、「藁にもすがる獣たち」の欲と策謀が渦巻いた。それと同様に、本作はカポネだけが隠しどころを知っている１０００万ドルを巡る、関係者の欲と策謀の物語らしい。もっとも、カポネの家族や友人たちがそれを狙ってカポネからそのありかを聞き出そうと努力するのはわかるが、なぜFBIが今なおこんな執拗な監視活動を続けているの？
　本作では、葉巻をくわえたカポネの孤独な姿が強烈だし、彼の頭の中の、現実とも幻想ともつかない物語が次々と展開していくのに対して、FBIがなぜ今もカポネの何を監視しているのかがよくわからない。どうもFBIは、スクリーン上に見るこの男のみじめな末路は演技だと疑っているようだが、さて・・・？

◆本作は新型コロナウイルス騒動のため、劇場公開から配信公開に変更とされていたが、劇場公開が決定し、大阪でも２月２６日から公開される。私は本作をネット配信のパソコンで鑑賞したが、Wikipediaの評価によれば、「トム・ハーディは持てる力の全てを出し切っている。しかし、『カポネ』のストーリーはあまりにお粗末で、ハーディの名演を活かせていない。」となっている。確かにその通り。私もこの評価に１００％納得だ。
　トム・ハーディの静かな熱演は大スクリーンで見た方がいいのは当然だが、この程度のストーリーなら、パソコンの小画面でも十分・・・？

２０２１（令和３）年３月１日記

SHOW-HEY シネマルーム

★★★★★

聖なる犯罪者

2019 年／フランス・ポーランド映画
配給：ハーク／115 分

2021（令和3）年1月19日鑑賞	テアトル梅田

Data

監督：ヤン・コマサ
脚本：マテウシュ・パツェヴィチ
出演：バルトシュ・ビィエレニア／
エリーザ・リチェムブル／ア
レクサンドラ・コニェチュナ
／トマシュ・ジェンテク／
レシュク・リホタ／ルカー
ス・シムラット

👀 みどころ

　何とも思わせぶりな邦題の本作は、小説・映画・ミュージカルで有名な『レ・
ミゼラブル』と同じ（?）、「なりすまし」もの。ジャン・バルジャンの物語は
「小さな盗み」から始まったが、やっと少年院を仮退院できたダニエルの「僕
は司祭だ」という小さな嘘から始まった本作の物語は？

　『パラサイト　半地下の家族』(19 年)、『ペイン・アンド・グローリー』(19
年）と並んで、アカデミー国際長編映画賞にノミネートされた本作は、人口の
９割がキリスト教徒というポーランドならではの物語だが、そのすごさは日本
人にもわかるはずだ。

　ミサの在り方や神父の役割等の知識不足は横に置き、"なりすまし神父"が
いかにして"カリスマ神父"になっていくのかに注目！そして、クライマック
スでは、その崩壊のサマと主人公のあっと驚く行動をしっかり確認したい。

───＊───＊───＊───＊───＊───＊───＊───＊───＊

■□■聖人？悪人？ポーランド発の"すごい映画"が降臨！■□■

　邦題を『聖なる犯罪者』とした本作のチラシには、「聖人か？それとも悪人か？過去を偽
り聖職者として生きる男──。実話をもとに描かれた衝撃の問題作」とあり、さらに「人
殺しの私は、嘘を重ねながら奇跡を待ち続ける」とある。また、１９８１年生まれのヤン・
コマサ監督によるポーランド発の本作は、第２２回ポーランド映画賞で１１部門を受賞し
た他、第９２回アカデミー賞でも、ポン・ジュノ監督の『パラサイト　半地下の家族』や
ペドロ・アルモドバル監督の『ペイン・アンド・グローリー』と肩を並べて、国際長編映
画賞にノミネートされたそうだから、本来大きな話題になって当然の映画だ。

　本作の主人公は、第２級殺人罪で少年院に入れられ、更生のための労働やカウンセリン
グを受けている２０歳のダニエル（バルトシュ・ビィエレニア）だが、チラシを見れば、

本作のストーリーはきっと、この男が過去を偽って聖人として生きていくもの。それが分かればもう観なくてもいいやと一瞬思ったが、「実話から生まれた衝撃作」に惹かれて鑑賞することに。その結果、日本にも降臨してきたポーランド発のすごい映画にビックリ！

■□■神父になるには？犯罪者には神学校の入学資格なし！？■□■

人口の約9割がカトリックの信者だというポーランドでは、第2級殺人罪のダニエルや弟を殺されたためダニエルに強烈な恨みを抱いているボーヌス等が収容されている少年院でも、定期的にミサが行われているらしい。そして、今は敬虔なカトリック信者となっているダニエルは、トマシュ神父（ルカース・シムラット）の信頼を得てミサのまとめ役を任されていた。仮釈放の日が近づいているダニエルはトマシュ神父に対して「神父になりたい」と自分の夢を語ったが、神父からは「犯罪歴のある者は神学校への入学資格はない。」「良い行いがしたいなら、他にもたくさん道はある」と言われてしまった。しかし、それってホント？なぜ、そこまで神学校と神父の資格を規制する必要があるの？

それはともかく、仮退院し遠く離れた田舎の村にある製材所で働くことになったダニエルは、トマシュ神父との間で「お酒も薬物もやらない」と固く約束したが、その後のスクリーン上には、酒、女、クスリで遊びまくるダニエルの姿が登場するからアレレ・・・。やっぱり、こんな男は元々司祭には不向き？

■□■なぜこんな嘘を？小さな嘘からあれよあれよの展開に！■□■

邦題を『ああ無情』、原題を『レ・ミゼラブル』とする、ヴィクトル・ユゴーの小説は映画はもとより、ミュージカルも世界的に大ヒットしたが、主人公ジャン・バルジャンの波乱万丈の物語が生まれたのは"小さな盗み"からだった。それと同じように、新生活を始めるために到着した小さな村の教会で、ダニエルがマルタ（エリーザ・リチェムブル）という少女についた小さな嘘から、本作の物語が始まっていく。その嘘は「僕は司祭だ」というものだが、マルタがそれを信じなかったのは当然。しかし、「証拠を見せろ」と言われるままに、ダニエルが持っていた司祭服を見せると・・・？

そんな偶然から生まれた"小さな嘘"でも、それを維持していくためには"更なる嘘"を積み重ねていかなければならないのは当然。「なりすまし」をテーマにした映画はたくさんあるが、少年院を仮退院したばかりのダニエルがこの小さな村でヴォイチェフ神父に対して「僕はトマシュ神父だ」と信じ込ませ、トマシュ神父になりすますことができたのは、少年院時代にカトリックをしっかり学びながら、本物のトマシュ神父の下でミサのまとめ役を任される体験をしていたからだ。神父には"告解"というダニエルが一度も体験したことのないお仕事もあるが、情報化社会の今、それくらいはスマホで"手引き"を勉強すればできること。ミサだって形式的なやり方は決まっているが、トマシュ神父の真似をすれば簡単だし、たまに独自路線のミサをやれば、かえって信者たちの人気を得ることに。

このようにして、ヴォイチェフ神父が重いアルコール依存症の治療のためにリハビリで村を留守にする間、ダニエルはトマシュ神父になりすまし、順調にその職務を全うするこ

とに大成功！今やダニエルは、この小さな村のカリスマ司祭として順風満帆だが・・・。

■□■この献花台は？被害者は？この悲劇の犯人は？■□■

　ダニエルが村に入った時から気になっていたのが、6人の若者の写真を飾った献花台。これは小さな村で起きた交通事故によって、マルタの兄と友達が乗っていた車ともう一台の車が衝突し、合計7人が死亡した悲劇を悼むものだ。しかし、死者は7名なのに、なぜ写真は6名しかないの？それは、この事故がもう一台の車の運転手スワヴェクの飲酒運転によるものだと、被害者の遺族たちは信じ込んでいたためらしい。そのため、スワヴェクの亡骸は司祭から埋葬を拒否された妻・エヴァが自宅に持ち帰り、彼女は村八分の扱いを受けていた。しかし、その事故原因はホントなの？そんな単純な疑問を持ったダニエルが、マルタと共にエヴァを訪問してみると・・・。

　私は弁護士登録以降ずっと、交通事故の案件を示談、裁判の両方とも数多く処理してきたから、本作中盤のこんな問題を聞くと、「さっさと当該事故の刑事記録の取り寄せ、少なくとも実況見分調書の取り寄せをすればいいのに」と思ってしまう。しかし、それでは面白い映画にならないため、マテウシュ・パツェヴィチの脚本はその交通事故の真相をちょっとしたミステリー事案に仕立てている。しかし本作では、事件の少し前にマルタの兄がマルタに送ってきた動画によって、意外にあっけなく当該事件の原因、すなわち酒を飲んでいたのはスワヴェク？それとも、マルタの兄たち？が明らかにされるので、ミステリーとしてはイマイチ。しかし、本作はミステリー映画ではないので、その辺の不満は横に置き、その真相を知った村のカリスマ司祭、ダニエル（＝トマシュ神父）のその後の行動に注目！

■□■この交通事故の真相は？それを暴くことの功罪は？■□■

　この交通事故の真相は、もう一台の車の運転手スワヴェクの飲酒運転によるものではなく、逆にマルタの兄たち6人が飲酒運転していたことによるもの。ダニエルにはそんな"真相"が明らかになったが、それをあえて今、ダニエルが明らかにすることに何の意味があるの？それは6人の遺族たちの感情を逆なでするだけなのでは？当然そんな考えもあったが、あえてダニエルはミサで集めたお金を「まだ埋葬されていないスワヴェクの葬儀に使う」と宣言することに。そんな宣言に、遺族をはじめ多くの村人たちが驚いたのは当然だが、それ以上に強く反発し、ダニエルを強く非難するに至ったから、さあ、ダニエルはどうするの？そこでダニエルが証拠として見せたのは、マルタのスマホに収められていた前記の動画の他、マルタの母親たち遺族がエヴァに対して送付した、憎しみや怒りに満ちた数々の罵詈雑言の手紙が入った段ボールの箱だ。しかも、エヴァの説明によれば夫のスワヴェクは当時4年間断酒をしており、検視でも陰性だったから、この交通事故の処理は一体どうなっているの？

　ダニエルがはじめてやってきたこの村で、トマシュ神父になりすました上、交通事故についてここまで真相を解明できたのはマルタの協力があり、エヴァが重い口を開いたため

だが、逆にそれによって悪者になってしまったのがマルタの母親。そのため、家に入れて
もらえなかったマルタはその晩、やむなくダニエルを訪れ「ここに泊めて！」と大胆発言、
大胆行動に及んだが、さて、その後の展開は？

■□■こんな男には会いたくなかったが。ダニエルの選択は？■□■

　ジャン・バルジャンはその後市長という公職に就き忙しい日々を送っていたが、ある日、
馬車の下敷きになった男を救い出すという目立った行動をとってしまったため、執拗に彼
を追跡していたシャベール警部の目に留まることになった。しかし、今ダニエルは完全に
トマシュ神父になりすましていたから、その正体がバレる心配はなし。

　本作中盤はずっとそんな展開だったが、ある日ダニエルが告解室に入ると、そこで聞こ
えてきたのは同じ少年院に入っていたピンチェル（トマシュ・ジィエンテク）の声だった
から、ビックリ！これは、製材所で働いていたピンチェルが、招待されてその見学にやっ
て来たトマシュ神父を見て、一目でこれはダニエルだと分かり、脅迫ネタにしようとした
ためだ。ピンチェルが言うように、なりすましを村人にばらされるのは困るが、そうかと
いって要求された金を準備することなど到底不可能だ。さあ、トマシュ神父＝ダニエルは
どうするの？彼の選択は？

■□■本物の神父も登場！彼のアドバイスは？最後の選択は？■□■

　本作後半のテーマは献花台にまつわるストーリーだが、そのポイントは、村人の反対に
もかかわらず、ダニエルがスワヴェクの葬儀を強行するのか否かになっていく。そして、
その点では、マルタの母とエヴァ以外に“村の有力者”も交えた席での話し合いの行方が
焦点になる。ところが、本作ラストにかけては、もう一人重要な人物がダニエルの前に登
場してくるので、それに注目！

　それは、ホンモノのトマシュ神父だ。トマシュ神父はダニエルがしていることに悲しみ
と怒りを覚えながらも、周囲に悟られぬよう振舞ってくれたから、これは穏当。そして、「ミ
サは自分がやるから、おまえはすぐに荷造りを」と促したのも穏当だ。ところが、一見そ
れに従うかに見えたダニエルがとった、その後のあっと驚く行動は？

　日本人のほとんどは仏教徒だが、そのほとんどは葬式仏教に過ぎない。また、キリスト
教の信者も少ないから、本作に見るポーランド人の信仰心はほとんど理解できないかもし
れない。しかし、それを差し引いて考えても、少年院を仮退院したダニエルが、トマシュ
神父になりすますという、本作の実話に基づくストーリーは十分理解できる。また、その
ストーリーも、『レ・ミゼラブル』ほどではないけれども、それなりの波乱に富んでおり面
白い。しかし、本作ラストの最大のクライマックスはどうだろうか？ダニエル役を演じた
バルトシュ・ビィエレニアは３００人以上の候補の中から選ばれたそうだが、そんな俳優
が演じた主人公ダニエルが見せるラストのパフォーマンス（？）はあっと驚く何とも意外
なものだ。もちろん、それはここでネタバレにはできないので、あなた自身の目でしっか
りと！　　　　　　　　　　　　　　　　　　　　　　２０２１（令和３）年１月２５日記

Data

監督：ニールス・アルデン・オプレヴ

共同監督：アナス・W・ベアテルセン

脚本：アナス・トマス・イェンセン

原作：プク・ダムスゴー『ISの人質 13カ月の拘束、そして生還』（光文社新書刊）

出演：エスベン・スメド／トビー・ケベル／アナス・W・ベアテルセン／ソフィー・トルプ

SHOW-HEYシネマルーム

★★★★

ある人質　生還までの３９８日
(SER DU MANEN, DANIEL)

2019年／デンマーク・スウェーデン・ノルウェー映画

配給／ハピネット／138分

2021（令和3）年2月23日鑑賞　　シネ・リーブル梅田

👀👀みどころ

　「シリア　消えた１０万人」、「アサド政権・反体制派が拉致」、「シリアにおける強制失踪者数（犯行主体別）」が読売新聞に掲載された日の前日に、本作を鑑賞！イスラム過激派組織・イスラム国（IS）による強制失踪者数は８６４８人とされているから、本作の主人公、ダニエル・リューはその１人だ。

　戦場カメラマンは、その名誉と裏腹に命の危険がある。しかし、ダニエルは「戦火の中の庶民の日常を撮ること」が目標だし、日本の自衛隊と同じように、“戦闘地域”には入らない方針だったから安心安全！いやいや・・・？

　ISが当初要求した身代金は７０万ドル。ダニエルクラスの人質ならその程度だが、２５万ドルに値切ると、今度は２００万ユーロに！デンマーク政府はどうするの？家族はどうやって準備するの？北朝鮮による拉致問題と対比しながら、多くの論点を整理したい。

　ダニエルの生還は、ある意味で奇跡。しかして、彼は第2の人生をどう生きるの？２００万ユーロの返済とともに、私はそれに注目したが・・・。

───＊───＊───＊───＊───＊───＊───＊───＊───＊───＊───＊───

■□■主人公はどんな写真家に？華麗なる転身だが大丈夫？■□■

　“戦場カメラマン（報道写真家、戦争写真家）”をテーマにした名作は多い。危険を顧みず戦場のリアルさと生の一瞬をレンズで切り取る戦場カメラマンの仕事は素晴らしいし、その社会的役割は高く評価されている。しかし、それは常に生死の危険と紙一重だ。そんな名作が『おやすみなさいを言いたくて』（１３年）（『シネマ35』２２０頁）や『プライベート・ウォー』（１８年）（『シネマ45』未掲載）だった。

　それに対して、本作の主人公、ダニエル・リューは、もともとデンマークの代表選手に選ばれたエリート体操選手だったが、ケガのためその道を諦め、写真家になるために次の

キャリアをスタートさせた若者だ。その場合、普通はカメラ学校に入るものだが、直接お師匠さんを見つけて"弟子入り"する道もある。

本作導入部では、ダニエルが家族と仲良く過ごす姿が描かれるが、そこで目立っている姉のアニタ（ソフィー・トルプ）の意志力と発言力の強さに比べれば、ダニエルはどことなくひ弱く、中途半端。彼が写真を撮っている姿も趣味の延長程度にしか見えないから、これでホントに大丈夫？

■□■戦場に行かないカメラマンに！それは可能なの？■□■

そんな心配をしていると、いきなり恋人のシーネ（サーラ・ヨート・ディトレセン）との同居生活に入ると共に、戦場カメラマンの助手として採用され、ソマリアに行くことに。これには家族もビックリだが、ダニエルは戦場カメラマンになるのではなく、「戦争の中の日常を記録することが自分の目標だ」と説明したから一安心。そのための仕事先はシリアだが、"戦闘地域"にはいかないそうだから、また一安心。しかし、"戦闘地域"とはナニ？逆に"非戦闘地域"とはナニ？この両者の区別、線引きはどうなっているの？

そこで思い出されるのが、小泉純一郎内閣時代に、「重要影響事態法」における「後方地域」の定義の中で示された"非戦闘地域"（の定義）を巡る"一連の議論"だ。そこでは"非戦闘地域"は次のとおり定義された。すなわち、

> 「現に戦闘行為（国際的な武力紛争の一環として行われる人を殺傷し又は物を破壊する行為をいう。以下同じ。）が行われておらず、かつ、そこで実施される活動の期間を通じて戦闘行為が行われることがないと認められる」地域

しかし、私に言わせれば、これは"神学論争"に他ならない。２００４年１１月の国会の「党首討論」において、「非戦闘地域がどこなのか１カ所でも言って欲しい」と質問された小泉首相が、「どこが"戦闘地域"で、どこが"非戦闘地域"かと聞かれても、私にわかるわけがない」と答えたことについては、"開き直り"として、第１５６回国会で内閣不信任案の提出にまで至ったことが、私には懐かしく思い出されてくる。

■□■しかし現実は！どんな実話？どんな原作？■□■

ダニエルが到着したのは、シリアとトルコの国境の町・アザズ。ダニエルがそこで撮影するについては、通訳を兼ねて雇ったガイドはもちろん、自由シリア軍の許可証など、安全のために必要なものを完備していた。しかし、地震や津波がいつ来るかわからないのと同じように、IS（イスラム国）の活動が激化していった２０１３年当時のシリアでは、"戦闘地域"だけではなく、トルコとの国境地域においても、いつ何が起こるかわからなかったのは仕方ない。そのため、まだろくな撮影もしていないのに「CIAのスパイだ」と疑われたダニエルはガイドから切り離され、目隠し状態で戦闘地域のアレッポに移送されることに。これは、アザズのまちの支配勢力が、それまでの自由シリア軍から新興勢力のISに変わったためらしい。なるほど、なるほど。それはそれでわからなくもないが、シリアとトルコの国境に乗り込んでいったダニエルの危機意識の欠如は如何なもの？

本作は、「ISの人質となった若き写真家と、救出のために奔走した家族の感動の実話！」とされているが、その原作になったのは、プク・ダムスゴーの『ISの人質１３カ月の拘束、そして生還』（１６年）。そして、同作の「１３カ月」とは、正確には、邦題の「生還までの３９８日」とは、２０１３年５月から２０１４年６月までのことだから、まずそれをしっかり押さえておきたい。

　他方、プク・ダムスゴーはDBC（デンマーク放送協会）で、中東情勢を取材してきたジャーナリストだから、資料映像もたくさん保有していた。しかし、『ミレニアム　ドラゴン・タトゥーの女』（０９年）（『シネマ24』１８２頁）で一躍世界で有名になったニールス・アルデン・オプレヴ監督は、本作を監督するについて、それをほとんど用いていないらしい。つまり、彼はシリアの隣国・ヨルダンに緻密に現場を再現したセットを背景にして、俳優たちの高い演技の力量によってダニエルを取り巻く人間ドラマの再構成を狙ったわけだ。それは、現実を劇として演じて見せ、ドラマとして昇華させることで、人間は受け止めきれない現実を消化させるため、だが、さてその成否は？

■□■２０１１年３月以降のシリアの強制失踪者数は１０万人■□■

　本作を鑑賞した翌日の２月２４日付読売新聞で、私は「シリア消えた１０万人」、「アサド政権・反体制派が拉致」の見出しを発見した。そこには、「シリアでは１１年３月から２０年８月までに９万９４７９人が拉致され、強制失踪の状態にある。８割はアサド政権による拉致が占めており、反体制の芽を摘み取る狙いとみられる。残る２割はイスラム過激派組織「イスラム国」など四つの反体制派によるもので、身代金目的も少なくない」と書かれていた。また、「シリア人権ネットワーク」の統計をもとに作成された、「シリアにおける強制失踪者数（反攻主体別）」によれば、①イスラム過激派組織「イスラム国」８６４８人、②反体制派組織「自由シリア軍」２３９７人、③クルド人主体の民兵組織「シリア民主軍」２０５６人、④国際テロ組織アル・カイーダ系「シャーム解放機構」２００７人と掲載されていた。

　この記事は主として現在のアサド政権によるイランに住む民間人の消息不明を問題としたものだが、本作のダニエルのケースは、“イスラム過激派組織「イスラム国」”による拉致被害者８６４８人の１人に当たることになる。これを見れば、自分が行くシリアとトルコの国境は“戦闘地域”ではないから安全、というダニエルの考えがいかに甘かったかがよくわかる。２０１３年当時もそんな危険があったことは当然わかっていたはずだ。

　そう考えると、外国人写真家がアザズに乗り込んでいくことがどれだけ危険かについて、ダニエルは自己責任として十分認識しておくべきだったのでは？本作を観ている限り、私にはダニエルのそんな自覚のなさ、不十分さが目につくが・・・。

■□■人質解放の要求額は？政府の対応は？家族の対応は？■□■

　本作で私が最後まで分からないのは、ISはダニエルをCIAのスパイだと誤解したから拉致したの？それとも最初から身代金要求の人質として拉致したの？ということ。ダニエル

が拉致されるシークエンスを観ていると前者のようにも見えるが、パスポートなどを調べればダニエルの正体はすぐにわかるはずだから、真相は後者?

　他方、ダニエルの身に異変が起きたことは、彼が予定の便で帰国しなかったためすぐに明らかに。そのため、彼が置いていった連絡先に電話をかけると、それは人質救出の専門家・アートゥア(アナス・W・ベアテルセン)だった。ただちに、このアートゥアがダニエルの捜索に向けて動く姿は興味深い。そこで浮上してくる第1の論点は、デンマーク政府は人質とされたダニエルの解放に動くのか?ということ。北朝鮮の拉致問題について日本政府は最大限の努力をしているが、さてデンマーク政府は?デンマーク政府の基本方針は「テロリストとは交渉しない」だそうだが、するとデンマーク政府はISとの人質解放交渉を一切せず、家族まかせにしているの?

　第2の論点は、人質解放の代代金はHow much?ということ。アートゥアがISと接触した結果、提示された身代金は70万ドルだったから、さあ、家族はどうするの?本作は以降これを巡ってストーリーが展開していく。そして、そのさらに細かい論点の第1は、身代金を払うの?それとも拒否するの?第2には、払うとすれば、それをどうやって準備するの?ということになってくる。ちなみに、デンマークでは身代金を支払うための募金活動は法的に禁止されているらしいが、それは一体何のため?日本にはそんな法律はないはずだが、デンマークはその点どうなっているの?本作のパンフレットを読んでもそれについて何も解説されていないのが残念だ。

　家族は70万ドルの身代金を支払うために家を担保に融資を受けたり、保険を解約したりしたが、準備できたのはやっと25万ドルだけ。「これ以上は無理」と判断した家族は、アートゥアから「減額交渉は侮辱されたと見なされるから危険」とアドバイスされていたにもかかわらず、その金額を提示したが、それは最悪の選択だった。それによって、ダニエルは殺された人質の遺体を前に、天井から吊るされて鞭打たれることに。さらに、それだけでなく、身代金が200万ユーロに引き上げられたから、さあ大変だ。

■□■人質の恐怖は?人質間の会話は?希望と絶望の揺れは?■□■

　本作は、ある日突然ISの人質とされたダニエルの視線から、生還までの398日の苦悩(=希望と絶望の揺れ)を描くもの。その間、一貫してダニエルを支配した感情は"恐怖"だが、それは実に多種多様なものだった。それが本作最大の見ものだから、それをしっかり味わいたい。その中で少し意外なのは、ダニエルに対して容赦ない拷問を加えるIS兵士以上に、監視役として身近に接している"ビートルズ"と呼ばれていた4人のイギリス人たちへの恐怖。その中でも"ジョン"が最悪だったが、その実態は?

　他方、恐怖と絶望状態の中でも"時間"は進んでいくし、日常生活は営まれていく。そして、ダニエルは398日間ずっと独房に1人で閉じ込められていたわけではないから、必然的にフランス人の人質やアメリカ人の人質たちとの人的交流も生まれてくる。何が何だかさっぱりわからない状態で拉致され、拷問され、監禁状態に置かれたダニエルの精神

状態がクチャクチャになったのは当然だが、アメリカ人ジャーナリストのジェームズ・フォーリー（トビー・ケベル）はダニエルと違い、筋金入りのプロだった。何事にも明るく前向きなジェームズはみんなのために服や薬を要求し、屈辱的なロバの真似を強いられているダニエルには拒否するようアドバイスしていたから、ダニエルは彼からさまざまなことを学ぶことに。ジェームズは、アートゥアが以前から探していたジャーナリストだから、その身代金の額はダニエルとは大違いのはずだが、残念ながら本作ではそれは描かれていない。また、本作では、射殺されることになったジェームズが口頭で伝える家族への遺言をダニエルが暗記するシーンが登場し、本作ラストはダニエルがそれをジェームズの葬儀に集まった家族や参列者の前で披露するシークエンスで終わる。それはそれとして、映画としてはサマになっているが、私はそれ以上にジェームズの身代金交渉の実態を知りたかったが・・・。

■□■２００万ユーロの支払いは？ダニエルの人生の選択は？■□■

本作ラストに向けては、IS が新たに要求してきた２００万ユーロの身代金を準備すべく、再度家族が奔走する姿が描かれる。しかし、私に言わせれば、彼らはなぜ最初からこのように動かなかったの？そこでは当然募金活動がメインになるが、マスコミに知られず、しかも法的に違法とならない募金活動とはどのようなもの？

昨年１月に突如発生した新型コロナウイルス禍では、"クラウドファンディング"の手法が、レストラン関係やミニシアター関係などで活用され、それなりの威力を発揮している。ダニエルの家族は、なぜ最初からこのスタイルによる募金活動に乗り出さなかったの？「４８時間以内に２００万ユーロを払え」という最後通牒の中で、なお５０万ユーロも不足していたのでは、目標達成は不可能と思われたが、そこでダニエルの母親・スサネ（クリスティアン・ギェレルプ・コッホ）による "ウルトラC" が威力を発揮するので、本作ではそれに注目！しかし、よく考えてみれば、２００万ユーロは約２億８５００万円だから、それが若者１人の命と考えれば安いものでは・・・。

私は本作の結末が見えてきた時点で、家族の元に帰ってきたダニエルがその後の人生をどのように選択するのかについて、①にっくき IS への復讐や他の人質解放のための活動に入る、②元のとおり写真家を目指し、危険なところには行かない、③２００万ユーロを返済すべく、写真家ではなく実業家を目指す、の３択を考えたが、さて、ダニエルの選択は？

その選択は本作終了後の字幕で示されたが、２００万ユーロの返済はどうなったの？また、本作を観ながら私がずっと気になっていたのは、アートゥアへの実費や危険手当、そして報酬のことだが、それは How much？菅総理の長男が勤務する放送関連会社「東北新社」による総務省幹部ら１２名への再三の "接待" については、その金額が１円単位まで明らかにされている。そんな状況と対比すれば、ダニエルの身代金として集められた２００万ユーロが IS の懐に入ったとすれば、その返済がどうなったかについても、当然フォローすべきなのでは？　　　　　　　　　　２０２１（令和３）年２月２４日記

Data

監督：武正晴
原作・脚本：足立紳
出演：森山未來／北村匠海／勝地涼
　　　／瀧内公美／熊谷真実／水
　　　川あさみ／冨手麻妙／萩原
　　　みのり／新津ちせ／友近
　　　秋山菜津子／芦川誠／二ノ
　　　宮隆太郎／上杉柊平／清水
　　　伸／坂田聡／徳井優／佐藤
　　　修／山本博（ロバート）／松
　　　浦慎一郎／竹原慎二／風間
　　　杜夫／柄本明

アンダードッグ（前編）

2020 年／日本映画

配給：東映ビデオ／前編 131 分、後編 145 分

2020（令和2）年 12 月 1 日鑑賞	シネ・リーブル梅田

みどころ

　亜流のボクシング映画（？）『百円の恋』（１４年）を大ヒットさせた製作陣が、二匹目のドジョウを狙って本格的ボクシング映画に挑戦！そのテーマは"アンダードッグ"（かませ犬）だが、まずはその意味を理解し、今風に言えば、堕ちるところまで堕ちた主人公にしっかり寄り添いたい。

　女芸人、しずちゃんこと山崎静代を参考に（？）、お笑い芸人ボクサーを３人目の主人公としたため、配信版は全８話、総尺３５０分超に、劇場版は前編１３１分、後編１４５分、総尺２７６分の長尺に！そのことの是非は？

　前編のクライマックスは、本格的ボクサーvs お笑い芸人ボクサーの４回戦エキシビジョンマッチ。本来その勝敗は明白だが、高視聴率目当てのバラエティー番組では・・・？

―――＊―――＊―――＊―――＊―――＊―――＊―――＊―――＊―――＊―――＊―――

■□■「ボクシング映画」にはずれなし！のはずだが・・・■□■

　ボクシング映画の最高峰はもちろん『ロッキー』シリーズ（76〜06 年）（とそれに続く『クリード』シリーズ（15 年〜18 年）（『シネマ 37』27 頁、『シネマ 43』81 頁）だが、その前後にはマーティン・スコセッシ監督の『レイジング・ブル』（80 年）や、クリント・イーストウッド監督の『ミリオンダラー・ベイビー』（04 年）（『シネマ 8』212 頁）等の名作がある。日本でも、古くは石原裕次郎主演の『嵐を呼ぶ男』があり、新しくは『あしたのジョー』（11 年）（『シネマ 26』208 頁）や『あゝ、荒野（前・後篇）』（17 年）（『シネマ 41』50 頁）等がある。

　「潜水艦モノは面白い」のと同じように、「ボクシングものにはずれなし」が私の持論だ。亜流のボクシング映画だった（？）『百円の恋』（14 年）も、安藤サクラという名女優のおかげで素晴らしいボクシング映画になっていた（『シネマ 35』186 頁）。ネタが少ない邦画

界では、柳の下の二匹目のドジョウが狙われるから、数々の賞を総なめにした『百円の恋』のプロデューサーがその時の製作チームを再結成し、新しいボクシング映画に挑んだのが本作だ。その企画に乗ってきたABEMAと東映ビデオが力を合わせて、一方では全8話、総尺３５０分超の配信版を作り、他方では前・後編に分けた劇場版を作るというプロジェクトが動き始めることに。そのプロジェクトのキーワードは、"アンダードッグ"。これは、「将来有望なボクサーの踏み台となるような"かませ犬"的ボクサーのこと」だ。なるほど、なるほど。

　本作前・後編を通した主人公・末永晃（森山未來）は、私たち団塊世代が少年時代に、『週刊少年マガジン』でむさぼり読んだボクシング漫画『あしたのジョー』とは全く異質のキャラだが、なぜ彼はアンダードッグに？劇場版でも前編１３１分、後編１４５分、合計２７６分の長尺になっている本作は、まずそこから・・・。

■□■妻は家出！父親と同居！そんな"かませ犬"の仕事は？■□■

　"格差"の広がりが叫ばれ続けている昨今の世の中では、勝ち組 vs 負け組の差が顕著。負け組をより軽蔑し、蔑視的意味を込めた呼び名が"負け犬"だが、末永晃はまだ"負け犬"ではない。それが本作の大前提だ。すなわち、晃はたしかにボクサーとして最初で最後の大舞台だった７年前の日本タイトルマッチで敗れたものの、今も場末のボクシングジムで"アンダードッグをしているから、決して負け犬ではなく現役ボクサーだ。

　もっとも、いつまでもボクシングの夢をあきらめきれないまま自堕落な生活を送る夫の晃に愛想をつかした妻の佳子（水川あさみ）は、息子の太郎（市川陽夏）を連れて家出。晃は借金まみれになっている、飲んだくれの父・作郎（柄本明）と汚いアパートでの２人暮らし。そんな晃のアルバイトは、木田五郎（二宮隆太郎）が経営する場末のデリヘル店で、デリヘル嬢を送迎する車の運転手ときたから、その没落ぶりは明白だ。強い吃音を持つ木田と晃との腐れ縁も前・後編を通して徐々に明らかにされるが、そこで働いているのはベテランの現役デリヘル嬢の新田兼子（熊谷夏実）だけだった。それは、その世界の上部で勢力を広げているヤクザ組織の中で木田がすでに負け犬になっていたためだ。

　しかし、今日は幼い娘・美紅（新津ちせ）を連れたシングルマザーであるとはいえ、どこかに陰りを帯びた魅力を持つ女・明美（瀧内公美）が入店してきたからラッキー。そう思っていると、母親・田淵真由美（秋山菜津子）と暮らす車いすの男・田淵玄（上杉柊平）に明美がいたく気に入られたから、明美にとっても店にとってもさらにラッキー。それは、陰りを帯びた明美の魅力によるものだったが、同時に性的不能者・田淵の欲望を満たすための明美のサービスが如何なるものでもＯＫという、デリヘル嬢としての明美の献身的なお仕事ぶりによるものだった。しかし、そうかといって、送迎係の晃が田淵の豪邸の中に勝手に入り込み、コトに及ぶ２人の姿を覗き見するのは如何なもの・・・。そりゃそうだが、それも２人の秘めゴトの中では刺激になっていたそうだから、アレレ・・・。そんな晃のアルバイトはまさに最低！

■□■大村龍太との出会いは不自然！編集に違和感あり！■□■

　前編の導入部はそんな晃の"自己紹介"から始まるが、その設定には十分納得できる。『あ

したのジョー』の主人公たちには「少年院」がお似合いだったが、『北のカナリアたち』(12
年)(『シネマ30』222頁)や『怒り』(16年)(『シネマ38』62頁)で観たように、芸達者
でどんな役でもOKの森山未來なら、こんな設定、こんなキャラの晃役もピッタリ！また、
『彼女の人生は間違いじゃない』(17年)(『シネマ40』272頁)や『火口のふたり』(19年)
(『シネマ45』219頁)で、デリヘル嬢や大胆なセックスシーンがすっかりおなじみになっ
た演技派女優・瀧内公美にも、少し暗すぎる感もあるが、本作の明美役はピッタリ！

　そう思っていたが、その次に登場する3人の主人公のうちの1人となる男・大村龍太(北
村匠海)と晃との出会いのシークエンスはいかにも不自然だ。デリヘル嬢の送迎というア
ルバイトとは別にアンダードッグという本業を持つ夜行性の晃は、夜な夜な1人でサンド
バッグを叩いていたが、ある日いきなりそこに入ってきたのが、腕にタトゥーを入れた青
年・大村龍太(北村匠海)。今ドキの陽気な若者風(？)の彼は、今や日常的に口が重くな
っている晃に対して、プロテストのためにボクシングのトレーニングに励んでいることや、
7年前の日本タイトルマッチでの晃の試合を見たことを話してさっと帰っていったが、こ
れって一体ナニ？彼はその後も時々ぶらりと晃のジムを訪れ、一方的にさまざまなおしゃ
べりをしていくが、その中で妻・大村加奈(萩原みのり)の作る手料理を食べに来いよ。
とまで誘うのは更に不自然。これって一体ナニ？

　これは、後編ラストのクライマックスでの、晃と龍太のボクシング対決に持っていくた
めに、前編と後編の要所要所に入れている伏線だ。この伏線は全8話、総尺350分の配
信版では多分第2話か第3話のメインストーリーになるものだが、前・後編276分の劇
場版では、それが本作のように編集されているわけだ。しかし、私にはこの編集は違和感
あり！

■□■ 3人目のボクサーはお笑い芸人！この設定はいやはや！■□■

　11月29日に発表された、ホワイトハウスでの定例記者会見で政権の公式見解を伝え
る大統領報道官ら7人の広報チームのメンバーは全員女性だったから、そのことに全世界
はビックリ！日本ではそんな要職はもちろん、女性のお笑い芸人も少ない。その中の1人
である友近は武正晴監督の『嘘八百』(18年)(『シネマ41』72頁)で起用されていたが、
女お笑い芸人の1人、しずちゃんこと山崎静代が2009年にボクシングC級ライセンス
(ヘビー級)を取得し、取得前の2007年から、体力的な理由で引退した2015年ま
で続けた女子アマチュアボクシング界で数々の輝かしい成績を残したのは、素晴らしい現
実。そんな背景を原案にうまく取り入れて(？)脚本を書いた足立紳は、3人のボクサ
ーを主人公とする本作の3人目のボクサーを、お笑い芸人の宮木瞬(勝地涼)と設定した。
『亡国のイージス』(05年)(『シネマ8』352頁)で日本アカデミー賞新人俳優賞を受賞し
た勝地涼は、大先輩・真田広之の向こうを張って、堂々たる気骨漢ぶりを見せていたが、
さて本作のお笑い芸人役は？

　私が近時TVの民放番組をトンと見なくなったのは、アホバカバラエティー的要素をま
すます強めているほか、その出演者が吉本系を始めとするお笑い芸人ばかりであること。
こりゃ観ているだけ時間のムダだし、観ているだけ自分がバカになるばかり。そう思わざ

るを得ないからだ。しかし、そんな中でもしずちゃんが、お笑い芸人活動と並行しながら本格的にアマチュア女子選手としての練習を始め、前述のライセンスを取得し、数々の本格的な公式戦で戦う姿には注目していた。また、合格した後に新聞などで時々報道される彼女の試合にも注目していた。彼女がC級ライセンスを取得するまでのプロセスを伝えるバラエティー番組が半分ヤラセであることはわかっているが、それでも半分は真剣。C級ライセンスに挑戦しようとした時のしずちゃんの気持ちは？そしてまた、それに合格した後、女子アマチュアボクシングの選手として生きる決心をしたしずちゃんの気持ちは？

　私はそれを考えながら本作のスクリーン上で次々とお笑い芸人の本領を発揮している宮木の姿を見ていたが、これはどう見てもバラエティー色やおチャラケ色が強すぎるのでは？お笑い芸人の宮木がボクシングのプロテストを受けようという動機は一体ナニ？そしてまた、その決意の強さは？その努力は？

■□■宮木の対戦相手は？そのTV放映は？視聴率アップは？■□■

　しずちゃんと同じように、宮木がボクサーのプロテストに合格できたのはめでたい限りだが、その資格を生かして視聴率を取れる番組を作るためには、何よりも話題性のある対戦相手の選出が重要。そこで、達者な俳優・宮木幸三郎（風間杜夫）を父に持ち、"親の七光り"と揶揄されている中途半端なお笑い芸人・宮木のバラエティー番組として企画されたのが。晃との4ラウンドのエキシビジョンマッチだ。

　もちろん、プロテストに合格したばかりの宮木と、7年前とはいえ日本タイトルマッチの挑戦者だった晃とでは、格段の実力差があるのは当然。まともに打ち合えば試合にならないことは最初から分かっていたが、ジムの経営に苦しんでいる会長が、「所詮エキシビジョンマッチだ。これで多額のカネをもらって、キッパリ引退すれば、お前の第2の人生が開ける」と晃を説得したところ、晃はあっさりOKしたからアレレ・・・。これは、2人ともそれまで天職にしてきたボクシングとまともに向き合うことを放棄し、「カネのためやむなし」と決めつけてしまったためだ。それはそれで仕方ないとしても、その後、番組のプロデューサーから「2ラウンドあたりで一度宮木のパンチを受けてノックダウンしてくれれば嬉しいのだが・・・。もちろん、その後は宮木をボコボコにやっつけてくれてもいいよ」と、八百長まがいの提案（指示？）まで受けると・・・。

　さあ、前編はここから晃VS宮木の4回戦エキシビジョンマッチのクライマックスに向かっていくが、番組制作者はもちろん、世間も晃が勝者になるという結末はミエミエ。問題は、如何に観客の注目を集め、感動させる演出（ヤラセ？八百長？）をするかだが、たった1人、宮木の恋人・山崎愛（冨田麻妙）だけは、この試合に賭ける宮木の不退転の思いを感じ取っていたらしい。試合に向けて日に日に宮木の真剣さは強まり、実力的にも相当アップ！ひょっとして、これなら・・・？そんな期待の中で迎える感動的な前編のハイライトは、あなた自身の目でしっかりと！

２０２０（令和２）年１２月７日記

Data

監督：武正晴
原作・脚本：足立紳
出演：森山未來／北村匠海／勝地涼
／瀧内公美／熊谷真実／水
川あさみ／冨手麻妙／萩原
みのり／新津ちせ／友近／
秋山菜津子／芦川誠／ニノ
宮隆太郎／上杉柊平／清水
伸／坂田聡／徳井優／佐藤
修／山本博（ロバート）／松
浦慎一郎／竹原慎二／風間
杜夫／柄本明

SHOW-HEY シネマルーム

★★★

アンダードッグ（後編）

2020 年／日本映画
配給：東映ビデオ／前編 131 分、後編 145 分

2020（令和 2）年 12 月 1 日鑑賞	シネ・リーブル梅田

👁☆👁 みどころ

　カネのためにボクシングを売った！そんな解釈もありうる、前編クライマックスでの晃ＶＳ宮木の対決後、後半は晃と龍太を軸にさまざまな人間ドラマが展開！

　アンダードッグの晃をはじめ、登場人物のほとんどは負け犬に近い男女だから、それらの人間ドラマはそれぞれ深刻。さらに、6 戦 6 勝 6 ＫＯと前途洋々だった龍太さえ、ある悲劇が！

　そんなドロドロ劇が続く中、ラストでは超満員の後楽園ホールで、晃ＶＳ龍太の 8 ラウンドの激突が実現！そこに至るまでの両者の意地とは？関係者たちの執念とは？そして、試合の勝者は？

————＊————＊————＊————＊————＊————＊————＊————＊————

■□■後編は人間ドラマから！その1は？その2は？■□■

　健二と新次という 2 人のボクサーを主人公にした、前・後篇で 5 時間 4 分のボクシング映画『あゝ、荒野』(17 年)（『シネマ 41』50 頁）は、前編のハイライトとなる 4 回戦ボーイとしてのデビュー戦はちょっとした小手調べ程度のものだったが、後編のクライマックスとして設定された 2 つの試合は "大興奮間違いなし" の絶品だった。それを考えると、本作前編ラストに設定された、晃と宮木との 4 回戦エキシビジョンマッチは、前編のクライマックスとしては十分な迫力があり、感動モノだったから、ボクシング映画たる劇場版後編への期待は強まる一方だ。ところが、そんな期待にもかかわらず、後編は人間ドラマから！

　人間ドラマその 1 は、宮木との試合を終えた後、がっぽりファイトマネーをもらい、すっきり現役を引退するはずだった晃が今なおズルズルしていたところ、既に別居していた妻・佳子（水川あさみ）から呼び出しを受けて喫茶店で会うシークエンスから始まる。「俺

も話がある」と、やっとボクシングからの引退を告げて復縁を期待していた晃に対して、佳子からは「再婚するから（離婚届にハンコを押して）」と切り出されたから、何という悪（好？）タイミング・・・。さあ、晃はどうするの？

後編の人間ドラマその2は、暴力的な恋人に居場所が見つかった明美（瀧内公美）がDV被害を受ける物語。その被害は娘の美紅（新津ちせ）にも及んでいたようで、ある日、晃は明美から半分冗談のように、「この子の父親になってよ・・・」と言われたが、さて・・・。

■□■後編の人間ドラマその3は幼い息子との男のドラマ！■□■

後編の人間ドラマその3は、晃と一人息子・太郎（市川陽夏）との"男のドラマ"だ。前編でも太郎はテレビのリモコンを切る母親・佳子を振り切って、あくまで晃と宮木の試合を必死に観ていた。これは、とっくに晃のプロボクサーとしての夢も才能も見切っていた佳子と違い、太郎は父親の才能と夢を信じ続けていたためだ。

妻から別の男との再婚とそのための離婚を告げられた晃は、改めて自分がボクシングから引退できるかどうかを苦悩していたが、宮木とのエキシビジョンマッチのインチキ性を子供心にしっかり見抜いていた太郎から、その試合内容をとがめられ、「ボクシング、好きなんでしょ？お父さん、世界チャンピオンになりたいんでしょ？」と言われると、さらに激しく動揺することに。さあ、晃の完全引退はホントにあるの？あるとすれば、それはいつ？いやいや、それとも・・・？

■□■後編の人間ドラマその4は大村の現在、過去、未来！■□■

後編の人間ドラマその4は、前編の導入部でアンダードッグとしてトレーニングを続けている晃のジムに時々やって来ていた大村龍太（北村匠海）の現在と過去を明らかにする物語。"その過去"では、親に捨てられ、半グレとして児童養護施設で育てられた龍太を救ってくれた現在の愛妻・大村加奈（萩原みのり）との愛情秘話が明かされる。さらにそこでは、なぜ大村がボクシングを目指すことになったかのちょっとしたエピソードも明かされるので、それにも注目！

他方、"その現在"では、前編のクライマックスとして描かれた晃 vs 宮木の4回戦エキシビジョンマッチの前座試合でプロデビューし、見事勝利を飾った龍太が、公私ともに充実した生活の中で、6戦6勝6KOと快進撃を続ける姿が描かれる。半グレだった10代の龍太を救ってくれたのは、第1に愛妻の加奈だが、第2の恩人は、施設にボクシングを教えに来てくれた若かりし頃の晃だった。そんな晃の日本タイトル戦を観てボクサーを目指した龍太の夢は、"かませ犬"ではない晃とリングで拳を突き合わせること。"今の俺なら、頑張れば、そんなチャンスもあり。"そう考えた龍太は、いろいろと晃にちょっかいを出していた（？）わけだが、たしかに今の龍太なら世界挑戦も射程距離に！

ところが、そんな中、半グレ時代の"ある因縁"が龍太に対して"ある事件"を引き起こし、龍太は左目を負傷してしまうことになったから、さあ大変！ボクサーにとって目は命。このままでは龍太の選手生命が断たれること間違いなしだが、まだ今なら・・・？さ

らに、もし傷を負った左目が見えなくなっても、右目さえ無事なら、生まれてくる子供を
しっかり見ることも可能。そう考えた龍太は、"ある決断"を下すことに・・・。

■□■後楽園ホールは満員！２人の激突は？■□■

　２０２０年も１２月に入ったが、コロナ禍に襲われた２０２０年は大変な年になったか
ら、大みそか恒例のボクシングのビッグタイトルマッチが開催できるのかどうかも不安。
そんな観点からは、アンダードッグのボクサー晃と、左目の負傷のため世界タイトル戦へ
の道を断たれた若手ボクサー龍太との８ラウンド対決（の撮影）が、２０２０年２月１７
日と１８日の丸２日間にわたって行われたのは、超ラッキー。もし１か月後に設定されて
いれば、その撮影はきっとできなかったはずだ。

　前編のクライマックスを飾った晃ＶＳ宮木瞬（勝次涼）の対決は、宮木の恋人・愛（冨
手麻妙）から招待を受けた宮木の父親（風間杜夫）が観戦し、息子の死闘に感動していた
が、後編のクライマックスを飾る晃ＶＳ龍太の激突をリングサイドで見守る面々は・・・？
この激突は、前編導入部から伏線でチラリチラリと見せていた晃と龍太との因縁によるも
のだから、タイトルマッチには程遠いものながら、男と男の意地がぶつかり合ったものに
なる。晃の息子・太郎はもちろん父親の勝利を確信していたが、龍太の愛妻・加奈も、生
まれたばかりの子供を抱えて必死に龍太を応援していたのは当然だ。他方、この試合の直
前、執拗なＤＶによって自らの手で一人娘・美紅を傷つけるまでに精神的に追い込まれて
しまった明美は、その時点でやっと晃から「一緒になろう」と言われたが、果たしてそん
なことが可能なの？晃の車に乗って警察署に出頭した明美に対して、晃は「待っている」
と語りかけたが、それを聞いた明美のその後の決断は？

　『あゝ、荒野』は前篇・後篇通じて全篇ボクシング映画だったが、本作の後編は、中盤
まではボクシング映画とは程遠いさまざまな人間ドラマになっていた。しかし、やっとラ
ストに至って、ボクシング映画らしい展開になってくる。そして、晃と龍太の激突は、前
編と本作中盤までに描かれたさまざまな人間ドラマでの登場人物たちが固唾を飲んで見守
る意地の激突になっている。スピードと若さでは断然龍太。他方、経験とテクニックでは
断然晃だ。さあ、そんな２人のクライマックスの激突は？途中でダウンするシーンも見ら
れるはずだが、後楽園ホールをこれだけ満員にする観客を集めているのだから、試合は必
ず最終第８ラウンドまで行きつくはずだ。しかして、その最終ラウンドでしっかりリング
上に立っているのは、どちら？それは、あなた自身の目でしっかりと！

２０２０（令和２）年１２月７日記

Data

監督：吉田大八
脚本：楠野一郎、吉田大八
原作：塩田武士『騙し絵の牙』（角川文庫刊）
出演：大泉洋／松岡茉優／池田エライザ／斎藤工／中村倫也／坪倉由幸／和田聰宏／赤間麻里子／佐野史郎／リリー・フランキー／塚本晋也／國村隼／木村佳乃／小林聡美／佐藤浩市／石橋けい／森優作／後藤剛範

★★★★

騙し絵の牙

2021 年／日本映画
配給：松竹／113 分

2021（令和 3）年 1 月 21 日鑑賞　　松竹試写室

👀 みどころ

　紅白歌合戦の司会も、『新解釈　三國志』（２０年）の劉備玄徳役も、はしゃぎすぎ！私はそう思うが、人気作家・塩田武士が大泉洋を"あてがき"にした本作はクセモノぞろい。そんなキャラが集まる中、諸葛孔明以上の知性派（？）、大泉が次々と仕掛ける"騙し絵の牙"に注目！

　もっとも、本作のヒロインは、若く頑張り屋の編集者。社長の急死後、権力闘争に明け暮れる大手出版社の中、彼女の率直なモノ言いは危なっかしいが、正鵠を得ているから、説得力あり！同社の構造改革、人事刷新、収益改善は進むの？

　"退任式"を終えたばかりのトランプの２０２４年の"大統領復帰"は見通せないが、"騙し絵の牙"を磨きぬいたこのクセモノ男なら権力闘争後の復帰も？さらに、このヒロインが放つ最後の一手は？

───＊───＊───＊───＊───＊───＊───＊───

■□■大泉洋×吉田大八で塩田武士の大ヒット小説を映画に！■□■

　食品会社への大胆不敵な脅迫と、"きつね目の男"。そう聞けば、私たち団塊世代なら誰でも１９８４年に起きた「あの事件」を思い出す。それを「ギン萬（ギンガ・萬堂）事件」と脚色したうえ、いかにも思わせぶりな「罪の声」をモチーフにした小説が、塩田武士の『罪の声』。それを土井裕泰監督が映画化した『罪の声』（２０年）も、なかなかの出来だった（『シネマ47』132頁）。そんな人気作家・塩田武士が、人気絶頂中の俳優・大泉洋を「あてがき」にして書いた小説が『騙し絵の牙』だ。

　大泉洋は、２０２０年大晦日の第71回NHK紅白歌合戦の白組司会に起用されたが、そこでのあまりにはしゃぎすぎた司会ぶりは如何なもの？また、『新解釈・三国志』（２０

年）におけるギャグの連発も如何なもの？私はそう思わざるを得ない。しかし、『清須会議』（13年）（『シネマ31』174頁）は面白かったし、『探偵はBARにいる』シリーズ（11年、13年、17年）も、松田龍平との絶妙コンビはそれなりの面白さだった（『シネマ27』54頁、『シネマ31』232頁、『シネマ41』未掲載）。

　おふざけぶりはともかく、彼の演技力は折り紙付きだから、そんな俳優・大泉洋を「あてがき」にした小説はきっと面白いはずだが、それは一体どんなテーマ？そう思っていると、『騙し絵の牙』と題された本作は、『崖っぷち出版社で巻き起こる、クセモノだらけの仁義なき騙し合いバトル』らしい。こりゃ面白そう！

■□■「薫風社」における専務 vs 常務の対立は？■□■

　創業者一代で、零細企業から大企業に急成長する会社はどの業界にもある。現在の出版業界で言えば、一人勝ち状態にある"幻冬舎"がそうだ。しかし、創業者一代だけで急成長させた会社はその承継が難しいうえ、内部紛争が起きれば、大塚家具株式会社における父娘抗争のような大変な事態になってしまう。

　本作は冒頭、暗示的な2つのシーンを対比させながら、大手出版社・薫風社を一代で築き上げた創業者・伊庭喜之助が急死するところから始まる。その直後に同社に生まれた"権力闘争"は、東松龍司（佐藤浩市）専務 vs 宮藤和生（佐野史郎）常務の争いだ。宮藤は、一人息子で、次期社長と目されていた伊庭惟高（中村倫也）の後見人的立場だったから、一見、宮藤が優位。しかし、伊庭の妻は後妻で、惟高とは血縁関係がないから、立場は微妙だ。また、伝統ある看板雑誌として文芸誌「小説薫風」を赤字続きの中でも守り続けている宮藤に対し、実力主義で改革派の東松は、外資ファンドの郡司一（斎藤工）の支援も得ながら、何かと不穏な動きをとっていた

　本作導入部では、薫風社が大切に扱っている大御所作家・二階堂大作（國村隼）のご機嫌取りばかりしている女性編集長・江波百合子（木村佳乃）らの活動が紹介されるが、こんな旧態然としたやり方では出版業界が取り残されてしまうのは当然。そのため、江波百合子の下で一所懸命、二階堂の小説に朱を入れていた若き編集者の高野恵（松岡茉優）は、"出る杭は打たれる"を地で行くことになってしまう。そんな状況が紹介された後、おもむろに、本作の主人公である速水輝（大泉洋）が登場するが、カルチャー誌「トリニティ」の編集長を務めている速水は東松の腰巾着？

　ちなみに、2020年のNHK大河ドラマ『麒麟がくる』の主人公・明智光秀は、織田信長の腰巾着のように働かされていたが、本作の速水は、東松から「サラブレッドのように働け」と激励を受けていた。しかして、そのココロは・・・？

■□■出版不況と「取次」制。その理解が大前提！■□■

　新型コロナウイルスの被害を最も強く受けたのは観光業界と飲食業界だが、近年ずっと続いている出版業界不況の原因は、言うまでもなくインターネットの普及による紙媒体の減少。確かにそれはそうだが、他方で日本の出版業界特有の制度である「取次」制度をし

っかり理解する必要がある。紙媒体は書籍と雑誌に大別できるが、これを書店で同時に売っているのは日本だけ。それを可能にしているのが「取次」制だが、その仕組みと効用は？

　宮藤常務とその忠実な部下である百合子は、「小説薫風」を守り抜くことこそが出版不況の荒波を潜り抜ける道だと主張していたが、東松専務は、速水に対しても「「トリニティ」も廃刊の危機にある」と危機感を強調しながら、「新機軸を」と発破をかけていた。さらに彼は、赤字を垂れ流し続けている「小説薫風」の廃止をも射程距離に置いていた。

　本作後半のキーワードになる「KIBA計画」の内容やそのプロジェクトの進展、更には東松専務と外資ファンドとの提携などはすべて現在の出版不況を乗り越え、薫風社を筋肉体質の企業に作りかえていくためだ。したがって、本作のストーリーの軸になる、東松専務vs宮藤専務の権力闘争を楽しむ（？）については、その前提として、出版不況の現状と出版業界特有の「取次」制を理解する必要がある。

　他方、エンタメ色満載の本作のストーリーを牽引していく健気なヒロイン（？）は、百合子の下で毎日一所懸命原稿に朱を入れている高野恵。"薫風社"の宝"ともいうべき大御所小説家・二階堂の自信満々の新作に対して率直な物言いをしたのが是か非かは難しいところだが、これを専務派で「トリニティ」の編集長である速水が意識的に高野にやらせたとなると・・・。さあ、ここから超クセモノ男・速水が繰り広げる権謀術策の数々は？

■□■書き手も曲者ばかり！売るアイデアは？新企画は？■□■

　２０２１年の正月三が日は、コロナ禍の中、巣ごもり色が強まったため、お正月恒例のテレビ番組『芸能人格付けチェック』の視聴率が２２．８％に上ったらしい。この番組で否応なく明らかにされるのは、一見一流芸能人であっても、音楽はもとより、肉の味もワインの味もわからない三流芸能人が多いこと。本作導入部で「ワイン通」をアピールしていた二階堂も、ある日の速水の仕掛けの前に、その舌は三流であったことが暴露されるので、それにも注目！このように、本作は導入部から名優・大泉洋が演じる速水の曲者ぶりが目立つが、何の何の！『騙し絵の牙』と題された本作では、「トリニティ」の編集長・速水が曲者なら、「薫風社」の書き手となる人物たちも曲者ぞろいだからそれに注目！

　高野がいかに編集の仕事に真面目に取り組んできたかは、かなり以前に若い才能として見出していた作家・矢代聖（宮沢永魚）の再起用を巡って中盤から大きな見所になっていくストーリーで明らかになっていく。また、「トリニティ」の表紙に起用したファッションモデルの美女・城島咲（池田エライザ）が「書き手」として意外な才能を持っていることを発見した速水は、彼女の起用について如何なる戦略を？さらに、私は奈良で生まれ、大阪で急成長した「神座（かむくら）」のラーメンが大好きだが、本作にはなぜかその「神座」と名乗る謎の男が登場してくるので、それにも注目！

　その他、本作では、終始一貫真面目で正統派の頑張り屋の娘・高野と、ひたすら旧態然とした「薫風社」の体制にしがみついている宮藤常務と「薫風社」の百合子以外はすべて曲者ばかりだから、ストーリー展開の流れに沿いながらその１人１人のキャラに注目した

い。ちなみに、私が本作を試写室で鑑賞したのは１月２１日だが、鑑賞後は「映画『騙し絵の牙』ネタバレ回避ご協力のお願い」が配布され、ネタバレ厳禁とされているため、それぞれのキャラの紹介と怒涛のストーリー展開の紹介はこの程度で。

■□■トランプはどこへ？高野はどこへ？速水はどこへ？■□■

　１月２０日のバイデン新大統領の就任式は全世界の注目を集めたが、それを巡って飛び交った“怪情報”の最たるものは、トランプ大統領による“戒厳令”の発令と、バイデン新大統領の逮捕。そんなことが現実に起きるわけはないと思いつつ、２万人余の州兵の中にもトランプ支持派がいるのでは？等々の思い、期待（？）もかなりあった。就任式への欠席と、ペンス副大統領をはじめとする多くの側近を失った中での退任式の挙行はいかにもトランプらしいが、マッカーサー将軍の「I shall return（私は戻ってくる）」を彷彿させる、トランプの「我々は何らかの形で戻ってくる」との言葉を私たちはどう理解すればいいのだろうか？

　他方、大塚家具の“お家騒動”は形の上では娘の大塚久美子が勝利したが、その後の展開を観ていると？？？本作では、専務派 vs 常務派の権力闘争の図式が示された後、すぐに息子の惟高はアメリカに飛ばされ、東松専務が新社長に就任するから、形の上では専務派の勝利。そして、東松新社長は速水を「サラブレッド」として働かせるべく最大限活用したが、速水は東松新社長の忠実な部下としてサラブレッドのように、収益性の悪い「小説薫風」にしがみつく宮藤常務を追いつめていくから、最終勝者も東松社長に！？そして、宮藤常務は最終的には退任！？他方では、二階堂まで速水の企画する新たなプロジェクトに引き抜かれたため、編集長の仕事も失い、さらに、宮藤常務の後ろ盾も失った百合子は、総務の仕事に左遷されていくことに。これらすべての騙し絵を企画し実行したのは速水だが、実は高野も意識的か無意識的かは別として、そのプロセスに大きく組み込まれていたことは明らかだ。そんな現実に高野は唖然とさせられたが、利口で現実的、そして頑張り屋の高野の次なる発想は？

　本作は１つの結末が示された後の“次なる展開”が面白いので、それに注目！その展開を観ていると、速水はいわば飼い犬の高野に手を噛まれた状態になるわけだが、そこで見せる速水の表情は？さらに、彼が考える次なる企画（騙し絵の牙）は？そこでは、決して敗北していないことを再確認したトランプと同じように、速水の新たな“騙し絵の牙”がちらりほらりと暗示されるので、それに注目！そんな、あれやこれやを考えると、ひょっとして本作にはパート２が？

２０２１（令和３）年１月２５日記

Data

監督：ジェームズ・マーシュ
脚本：ジョー・ペンホール
出演：マイケル・ケイン／ジム・ブ
　　　ロードベント／トム・コート
　　　ネイ／チャーリー・コックス
　　　／ポール・ホワイトハウス／
　　　マイケル・ガンボン／レイ・
　　　ウィンストン／フランチェ
　　　スカ・アニス

SHOW-HEY シネマルーム

★★★★

キング・オブ・シーヴズ

2018年／イギリス映画
配給：キノフィルムズ／108分

2021（令和3）年1月26日鑑賞　　シネリーブル神戸

👀 みどころ

『死に花』（04年）で躍動したのは、平均年齢70歳超の老人4人だったが、本作の「七人の侍」＝「窃盗団」のそれは60歳超！そんな老人たちが、英国史上最高額の金庫破りに挑戦！

『死に花』も『オーシャンズ』シリーズ（01年、04年、07年、18年）も手際の良さが"売り"だったが、本作では、犯行中の口論が顕著なら、戦利品の分配を巡って仲間割れ状態になるから、アレレ・・・。彼らはホントに英国紳士？その歳まで何を学んできたの？

そんなドジを踏んでいたのでは、「御用！」も裁判も当然だが、2015年に英国で起きた実話をもとにした本作ラストでは、老人たちの達観したような、そして皮肉に満ちた会話の数々に注目！

もっとも、私は決してこんな老人になりたくないが・・・。

—＊—＊—＊—＊—＊—＊—＊—＊—＊—＊—＊—＊—＊—＊—

■□■キング・オブ・シーヴズとは？「七人の侍」の活躍は？■□■

去る1月23日に観た『ミッション・マンガル 崖っぷちチームの火星打上げ計画』（19年）は、インドのインド宇宙研究機関（ISRO）に結集した「七人の侍」＝「科学者」が大活躍する物語だった。それに対して本作は、「七人の侍」＝「泥棒」が、英国史上最高額の金庫破りで大活躍する物語。タイトルになっている『キング・オブ・シーヴズ』＝「泥棒の王」と称されているのは、今は裏社会から引退している77歳の男・ブライアン（マイケル・ケイン）。彼は、愛する妻と仲良く暮らしている間は「悪いことはしない」との約束を守っていたが、妻が死んでしまうと・・・？

私は1997年にロンドンの街並みを一度だけ見学したことがあるが、そこには、ロンドン随一の宝飾店街・「ハットンガーデン」があるらしい。旧友（悪友）のケニー（トム・

103

コートネイ）から、そこでの大掛かりな窃盗計画を聞くと、ブライアンじいさんもついムラムラ・・・。さあ、本作に見るブライアンの下に結集した「七人の侍」＝「泥棒」は、どんな活躍を・・・？

■□■日本版の平均年齢は７０歳超！本作のそれは６０歳超！■□■

　高齢化が進む日本では、若者の貧困化に対して老人のリッチさが目立っている。しかし、そんなリッチな老人たちが飢えているのは"生きがい"らしい。そんな時代状況と、２００４年に日本国を揺るがした"年金問題"の中で生まれた、犬童一心監督の『死に花』（04年）は実に面白かった（『シネマ4』338頁）。もっとも、同作で１７億円の銀行強盗に決起したのは、「七人の侍」ではなく、4人の老人たち。その平均年齢は７０歳超だったが、知能面ではもちろん、肉体面でもそのパワーは健在だったし、老人ホームにおける恋愛模様さえ描かれていた。

　それに対して、本作でブライアンを中心に集まった「七人の侍」の平均年齢は６０歳超だ。すると、２００４年の日本版に比べると、２０１８年の英国版たる本作に見る「七人の侍」＝「窃盗団」の活躍は、もっとアクティブ！そう思ったが、その中には今回はじめて参加する１人の若造・バジル（チャーリー・コックス）も入っていたから、他の６人の"老人ぶり"はかなり顕著だ。したがって、そこで交わされる会話も老人ネタが多いので、少し心配。互いに健康不安を語り、互いの不満や皮肉ばかり言い合っているこんな老人たちで、本当にあっと驚く大仕事ができるの？

■□■鍵はあっても作業はハード！犯行の成否は？■□■

　「脱走モノ」の歴史的大傑作『大脱走』（63年）は、脱走のための穴掘り作業のあり方が、ハードながらも楽しくかつ分かりやすく描かれていた。しかし本作は、「ハットンガーデン」の金庫内に入っていくための作業手順がさっぱりわからないのが、少し不満だ。ブライアンが、若いバジルが持ち込んできた計画に乗ったのは、バジルが金庫の入っている建物のカギを持っていたため。それを受けて、ブライアンが結集した「七人の侍」で下見をしてみると、警備の甘くなるイースターの連休を狙い、ドリルで金庫室に穴を開ければ侵入と強奪は可能と判断された。この手順を見ていると、「さすが熟練のプロぞろい」と感心しきりだが、いざ、敢行してみると・・・？

　『大脱走』でも計算と実際との食い違いが随所に生じていたが、それは本作も同じ。もっとも、想定外に鳴り始めたアラームはバジルの才覚でうまく処理できたし、やってきた警備員が諦めて帰ってくれたのはラッキーだった。しかし、やっと穴を開けたものの、侵入用の機材が壊れてしまうと、それぞれに口の達者な老人たちは口論になり、結局その日の作業は中止、翌日に繰り越すことになったから、アレレ・・・？２０２０年の夏開催とされていた「東京五輪」も、中止ではなく１年間の延期とされたが、いかにイースターの連休中とはいえ、金庫強奪作戦の１日延期なんてあり得るの？そんな疑問を持ちながらも、スクリーン上では、翌日も老人たちがさまざまな作業を続けた結果、金庫室の中への侵入

に大成功！

こうなると、後は一つ一つの貸金庫を壊し、その中身をいただくだけだ。貸金庫は小さいが、その中には現金や高価な宝石がタンマリ入っている。「七人の侍」たちはそれを片っ端から大きな袋に詰め込み、意気揚々と引き上げたが・・・。

■□■いい歳をして仲間割れ？これまで何を学んできたの？■□■

黒澤明監督の最高傑作『七人の侍』(54年)は、生き残る者と死んでいく者の別はあったが、「七人の侍」の結束は固く、互いの信義は最後まで守られていた。『死に花』でも、4人の老人たちの絆は固かった。しかし本作では、ブライアンを含む6人の老人たちは、英国紳士には程遠い、強奪品の配分を巡る"仲間割れ"状態になっていくので、それに注目。ブライアンがなぜ最初から「七人の侍」のリーダーになったのかはよくわからないが、それは当然の"格"のようなものだった。しかし、犯行の現場では次第にそこでよく働いたテリー（ジム・ブロードベント）とダニー（レイ・ウィンストン）の発言力が強くなっていくことに。そして、戦利品の分配を始める頃になると、「成功は自分たちの手柄だ」と主張するテリーとダニーの強硬な態度の前に、バジルはわずかばかりの現金で追い出されてしまう等、「七人の侍」の結束はバラバラに。もちろん、テリーとダニーの言い分はメチャクチャだが、ひそかにブライアンと絡むかのような動きをしたバジルにも問題があったし、事あるごとに戦利品をネコババしていたビリー（マイケル・ガンボン）にも問題があった。

『死に花』で見た70歳超の4人の犯行の動機は、17億円の戦利品に魅力を感じたためではなく、「70歳を過ぎても、なおこれから一花も二花も咲かせたい」と願う"生きがい"のためだった。それに比べると、本作に見るバジル以外の6人の老人は、いい歳をしてこれまで何を学んできたの？本作中盤で描かれる、こいつとあいつ、あいつとこいつの仲間割れのサマは、情けない限りだが・・・。

■□■警察の捜査は？「七人の侍」のガード（の甘さ）は？■□■

中国は監視カメラだらけの監視社会だが、実は先進民主主義国であるイギリスも至る所に監視カメラが設置されていることに注目！これは、プライバシー保護の観点からは大問題だが、犯罪捜査に威力を発揮することは、本作を観ているとよくわかる。

他方、結果的に英国史上最高額の金庫破りになった事件を描く本作導入部では、窃盗のプロ集団であるブライアンたちが、盗んだ宝石類の処分方法や犯行後のトンズラ（国外逃亡）方法等についても念入りの計画を立てているから、安心感（？）がある。ところが、犯行後は一転して「七人の侍」のガードの甘さにビックリ！

その最たるものは、既に仲間割れ状態になっているブライアンと、ダニー、ケリーらが会って分け前協議をする場所を、隠れ家ではなくレストランにしていること。コロナ禍の今、日本のマスコミでさかんに暴露され批判されているのが政治家たちの会食。彼らが弁

解するように、食事が目的ではなく、陳情を聞いたり、話し合いをすることが目的であれば、夕方から高級レストランや高級料亭でやる必要はなく、昼間に会議室でやればいいではないか、ということだ。それと同じように（?）、いやそれ以上に、ブライアンたちの分け前協議のための会合を、公衆が集まるレストランでやるのは不適当。隠れ家でやるのが当然だ。ブライアンたちの感覚は、年とともにボケてしまったの？

　そう思っていると、ブライアンたちの会話は店員たちに筒抜けになっていただけではなく、テーブルには既に盗聴マイクが仕掛けられていたから、アレレ！事件発覚後、大捜査網を敷いていた捜査陣に彼らの会話は丸聞こえだ。本作は実話の映画化らしいが、これを観ていると、「七人の侍」たちのガードの甘さにビックリ！

■□■御用！の後は？老人たちの皮肉に富んだ会話に注目！■□■

　１６００万人突破！韓国歴代観客動員数 NO.１になった『エクストリーム・ジョブ』(19年)（『シネマ46』239頁）では、「水原カルビ味チキン」を売り物にしたチキン店を開業することによって潜入捜査に邁進した麻薬捜査班の５人組にビックリなら、取引現場を押さえて、「悪党界のドリームカムトゥルー」たちを一網打尽にする大捕り物にもビックリさせられた。本作ラストは、それに匹敵するような英国警察の威信をかけた大捕り物が展開されるので、それに注目！その現場は、ブライアンの自宅とダニー、ケリー等が集まっている一軒家の２か所。しかし、ろくな武器も持っていないこんな老人の逮捕に、こんな重装備の大捜査陣を出動させる必要があるの？

　本作にはそんな疑問があるうえ、そもそも、こんな「共謀共同正犯」による多額の窃盗事件の裁判を進めるについては、１人ずつの分離公判にするのか、それとも全員をまとめた公判にするのかをはじめとして、難しい問題がいっぱいある。被告人たちの間で、犯罪関与の程度や役割等についての供述が割れれば、なおさらその判断は難しい。しかし、本作は弁護士の私が注目するそんな論点を一切無視し、公判に向かう老人たちの、いかにも達観したかのような、そして皮肉に富んだ会話の数々を浮かび上がらせているので、それに注目！「老人特有の病気を持ち出しても、裁判官は斟酌してくれない」、などの会話はさすがだが、「刑務所生活より、死後の世界の方が心配だな」などの冗談は、かなり哲学的・・・？しかも、同じ部屋の中で正装に着替える中での会話や、そろって法廷に向かう通路での会話によって、ブライアンとダニー、ケリーらの対立は収まり、敵意も不信感も一掃されたようだから、やはりこの老人たちの連帯感は素晴らしい。

　そんな楽し気な老人たちの会話風景を見れば、ストーリー終了後に字幕で表示される各自の刑罰はどうでもいいだろう。１人だけ逃走したバジル以外の６名の老人たちの人生最後の大奮闘とその後の静かな刑務所生活（?）に合掌。

２０２１（令和3）年2月1日記

第３章
女の生き方

SHOW-HEY シネマルーム

★★★★★

燃ゆる女の肖像

2019年／フランス映画
配給：ギャガ／122分

2020（令和2）年12月5日鑑賞 | TOHOシネマズ西宮OS

Data
監督・脚本：セリーヌ・シアマ
出演：アデル・エネル／ノエミ・メルラン／ルアナ・バイラミ／ヴァレリア・ゴリノ

👀 みどころ

　肖像画を"生きた女"として描くためには、モデルが不可欠！また、モデルは人形ではないから、感情も表情も必要だ。他方、18世紀のフランスで、若い女性が肖像画を描く意味は？その目的は？

　女同士の「同性愛モノ」の名作には『アデル、ブルーは熱い色』（13年）や『中国の植物学者の娘たち』（05年）等があるが、何と本作も中盤からその方向へ！画家もモデルも女同士だが、なぜ、この2人はそんな方向に？

　あの時代には珍しい"自立した女"と過ごす濃密な5日間の中、"深窓の令嬢"は如何に変化（成長）していくの？2人のヒロインの会話劇を中心としたセリーヌ・シアマ監督の演出と映像美をしっかり観察したい。"44受賞＆124ノミネート"の謳い文句にも納得！

——＊——＊——＊——＊——＊——＊——＊——＊——＊——

■□■自撮り棒を初購入！あの時代の肖像画は見合い写真！■□■

　旅行大好き人間の私は、当然カメラも大好き。そのため、高級一眼レフもいろいろ購入してきたが、フィルムからデジタルへの転換を中心に、カメラの変化は著しい。他方、スマホの登場とその撮影能力の向上によって、一眼レフは専門家だけの必需品に変わった感もあった。しかし、ミラーレスの進化による一眼レフの小型化と動画の広がり、そしてタッチパネルや自撮り棒の登場で、"自分撮り"のバリエーションが広がってきた。しかして、カメラのない時代の"自分撮り"はどうしていたの？

　それは、マリアンヌ（ノエミ・メルラン）がフランスのブルターニュ地方にある海の孤島に、貴族の娘・エロイーズ（アデル・エネル）の肖像画を描くためにやってくる本作導入部を観ればよくわかる。マリアンヌにエロイーズの肖像画を依頼したのは伯爵夫人（ヴァレリア・ゴリノ）だが、そもそも、それは何のため？本作の主役はそれぞれ優雅なドレ

スに身を包んだ2人のヒロインだが、そのドレス姿を観れば、本作の舞台は18世紀だということがわかる。正確には1770年だそうだが、あの時代、若い娘が肖像画を描いてもらうのは、より良き結婚相手を選ぶためのお見合い写真代わりだったらしい。なるほど、なるほど。

　しかし、マリアンヌが伯爵夫人から受けたオーダーは、エロイーズには画家であることを隠し、散歩のお相手だと思わせたうえで、隠れてエロイーズの肖像画を完成させて欲しいというものだったからビックリ！それは一体ナゼ？

2021年6月2日発売
『燃ゆる女の肖像』
Blu-ray プレミアム・エディション：¥6,930（税込）※GAGA★ONLINE STORE 限定商品
Blu-ray コレクターズ・エディション：¥6,380（税込）
Blu-ray スタンダード・エディション：¥5,280（税込）
DVD スタンダード・エディション：¥4,180（税込）
発売・販売元：ギャガ
(C) 2019 Lilies Films / Hold-Up Films & Productions / Arte France Cinéma

■□■こりゃ一種の盗撮？完成品の披露は？■□■

　新型コロナウイルス騒動禍が続く中、否応なくテレワークが定着し、それによって一種の「働き方改革」が進んだ。そんな状況下の2020年8月、総合人材サービス大手のパソナグループが本社機能を東京から淡路島に移転すると発表したことに私は注目した。この本社機能の移転にはれっきとした理由があるが、伯爵夫人がなぜあんな孤島の崖の上に大きなお屋敷を構えているのかは本作ではさっぱりわからない。小舟を降りたマリアンヌが重い画材を肩にかけて崖を登っていく姿を見ると、こんな孤島での生活がいかに大変かがよくわかる。もっとも、そんな孤立した島、孤立した屋敷の中だからこそ、集中して画家のお仕事ができるメリットもあるわけだが・・・。

　モデルなしで肖像画を描くのは難しい。マリアンヌもそんな経験ははじめてだろうが、

昼間にエロイーズと接する中で得たいろいろなイメージを夜間にキャンバスにぶつけることによって、やっと肖像画が完成。エロイーズは親の決めた結婚に従うだけ、という立場に心を閉ざしていたから、以前に雇われていた画家の前には決して顔を見せなかったらしい。そんなエロイーズはマリアンヌとの散歩の間にも決して笑顔を見せることがなかったから、マリアンヌにとってエロイーズは決していいモデルではなかったようだ。やっと完成した肖像画はまず伯爵夫人に見せるのが筋だが、そこでマリアンヌは、「先にお嬢様に見せ、真実を告げたい」と頼みこんだから、アレレ・・・。それは一体ナゼ？

　本作は基本的にすべて会話劇だけで進行し、2人のヒロインの心理描写（の解説）は全くされないので、しっかりスクリーン上に集中して、2人のヒロインの揺れ動く心のサマを観察したい。

■□■なぜ完成品を自らボツに？そこから意外な展開に！□■

　今まで一緒に散歩するだけの友人として母親が連れてきたと思っていた女性マリアンヌが実は画家で、夜な夜な秘かに自分の見合い用の肖像画を描いていたとマリアンヌから直

2021 年 6 月 2 日発売
『燃ゆる女の肖像』
Blu-ray プレミアム・エディション：¥6,930（税込）
※GAGA★ONLINE STORE 限定商品
Blu-ray コレクターズ・エディション：¥6,380（税込）
Blu-ray スタンダード・エディション：¥5,280（税込）
DVD スタンダード・エディション：¥4,180（税込）
発売・販売元：ギャガ
(C) 2019 Lilies Films / Hold-Up Films & Productions / Arte France Cinéma

接聞かされたエロイーズは、それをどう受け止めたの？近時の邦画なら、そこらの表現はオーバーアクション気味になってしまうのがオチだが、セリーヌ・シアマ監督の演出と、貴族令嬢であるエロイーズの態度はさすがに抑え気味。マリアンヌのウソにエロイーズがわずかに憤りの表情をにじませたのは当然だが、それを直接的に攻撃することはなく、「この絵は私に似ていません」と言い放っただけなのはさすがだ。もっとも、それによってマリアンヌの画家としてのプライドが大きく傷ついたのは当然。そのため、マリアンヌはせっかく描き上げた肖像画を自らの手で消してしまったから、怒ったのは伯爵夫人。「描けないなら出て行って」とマリアンヌに宣言したのは当然だ。

これによってクビにされたマリアンヌが孤島から離れてしまえば、何の物語も成立しないことになるが、そこで意外だったのは、エロイーズが「私がモデルになる」と申し出たこと。そもそもお見合いのために肖像画を描くことに反発していたエロイーズが、今はなぜマリアンヌが描く肖像画のモデルになることを承諾したの？それが、本作後半から意外な展開に移行していく最大のポイントになるので、その点における２人のヒロインの心理描写をしっかりスクリーン上から観察したい。

エロイーズの意外な反応に驚きながらも、事がいい方向に向かった（？）ことに納得した伯爵夫人は、用事で本土へ出るので、戻ってくる５日後までに絵を仕上げるよう指示したが、さあ、２人はこれから続く５日間をいかに濃密な時間にしていくの？

■□■なぜ２人は恋に？女の自立とは？あの時代に同性愛が！■□■

本作のチラシにもパンフレットにも、「映画史を塗り替える傑作！」「世界各国の映画賞を４４受賞、１２５ノミネート！」「シャーリーズ・セロン、グザヴィエ・ドランら、今を煌めく映画人が大絶賛！」と書かれている上、映画関係者からの称賛の声がたくさん載せられている。たしかに、撮影（技術）の素晴らしさを伴った本作の素晴らしさは目を見張るものがあるが、本作後半のストーリーは、『アデル、ブルーは熱い色』（13年）（『シネマ32』96頁）や『中国の植物学者の娘たち』（05年）（『シネマ17』442頁）と同じような、女同士の同性愛の物語を伴ってくるので、それに注目！アカデミー賞監督賞受賞作になった『ブロークバック・マウンテン』（05年）（『シネマ10』262頁）等のごく一部を除いて、私は男同士の同性愛の映画はノーサンキューだが、女同士のそれはどちらかというと大歓迎！

しかし、本作前半の展開からは、なぜマリアンヌとエロイーズの２人がそういう関係になっていくのかを理解するのは難しい。もちろん、大きな重しになっていた伯爵夫人が５日間本土に出かけたため、その５日間、お屋敷は召使のソフィ（ルアナ・バイラミ）を含めて女３人だけ。すべてに自由な時間が保証される中で、マリアンヌは画家業に、エロイーズはモデル業に専念できるうえ、空いた時間ではカード遊びにうつつを抜かしたり（？）、文学論や音楽論で語り合うことも自由だ。あの時代の女たちは結婚の相手選びをはじめ、ほとんど自由がなかったから、こんな風に自由に文学論や音楽論に興じることなど、一度もなかったはず。既に男性経験のあることを告白していた、自由人であるマリアンヌは、あの時代には珍しい“自立した女”だったが、それまでずっと“深窓の令嬢”で、束縛されてばかりだったエロイーズは、マリアンヌと過ごす濃密な５日間で、大きく自立した女に変身していくことに。

その過程の中で新たに生まれたのが、エロイーズの自由な笑い。密かに夜な夜な描いていたころは一度も見たことがなかったエロイーズの様々な笑いを見て、マリアンヌはそのモデルに様々な注文を出すこともできたから、肖像画描きが順調に進んだのも当然。そして、そんな風に“本業”が順調に進む中、互いに魅かれあっていく２人が本作で見せる

性愛表現とは？召使ソフィの妊娠が判明し、その処置のため２人が奔走する姿にもビックリだが、５日間限定ながら、マリアンヌとエロイーズが見せる本業と性愛のサマをじっくりスクリーン上で観察しながら、本作のすばらしさを確認したい。

■□■竪琴の詩人オルフェのギリシャ神話を知ってる？■□■

　本作を観ていると、マリアンヌは冒頭、海に流された画材を拾うためザンブと海の中へ１人で飛び込んだり、重い画材を肩に背負ったまま１人で崖をよじ登ったり、その行動力とそれを支える運動神経はなかなかのもの。また、絵だけではなく、文学や音楽などにも幅広い知識・教養を有しているから、１８世紀の女性としては珍しい"自立した女性"だ。もっとも本作のマリアンヌは、１０月１０日に観た『ある画家の数奇な運命』(18年)（『シネマ47』169頁）の主人公ゲルハルト・リヒターのような実在の画家ではなく、セリーヌ・シアマ監督が本作のために創作した人物らしい。

2021年6月2日発売
『燃ゆる女の肖像』
Blu-ray プレミアム・エディション：¥6,930（税込）※GAGA★ONLINE STORE 限定商品
Blu-ray コレクターズ・エディション：¥6,380（税込）
Blu-ray スタンダード・エディション：¥5,280（税込）
DVD スタンダード・エディション：¥4,180（税込）
発売・販売元：ギャガ

　召使のソフィを含めた３人の女たちが過ごす濃密な５日間の中で印象的なのは、マリアンヌが朗読する竪琴の詩人オルフェとその妻ユリディスの物語と、その解釈について３人で議論するシークエンスだ。ヨーロッパではこのギリシャ神話は有名なものだが、日本人はその方面の知識に疎いので、多分あなたはそれを知らないのでは？その内容を知っているか否かによってこのシークエンスの面白さが変わるわけではないが、セリーヌ・シアマ監督の意図を把握するためには、せめてネット情報でそれを学んでおいた方が良いだろう。
　また、冒頭から孤島だとばかり思っていたのに、この島には大勢の人が住んでいたことや、島のお祭り（？）に集う女たちが歌う歌声のすばらしさにビックリ！その焚火の火がドレスの裾に燃え移るシーンがお見事なら、２人がはじめてキスを交わすシーンのアップでの撮影もお見事。さらに、召使のソフィが幼い女の子と赤子の男の子と戯れながら堕胎処置を受けるシーンも鮮やかというほかない。マリアンヌによるエロイーズの肖像画描き

を中心に、３人の女たちが過ごしたこの濃密な５日間が、セリーヌ・シアマ監督と撮影スタッフの素晴らしい力量で描かれるので、本作ではそれをしっかり観察したい。

■□■作品の完成＝２人の別れ！２人の数年後は？■□■

　映画音楽の重要性は当然だが、本作ではヴィヴァルディの協奏曲「四季」の「夏」が、前半はマリアンヌが弾くピアノで一度、後半はマリアンヌとエロイーズが別々の席に座る音楽会のオーケストラで一度演奏されるので、その美しい曲に耳を傾けると共に、その間の２人のヒロインの大きな変化に注目！

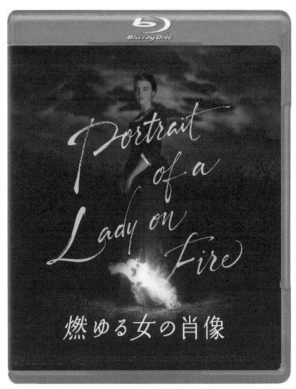

　エロイーズの肖像画を描くために島に招かれたマリアンヌは、伯爵夫人が戻り、完成品にOKをもらい、報酬を受け取れば、あれほど熱い性愛を交わしたエロイーズと別れることになる。さらに、お見合い写真代わりの肖像画を持って、エロイーズは伯爵夫人が決めた男（貴族）の元に嫁いでいくのも当然。そして、結婚すればきっと子供も生まれることだろう。

　しかして、セリーヌ・シアマ監督はエロイーズの肖像画が完成し、激しい同性愛に陥っていた２人のヒロインが別れた後を、本作ラストでどのように描き、本作を締めくくるのだろうか？そんなことを考えながらスクリーンを凝視していると、本作ラストのあっと驚く長写しにビックリ！なるほど、こりゃチラシでの絶賛にも納得！

2021年6月2日発売
『燃ゆる女の肖像』
Blu-ray プレミアム・エディション：¥6,930（税込）※GAGA★ONLINE STORE限定商品
Blu-ray コレクターズ・エディション：¥6,380（税込）
Blu-ray スタンダード・エディション：¥5,280（税込）
DVD スタンダード・エディション：¥4,180（税込）
発売・販売元：ギャガ
(C) 2019 Lilies Films / Hold-Up Films & Productions / Arte France Cinéma

２０２０（令和２）年１２月１４日記

Data

監督・脚本：フランシス・リー
出演：ケイト・ウィンスレット／シ
　　　アーシャ・ローナン／フィオ
　　　ナ・ショウ／ジェマ・ジョー
　　　ンズ／ジェームズ・マッカー
　　　ドル／アレック・セカレアヌ
　　　／クレア・ラッシュブルック

★★★★

アンモナイトの目覚め

2020 年／イギリス映画
配給：ギャガ／118 分

2021（令和 3）年 4 月 10 日鑑賞	シネ・リーブル梅田

👀 みどころ

　タイトルからは何の映画かさっぱりわからないうえ、偉大な女性古生物学者、メアリー・アニングの名前も聞いたことがない。したがって、大きなスカート姿のケイト・ウィンスレットが海辺でアンモナイトを採集している姿にも違和感が・・・。

　キム・ギドク監督の『サマリア』（04 年）や『中国の植物学者の娘たち』（05 年）で観た、１０代の女の子同士の同性愛の物語には妖しさと美しさ、そしてときめきがあったが、「２１世紀ゲイ映画の旗手」と呼ばれていたフランシス・リー監督による本作の同性愛はどんなストーリーに？どんな演出に？

　史実は史実として！他方、映画は映画として！ケイト・ウィンスレットとシアーシャ・ローナンという"二大女優"が織りなす複雑なストーリーと愛の姿（？）をしっかり楽しみたい。

―― * ―― * ―― * ―― * ―― * ―― * ―― * ―― * ―― * ―― *

■□■本作のヒロインは？監督は？本作でまた新たな発見を！■□■

　本作の原題は『Ammonite』。邦題は『アンモナイトの目覚め』と、少し説明が加えられているが、所詮そんなタイトルだけでは何の映画かさっぱりわからない。そもそも、聞いたことはあるものの、「アンモナイト」って一体ナニ？Wikipedia によると、アンモナイトとは、「古生代シルル紀末期（もしくは、デボン紀中期）から中世代白亜紀末までのおよそ３億５０００万年前後の間を、海洋に広く分布し繁栄した、頭足類の分類群の一つ。全ての種が平らな巻貝の形をした殻を持っているのが特徴である」とされている。

　本作でケイト・ウィンスレットが演じるメアリー・アニングは19世紀のイギリス初期の化石学者で、古生物学者（１７９９年～１８４７年）。『チューリップ・フィーバー 肖像画に秘めた愛』（17 年）では、１７世紀のオランダで「チューリップ・バブル」が発生し

たことをはじめて知った（『シネマ43』240頁）が、イギリスでは19世紀初めに「化石採集」がブームになったらしい。そんな時代状況の中、メアリーは観光客相手に化石の採集を始めたが、すぐに化石への興味が強く高い値段で買ってくれる科学界と関係を築いていったらしい。へえー、知らなかったなぁ・・・。

　他方、本作の監督は本作が長編第2作となるイギリス出身の52歳のフランシス・リー。パンフレットやいろいろな資料を読んでわかったのは、その第1作『ゴッズ・オウン・カントリー』（17年）はゲイの物語だということ。へえー、知らなかったなぁ。そんなヒロインとそんな監督を本作で新発見！しかして、その物語は？

■□■二大女優の豪華共演！2人はなぜ共に生活することに？■□■

　私は本作のヒロインの名前も監督の名前も全く知らなかったが、本作はケイト・ウィンスレットとシアーシャ・ローナンという二大女優の豪華共演だからビックリ！ケイト・ウィンスレットはアカデミー賞ノミネート7回、1994年生まれのシアーシャ・ローナンは26歳の若さでアカデミー賞3回ノミネートだから、すごい。

　本作の時代は1840年代。舞台はイギリス南西部にある海辺の町、ライム・レジスだ。かつて彼女の発掘した化石が大発見として世間をにぎわせ、大英博物館に展示された栄光も今は遠い昔となり、メアリーは今、土産物用のアンモナイトを発掘しながら母親・モリー（ジェマ・ジョーンズ）と2人でひっそり暮らしていた。そんなメアリーの店にある日、ロンドンから地質学者のロデリック・マーチソン（ジェームズ・マッカードル）が妻のシャーロットを伴って訪れるところから本作のストーリーが始まる。化石の研究に熱意を持つ裕福なロデリックは、メアリーが磨き上げたアンモナイトを購入すると共に、採集に同行させてほしい、という意外な依頼を。人づきあいが苦手で社交界に全く興味のないメアリーは露骨に嫌がったが、「高い報酬を弾む」と言われると・・・？

　さらに、ロンドンに帰らなければならなくなったロデリックからメアリーが頼まれたのは、シャーロットをこの静かな地で療養させるので、数週間預かってほしい、というもの。それを引き受けたのも、高額の報酬のため？きっとそうだと思うのだが、なぜ、シャーロットはあんなに抜け殻のようになっているの？そんな2人の新たな生活は？

■□■当時の女性の地位は？メアリーはそれをどう認識？■□■

　『タイタニック』（97年）でローズ役を演じたケイト・ウィンスレットは、史上最年少で2度目のアカデミー賞主演女優賞にノミネートされたが、同作でも、当時のイギリスの階級社会における女性差別は歴然としていた。レオナルド・ディカプリオが演じた若者・ジャックはそんな階級社会に反発し、自由な国・アメリカを目指してタイタニック号に乗り込んだわけだが、そんなジャックにとって、上流階級の男の婚約者、ローズは所詮「高嶺の花」。しかし、ローズが面白半分に（？）ジャックにヌードのデッサンを描かせたことをきっかけとして、あんな劇的な展開に！

　それはともかく、タイタニック号が処女航海に出航した1912年よりずっと前の18

４０年代のイギリスでは、女性差別はもっとはっきりしていた。そんな時代状況の中でメアリーは女性の古生物学者として如何なる活動を？森喜朗元東京オリンピック・パラリンピック競技大会組織委員会会長の"女性蔑視発言"を巡っては、国会議員をはじめとして、各界を代表する能弁な女性陣からの攻撃がすごかったが、あの当時の女性差別について、メアリーは本作で一言もしゃべらない。したがって、それについては観客１人１人がしっかり観察する必要がある。

　『タイタニック』でケイト・ウィンスレットは、婚約者に対しても強気を貫く中でジャックとの恋にのめりこんでいったローズ役を演じたが、それから２０年後の本作では、女性差別の現実に不満を唱えることもなく、黙々と自分の仕事を果たす古生物学者、メアリー役を存在感タップリに演じている。あの時の女性はコルセットをつけているのが常識だったが、母親との２人暮らしならそんなものは不要。したがってメアリーのスカートはいつもぶかぶかだ。そのうえ、シャーロットを連れて海岸にアンモナイト採取に出かけたメアリーは、平気でスカートをまくって放尿していたからその姿にビックリ。

　メアリーの古生物学者としての功績には華々しいものがあったようだが、本作に見るイギリス南西部の海辺の町、ライム・レジスでのメアリーの生活を見ていると、華やかさとは縁遠く、うら寂しさでいっぱいだから、それに注目！

■□■妻は刺身のツマ？メアリーとシャーロットは水と油！■□■

　他方、『つぐない』(07年) で、大女優、キーラ・ナイトレイを向こうに回して大きな存在感を見せつけて、アカデミー賞最優秀助演女優賞にノミネートされたのがシアーシャ・ローナン（『シネマ19』306頁）。同作では、感受性が強く、想像力の強いブライオニーが犯した"ある１つの罪"が、ストーリーの牽引役を果たしていた。しかし、本作におけるロデリックの妻・シャーロットは存在感のない弱々しいだけの女性だ。

　ロデリックはアンモナイトの収集と女性ながらも有名な古生物学者、メアリーに会うため、喜んでライム・レジスの町にやってきたが、シャーロットは妻だからそれに付き添っただけ。シャーロットがそんなどうでもいい存在であることは、食事のために入ったレストランで、ロデリックが自分だけでなくシャーロットの料理もすべて決めているシークエンスを見ても、はっきり読み取ることができる。日本には"刺身のツマ"という言葉があるが、本作におけるシャーロットはまさにそれ。そのうえ、シャーロットは流産のショックから立ち直れていないから、精神的にも肉体的にもどうしようもない存在だ。

　そんなシャーロットを数週間預からなければならなくなったメアリーがシャーロットに対して邪険にふるまったのは当然。ロデリックが去った翌日、シャーロットは早速浜辺までついてきたが、不機嫌そうに黙ったまま何もしないから始末が悪い。それはそれで仕方ないが、そうかと思えば突然「採集を見せろ」と要求してきたから、それに対してメアリーが「口出ししないで」と冷たく言い放ったのは当然。あの当時の女性差別の中で古生物学者として頑張り、１人で生きてきたメアリーと、裕福なロデリックの妻としてノホホン

と生きてきただけのシャーロットが水と油の関係だったのは明らかだが・・・。

■□■献身的な看病はなぜ？心の交流は？その延長はどこに？■□■

愛媛県松山市で生まれ育った私は、電車に２０分も乗ればすぐに梅津寺（ばいしんじ）海水浴場に行けたから、高校生までは夏になればいつも海水浴を楽しんでいた。そんな私だから、メアリーからの冷たい言葉に憤激したシャーロットが、いきなりメアリーから離れて１人海水浴に挑む姿を見てビックリ！こんな寒い日に、こんな荒波の中に入れば、すぐに風邪をひいてしまうのでは？そんな心配どおり、次の日、メアリーの店に訪れたシャーロットは高熱を出して倒れてしまったから、アレレ・・・。往診した医師から２４時間の介護が必要だと聞かされたメアリーの口から「冗談じゃない！」との言葉が出たのは当然だ。

なぜメアリーが、こんなワガママ女、シャーロットのために看護しなければならないの！私を含めて誰もがそう思うはずだが、その後、スクリーン上にはメアリーが眠り続けるシャーロットに対して献身的な看護をする風景が描かれるので、それに注目！なぜ、メアリーは献身的な看護を？なぜそんな演出にしたのかはフランシス・リー監督に聞かなければわからないが、メアリーの献身的な介抱のおかげでシャーロットが完全に回復した時、二人の間に温かな感情が芽生え始めていたのは間違いない。この２人の心の交流は一体ナニ？そして、この２人の心の交流はその後どこに向かうの？

■□■音楽会に見る微妙な感情は？二大女優の同性愛は？■□■

コロナの第４波が襲来！もはや、医療崩壊の段階に！"まん延防止等重点措置"が拡大され、"緊急事態宣言"の発出が要請されている２０２１年４月中旬、医師たちはそれぞれの持ち場で大変な戦いを繰り広げている。しかし、本作に見る医師の往診風景はのどかなものだ。また、今の時代なら、男性医師が自宅で開く音楽会に"ある個人的な感情"を抱く女性患者を招待するなどという行為は厳禁。著名医師のそんな行為がバレたら、マスコミの餌食にされることは確実だ。しかし、１８４０年代はのどかなものだから、医師のお誘いに乗ったメアリーとシャーロットは、久しぶりにおしゃれをして音楽会に出かけていくことに。これはすでにシャーロットの看病を通じて２人の間に心の交流が生まれていたためだが、会場でかつてメアリーと親密だったエリザベス・フィルポット（フィオナ・ショウ）を紹介されると、シャーロットはすぐに上流階級の人たちの輪に溶け込んでいったから、アレレ。そこでメアリーの心の中に生まれた感情は？こりゃ嫉妬？あるいは孤独感？さらにはその両方？

私はそういう感情の分析に鈍感だが、デビュー作たる『ゴッズ・オウン・カントリー』で男同士の同性愛を描き、「２１世紀ゲイ映画の旗手」と呼ばれたフランシス・リー監督はその分野が得意らしい。メアリーはシャーロットを会場に残したまま１人で帰ってしまったが、夜遅く帰ってきたシャーロットはそんなメアリーの深い思いをしっかり汲みとったようだ。そのため、いつものように２人で１つのベッドに入ったシャーロットが、メアリ

ーに対して「今夜のあなたは輝いていた」と励ますようにメアリーの手を握ると・・・？

キム・ギドク監督の『サマリア』（04 年）（『シネマ 7』396 頁）や『中国の植物学者の娘たち』（05 年）（『シネマ 17』442 頁）で観た１０代の女の子同士の同性愛も良かったが、年増女のメアリー（？）と若いけれどもすでに流産を経験しているシャーロットとの濃密な同性愛の姿は如何に？それは、あなた自身の目でしっかりと！

■□■逢うは別れのはじめとは！しかし、ロンドンでは？■□■

"逢うが別れのはじめとは、知らぬ私じゃないけれど"。これは『別れの磯千鳥』で歌われる有名な歌詞だが、本作を見ていると、それがよくわかる。そんな２人の同性愛が定着すると、海岸での採集の仕事も順調に。また、シャーロットの健康も順調に。すべてが良いこと尽くめだ。ところが、そんな"輝く日々"は光のように過ぎ去り、ロデリックからシャーロットの帰還を促す手紙が届くと、シャーロットはロンドンに戻っていくことに。しかして、本作ラストは、ロデリックと共にロンドンに落ち着いていたシャーロットからの招待でメアリーがロンドンに赴くシークエンスになる。しかして、そこに待っている展開に注目！

メアリーがロンドンに向かった目的の１つがシャーロットとの再会であったことは間違いないが、シャーロットとの同性愛の復活は？「安息日」と決められている日曜日でも仕事をしていたため批判されていたメアリーにとって、自分の魚竜イクチオサウルスの化石がロンドンの大英博物館に飾られているのは誇らしい限り。ロンドンに行けば、必ずそれを見届けなければ！そんな強い思いを持っていたのは当然だ。すると、メアリーにとっては、そのどちらが主目的？他方、メアリーは貧乏人だが、今ロンドンに住んでいるシャーロットは、裕福な夫の庇護の下で贅沢三昧の暮らしをしていた。侍女の目もはばからず、平気でメアリーと抱擁しキスをしようとするシャーロットは、夫がいない間はこの邸宅の主らしい。そのため、そこでのシャーロットの提案は、メアリーとの同居という驚くべきものだった。しかも、シャーロットが決めたメアリーの部屋は独立した立派な部屋だが、あるドアを開けるとシャーロットの部屋につながっていたからビックリ！これなら、２人はいつでも会いたいときに会え、愛を交わしたいときにそれができるというわけだ。

また、仕事に関しても、これまでの実績があればロンドンで生活してもメアリーの収入の安定は間違いなし。経済的な安定だけを考えれば、まさにそのとおりだ。さらに、シャーロットが今メアリーに対して示している好意は単なる好意（経済的支援）だけではなく、女同士の同性愛を含むものであることも明らかだ。そのため、本作ラストに見るシャーロットは、本作導入部で見たシャーロットとは全然違う元気さだが、それを聞いたメアリーは？

■□■２人の実像は？なぜこんな脚本に？■□■

私は全然知らなかったが、Wikipedia によれば、英国科学史ジャーナルは、メアリーを「世界の歴史上で最も偉大な古生物学者」と称しているそうだ。もっとも、その生涯は 4

7歳と短く、また、生涯独身を貫いたらしい。他方、シャーロットの方は地質学者である夫のロデリックと世界各地を旅する中でさまざまな化石のスケッチを残し、夫の仕事を大いに助けたらしい。また、80歳まで夫と共に旅行を続けたそうだからすごい。もっとも、本作の原作となった『メアリー・アニングの冒険　恐竜学をひらいた女化石屋』（吉川惣司・矢島道子著／朝日新聞出版刊）によれば、メアリーがシャーロットに出会うのは20代の時らしい。また、Wikipedia によっても、夫と一緒に旅行するシャーロットがメアリーと出会い、親しい友人となったのは1820年代だ。さらに、1799年生まれのメアリーと1788年生まれのシャーロットは約10歳違いだが、本作と違い、メアリーの方が年下だ。しかるに、フランシス・リー監督はなぜそんな史実に反して本作のような脚本を書いたの？

　それを考えるについては、ロンドンの邸宅でシャーロットの提案を聞いたメアリーがはっきりそれを拒否する姿を確認したい。もっとも、シャーロットはなぜ自分の提案が拒否されたのかわからなかったようだから、このままメアリーがシャーロットから離れれば、以降永久に会うことなし。私にはそう思えたが、その後メアリーが向かった先は？そして同じくシャーロットが向かった先は？
　本作ラストは何とも味わい深いシークエンスだが、フランシス・リー監督の演出ではメアリーもシャーロットも自分の気持ちは何も語ってくれないから、ラストの味わい方はあなた自身の自由な解釈の中でじっくりと！

2021（令和3）年4月19日記

Data

監督・脚本：アリス・ウィンクール
出演：エヴァ・グリーン／マット・
　　　ディロン／ゼリー・ブーラ
　　　ン・レメル／ザンドラ・ヒュ
　　　ラー／ラース・アイディンガ
　　　ー／アレクセイ・ファテーエ
　　　フ／グレゴワール・コラン

SHOW-HEY シネマルーム

★★★★

約束の宇宙

2019 年／フランス映画
配給：ツイン／107 分

2021（令和3）年4月17日鑑賞　　TOHO シネマズ西宮 OS

👀 みどころ

　宇宙開発や宇宙への旅をテーマにした映画は多いが、そのほとんどはNAS
A（アメリカ航空宇宙局）を舞台にしたもの。中国はその分野でも近時、急速に
力を増しているが、フランスは？あなたは、ESA（欧州宇宙機関）を知って
る？

　宇宙飛行士になるには知力も体力も必要だが、女性の進出は？日本では女性
宇宙飛行士・山崎直子が有名だが、フランスだって！しかし、ママさん宇宙飛
行士の大変さは？子育てとの両立は？

　1980年代後半の「アグネス論争」は懐かしい（？）が、それが再現され
たかのような本作を観ると・・・？さらに、本作ラストでは邦題に重要な意味
があることがわかるので、それに注目！

—— * —— * —— * —— * —— * —— * —— * —— * —— * —— * —— *

■□■NASA は誰でも知っているが、ESA は？■□■

　『ゼロ・グラビティ』（13 年）（『シネマ 32』16 頁）、『インターステラー』（14 年）（『シ
ネマ 35』15 頁）、『オデッセイ』（15 年）（『シネマ 37』34 頁）、『ファースト・マン』（18
年）（『シネマ 43』42 頁）等々を観れば、宇宙開発の分野では圧倒的にアメリカが優位に立
っていることがわかる。そのため、NASA（アメリカ航空宇宙局）は日本でも有名で誰で
も知っているが、あなたは欧州宇宙機関（ESA）を知ってる？宇宙開発の分野でも近時急
速に米国に対抗してきているのは中国だが、フランスだって、まだまだ・・・。

　しかして、本作はフランス人の宇宙飛行士・サラ（エヴァ・グリーン）が大活躍する（割
と単純な？）物語。

■□■女性ながら新ミッションのクルーに！すると子供は？■□■

　7歳の娘・ステラ（ゼリー・ブーラン・レメル）を育てながら宇宙飛行士になることを

夢見て日々訓練に励む女性・サラは、「プロキシマ」とよばれるミッションのクルーに選ばれたから大喜び！しかし、それは同時に約１年もの間ステラと離れ離れになることを意味していた。そこで、サラは離婚した夫・トマス（ラース・アイディンガー）にステラの世話を頼むことになり、トマスは快くそれを承知してくれたから、ひと安心。さあ、明日からはクルーの１人として今まで以上の厳しい訓練が待っているが、サラはホントに大丈夫？

■□■同じ境遇の女性監督なればこそ、こんな問題意識を！■□■

　本作の脚本を書き、監督したのは『裸足の季節』（15 年）（『シネマ38』215 頁）の脚本が絶賛された女性、アリス・ウィンクール。彼女自身も仕事しながら企画当時に８歳の娘を持つ母親だったらしい。そのため、自分と同じような子供のいる女性宇宙飛行士の親子関係について描きたいと思い、本作を完成させたそうだ。彼女の問題意識は、ヒロインと母親は両立できないの？ということだが・・・。

　日本ではかつて「アグネス論争」なるものがあり、１９８８年にはそれが新語・流行語大賞の流行語部門の大衆賞を受賞した。これは当時、絶大な人気を得ていた歌手・タレントのアグネス・チャンが「子連れ出勤」したことに対して、作家の林真理子らが痛烈に批判したために生じたもの。この「アグネス論争」はその後、批判派・擁護派入り乱れてあらゆるメディアで賛否両論が繰り広げられ、約２年間続いた。しかして、本作でもクルー全員が受ける講義にサラがステラを同行させるシークエンスが登場するが、その可否は？その顛末は？

■□■サラは一杯一杯！しかし、この約束の不履行は？■□■

　訓練をこなすだけで精一杯なのに、その合間にステラと連絡を取り、日常生活はもとより、学校の成績にも気を配らなければならないからサラは大変。いくら父親にその世話を委ねていても、母親としての気配りは不可欠だし、そのために要する時間も必要だ。そのためサラの時間はとにかく、いつも、いっぱい、いっぱい。そのため、「必ず〇〇しようね」と約束しても、１００％履行できないのは当然で、そのたびにサラが「ごめんね」と謝っていたのは仕方がない。しかし、「打ち上げ前に、二人でロケットを見る」という約束は？

　その約束が履行されていないことをステラから指摘された出発の前日、既にサラ達クルーは完全に隔離されている中でのガラス越しの会話だった。その埋め合わせは、宇宙での任務を終え、１年後に地球に戻ってきた時に。そうなるのが当然だが、アレレ、本作では？厳格に管理されているはずの宇宙飛行士にこんなことがあるの？アリス・ウィンクール監督のこんな脚本に私はかなり疑問だが、映画なら何でもあり・・・？さて、あなたのご意見、ご感想は？

■□■宇宙飛行士にも発信力が必要！■□■

　２０２１年４月18日付日経新聞は、「宇宙飛行士　開かれる門戸」と題して、宇宙飛行士という職業について『発信力』にも重き　夢と日常性が交錯する職業」と見出しを付け

たうえで、宇宙航空研究開発機構（JAXA）が今秋、１３年ぶりに宇宙飛行士候補を公募し、応募要件を１９８３年の初公募以来、一貫して求めてきた「自然科学系出身」を条件から外すことを検討していると報道した。そのココロは、「文系にも門戸を開く」ことだ。ちなみに、『コンタクト』（97年）では、ジョディ・フォスター演ずる天文学者は宇宙人とのコンタクトに成功していたが、そこでは彼女の「発信力」が重要だった。なるほど、なるほど・・・。

　日本人の宇宙飛行士としては毛利衛や山崎直子が有名だが、今般、米スペースＸの新型宇宙船クルードラゴンで４月２２日に国際宇宙ステーションに向かう日米欧の宇宙飛行士４人のリーダーも、日本人の星出彰彦だ。また、本作ラストでも、サラのような"ママさん宇宙飛行士"が次々と紹介されるので、興味のある人は本作の鑑賞を機にJAXAに応募してみては？

２０２１（令和３）年４月２１日記

Data

監督：ジャガン・シャクティ

脚本：R・バールキ

出演：アクシャイ・クマール／ヴィ
ディヤ・バラン／タープスィ
ー・パンヌー／ソーナークシ
ー・シンハー／シャルマン・
ジョシ／ニティヤー・メネン
／キールティ・クルハーリー

★★★★

ミッション・マンガル 崖っぷちチームの火星打上げ計画

2019 年／インド映画
配給：アットエンタテインメント／130 分

| 2020（令和2）年1月23日鑑賞 | シネ・リーブル梅田 |

■□■ショートコメント■□■

◆ハリウッドでは、人類ではじめて月面着陸をした男、ニール・アームストロングの活躍を描いた『ファースト・マン』(18 年)（『シネマ 43』42 頁）をはじめとして、たくさんの「宇宙開発モノ」がある。日本は、宇宙開発の分野ではアメリカに到底及ばないが、それでも『はやぶさ 遥かなる帰還』(12 年)（『シネマ 28』220 頁）で描かれたように、小惑星探査機「はやぶさ」によって小惑星"イトカワ"に到達し、その地表から岩石サンプルを持ち帰るというミッションは大成功している。しかして、インドの宇宙開発は？

◆アメリカのNASA（アメリカ航空宇宙局）は有名だが、インドでそれに相当する組織がインド宇宙研究機関（ISRO）だ。本作冒頭の舞台は、２０１０年のISRO。そこにはISRO総裁（ヴィクラム・ゴーカレー）をはじめ、ロケット打ち上げプロジェクトの責任者である、ラケーシュ・ダワン（アクシャイ・クマール）、タラ（ヴィディヤ・バラン）らが集まり、固唾を飲んでその発射を見守っていたが、その結果は？

◆宇宙開発プロジェクトには、成功もあれば失敗もある。NASAだって月への有人着陸を目指した１９６７年のアポロ１号の失敗は多くの人々の記憶に刻まれている。したがって、「失敗は成功のもと」という言葉は、宇宙開発のためにあるような言葉だ。宇宙開発プロジェクトは成功すれば大きな国威発揚になるが、失敗すれば・・・？

　本作冒頭はシリアスな展開（？）の中で、打ち上げられたロケットが空中で爆発するシークエンスになってしまうが、そんな失敗の原因はどこに？それを一身に背負ったのがタラだが、記者会見で「全責任は私にある。」とラケーシュが語ったのは立派なもの。しかし、「信賞必罰」とばかりに、ラケーシュとタラは不可能と言われている火星ミッションに異動させられることに。

◆本作のタイトル「マンガル」とは火星探査機の愛称である「マンガルヤーン」のこと。

したがって、『ミッション・マンガル　崖っぷちチームの火星打上げ計画』という長ったらしい邦題を読めば、それだけで本作のストーリーはほぼ想像がつく。さらに、チラシにある「アジア初の火星探査機打上げを成功させた奇跡の実話」、「再起をかけた男と女性科学者たちのアイデアと努力が歴史を変えた———。」を読めば、ほぼ全貌がわかってしまう。そうなれば、わざわざ映画館まで行かなくてもいいだろう。私はそう思って本作の鑑賞を２、３回パスしていたが、実際に観てみると・・・。

◆黒澤明監督の『七人の侍』(54年)は、７人の侍を"選抜"していく導入部のストーリーだけでも十分面白かった。しかし、本作では、火星探査チームに追いやられたラケーシュとタラによる"あるアイデア"が、総裁の承認を得たものの、そこに配属されるスタッフは"所与のもの"だった。そして、現実に新たにNASAから赴任してきた男デサイ（ダリープ・ターヒル）が選抜したのは、若手ばかりのいわば二軍の寄せ集めだったからアレレ・・・。もっとも、そこに集まった４人の美女たちの能力は？そして、働きぶりは？

◆私はバブルの時代に岡村孝子が歌った『夢をあきらめないで』が大好きだったが、１５０分の長尺になっている本作では、随所でそれと同じ趣旨の言葉が語られながら、火星探査チームの驚異的なパワーが発揮されていく。その言葉は、①「自国の役に立たないなら、科学者になる意味などない」、②「やりたいことを我慢して幸せになれる？」、③「人からの刺激や知識は大事だけど、自らの道を歩まなくちゃ」、④「夢をかなえた私たちが情熱を失うなら誰も科学者に憧れなくなる」等だから、それに注目！
　他方、本作でタラがラケーシュと並ぶ主役になっているのは、「女性は朝食の残りを翌朝の朝食に使います」等の"主婦目線"が存分に盛り込まれているため。導入部でタラが"あるアイデア"を思いついたのは、まさに主婦目線で「揚げパン（プーリー）を掲げる様子」を見ている時だったが、以降、全編に渡って「節約」をめぐる主婦目線の大切さが強調されるので、それにも注目したい。

◆他方、予算（不足）は「いかに節約するか？」の工夫で乗り切れるが、目標到達までの時間は絶対的なものだから、そういうわけにはいかない。時間不足を補うためには、残業、休日出勤はもとより、産休の放棄etcの問題もある。とりわけ、火星探査チームは一度は解散させられていたから、そこに集まっていた「七人の侍」たちの苦悩は大きかったはずだ。そう考えると、「働き方改革」を進めている日本流の価値観では、本作の「七人の侍」たちの働き方は"ナンセンス"になるのかもしれない。
　もっとも、私はそんな日本で大勢を占める価値観に全く同意していないから、本作ラストからクライマックスにかけて展開していく「ミッション・マンガル　崖っぷちチームの火星打上げ計画」の進捗に手に汗を握りながら引き込まれていくことに。そう考えると、やっぱり『夢をあきらめないで』の歌は、今後の日本でも歌い続けていかなければ・・・。

２０２１（令和3）年1月27日記

Data

監督・脚本：ムニア・メドゥール

出演：リナ・クードリ／シリン・ブ
ティラ／アミラ・イルダ・ド
ゥアウダ／ザーラ・マネル・
ドゥモンディ／ヤシン・ウイ
シャ／ナディア・カシ／メリ
エム・メジケーン

★★★★

パピチャ　未来へのランウェイ
(PAPICHA)

2019 年／アルジェリア映画　フランス・アルジェリア・ベルギー・カタール製作
配給：クロックワークス／109 分

2020（令和2）年 11 月 7 日鑑賞	シネ・リーブル梅田

👀👀 みどころ

　アルジェリア映画は珍しい。『アルジェの戦い』（66 年）はすごい映画だっ
たが、アルジェリアの独立は？90 年代のアルジェリアは？

　邦題の『パピチャ』とはナニ？また、ハイクとは？それらを一つ一つ確認し
ながら、前半では本作の監督と同世代の趙薇（ヴィッキー・チャオ）が、『So
Young〜過ぎ去りし青春に捧ぐ〜（致我們終將逝去的青春）』（13 年）で描いた
90 年代の中国の青春群像劇とは異質の、アルジェリアの大学における青春群
像劇を楽しみたい。

　しかし、本作の本筋はあくまで、ファッションショーで未来へのランウェイ
を切り開こうとするヒロインの生きザマ。厳しい女性差別の中、彼女はいかな
る頑張りを・・・？

――＊――＊――＊――＊――＊――＊――＊――＊――

■□■「パピチャ」とは？監督は？セザール賞受賞に拍手！■□■

　本作は2019年のアルジェリア映画で、フランス・アルジェリア・ベルギー・カター
ル製作とされている。また、パンフレットによれば、監督・脚本は、1978年生まれで、
ロシア出身、アルジェリア育ちの女性、ムニア・メドゥール。彼女は1990年代のアル
ジェリア内戦の時に家族とともにフランスに移住し、大学でジャーナリズムを専攻した後、
パリで映画製作を学んだそうだ。そんな女性監督の長編第一作となる本作は、第45回セ
ザール賞の新人監督賞と有望若手女優賞を受賞したそうだから拍手！もっとも、アルジェ
リア国内で全編撮影が行われ、アルジェリア映画として国内でのプレミア上映が2019
年9月に予定されていた本作は、突如当局により説明なしに上映が中止されたそうだから
大変。それは一体ナゼ？それは、本作を鑑賞すれば誰でもすぐにわかるはずだ。他方、本
作の邦題は『パピチャ　未来へのランウェイ』だが、「パピチャ」って一体ナニ？本作の原

題も『PAPICHA』だが、これはパンフレットによると、「愉快で魅力的で常識にとらわれない自由な女性」という意味のアルジェリアのスラングだそうだ。

本作冒頭、大学の寮に住むネジュマ（リナ・クードリ）がルームメイトのワシラ（シリン・ブティラ）とともに寮を抜け出し、郊外のナイトクラブに遊びに行くシークエンスが登場する。タクシーの中でドレスに着替え、大人びたメイクを施す姿を見ていると、まさにこれがパピチャ！さあ、そんなタイトルの、私がはじめて鑑賞するアルジェリア映画の出来は？

■□■アルジェリアの独立は？90年代のアルジェリアは？■□■

西欧列強による植民地支配のトップランナーは大英帝国だった。１９４７年の８月１５日にはインドが独立したが、それがインドとパキスタンという２つの国家に分離しての独立になったのは一体ナゼ？その事情は『英国総督　最後の家』（17年）（『シネマ42』119頁）を観ればよくわかるが、ことほど左様に、植民地だったインドでのイギリス総統の力は大きかった。アフリカや中東地域の植民地支配をめぐっては、英・仏・独の勢力争いが顕著だったが、アルジェリアを支配していたのはフランス。フランスは１９５４年にはベトナムを、１９５６年にはチュニジア、モロッコの独立を認めたものの、石油や天然資源に恵まれているアルジェリアの独立は容易には認めなかった。そのため、１９５４年以降、８年間に及ぶアルジェリア独立戦争が勃発した。その姿は、ジッロ・ポンテコルヴォ監督の『アルジェの戦い』（66年）で詳しく描かれていた。さらにアルジェリアでは、１９９０年代に内戦が勃発したが、それは一体ナゼ？

本作のパンフレットには①REVIEW「夢や希望を作り出す“革命”の物語」（前田エマ[ファッションモデル]）、②COLUMN「世界に羽ばたくパピチャの誕生」（佐藤久理子[文化ジャーナリスト]）、③REVIEW「誇り高き闘う女性たち」（金原由佳[映画ジャーナリスト]）、④COLUMN「スクリーンに映るアルジェリア社会の矛盾と苦悩」（私市正年[上智大学名誉教授]）があり、それぞれアルジェリアの歴史を解説しているので、これらを参考にしながらアルジェリアの歴史をしっかり勉強したい。

しかして、本作冒頭に登場するネジュマやワシラたちは、大学の寮で生活しながらフランス語の勉強に励んでいたわけだが、そんな１９９０年代のアルジェリアは？

■□■本作 vs『致我們終将逝去的青春』。両者の監督比較■□■

私の大学時代は１９６０年代後半の１９６７年からだったが、本作冒頭に登場するネジュマたちの大学時代は１９９０年代。本作にはネジュマのルームメイトとしてワシラのほか、カヒナ（ザーラ・マネル・ドゥモンディ）たちが登場し、本作のハイライトシーンとして描かれる、ネジュマが企画し実現するファッションショーのモデルになるという青春模様が描かれる。もちろん、イスラム社会では、女はヒジャブの着用が絶対だから、西欧風の肌を露出し、セクシーさを強調したファッションは論外！したがって、寮内でそれを企画していたネジュマたちの部屋に、黒いベールに身を包んだ女たちが乱入してくるシー

クエンスを含め、さまざまな妨害活動が展開されたのは当然だ。寮外に出ることを黙認してくれていた門番のおっさんも最初は良い人かと思っていたが、金の要求だけでなく、いやらしい要求をしてきたから、アレレ・・・。

本作でとりわけ衝撃だったのは、ネジュマがジャーナリストとして働いている姉のリンダ（メリエム・メジケーン）と久しぶりに再会し、母親と共に束の間の家族の団らんを過ごしている時に鳴り響いた銃声。１９９１年１２月から始まったアルジェリア内戦は２００２年２月に政府側の勝利で終わったが、アル・カイーダ機構による反政府活動はその後も続いた。そんな情勢下、アルジェリアでは西洋文化に親しみ、フランス語をしゃべるリンダのようなエリートたちは、多くの下層階級になっているイスラム教徒たちから敵視されていたわけだ。

そんな本作を観ながら私が思い出し対比していたのは、中国の有名女優で監督業にも進出した趙薇（ヴィッキー・チャオ）の初監督作である『So Young〜過ぎ去りし青春に捧ぐ〜（致我們終將逝去的青春）』（13 年）（『シネマ34』385 頁）。同作は、１９６７年生まれで、本作のムニア・メドゥール監督と同世代になるヴィッキー・チャオが、１９９０年代の北京の大学を舞台として作った青春群像劇だが、文化大革命（１９６６年〜１９７７年）と、１９８０年代の改革開放政策を経た後の、１９９０年代の北京の大学生活が興味深かった。

そんな両作品と両監督を比較してみるのも一興だ。

■□■ハイクとは？あんな布がファッションに？■□■

本作ではそもそも本題の『パピチャ』が何のことかわからないうえ、本作中盤に登場するハイクなるものもさっぱりわからない。パンフレットでは、これは「マグレブ地方（リビア、チュニジア、アルジェリア、モロッコなどの北西アフリカ諸国）のムスリマが着用する伝統的な布。近年、白いハイクはアルジェリアで年配の女性を中心に日常着として着用されている。」と解説されている。ヒジャブとどう違うのか私にはよくわからないが、この際それはどうでもいいことで、本作で興味深いのはネジュマがファッションショーの素材としてハイクの活用を思いつくことだ。要するに一枚の布を様々にデザインし、それだけで1つのショーを構成しようというネジュマのユニークな試みが本作のメインストーリーになるわけだ。

ちなみに、ベトナム映画『サイゴン・クチュール』（17 年）は、中国の「チャイナドレス」と同じように有名なベトナムのアオザイを売る有名店に生まれた娘の物語だった（『シネマ 46』250 頁）。同作は「タイムスリップもの」の構成をとりながら、最新ファッションを目指すヒロインが、ラストでは伝統的なアオザイの魅力を再認識するという大団円とされていたが、さて、本作でネジュマはハイクをいかに活用していくの？私はそのファッションの妙はさっぱりわからないが、あんな布切れがファッションショーの総ての素材になることにビックリ！

■□■男の協力は？恋人は？結婚は？妊娠は？■□■

　本作はイスラム教の下で厳しい男女差別に抵抗するネジュマをヒロインとした物語だが、前半には一見、ネジュマの先進性に理解を示すような男、メディ（ヤシン・ウイシャ）が登場するので、それにも少しだけ注目！ネジュマとワシラが、メディとその友人、カリムと知り合ったのはナイトクラブで遊んでいる時だが、帰りのタクシーに逃げられたネジュマとワシラに対して「車で送ってやろう」と誘ってきた男がメディ。その車の中でカリムから住まいを尋ねられたワシラは、「大学の近くだ」と嘘をついたが、それはカリムから「大学寮に住む女子学生は尻軽だ」と言われていたため。その後もワシラはカリムから嫌われないように嘘をつき通してきたが、ある日その嘘がバレてしまうと・・・。

　他方、保守的なカリムとは違い進歩的なメディは、ネジュマに対して「アルジェリアを離れて外国で新しい人生を築こう」と誘ったが、ネジュマが「家事をさせるため？」と聞くと、メディは「せっかくチャンスをやったのに」と反発したから、アレレ・・・。要するに、あの当時のアルジェリアの男たちは、いくら進歩的だと言ってもその程度だったわけだ。

そのことは、「妊娠したらしい」と打ち明けた、もうひとりのルームメイトのサミラ（アミラ・イルダ・ドゥアウダ）が「兄に殺される」とおびえたり、現実に住むところがなくなったためネジュマの家に転がり込んでくるサマを見ていると、そこにも、日本以上に厳しいイスラム教下での男女差別がくっきりと！

■□■ショーの成否は？ネジュマの選択は？■□■

　本作のハイライトは、ネジュマが寮長のマダム・カミシ（ナディア・カシ）に無理やりねじ込んでやっと承諾を取ったファッションショーのシークエンスになる。と言っても、私にはそのレベルはよくわからないうえ、本作に観るファッションショーの成功ぶりは、それまでのストーリーと比べるとかなり安易で現実離れしている。しかし、それは映画だから大目に見たい。これがこのまま成功すれば、そこからネジュマのサクセスストーリーが始まるが、それはハリウッド映画のシナリオであって、イスラム社会ではそうはいかないはず。そう思っていると、案の定・・・。

　本作前半にネジュマたちの部屋に乱入してきたのは黒いベールをつけた女たちだったが、本作のハイライトシーンとなる華やかなファッションショーに乱入してきたのは、何と・・・？なるほど、これがイスラム社会の現実！私たちは、そんなあまりにも厳しい現実をネジュマと共にしっかり確認したい。そして、本作でそんな過酷な体験をしたネジュマが本作のラストに見せる、"ある選択"もしっかり確認したい。

２０２０（令和２）年１１月１６日記

Data
監督・脚本：チェ・ユンテ
出演：イ・ジュヨン／イ・ジュニョ
ク／ヨム・ヘラン／ソン・ヨ
ンギュ／クァク・ドンヨン／
チュ・ヘウン

★★★★

野球少女

2019 年／韓国映画
配給：ロングライド／105 分

2021（令和3）年3月12日鑑賞　　TOHO シネマズ西宮 OS

👀 みどころ

　森喜朗元東京五輪・パラリンピック組織委員会会長の"女性差別発言"を契機として、"ジェンダー論"が加速しているが、プロ野球への女性参入の是非は？

　『ドカベン』や『あぶさん』で有名な水島新司には『野球狂の詩』もある。左のサイドスロー・水原勇気は、9回2アウト2ストライクからの「1球限定」のストッパーとして大活躍。また、「ナックル姫」こと吉田えり投手の"関西独立リーグ"での活躍も現実だ。

　しかし、今なぜ韓国で"スポ根少女モノ"の本作がヒット？学術論文もしっかり読み込みながら、その"論点"を整理すると共に、134km/h の豪速球から「ナックル姫」への転換を目指すヒロインのひたむきな姿に拍手！

———＊———＊———＊———＊———＊———＊———＊———＊———

■□■なぜ今韓国にこんなスポ根映画が？ジェンダーの流れ？■□■

　本作は、英題が『Baseball Girl』なら、邦題も『野球少女』。チラシには、「あきらめない。何があっても。」、「プロになる夢をあきらめない＜天才野球少女＞　一人のコーチと出会い、彼女は突き進む——。」と書いてある。したがって、本作はどう見ても、高度経済成長期の日本で大流行した"スポ根もの"だ。しかし、「頑張れ！頑張れ！」が美徳であり、「大きいことはいいことだ」だった時代は既に終わり、今や"個性の尊重"、"ジェンダー尊重"の時代だから、「あきらめない。何があっても。」などとやたらに根性に訴えるとヤバイのでは？もし、そんな指導のために怪我をしたり、希望が叶わなかった時の心のケアはどうするの・・・？

　日本でも、かつて本作と全く同じテイストのマンガと映画があった。それは、ズバリ、水島新司のマンガ『野球狂の詩』の主人公、水原勇気だ。今からちょうど50年前の19

７２年に始まった同作は、彼の『ドカベン』や『あぶさん』と共に、私たち団塊世代の男たちに愛読された。しかし、今ドキの日本には、こんな“スポ根少女マンガ”がヒットする土壌はないはずだ。しかるに、なぜ今韓国で『野球狂の詩』と全く同じテイストの、本作のような映画が作られ、ヒットしたの？

本作でチュ・スイン役を演じたイ・ジュヨンはかなりの美人で、その点では水原勇気と共通項があるが、そんな（いやらしい？）目で見るのは、私たち団塊世代のじいさんだけ？韓国で本作が大ヒットしたのは、若い人が本作に共感したためだろうから、その要因をしっかり考えたい。ちなみに、アンダースローの左投手だった水原勇希は、「医学上女性が支配下選手として登録できない」という当時の野球協約を乗り越えて、１９７５年に東京メッツで女性ではじめて指名され、入団できたが、さて、高校卒業を控えたスインは？

■□■最速１３４km/hは女ではすごい！しかし男では？■□■

日本の高校野球では、高野連（公益財団法人日本高等学校野球連盟）の「大会参加者資格規定」第５条が、「参加選手の資格」は「その学校に在学する男子生徒で・・・」と定めている。しかし、本作を観る限り、スインは高校野球部の部員の１人として青春のすべてを野球に捧げてきたし、今はプロ野球選手を夢見ているようだ。しかし、韓国ではそんなことが可能なの？他方、スインは最速１３４km/hを誇っていたが、それは女ではすごいものの、男では普通。打ちごろのストレートになってしまうレベルだから、その方面でもどうなの・・・？

日本には、「独立リーグ」を中心に活躍した吉田えりがいる。右のサイドスローだった彼女のストレートは最速１０１km/hだったから、それに比べると、スインのストレートはまさに豪速球！しかし、プロで通用するためには、１５０km/hのストレートが不可欠だ。そう考えたスインは１人で黙々とそのための練習を続けたが、そこに登場したコーチのチェ・ジンテ（イ・ジュニョク）が、まったく違う発想からアドバイスするのが本作のポイントだ。

私は故・野村克也監督の野球理論を高く評価しているが、彼は「その投手にしかないボールがあれば、ワンポイントとしてなら通用するかもしれない」と水原勇気を評価したらしい。そんなアドバイスもあって（？）、水原勇気はドリームボールという“決め球”を極め、ストッパーとして、各試合の９回２アウト２ストライクからの１球限定という役割を与えられ、それなりの成績を修めているから立派なものだ。また、「ナックル姫」と呼ばれた吉田えりも、１０１km/hのストレートと８０km/h代のナックルの組み合わせで勝負し、関西独立リーグのみならず、米国独立リーグにも出場したのだから、こちらも立派なものだ。

そう考えると、スインも最速１３４km/hの豪速球を“長所”と考えるのではなく、水原勇気や吉田えりのような“別の道”を模索するべきでは？そこでジンテがアドバイスしたのは、「お前の長所は回転数の高い球を投げられること」。そして、ジンテからスインへの

指示は、その長所を生かせるナックルボールの習得だったが・・・？

■□■性差別とは？森発言の当否は？その議論は花盛りだが…■□■

東京五輪・パラリンピック組織委員会会長だった森喜朗氏のいわゆる"女性蔑視発言"を巡る議論と情勢の展開は周知のとおりだが、各種スポーツにおける男女別競技の是非、在り方を考えると、その根は深い。サッカー、バレー、バスケットボール等、多くの団体競技はすべて男女別に分けられているが、野球は男子野球と呼ばれることもなく、男子のみに限定するのが当然とされている。それはなぜ？その当否は？

そんな視点で、文献を調査したところ、近藤良享（中京大学）の「スポーツ・ルールにおける平等と公正～男女別競技からハンディキャップ競技へ～」を発見した。同論文は、「近代オリンピック夏季大会の男女競技数（含，混合）の変遷」を中心に、①「男女別競技の過去と現在」、②「ジェンダー・フリー（gender free）のスポーツ世界へ」等を分析している。また、來田享子（中京大学）の「スポーツは性を分けて協議する必要があるか」や、山口理恵子（城西大学経営学部准教授）・野口亜弥（順天堂大学スポーツ健康科学部助手、女性スポーツ研究センター研究員）の「渋谷からガラスの壁を壊そう　スポーツとジェンダーの平等」を読んでも、さまざまな視点があることがよくわかる。なるほど、なるほど。そんなテーマに興味のある人は、これらの学術論文をさらに研究してもらいたい。

ちなみに、同性どうしの結婚が認められないのは「婚姻の自由」などを保障した憲法に反するとして、北海道の同性カップル3組が国に損害賠償を求めた訴訟の判決で、札幌地裁（式部知子裁判長）は3月17日、「婚姻で生じる法的効果の一部すら受けられないのは差別だ」と述べ、同性婚を認めない民法や戸籍法の規定が法の下の平等を定めた憲法14条に違反するとの初決断を示した。こんな判決の登場は、"ジェンダー論"とスインの夢の、さらなる追い風に・・・？

■□■トライアウトへの挑戦は？新庄はダメだったが・・・■□■

毎年11月に実施されるプロ野球のドラフト会議では、社会人野球、大学野球、高校野球のスター選手たちがスポットライトを浴びる。阪神タイガースが4球団競合の末にドラフト1位で引き当てた近畿大学のスラッガー・佐藤輝明選手は、3月18日の時点でオープン戦ながらホームランを6本も放って期待通り（期待以上？）の大活躍を見せている。

ドラフトに対して、「トライアウト」を関係者以外が興味を持って見ることはあり得ないが、2020年12月の12球団合同トライアウト（神宮）に、元阪神タイガースの新庄剛志選手が参加したことには全マスコミが注目した。それと同じように（？）、本作後半はジンテが人脈を駆使してスインのトライアウトを目指すストーリーになり、そこにマスコミの注目が集まることに。さあ、スインはトライアウトを受けることができるの？残念ながら新庄選手はダメだったが、さてスインは・・・？

ドラフト会議は、脚光を浴びたスター選手たちをスカウトや球団がどう評価するかがテーマ。しかし、トライアウトは、バッターなら一打席勝負、ピッチャーなら一打者勝負が

基本だから、まさに"一発勝負"。結果が出るか出ないかにすべてがかかっている。そのうえ、たとえ結果が出ても、総合的にその選手をどう評価するかは球団側に委ねられているから、圧倒的に選手側の立場は弱い。しかして、スインがある打者に対して投げたナックルの威力は？さらにスインの投げた球に興味を示した監督が、次の対戦相手として指名した打者とスインとの真剣勝負は？

■□■契約金は６０００万ウォン！それをどう評価？■□■

　トライアウトでタイムリーヒットを放つという見事なパフォーマンスを見せたにもかかわらず、どの球団からもオファーがなかった新庄選手は、「身の程を知りました」と述べて、きっぱり現役復帰を断念した。それに対して、トライアウトを終えたスインに対しては球団社長室へのお呼びがかかったから、こりゃ朗報！そう思ったのは当然だが、そこでスインに対して示された条件は、球団の事務職員としての採用だったからスインは敢然と拒否。ああ、やっぱり、所詮女はプロ野球では無理！そう思っていると、本作ラストでは状況が一転し、スインとジンテ、そして母親を交えた席で球団側から契約金６０００万ウォンの条件が打診されるから、それに注目！

　今はすっかりスインの応援側に回っている母親は、６０００万ウォンと聞き「今すぐには払えないが、半年待ってくれれば払います」と答えていたからアレレ・・・。それに対して、「いやいや、お母さん。そうではなく、契約金とは・・・」と説明したのはジンテだ。６０００万ウォンは約６００万円だから、ジンテは「良い条件ですよ」と語っていたが、さて、その当否は？

　ちなみに、日本プロ野球界の年俸最高額は昨年までは巨人・菅野智之の８億円だったが、今年は米大リーグ・ヤンキースから楽天へ８年ぶりに復帰した田中将大投手の９億円がトップになった。もちろん、それに比べるのはナンセンスだが、女性初となるプロ野球選手の契約金６０００万ウォン（約６００万円）をどう評価すればいいの？

　　　　　　　　　　　　２０２１（令和３）年３月１８日記

Data

監督・脚本：グレゴリー・マーニュ
出演：エマニュエル・ドゥヴォス／
　　　グレゴリー・モンテル／セル
　　　ジ・ロペス／ギュスタヴ・ケ
　　　ルヴェン／ゼリー・リクソン
　　　／ポリーヌ・ムーレン

★★★★

**パリの調香師
しあわせの香りを探して**

2019 年／フランス映画
配給：アットエンタテインメント／101 分

2021（令和 3）年 1 月 23 日鑑賞　　シネ・リーブル梅田

■□■ショートコメント■□■

◆私は本作ではじめて"調香師"という職業があることを知った。職業に貴賤はないし、男女差別もないが、それでもやはり、調香師には女性が似合うし、女性調香師を主人公にした映画の舞台には当然パリが似合う。また、私は香水には全然興味がないが、シャネルやディオール等の高級ブランドの香水を作り出した（パリ在住の女性の）調香師はきっと、収入も高いだろうが、プライドも高そう。そんな視点（偏見？）で本作のアンヌ・ヴァルベルグ（エマニュエル・ドゥヴォス）を見ていると、まさにその通り！

　日本でも離婚に伴う子供の養育費を巡っては、その確保のための法律改正が検討されているが、本作冒頭の家庭裁判所でのギョーム・ファーブル（グレゴリー・モンテル）の姿を見ると、10 歳になろうとしている一人娘レア（ゼリー・リクソン）の面会交流や、娘と同居するために不可欠な引っ越しを巡って微妙な立場にあるらしい。それはつまり、娘と同居するには「24 ㎡ないし 25 ㎡の狭い部屋ではダメでしょう」ということ。突き詰めれば、要するに運転手をしているギョームの収入の問題だ。そんなギョームはある日、社長によって高級アパルトマンに一人で住んでいるアンヌの専属運転手を命じられたが・・・。

◆本作では、アンヌが"御年何歳か"は明示されない。しかし、彼女は今でこそ稼ぎの 10％を払って代理人をしてもらっている女性ジャンヌ（ポリーヌ・ムーレン）が持ってくる仕事を何でもやっているが、かつては有名ブランドの香水を調合した有名な調香師らしい。そんな中年女（？）は何かとわがままで気難しいもの。相場はそう決まっているが、本作導入部でアンヌがギョームに示す態度を見ていると、まさにその通り。「俺は運転手だ。なのに、なぜこんな仕事を！」ギョームがそう口走り「やってられねーよ」の姿勢を見せたのは当然だが、それに対するアンヌの反応は？

　映画には「バディもの」というジャンルがあるが、それは仲の良い二人で成立するものが多い。しかし、本作は犬猿の仲の女ボスとお抱え運転手のバディものだから、その展開

は如何に・・・？

◆人と人との出会いについて神様がどんなお導きをしているのか知らないが、誰と誰の出会いがどんな風に展開していくのかは、人間には全く分からないもの。例えば、安倍晋三前首相とトランプ前大統領は偶然ウマが合ったが、菅新首相とバイデン新大統領の相性はいかに？

　本作では、かつての栄光を失ったとはいえ、なお現役の調香師として高収入を挙げている（？）アンヌと、スピード違反のため運転手の仕事すら取り上げられそうなギョームとの収入を含めた"格差"は明らか。また、アンヌとギョームの関係は、嫌な女上司とそれに仕えざるを得ない人のいい中年男という構図だから、互いに反発しあうことはあっても相性ピッタリということはあり得ない。そう思いながら見ていたが、アレレ、アレレ、少しずつ・・・。

◆変な意味ではなく、純粋に「においを嗅ぐ」という意味で「鼻の利く人」は世の中にたくさんいるらしい。しかし、そのにおいの成分やその名前を知っている人は少ないし、ましてやそれを科学的に調合できる人はほとんどいないはず。それをしっかり極めている専門職が調香師だが、どうもギョームもにおいを嗅ぎ分ける点では"鼻の利く男"だったらしい。そのことは、アンヌの運転手にすぎないギョームが、ある場面では荷物持ちになったり、ある場面では代理人になったりしながら、アンヌと一緒ににおいを嗅ぐ仕事に従事しているうちに、アンヌも感じ取ったようだ。その結果、アンヌはある仕事の現場では、鼻の調子が悪く、鼻が利かなくなった自分に代わってギョームの助けを借りることに。すると、意外や意外、そこで見せたギョームの才能は・・・？

◆日本のプロ野球の世界では、選手の年俸交渉に弁護士を代理人として立てる習慣はなかったが、近時はアメリカの大リーグ並みにそれを実施している選手も増えている。そう考えれば、アンヌが収入の１０％という条件で代理人を立てていたのも頷けるが、その二人の相性は？それが良好でないことは冒頭から明らかだが、ある日突然、調香師にとって最も大切な嗅覚を失ってしまったアンヌは思い切ってジャンヌのクビを切り、ギョームに仕事を手伝ってもらいたいと頼むことに。しかし、それまでアンヌとジャンヌの関係以上に、ずっと「犬猿の仲」状態だったギョームは、そんなアンヌの頼みを引き受けてくれるの？

　本作はいかにもフランス映画らしいシンプルさで、淡々とアンヌとギョームのストーリーを紡いでいくが、それを観ていると、誰でも自然にその流れが理解できる。チラシには、本作は「２０２０年フランス興行成績Ｎｏ．１」と書かれているが、コロナ禍で嗅覚に不安を覚えている人々は是非本作を鑑賞して、自分の嗅覚の実感を新たにしたい。

２０２１（令和３）年１月２７日記

Data

監督・脚本・編集：藤元明緒
プロデューサー：渡邉一孝
撮影監督：岸建太朗
出演：ホアン・フォン／フィン・トゥエ・アン／クィン・ニュー

★★★★

海辺の彼女たち
(Along the Sea)

2020 年／日本=ベトナム映画
配給：E. x. N／88 分

2020（令和2）年 11 月 3 日鑑賞　TOHO シネマズ六本木ヒルズ（第 33 回東京映画祭）

👀 みどころ

　人口減少、超高齢化社会を迎える日本では、移民の受け入れ態勢をどう構築するかが大テーマ。しかし、留学生は優遇されても、技能実習生の実態に焦点が当たることは少ない。

　今や、中国よりも入国者数が多いのがベトナム。勤勉な彼らは成功者も多いが、本作に見る 3 人の若い女性は？

　彼女らにとって、パスポートや保険証はおカネ以上に大切なはずだが、それを無視してまで職場を脱走したのはなぜ？彼女らが辿り着いた海辺とは？

　企画段階では『フォンの選択』と予定されていた邦題が、なぜ変更されたの？それを考えながら、中盤からクライマックスにかけて訪れる "フォンの選択" に、しっかり寄り添いたい。

—— * —— * —— * —— * —— * —— * —— * —— * —— * ——

■□■監督の視線は？前作はミャンマー！本作はベトナム！■□■

　藤元明緒監督の視線は、前作の『僕の帰る場所』（17 年）（『シネマ 41』105 頁）はミャンマーだったが、今回はベトナム。また、前作は東京で暮らすミャンマー人の 4 人家族が主人公だったが、本作はベトナムから技能実習生として日本にやってきた若い 3 人の女性、①フォン（ホアン・フォン）②アン（フィン・トゥエ・アン）③ニュー（クィン・ニュー）が主人公だ。

　冒頭、3 人の主人公たちが劣悪な労働環境にある、東京と思われる某職場から闇夜に紛れて脱走するシークエンスが描かれる。これを手持ちカメラで撮っているのは撮影監督の岸建太朗だが、①闇夜であること、②カメラの明かりが不足していること、③手持ちカメラだから明らかにブレていること、という 3 つの悪条件（？）のため、脱出の状況を正確に把握するのは難しい。しかし、逆にそれが何とも言えない緊張感を生み出しているから、

映画とは面白いものだ。さあ、電車を乗り継いで彼女たちは一路、どこを目指して大脱走を敢行しているの？

■□■舞台は雪の青森。３人を迎えた男は？■□■

　私も出資者の一人となった藤元明緒監督の前作『僕の帰る場所』は、２０１７年の第３０回東京国際映画祭で「アジアの未来」部門のグランプリに当たる作品賞と、監督賞に当たる国際交流基金アジアセンター特別賞を受賞するという大きな成功を収めたから、出資

5月1日（土）よりポレポレ東中野ほか
全国順次公開
©2020 E.x.N.K.K. / ever rolling films

金は全額回収できることになった。その出資金をそのまま振り替えて再出資したのが本作だから、私は企画段階から本作の構想を聞いていた。したがって、その主たる舞台が雪の青森になることも知っていた。

　しかし、２０１９年の１１月、１２月はあまり寒くなかったから、スタッフが青森に出発する前に東京で会食をしたときは雪の心配をしていたが、さて、本作に見る雪の青森は？とある駅で彼女たちを車で待っていたのは、ベトナム人のブローカーの男。彼女たちはこの男の話をそのまま信用して青森までやってきたわけだが、もしこの男が悪い男だったら・・・？

　１１月３日の第３３回東京映画祭での上映終了後、藤元明緒監督、岸建太朗撮影監督と並んで舞台上に登場したのがブローカー役を演じたベトナム人のダーさんだが、彼は本業もブローカーだと自己紹介していたからビックリ。映画の中では「ひょっとして・・・」というきわどいセリフ（？）も登場したが、実は、この男は良い男・・・。

■□■こりゃ重労働！しかし、もっと仕事を！フォンは？■□■

　本作の企画段階の仮題は『フォンの選択』だったが、公開時には『海辺の彼女たち』に変更された。そんなタイトルにふさわしく、本作中盤では、青森のとある漁村で朝早くから夜遅くまで魚や海産物そしてその加工に不可欠な氷と格闘しながら過酷な肉体労働に従

5月1日（土）よりポレポレ東中野ほか
全国順次公開
©2020 E.x.N.K.K. / ever rolling films

事する３人の姿が描かれる。今ドキの日本の若い女の子なら、こんな重労働は到底ムリ。一日働いただけで逃げ出してしまうこと間違いなしだが、３人の中からは「ベトナムの両親たちにお金を送るため、もっと仕事をしたいとお願いしよう」との声があったから、ビックリ。

　なるほど、これが今どきのベトナムの若者のハングリー精神というものだ。もっとも、３人のうちフォンだけは身体がだるそうで、仕事にも影響が出て

いたから、アレレ。「どこか身体の調子が悪いの？」そう心配したアンとニューは「病院へ行こう」と促したが、フォンは「大丈夫」と言うばかり。もっとも、技能実習生の立場でベトナムから日本に入国し、東京の職場で働いていたのにそこを脱走して青森で不法就労している3人は、パスポートも持っていないし、健康保険証も持っていない。そんな立場で病院に行っても、診察してもらえないばかりか、警察に連絡されたら入管がやって来て、たちまちベトナムに強制送還されること間違いなし。そんなことは誰よりも3人がわかっていたが、ある日、「何とかなるさ」と病院に行ってみたが、結果はやっぱり・・・。

■□■ナニ、妊娠！？そりゃちょっと！ベトナムの性教育は？■□■

企画段階で仮題を『フォンの選択』としたのは、フォンの妊娠が発覚した後のフォンの選択や如何に？というストーリーを描き出すためだった。たしかにそれは面白いテーマだが、もしそうだとすると、本作中盤の①フォンの身体の不調の発生、②不調についての悩みと診察を受けないまま自分で妊娠かも？と気づく展開、③市販の検査薬での妊娠の判明、という一連のストーリー構成には少し無理がある。なぜなら、私は男だからよくわからないが、「ひょっとして・・・？」ということは、フォンが最初に考えるはずだ。日本にやってくる前に誰とエッチしたのかはフォン自身がはっきり覚えているわけだから、身体の変調を見て、何よりも先に「ひょっとして・・・」と考えるのが当然。そして今ドキ、そのチェック（検査）は市販の検査薬で一発だから、あんなに悩む前にそのチェックをすればいいだけなのでは・・・？

もっとも、スクリーン上で身体の不調を我慢しながら働くフォンの姿を見て「ひょっとして妊娠？」と考えた観客は私を含めていなかったかも・・・。ところで、ベトナムでは、小・中・高校時代の性教育、避妊教育は一体どうなっているの？

■□■フォンの選択は？■□■

河瀬直美監督の最新作『朝が来る』（20年）は、一方では子供に恵まれない夫婦を、他方では望まぬ妊娠をした女子中学生を登場させ、その間をある施設の女性が特別養子縁組で結びつけることによって、ある意味、双方に幸せな人生模様を描こうとしていた。ところが、ある日、ある電話によって、そこに大波乱が起きることに・・・。

5月1日（土）よりポレポレ東中野ほか全国順次公開
©2020 E.x.N.K.K. / ever rolling films

同作では、女子中学生の妊娠発覚が遅かったため堕胎するのが無理だったようだが、本作のフォンの場合は時期的にそれは可能らしい。そして、私が知らなかったが、今ドキは錠剤を呑むだけで簡単に堕ろすことができるらしい。私の大学時代の友人たちは、"父親"の同意を得て、場合によればその付き添いで、少しおなかの膨らんだ女性は産婦人科を訪れていたものだが・・・。しかして、市販の試薬で自分が妊娠していることを確信した"フォンの選択"は？

　それが本作本来のテーマだが、どうもフォンは子供を産みたいらしい。そのため、闇ネットで偽造のパスポートや保険証を作ってくれるという情報を得たフォンは、大枚をはたいてそんな行動に走ったからかなりヤバい。もっとも、性善説に立っている（？）日本の病院はチョロいものだから、それを騙すの簡単なようで、優しい女性医師から、「お腹の赤ちゃんは順調に育っていますよ」と告げられたフォンはひと安心だ。さあ、本作のラストに見る"フォンの選択"は？

■□■上映後のＱ＆Ａでは？■□■

　上映後に開催された Q&A には、藤元明緒監督と岸建太朗撮影監督、そしてブローカー役のダーさんが壇上に並び、会場との Q&A が催された。

　そこで真っ先に質問に立ったのが私の友人。何ともクソ難しい質問をしていたが、その回答はさすがにしっかりしたものだった。もう一人の私の友人も、3人に対して一人ずつ質問をしたため、回答が長引き、私が質問の手を挙げた時は時間切れで、結局私の質問はできなくなってしまった。

私が質問しようとしたのは、企画段階の邦題は『フォンの選択』だったのに、公開時にはなぜ『海辺の彼女たち』という"ボンヤリした邦題"に変更されたの？言い換えれば、『フォンの選択』の方がテーマがはっきりしていて良かったのではないか、ということだ。残念ながらその質問ができず、したがってその回答をもらうこともできなかったが、あなたはどう考える？

　２０２０（令和2）年１１月１６日記

５月１日（土）よりポレポレ東中野ほか
全国順次公開
©2020 E. x. N. K. K. / ever rolling films

Data

監督・脚本・編集：藤元明緒

プロデューサー：渡邉一孝

撮影監督：岸建太朗

出演：ホアン・フォン／フィン・トゥエ・アン／クィン・ニュー

★★★★

海辺の彼女たち
(ALONG THE SEA)

2020年／日本=ベトナム映画

配給：E.x.N／88分

2021（令和3）年3月9日鑑賞　シネ・リーブル梅田（第16回大阪アジアン映画祭）

👀 みどころ

　『僕の帰る場所』（17年）に続いて、私が出資した藤元明緒監督の本作が、「第33回東京国際映画祭」に続いて、「第16回大阪アジアン映画祭」で上映。コロナ騒動によって"小さな映画"の公開が困難になっている状況下、5月1日からは東京でも大阪でも劇場公開が決定しているから、それもすごい！

　今年2月の"軍事クーデター"によって、今ミャンマーは大変な状況になっているから、奥さんの実家がミャンマーにある藤元監督は心配だろうが、頑張ってもらいたい。私ができるのは義援金での協力くらいだが、"香港問題"と"ミャンマー問題"はしっかりウォッチングしていきたい。

　なお、2度目の鑑賞後も私は本作のタイトルは企画段階の『フォンの選択』のほうが良かったのでは、と思ったが、さて・・・？

———＊———＊———＊———＊———＊———＊———＊———＊———＊———＊———

■□■東京に続いて大阪でも劇場公開！ヤッター！■□■

　去る3月5日、オンラインで開催されていた「第71回ベルリン国際映画祭」のコンペティション部門の受賞結果が発表され、濱口竜介監督の『偶然と想像』（21年）が審査員大賞（銀熊賞）を受賞した。同賞は最高賞の金熊賞に次ぐ位置づけだから、すごい。また、同映画祭では過去、寺島しのぶと黒木華が最優秀女優賞（銀熊賞）を受賞しているが、作品に対する賞は、2002年に宮崎駿監督の『千と千尋の神隠し』（01年）が金熊賞を受賞して以来だ。

　他方、在日ミャンマー人の移民問題と家族の愛を描いた前作、『僕の帰る場所』（17年）（『シネマ41』105頁）に続いて、藤元明緒監督がチャレンジしたのが本作。2014年に、ある友人の紹介で、若き藤元明緒監督と若き渡邉一孝プロデューサーを紹介され、『僕の帰る場所』に出資することを決めた私は、2017年に完成した同作の成功に驚きつつ、

無条件に次作への出資を決定した。２０１９年１１月には、青森での撮影に出かける渡邉一孝氏らと東京で会食し、本作の完成を願っていたが、翌２０２０年の夏に完成。そして、２０２０年１１月３日には第３３回東京国際映画祭で上映されることになった。さらに、今年５月１日からは、東京の「ポレポレ東中野」での公開に続き、大阪でも「シネヌーヴォ」での劇場公開が決まっている。

　それに先立って、３月５日から３月２０日に開催されている「第１６回大阪アジアン映画祭」でも上映されることになった。しかして、３月１３日には改めて本作を鑑賞すると共に、その直前直後には久しぶりに藤元明緒監督、渡邉一孝プロデューサーと談笑することができたから、大満足！

５月１日（土）よりポレポレ東中野ほか全国順次公開
©2020 E.x.N.K.K. / ever rolling films

■□■ミャンマーは今大変！義援金は？■□■

　前作『僕の帰る場所』の完成後、２０１７年には私の都島の自宅に、藤元明緒監督と渡邉一孝プロデューサーが集まって会食したが、その席には藤元明緒監督の奥さんも駆けつけてくれた。その時の奥さんのお腹はパンパンだったが、今日奥さんが劇場に連れて来ていた息子は、既に２歳近くになっているとのこと。時の経つのは早いものだ。私は藤元明緒監督の奥さんがミャンマー人だと知っていたので、２０２１年２月に発生したミャンマーでの"軍事クーデター"を心配していたが、連日のニュースによれば、軍部の圧政はますます強まり、反政府デモへの弾圧も強化され、死者さえ出ている状況だ。そんな心配を藤元明緒監督の奥さんに直接ぶつけ、実家の悲惨な状況を聞いてみると・・・。

　日本は２０１１年３月１１日に発生した東日本大震災から１０年の節目を迎えたが、ミャンマーでテイン・セイン率いる政権が発足し（同時に国名も変更）、民政移管が実現した

のも２０１１年３月だ。移管された民政は２０１６年３月からアウンサン・スー・チー氏率いる国民民主連盟（NLD）に引き継がれ、ミャンマーの本格的民主化が始まると、全世界の期待は急速にそこに集まった。それまで中国一辺倒だった日本企業の海外進出も、急速にベトナムに移り、更にミャンマーに移っていった。そして、現行憲法の制約上、ミャンマーの大統領に就任できなかったアウンサン・スー・チー氏は、国家最高顧問、外務大臣兼大統領府大臣として実質的に新生ミャンマーを指導し、２０２０年１１月の総選挙では様々な逆風にもかかわらず圧勝した。ところが、「禍福は糾える縄の如し」とはよく言ったもので、この総選挙によって追いつめられた国軍は遂に２０２１年２月に軍事クーデターを起こすことに。クーデター後はデモや不服従運動など、国軍への抵抗はいろいろと展開されているが、抵抗への圧力、弾圧は強いし、戒厳令まで発行されているからコトは重大だ。それは、「一国二制度」を巡って香港で繰り広げられた圧力、弾圧以上で、既に死者も多数出ている。それに対して、今や民主派は臨時政府の樹立を目指しているから、その闘争が長期化していくのは必至だ。

　そんな状況下、今の私にできることはせいぜい義援金への協力しかないので、それを申し出ると、現金ではなく振り込みにしてもらいたい、とのこと。なるほど、それはその通りだと納得し、私は振込先の連絡を待つことに。この際思い切った金額をミャンマー民主化支援のため、寄付することとしたい。

■□■ “協賛者”の１人として、更なる協力を！■□■

　映画は作るのが大変なら、劇場公開するのも大変。新型コロナウイルス騒動によって、昨年２月以降の映画界は、それが更に大変になった。そのことは『キネマ旬報』３月下旬特別号の「２０２０年映画業界総決算　コロナ禍での映画界の行方　データが語る２０２０年映画界」を読めばよくわかる。邦画では『劇場版鬼滅の刃　無限列車編』（20年）の大ヒットがあったものの、ミニシアター（の経営）がいつまで持つかは、風前の灯火だ。

５月１日（土）よりポレポレ東中野ほか全国順次公開
©2020 E.x.N.K.K. / ever rolling films

　ちなみに、日本で１年間に劇場公開される映画は、洋画・邦画とも５００ないし６００本。しかし、２０２０年の邦画は５０６本（前年比７３．４％）、洋画は５１１本（前年比８６．８％）だ。他方、興行収入は邦画、洋画とも１年間に約１千億円強だが、２０２０

年の邦画の興行収入は１０９２億円（前年比７６．９％）に減少、洋画は３４億円（前年比２８．６％）に激減している。そんな状況下、本作のような小さな映画が、「第３３回東京国際映画祭」でも、「第１６回大阪アジアン映画祭」でも上映できたのはすごい。また、東京でも大阪でも劇場公開できることになったのもすごいことだ。

また、「ポレポレ東中野」で公開するについては立派なチラシが製作されており、そこには、小さな字だが「協賛：坂和法律総合事務所」と書かれている。「Sakawa Law Office」のロゴのデザインも素敵。２０２０年は私と同世代の大阪の弁護士である廣田稔氏のプロデュースによって『天外者（てんがらもん）』が大ヒットしたが、これは大快挙。私の本作への協賛はそれには遠く及ばないが、協賛者の１人としてさらなる協力を！

■□■タイトルはやっぱり『フォンの選択』の方が！？■□■

生きていく。この世界で――
ALONG THE SEA
海辺の彼女たち

５月１日（土）よりポレポレ東中野ほか
全国順次公開
©2020 E.x.N.K.K. / ever rolling films

本作のタイトルは、企画段階においては『フォンの選択』だった。それが、いつ、どういう事情で『海辺の彼女たち（ALONG THE SEA）』に変わったのかについて、私は全然聞いていなかった。２０２０年１１月３日に本作を鑑賞した後に、私は本作のタイトルは『海辺の彼女たち（ALONG THE SEA）』よりも『フォンの選択』の方がいいのではないか。その理由は、その方が本作の核心をズバリついているから、そう思った。そこで私は、上映終了後のQ&Aの時間にそれを質問しようと考えていたが、残念ながら時間切れになってしまった。そこで、今日はその点をズバリ藤元明緒監督に直接聞いてみると、彼も『フォンの選択』にかなり固執したが、スタッフ全体の意見は『海辺の彼女たち（ALONG THE SEA）』の方が強かったらしい。

本作は全編８８分だが、その後半はカメラがずっとフォン１人を追い続けていく。そして、フォンはラストで"ある選択"をするのだが、その"選択"に至るまでの心の動きや、その"選択"の是非をどう考えるかが、まさに本作のポイントだ。１年間に本作全編のストーリーを考え、また、ベトナムからの技能実習生の悲惨な実態という社会問題提起性を考えれば、『海辺の彼女たち（ALONG THE SEA）』のタイトルも悪くはないが、やっぱり私には『フォンの選択』の方がベター。さて、あなたは？

２０２１（令和３）年３月１５日記

142

Data

監督・脚本：ビル・ホルダーマン
出演：ダイアン・キートン／ジェーン・フォンダ／キャンディス・バーゲン／メアリー・スティーンバージェン／アンディ・ガルシア／ドン・ジョンソン／リチャード・ドレイファス／クレイグ・T・ネルソン／アリシア・シルヴァーストーン／ケイティ・アセルトン／ウォーレス・ショーン

★★★

また、あなたとブッククラブで

2018年／アメリカ映画
配給：キノフィルムズ／104分

2020（令和2）年12月26日鑑賞　　シネ・リーブル梅田

■□■ショートコメント■□■

◆本作を彩る、平均年齢74歳になるという“往年の大女優”の名前は、①キャンディス・バーゲン、②ジェーン・フォンダ、③ダイアン・キートン、④メアリー・スティーンバージェン、の4人。

　そして、本作で彼女たちが演じる役は、それぞれ①40年連れ添った夫を亡くした真面目な専業主婦のダイアン、②複数の男性たちとの関係を楽しんでいる経営者のビビアン、③離婚のトラウマに苦しんでいる連邦判事のシャロン、④熟年夫婦の危機に直面しているシェフのキャロル、というものだ。

　この4人は、同じ本の感想を語り合う「ブッククラブ」に集う親友だが、今回のテーマを今までとは少し趣を変えて、官能小説『フィフティ・シェイズ・オブ・グレイ』にしたことによって、さまざまな波乱が起きることに。なるほど、なるほど・・・。

◆時が経つのは早いもの。私がキャンディス・バーゲンをスクリーン上ではじめて観たのは、ロバート・ワイズ監督の『砲艦サンパブロ』（66年）。同作は西欧列強が次々と中国へ進出していた1926年の物語で、彼女は伝道学校の教師としてアメリカからやってきた美しい女性。その魅力に魅かれる男がスティーヴ・マックィーン扮する砲艦サンパブロ号の乗組員だったが、高校生という多感な時代の私には、その歴史も男の生きザマも、そしてキャンディス・バーゲンの美しさも強く印象に残るものだった。

　他方、名作『怒りの葡萄』（63年）で主演した名優、ヘンリー・フォンダの娘であるジェーン・フォンダが女優になったのは当然。しかし、私が彼女をよく知っているのは、女優としてよりも、私が学生運動にハマっていた1970年当時のベトナム戦争反対の“女闘士”としてだった。彼女は1970年5月からFBI当局、CIA当局から監視対象にされていたというからすごい。

　しかして、そんな“往年の名女優”2人とのスクリーン上での再会は？

◆近年アメリカで大ヒットした TV ドラマが、『セックス・アンド・ザ・シティ』だが、それは、アラサー、アラフォーの超元気な女性たちを主人公としたもの。しかし、今や平均寿命は大きく延び、「今の７０歳はかつての４０歳（？）」だから、本作の４人の主人公だって、まだまだ『セックス・アンド・ザ・シティ』を地で行くことは可能！

なるほど、彼女たちのパワーと美しさ、そして財力を見ていると、それにも納得！もっとも、現職の連邦判事であるシャロンが、当初こそ慎重だったものの、後半からは SNS のマッチングアプリで出会った老紳士・ジョージ（リチャード・ドレイファス）にハマっていく姿を見ると、そりゃちょっとヤバいのでは・・・？

◆とっくに"閉経"を迎えたはずの４人の女性陣（おばあちゃん）がメチャ元気なのに比べれば、それに対応する４人の男たちは、なお女漁りに元気な者もいれば、既に枯れてしまった者もおり、バラバラだ。しかし、既に女に枯れてしまった男を"復活"させるのに役立つのが、今時はバイアグラらしい。

２人の娘から「心配だから同居しよう」と勧められているダイアンが、新しい恋人でイケメンパイロットのミッチェル（アンディ・ガルシア）との間で突然始める奔放な男遊びの姿（？）が本作最大の見ものだが、離婚の危機に直面しているキャロルが、夫のブルース（クレイグ・T・ネルソン）にバイアグラを服用させることによって夫婦生活にヨリを戻そうとするストーリーも面白い。また、ビビアンが４０年ぶりに再会を果たした元カレのアーサー（ドン・ジョンソン）との間で展開するあっと驚く物語も、観ている分にはメチャ面白い。本作では、４人のばあさん、じいさんたちがスクリーンいっぱいに展開するそれぞれの恋物語（？）を、頭をカラッポにして楽しみたい。

◆SNS のマッチングアプリにハマるシャロンを含めて、４人の往年の大女優たちが、それぞれの役柄でここまで自由に（好き勝手に？）ふるまうことができれば幸せだが、多分それは映画の中だけのもの・・・？とはいえ、私も来年１月に７２歳になるから、まだまだ自由に（好き勝手に？）ふるまえるはず。本作に登場した４人の男の誰を目標にするかは自ずと明らかだから（？）、７２歳の年男になる来年２０２１年には何か１冊、官能小説を定めて頑張らなくっちゃ・・・。

今年は１０月７日の筒美京平の死亡に続いて、１２月２０日には中村泰士が８１歳で、１２月２３日にはなかにし礼が８２歳で死亡したが、私はまだまだ７２歳。少なくとも、あと５年、１０年は頑張れるはずだ。

２０２０（令和２）年１２月２８日記

Data
監督：ジル・ド・メストル
脚本：プルーン・ド・メストル／ウィリアム・デイヴィス
出演：ダニア・デ・ヴィラーズ／メラニー・ロラン／ラングリー・カークウッド／ライアン・マック・レナン

SHOW-HEY シネマルーム

★★★★

ミアとホワイトライオン 奇跡の1300日

2018年／フランス映画
配給：シネメディア／98分

2021（令和3）年3月6日鑑賞 ｜ シネ・リーブル梅田

みどころ

　私にとって、この犬は、この猫は親・兄弟以上！そんな"ペット好き"は多いが、ライオンをペットにできるのは何歳まで？体重が１００キログラムを超えるのはOKだが、"野性"に戻ってしまうと、命の危険が・・・？

　そんなミアとホワイトライオンとの"奇跡の１３００日"をCGなしで撮影した本作は、かつての『野生のエルザ』（６６年）と同じテイストで興味深い。他方、『ハタリ！』（６０年）は面白かったが、"トロフィー・ハンティング"とは？また、"缶詰狩り"とは？

　本作に見る、ミアの究極の選択の是非は、辛坊治郎アナの再度のヨットでの太平洋横断への挑戦の是非や、"自然保護区"との対比の中でしっかり考えたい。

—— * —— * —— * —— * —— * —— * —— * —— * ——

■□■クリスマスの日にホワイトライオンが生まれると？■□■

　クリスマスの日に生まれたホワイトライオンは"ある奇跡"を起こす。そんな"伝説"が母親・アリス（メラニー・ロラン）の口から長男・ミック（ライアン・マック・レナン）への寝物語として語られた直後のクリスマスの日。南アフリカで「ライオンファーム」を経営している父親・ジョン（ラングリー・カークウッド）の家の中で、本当にホワイトライオンが産まれたからビックリ！妹のミア（ダニア・デ・ヴィラーズ）が１１歳の時だ。

　父親の都合でロンドンから南アフリカに移住したミアは、新しい学校にも動物たちにも全くなじめなかったが、チャーリーと名付けられた子供ライオンと少しずつ"親友"になってくると・・・？

■□■ペットOKは3歳まで！？野性の芽生えは？■□■

　ライオンの寿命は犬と同じくらい？したがって、ミルクばかり飲んでいても、３か月、６か月、１年も経ってくると・・・？ライオンを家の中でペットのように人間の友達とし

て育てるのもいいが、身体が大きくなってくると・・・？まして“野生”が芽生えてくるようになると・・・？

その限界はどこ？それが両親のジョンとアリスと、今やすっかり親友のチャーリーが分身のようになってしまったミアとの最大の問題だった。チャーリーが産まれて今や3年。その体重は優に100キログラムを超えているはずだし、こんな動物を家の中で買うのはもはやムリ。それは客観的には明らかだ。

そんなある日、チャーリーは野生のライオンたちの中に放り込まれたが、さあ、チャーリーは野生の中に戻っていくの？本作は3年以上の歳月をかけてCGなしで撮影されたそうだ。したがって、そこではチャーリーが他の野生のライオンたちにいじめられ、傷つく姿も撮影されている。チャーリーはそれにじっと耐え、反撃しなかったそうだが、チャーリーはひょっとして野生を失っているの？イヤイヤ、そんなことはないはずだが・・・。

■□■優しく理想的な母親も、思わずゾォ・・・？■□■

本作導入部で、ものすごい美人で優しいママが登場しているなと思ったら、彼女は『イングロリアス・バスターズ』（09年）（『シネマ23』17頁）以降私が大好きになった女優、メラニー・ロランだった。現在「すわ、離婚か？」と話題になっている元卓球選手・福原愛と台湾人の卓球選手・江宏傑は、1日に100回以上キスをすると言っていたが、本作のジョンとアリスもそれに近いラブラブぶり。そのうえ、アリスは夫とラブラブであるばかりでなく、子供のミックにもミアにもやさしく接していたから、まさに“理想的な妻”であり“理想的な母親”だ。

しかし、いくらミアが「心配するな」と言っても、ミアが平気でチャーリーに背中を見せたりしていると・・・？そんな、“思わずぞっとする”出来事が続くと、最低でもミアは檻の“こっち側”で、チャーリーは檻の“向こう側”で生活させなければ・・・。チャーリーを売るのだけはやめてくれ。そんなミアのお願いをかなえるについては、それが父親のジョンとミアの間で交わされた最低限の約束だったが・・・。

■□■トロフィー・ハンティングとは？缶詰狩りとは？■□■

本作後半には“トロフィー・ハンティング”と“缶詰狩り”の風景が登場する。私が中学生の時に観たジョン・ウェイン主演の『ハタリ！』（60年）では、“猛獣狩り”の迫力に驚かされた。また、高度経済成長を実現したおかげで、日本人の私ですら、白浜では“サファリワールド”を体験することができた。もっとも、それはあくまでファミリー向けの子供だましのもの・・・？しかして、本場南アフリカで（のみ）体験できる“トロフィー・ハンティング”とは？また、“缶詰狩り”とは？

他方、本作は全編を通じて、南アフリカで「ライオンファーム」を経営することがいかに大変かを考えさせる映画になっている。ロンドンに住み、ロンドンで2人の子供に恵まれたジョンとアリス夫妻が、南アフリカに“戻ってきた”のは、ジョンの父親が経営していた「ライオンファーム」の経営が危機に陥ったため。それを引き継いだジョンはいろいろと工夫しながら、経営を続けていたが、実情は赤字続きだったらしい。しかし、ホワイトライオンのチャーリーが客を呼べるようになった今、やっと黒字経営になったそうだか

ら、喜ばしい限りだ。ところが、そんな状況下、久しぶりに家族で食事に出かけた日に、チャーリーがいなくなってしまったから大変。さらに、やっと見つけたと思ったら、実はひそかにミアが野生動物として檻の中にいるはずのチャーリーと"デート"を重ねていることがわかったから、アレレ・・・。こうなれば、チャーリーの売却処分もやむなし・・・。

■□■父娘の約束は？動物園に売るって、ホント？■□■

本作導入部では、生まれたばかりの、猫ともイヌとも区別のつかないチャーリーとミアのじゃれ合う姿が実にほほえましい。しかし、1年を過ぎてからも、なおミアがチャーリーとじゃれ合う姿を見ていると、ジョンやアリスならずとも怖いと思うのは当たり前。したがって、事の道理として、ミアはいい加減チャーリーを野生に戻すことを認めるべきだ。ところが、本作のミアは容易にそれを認めず、父親との固い約束も平気で破っていった。

他方、ジョンの方も、2人の子供達やアリスに対しては「チャーリーを動物園に売る」と言っていたが、ある日、秘密裏にジョンに同行したミアが"トロフィー・ハンティング"の現場で聞き、かつ目撃した風景によると・・・？このままでは、チャーリーはあの"缶詰狩り"の餌食に・・・？そう考えたミアが、兄の協力を得て決断したある選択とは？

■□■ミアの決断は？自然保護区とは？この大騒動の是非は？■□■

本作は邦題のとおり、「ミアとホワイトライオン」の「奇跡の1300日」を描いた映画。最初の1年間はラブラブだったし、その後も3年間はミアとチャーリーの仲はNo problemだった。しかし、チャーリーが野性を取り戻した3年後からは、問題が次々と噴出することに。そして、私にはその問題の解決策はナシ、と思えたが、「世界はきっと　変えられる」をキャッチコピーにした本作は、"ある解決策"に向かってかなり無茶なストーリーが進んでいくので、それに注目！

私は毎週日曜日に放映される「そこまで言って委員会」をよく見ていたが、やしきたかじんの後を継いで議長に就任した辛坊治郎アナも、去る2月28日をラストに引退。そして、今年夏には2度目のヨットでの太平洋横断に挑むそうだ。しかし、今から8年前の2013年に、全盲のセーラー・岩本光弘氏と共に小型ヨットで太平洋横断にチャレンジした際に、マッコウクジラと衝突しヨットが沈没、遭難するという"あの大事件"が、世間に対していかに大きな迷惑をかけたかを考えれば、この再チャレンジは如何なもの？即刻中止すべきだ。それと同じ趣旨で、私は本作のクライマックスに向けてミアが決断した行動を是認できないが、さて、その行動とは？そして、本作が描くその結末は？

ちなみに、本作と似たようなテイストの映画に、『野生のエルザ』（66年）があった。大学受験の真っ最中に同作を観た私は、「ボーン・フリー」と歌われた映画音楽と共に、今なおその内容をよく覚えている。そして、そこでもラストのシークエンスは自然保護区だった。同作でも自然保護区の便利さにビックリさせられたが、それは本作も同じだ。もっとも、これで解決できるのなら、本作のような大騒動をしなくてもよかったのでは？私はそう思わざるを得ないが・・・。

2021（令和3）年3月10日記

Data

監督・脚本・編集：石井裕也

出演：尾野真千子／和田庵／片山友希／オダギリジョー／永瀬正敏／鶴見辰吾／嶋田久作／大塚ヒロタ／前田勝

★★★★

茜色に焼かれる

2021 年／日本映画

配給：フィルムランド、朝日新聞社、スターサンズ／144 分

2021（令和 3）年 4 月 15 日鑑賞 ／ オンライン試写

👀👀みどころ

　石井裕也監督作品は常に要注意！そして必見！何ともイキで風情のあるタイトルだが、冒頭の交通事故の展開を見ていると、こりゃ社会問題提起作！？

　一瞬そう思ったが、本作は監督が満を持しての"母親の物語"、そして"愛と希望の物語"らしい。しかし、夫の死後、1 人で息子を守ってきたヒロイン（母親）の経済感覚、価値観、そして生き方はそもそもヘン！？息子も副業先の同僚もそう思うのだから弁護士の私がそう思うのは当然だ。なぜ、石井裕也監督はこんな脚本でこんな演出を？

　ヒロインの口癖、「まあ頑張りましょう」だけですべての不満を押し込めることができれば苦労はないが、人間はそうはいかないはず。しかして、「お芝居だけが真実」と語る母親が見せる"ある行動"とは？ラストのラストで見る、茜色の空は一体誰に、どう焼かれているの？

————＊————＊————＊————＊————＊————＊————＊————＊————＊

■□■コロナ禍の今、石井裕也監督の現状認識は？世界観は？■□■

　石井裕也監督作品はたくさんあるが、私が一番好きなのは商業映画デビュー作になった『川の底からこんにちは』（09 年）。同作は主演したヒロイン・満島ひかりの魅力と共に、"奇妙なタイトル"どおりの"奇妙な物語"が絶妙だった（『シネマ 25』164 頁）。また、それに続く『ぼくたちの家族』（14 年）（『シネマ 33』108 頁）も、いかにも石井裕也色の強い作品だった。この両作に比べると、『舟を編む』（13 年）（『シネマ 30』未掲載）や『町田くんの世界』（19 年）（『シネマ 45』未掲載）は少し平凡。石井裕也監督はコンスタントに作品を発表し続けており、公開待機作として、はじめて韓国のスタッフとチームを組んで製作した映画『アジアの天使』（21 年）もあるそうだが、さて、最新作たる本作は？

　言うまでもなく、２０２０年１月以降広まったコロナ禍のため映画界も大打撃を受けて

いるが、緊急事態宣言やまん延防止等重点措置が続く中、つくづく生きづらい世の中になったものだ、と痛感。そんな中、石井裕也監督の現状認識は？世界観は？それは、石井裕也監督が本作に寄せた次の文章を読めば、よくわかる。すなわち、

> とても生きづらさを感じています。率直に言ってとても苦しいです。悩んでいるし、迷っています。明らかに世界全体がボロボロになっているのに、そうではないフリをしていることに疲れ果てています。コロナ禍の２０２０年夏、しばらく映画はいいやと思っていた矢先、突然どうしても撮りたい映画を思いついてしまいました。

しかして、彼が突然思いついた「どうしても撮りたい映画」とは？

■□■母親についての物語を！堂々と愛と希望の映画を！■□■

彼が今どうしても見たいのは「母親についての物語」らしい。それについて、彼は次のように書いている。

> 今、僕がどうしても見たいのは母親についての物語です。人が存在することの最大にして直接の根拠である「母」が、とてつもなくギラギラ輝いている姿を見たいと思いました。我が子への溢れんばかりの愛を抱えて、圧倒的に力強く笑う母の姿。それは今ここに自分が存在していることを肯定し、勇気づけてくれるのではないかと思いました。

しかして、本作に登場する母親は田中良子（尾野真千子）。そして、我が子は中学生の純平（和田庵）だ。本作冒頭に描かれる交通事故のシークエンスによって良子と純平は母子家庭になってしまうが、その７年後、２人はどんな生活を？他方、コロナ禍がパンデミック化していく時代の中、"希望"と呼べるものは一体ナニ？それについて石井裕也監督は以下のように書いている。すなわち、

> 多くの人が虚しさと苦しさを抱えている今、きれいごとの愛は何の癒しにもならないと思います。この映画の主人公も、僕たちと同じように傷ついています。そして、理不尽なまでにあらゆるものを奪われていきます。大切な人を失い、お金はもちろん、果ては尊厳までもが奪われていきます。それでもこの主人公が最後の最後まで絶対に手放さないものを描きたいと思いました。それはきっと、この時代の希望と呼べるものだと思います。

そんな問題意識の中、彼は「これまでは恥ずかしくて避けてきましたが、今回は堂々と愛と希望をテーマにして映画を作りました」と書いているから、こりゃ必見！

■□■加害者が痴呆症だったら？逮捕は？損害賠償は？■□■

「東京・池袋で高齢者が運転する車が暴走し、３歳の女児とその母を含む１２人が死傷した事故は１９日で発生から２年となる。」そんな書き出しで、２０２１年４月１９日付産経新聞は「妻と娘の命　無駄にしない」、「遺族、再発防止願い活動」の見出しで、"あの交通事故"を特集した。そしてそこでは、「事故は高齢者の運転のあり方を巡る議論に発展し、免許自主返納の増加に拍車をかけた」、「だが、事故を起こした被告は『車の異常』を訴え続け、無罪を主張。高齢ドライバーによる事故も後を絶たない」と解説したうえ、「遺族は

絶望に加え、悔しさや、やりきれない思いを抱えながら、地道な活動を重ねている」と分析した。同事件で自動車運転処罰法違反（過失致死傷）の罪に問われたのは、旧通産省工業技術院の元院長、飯塚幸三被告（８９歳）だが、本作のスクリーン上に登場する加害者の仕事は？年齢は？

本作冒頭、TVゲームのような解説付きで（？）、自転車に乗った３０歳のロックミュージシャン・田中陽一（オダギリジョー）が青信号に従って横断歩道を渡っているにもかかわらず、赤信号のまま横から進入してきた車にはねられ、即死するシークエンスが描かれる。スクリーン上には衝突直前の加害者の右足が映し出されるが、その右足は明らかにブレーキではなくアクセルを踏んでいるから、アレレ、こりゃ一体ナニ？

■□■それから７年後、良子はなぜ加害者の葬式に参列？■□■

石井裕也監督の演出は、いきなりそれから７年後、天寿を全うして９２歳でこの世を去ったあの時の加害者の葬式に、被害者である亡陽一の妻・良子が喪主の有島耕（鶴見辰吾）から参列を拒否されるシークエンスになる。さらに、それに続くシークエンスには、「この喫茶店のコーヒーはまずいんだよね、雰囲気はいいんだけど」と言いながら対面する良子に対して、「これ以上の嫌がらせはやめて下さい」と依頼者からのメッセージを伝える弁護士・成島（嶋田久作）の姿が登場する。

そんな演出が続く中で明らかになるのは、あの時の加害者であった８５歳の元官僚は、痴呆症を患っていたという理由で逮捕すらされなかったこと。また、良子は保険会社から支払われるべき約３５００万円の賠償金の受領を頑なに拒否したことだ。それは一体ナゼ？それが大きな疑問なら、７年後の今、良子が加害者の葬式に参列しようとしているのはなぜか、も大きな疑問だ。

良子が"招かれざる参列者"だということは常識で考えれば明らかだから、良子の登場にビックリした加害者の息子で喪主の耕があきれながら良子の参列を拒否したのは当然だ。すべての遺族にとって、良子の参列は"嫌がらせ以外の何物でもない"と受け取ったのは当然だ。その程度の道理は１３歳になる一人息子・純平にも分かるから、「なんであんな人の葬式に行ったの？」と良子に質問したが、それに対して、良子は「まあ頑張りましょう」とワケの分からない返事を返すだけだった。一体、良子の思考回路や神経はどうなっているの？

ちなみに、良子の「まあ頑張りましょう」のセリフは本作に４、５回登場するのでそれにも注目！この言葉の意味は一体ナニ？本作で母親の物語を目指した石井裕也監督はそのセリフにどんな意味を込めているの？

■□■この副業にビックリ！こんな負担まで！これでは限界！■□■

若い時は役者で芝居が生き甲斐だったという良子に、何のキャリアもないのは当然。そんな良子の夫亡き後の仕事が、スーパーの中にある花屋のコーナーでの自給９３０円のアルバイトだったのは仕方ない。母子が住む市営住宅の家賃が月額２万７０００円と安か

ったのは幸いだが、何と良子は陽一が他の女性との間につくった娘の養育費７万円を陽一の死亡後も毎月支払っていたというから、ビックリ！この母子の生活費は、花屋のバイトの他、何で稼いでいたの？

それをここで書くと大きなネタバレになるので、それはあなた自身の目でしっかりと確認してもらいたいが、良子がシャーシャーと（？）"そんな副業"に時給３２００円で従事している姿に私はビックリ！そんな職場での同僚が、糖尿病の持病に苦しみ、高価なインスリン注射を続けているケイ（片山友希）。そんな生活に不満タラタラのケイは愚痴が止まらない毎日だったが、良子はいつもそれを受け流し、「まあ頑張りましょう」と繰り返していたから、何とも不思議なものだ。そのため、ケイは再三良子に対して「なぜ怒らないの？」とぶちまけていたが、さて、良子のホントの気持ちは？良子が賠償金の受領を拒否した理由はたった１つ、「加害者の謝罪の言葉が一言もなかったから」だが、それってどこか変なのでは？弁護士の私がそう考えるのは当然。その点は、息子の純平も同じだったようだが、それでも良子は・・・？

他方、母子家庭の子供が"いじめ"に遭うのは今や常識。そのうえ、良子の副業のうわさが流れれば、なおさら・・・。石井裕也監督が書いた、そんなこんなの脚本によれば、良子にも純平にも次々と不幸が続き、どん詰まり状態になっていくのは当然だ。そのうえ、ある日、市営住宅内で火事を起こしてしまったから、この母子はそこを出て行かなければならない羽目に。こんなことなら、７年前にきっちり賠償金を受領し、夫が支払っていた養育費もさっさと中止にしていればよかったのに・・・。

■□■この再会と展開にビックリ！この母子は２人ともヘン？■□■

３月２１日に観た『裏アカ』（２０年）でも「偶然の再会」がポイントになっていたが、本作後半からは、ある日、良子が中学時代の同級生・熊木直樹（大塚ヒロタ）に再会するところから摩訶不思議なストーリーが展開していく。『裏アカ』では"表社会"での男と女の"再会"を転機として予期せぬ展開が待っていたが、本作ではあれほど頑なに心を閉ざしていた良子が、なぜか熊木に"淡い夢"を抱くようになっていくから、アレレ・・・。それに対して、再会した時はえらく誠実に見えた熊木の正体は？

『茜色に焼かれる』
5/21（金）、TOHO シネマズ日比谷ほか全国公開
配給：フィルムランド　朝日新聞社　スターサンズ
©2021『茜色に焼かれる』フィルムパートナーズ

石井裕也監督のそんな脚本に私はあまり納得できないが、更に納得できないのは、ワケのわからない暴力的なヒモ男（前田勝）にいじめられ続けているケイに対して、純平が淡い恋心を示すこと。同級生の中にいくらでも可愛い女の子がいると思うのだが、なぜ純平はケイのような年上のヘンな女に恋心を？ひょっとして、この母子は揃いも揃ってヘン？

前述のとおり、石井裕也監督は「母親についての物語」を構想し、堂々と愛と希望をテーマにした映画にすると表明していたが、アレレ、これでは・・・。

■□■お芝居だけが真実！そのココロは？■□■

新型コロナウイルスが全世界を席巻する中、映画界は制作面でも公開面でも大打撃を受けたが、本作はコロナ禍が日常となった中での"母子の物語"を綴っていく。コロナ禍ではマスクをつけることは最低限のマナーだが、フーゾク業界での営業の展開におけるマスクの着用は如何に？本作には曲者俳優（？）、永瀬正敏が演じるピンサロの店長・中村が、とりわけケイの生きザマに深くかかわってくるうえ、それがひいては良子の生きザマにも大きく影響してくるのでそれに注目！

私は本作冒頭から、夫の交通事故の処理についての良子の対応に違和感いっぱいだし、2人暮らしの中での純平の育て方にもかなり違和感がある。とりわけ、良子の"副業"については違和感というより拒否感でいっぱいだ。そんなネタでイジメに遭う純平はたまらないのでは？良子と一緒に暮らし、母子間での日常的な対話は続いている純平でさえ、良子が①夫への忠誠心にあつい人なのか、②正義感に燃える人なのか、それとも③単純に我慢強い人というだけなのか、わからなかったらしい。それは、事実上良子のたった1人の親友ともいうべきケイも同じで、なぜ良子がいつも平然としているの？なぜ良子は不満を爆発させないの？なぜ良子は怒らないの？それが最後まで分からなかったはずだ。しかして、それは私も同じだ。

良子を演じた尾野真千子は今や日本を代表する女優だが、吉永小百合ほどではないにしろ、本来美人で率直な役が最も似合う女優。ところが、本作でその尾野真千子が演じる良子はその本性がとにかくわからない。そんな良子は若い時に（アングラ）役者をしていたこともあり、「まあ頑張りましょう」の言葉と共に「お芝居だけが真実」と語っていたが、そのココロは？コロナ禍が広がる中、市民劇団の公民館での公演も制限を受け、ズーム撮影などの工夫が凝らされているが、本作ラストに向けては、なぜかお芝居に目覚めた良子が"ある行動"をとっていくので、それに注目！

そんな良子のお芝居をカメラに収めるのは中村だが、そこで良子が挑むお芝居のタイトルは？その迫真の演技は？ラストのラストになって登場する茜色の空と共に、そのお芝居の意味をしっかり考えたい。さあ、この母子はこれから如何に・・・？

2021（令和3）年4月21日記

152

第4章
邦画

Data

監督・脚本：西川美和
原案：佐木隆三「身分帳」（講談社
　　　文庫刊）
出演：役所広司／仲野太賀／六角精
　　　児／北村有起哉／白竜／キ
　　　ムラ緑子／長澤まさみ／安
　　　田成美／梶芽衣子／橋爪功

SHOW-HEY シネマルーム

★★★★★

すばらしき世界

2021 年／日本映画
配給：ワーナー・ブラザース映画／126 分

2021（令和3）年 2 月 13 日鑑賞　　TOHOシネマズ西宮OS

みどころ

　『孤狼の血』（18 年）のハチャメチャ刑事役で第４２回日本アカデミー賞最優秀主演男優賞を受賞した役所広司が、私の大好きな西川美和の脚本・演出の本作では、一転して更生と社会復帰を目指す出所後のヤクザ役に挑戦！

　佐木隆三の『身分帳』を原案とし、時代を約３０年ずらした脚本の出来は素晴らしい。『座頭市』も「アア・・・いやな渡世だなア・・・」と嘆いていたが、いくら「暴対法」が定着し、ハンシャ（反社）が生きづらくなったとはいえ、こんなまっとうな男（？）がもがき苦しむ姿を見ていると、何ともいやなご時世になったものだ。

　コロナ禍の今、夜の銀座で遊び、謝罪の記者会見をするセンセイ方にも困ったものだが、それをもぐらたたきのように叩いて喜んでいるマスコミと国民の浅ましい姿にも困ったもの。あっちもこっちも、そんなご時世になれば、元ヤクザのみならず、すべての日本国民にとって、まさに世も末だが・・・。

――＊――＊――＊――＊――＊――＊――＊――＊――

■□■脚本も原作も！西川美和監督のこだわりに拍手！■□■

　私は西川美和監督の『ゆれる』（06 年）が大好き。『エデンの東』（55 年）を彷彿とさせる、対照的な２人の兄弟の人間ドラマは、ストーリーとしてはもとより、「裁判モノ」としても興味深かったし、絶妙のタイトルにも感心した（『シネマ 14』88 頁）。デビュー作の『蛇イチゴ』（03 年）は残念ながら観ていないが、その後の『夢売るふたり』（12 年）（『シネマ 29』61 頁）、『永い言い訳』（16 年）（『シネマ 38』94 頁）も、実によくできた映画だった。

　"東京２０２０大会公式映画"の監督に選ばれた女性監督・河瀬直美もオリジナルストーリーにこだわっているが、西川監督は彼女以上にこだわっている。そのため、『永い言い訳』では、脚本のみならず原作小説も書き、それが第１５３回直木賞候補、２０１６年　第１

３回本屋大賞の候補になっているから、すごい。『永い言い訳』の主人公である、妻が死んで一滴も涙を流せない男・衣笠幸夫のキャラは、すべて西川監督の頭の中で作り出したものだ。そんなひねくれものの嫌な奴（？）を演じるのは難しいはずだが、さすが"もっくん"こと本木雅弘は見事に演じていた。

　そんな西川監督が、原作をもとにした映画にはじめて挑戦したのが本作。その原作は、１９００年に刊行された佐木隆三の『身分帳』だ。正確に言えば、それは原作ではなく、本作の原案小説で、西川監督は原作の時代設定を約３０年後ろにずらす中で、オリジナルな脚本を仕上げている。

　本作冒頭は、２０１７年２月２０日。そこには１３年間の刑期を終えて、旭川刑務所から出所する主人公・三上正夫（役所広司）の姿が登場する。韓国映画『親切なクムジャさん』（05 年）（『シネマ9』222 頁）で見たような、真っ白い豆腐を持ってお迎えに来てくれる人がいないのは寂しいが、２人の刑務官のお見送りを受けた三上が更生を誓っているのは間違いない。何でもこなす名優・役所広司は、３度目の日本アカデミー賞最優秀主演男優賞を受賞した前作『孤狼の血』（18 年）（『シネマ42』33 頁）ではハチャメチャな刑事役を演じていたが、それと正反対の本作では、どんな演技を？

■□■「身分帳」とは？この男のそれは？テレビ局の取材は？■□■

　「身分帳」とは聞きなれない言葉だが、そんなタイトルにとことんこだわった佐木隆三は、同作でノンフィクション作家としての腕力をいかんなく発揮している。彼の代表作は『復讐するは我にあり』で、今村昌平監督が緒形拳、三國連太郎らを起用してそれを映画化した『復讐するは我にあり』（79 年）は、第５３回キネマ旬報ベスト・テン、第3回日本アカデミー賞を受賞している。「身分帳」（身分帳ノート）とは、受刑者の個人情報が記されている極秘資料のこと。普通の受刑者なら、そのボリュームは知れているが、前科１０犯の三上の身分帳は、すべて積み上げると１メートルを超す高さになったそうだ。

　本作は、三上が出所するシークエンスに続いて、三上から送られてきた身分帳に興味を持ったテレビ局のプロデューサー・吉澤遥（長澤まさみ）が、この男を取材するべく、津乃田龍太郎（仲野太賀）に電話をかけるシークエンスになる。いくら身分帳（＝履歴書）が面白いからといって、前科１０犯の殺人犯を取材対象にするのは、放送に耐えられない。そう主張する津乃田に対して、吉澤は「そこが面白いじゃん。こういう人が心入れ替えて涙ながらにお母さんと再会したら、感動的じゃない？」と突っ込むと・・・。なるほど、やっぱり西川脚本は面白い。テレビ局に三上が送り付けた身分帳を転機に、一方では、うだつの上がらない小説家（？）・津乃田の新たな人生模様が開始していくことに。

　他方、もう二度と刑務所には戻らないぞと誓った三上は、身元保証を趣味にしている（？）ちょっと変わった老弁護士・庄司勉（橋爪功）の自宅で、妻の敦子（梶芽衣子）が準備してくれたすき焼きをご馳走になっていた。そこではゆっくり今後の身の振り方を相談するはずだったが、２人の心温まる言葉に感極まった三上は、思わず大声で泣き出すことに。

こんな姿を見ていると、１３年間も刑務所に入っていた三上は意外にいい奴！誰でもそう思うはずだが・・・。

■□■ヤクザ映画２作が相次いで公開！■□■

　２０２１年２月３日付朝日新聞は「社会の不条理　いまヤクザ映画で」の見出しで、本作と『ヤクザと家族　The Family』(21年)の２作を並べて紹介した。ヤクザ映画といえば、６０年代の高倉健らが活躍した任侠映画から７０年代の『仁義なき戦い』(73年)に代表される実録路線など、それぞれの時代を代表する名作が登場していたが、近時はめっきり少なくなっている。そして、同記事が取り上げた２本のヤクザ映画はたしかにヤクザ映画だが、その主人公は決してカッコいい任侠ではなく、社会から排除された"はみ出し者"になっている。

　『ヤクザと家族　The Family』は、『新聞記者』(19年)（『シネマ45』24頁）で第４３回日本アカデミー賞最優秀作品賞を受賞した藤井道人監督のオリジナル脚本で、１９９９年、２００５年、２０１９年の３つの時代を描くもの。その２０年間で、１９歳のチンピ

ラだった綾野剛演じる主人公は、ヤクザの若頭補佐として活躍すると共に、１３年間の刑務所生活を余儀なくされたが、２０１９年に出所してきた時の、ヤクザとヤクザを取り巻く社会の変化は大きなものだった。“ヤクザと人権”、そんな大層に振りかぶらなくとも、その変化の最大の契機になったのは、１９９２年の「暴対法」の施行。２００９年からは各地で「暴力団排除条例」も制定され、ハンシャ（“反社”）というレッテルを張られた男たちは、生きていくこと自体が極めて難しくなっていった。

　佐木隆三の原作は１９９０年に刊行されたものだから、「暴対法」の施行前。したがって、原作に見る主人公と、その原作から約３０年時代を後ろにずらした西川脚本による本作の主人公・三上の立場（ヤクザとしての人権）は大きく違っているはずだ。西川監督が１９９２年の「暴対法」をどこまで意識して時代設定をずらしたのかは知らないが、同じ時期に公開された本作と『ヤクザと家族　The Family』が、たまたま同じ時期に生きるヤクザの生きザマ（死にザマ）を取り上げているのは興味深い。１９６８年の東大の第１９回駒場祭で、「とめてくれるなおっかさん　背中のいちょうが泣いている　男東大どこへ行く」がもてはやされたのは、まさにあの時代状況だったからだ。しかし、今や『ヤクザの家族　The Family』の主人公の背中に彫られた「修羅像」が何の役にも立たなかったのと同じように、本作に見る三上の背中の彫り物はまさに“無用の長物”。醜悪なだけだ。

■□■更生の道は？仕事は？収入は？やっぱり生活保護？■□■

　『ヤクザと家族　The Family』では、１３年ぶりに刑務所から出てきた主人公には、堅気になる気は全くなかった。しかし、本作の主人公である三上の決意が固いことは明らかだし、自宅で必死にミシンをかけている姿や、懸命に仕事探しをする姿を見ていると、彼の生真面目さがよくわかる。しかし、高血圧の持病があるため、庄司弁護士からとりあえず生活保護の申請を勧められた三上が、躊躇しながらその申請に挑む姿は面白い。福祉事務所の窓口の担当者・井口久俊（北村有起哉）から質問を受けているシークエンスを見ると、“前科者”、“反社”の男に対する仕打ちの厳しさがわかる。庄司は、「福祉のお世話になるからって卑屈になる必要はない。国民の生存権なんだから」と割り切っていたが、昭和生まれの三上は、生活保護を受けること自体が肩身が狭くなるという感覚だったから、その意識の違いは大きい。

　詳細はわからないが、生活保護の決定がなされたことは、その後、井口が定期的な家庭訪問に訪れるシーンによって明らかになる。しかし、その訪問時に、公衆電話から電話をかけている姿を見た井口が、「電話はいつもあそこで？」と質問し、「はい」と答えた三上に対して、「携帯を持たれないんですね」と再質問すると、三上は「携帯を持ってもいいんですか。仕事を探すにも、公衆電話では不便で」と再質問。『ゆれる』でも『永い言い訳』でも、目立っていたのは、人間の心理を分析し、それをスクリーン上に表現するについての西川脚本、西川演出の丁寧さだが、それは本作のこのようなシークエンスで見事に表現されている。

本作には、出所後の更生を目指す三上を取り巻く人物として、前述した①テレビ局の吉澤と小説家（？）の津乃田、②弁護士の庄司とその妻の敦子、③ケースワーカーの井口、の他、④スーパーマーケットの店長・松本良介（六角精児）らが登場するが、西川脚本による、更生の道を必死で探る三上と彼らとの人間同士の絡みをしっかり味わいたい。

■□■見て見ぬフリが正解？イヤイヤそれはダメなはず！■□■

あなたは、2、3人のチンピラに絡まれて難儀している中年オヤジを偶然見かけたらどうする？そのまま見過ごすこともできるが、そうすればそのオヤジはカツアゲされて無一文状態で家に帰ることになりそうだ。そんな時に、(A) そのまま見て見ぬフリを決め込む、(B) チンピラからの反撃も覚悟の上、「やめろや」と割り込んでいく、の2択を提示された場合、(B) を選ぶ人はまずいないはずだ。仮にあなたが空手やボクシングの有段者の腕前なら、ひょっとして (B) を選ぶかもしれないが、その場合は自分のケガの他、相手のケガも考えなければならず、刑事事件に巻き込まれる可能性もある。したがって、(B) を選択したいのはヤマヤマだが、ふつうは仕方なく (A) の選択をするはずだ。それはそれでわかるのだが、本作で庄司弁護士や松本が語るところによると、そんな場合は (A) を選ぶのが正解で、(B) を選ぶのは間違いらしい。しかし、本作のそんなシーンで、三上が取った行動は？

たまたまその時、三上に同行していた津乃田と吉澤が、(B) の行動をとった三上に驚いたのは当然だが、そこで怖がって逃げ出してしまった津乃田に対して、とことんカメラを向けて取材をしようとした吉澤のプロとしての執念が面白い。また、本作では安アパートの下の階で騒ぐ若者たちに苦情を言いに行った三上が、そこでチンピラたちとやり合う姿も登場するので、それにも注目！三上は背中に入れ墨こそ彫っているものの、格別優れた格闘技を持っているわけではないが、喧嘩をする上での口上と喧嘩殺法だけは心得ているから、さすが元ヤクザだ。

ちなみに、『座頭市』シリーズでは、主演の勝新太郎が主題歌の『座頭市』を歌っているが、そこでは冒頭の「おれたちゃナ、御法度の裏街道を歩く渡世なんだぞ。いわば天下のきらわれもんだ・・・」のセリフと、1番と2番の合い間の「アア・・・嫌な渡世だなア・・・」のセリフが入っている。私には座頭市のこの実感がよくわかると共に、庄司弁護士の言うとおり、見て見ぬふりをするのが正解だと（無理やり）納得しなければならない "このご時世" も、私には、「アア・・・嫌なご時世だなア・・・」と思えてしまう。2月17日には、銀座で夜遊びしていた自民党の国会議員のセンセイが「文春砲」のターゲットに挙げられ、「離党」の記者会見をしていたが、こんなニュースばかりがまかり通る、コロナ禍のこのご時世も如何なもの。それやこれやを考えつつ、「見て見ぬフリをするのが正解」という価値観がまかり通る昨今は、ホントに嫌なご時世だなア・・・。

■□■故郷も昔仲間も良し！だが現実は？タイトルの是非は？■□■

本作の大部分は『すばらしき世界』というタイトルとは裏腹に、社会復帰にもだえ苦し

み続ける三上の姿が描かれる。その中で唯一の例外として登場するのが、電話一本掛けた
きっかけで、即、九州の片田舎にある故郷に戻り、かつての"兄弟分"だった下稲葉明雅
（白竜）の歓待を受けるシークエンスだ。周防灘の波音が聞こえる下稲葉の邸宅は立派だ
し、若い衆もいるようだが、小指のない手や、左足の膝から下がない姿を見ると、三上の
"マラ兄弟"だという下稲葉の組の実態も底が知れている。そう考えると、お迎えの車も、
ソープランドの接待も、そしてテーブルの上に並んだご馳走の数々も、ヤクザ特有の見栄
そのもの・・・？それは三上もわかっているはずだが、久々の義兄弟との会話や、高血圧
のためコトはできなくとも、九州特有の（？）優しいソープ嬢のサービスに、三上はご満
悦。やはり故郷は、そして、昔仲間は良し！

　ところが、そこに津乃田からの電話で、「まさかお仲間のとこ？やばいですよ。弁護士先
生知ってるんですか、それ」と言われた三上は、「せからしか！お前がチンコロせんやった
ら済むことやろうもん」と切り返したが、「訛りが強くなってる。九州ですね？」と反撃さ
れたうえ、「切らないで！お母さんのことですよ」と言われると・・・？その後に登場する、
下稲葉宅に押し寄せている警察の車列を見れば、三上との再会もそこそこに若い衆と共に
出かけて行った下稲葉の命運が尽きたことがわかる。下稲葉の妻（キムラ緑子）が必死に
止めたことによって、そのいざこざは見て見ぬフリをして東京に戻った三上は、津乃田の
案内によって、子供の時に別れてしまった母親との再会を求めて、ある施設に入っていく
ことに。そこで、吉澤が期待していたような筋書きで"涙の再会"が実現できれば万々歳
だが、残念ながら、現実は？

　刑務所暮らしの中で運転免許証すら失効してしまった三上が、再度それを取得するのが
大変なら、やっと天職とも思えるような介護職員の仕事にありつくのも大変。刑務所暮ら
し１３年の前科者のヤクザが更生し、このいやなご時世で生きていくのは、ホントに大変
なのだ。西川美和監督は、本作のタイトルを『すばらしき世界』としたことに大満足して
いるそうだが、私はその発想がよくわからない。私には、この世界のすばらしさではなく、
いやらしさが目立つだけだ。そんな思いが募る中、いよいよ本作はラストに向かうが、そ
の結末は如何に？この結末を見ても、本作はやっぱり『すばらしき世界』のタイトルがピ
ッタリ？私は、違うと思うのだが・・・？

２０２１（令和３）年２月１７日記

Data

監督・脚本：藤井道人

出演：綾野剛／舘ひろし／尾野真千子／北村有起哉／市原隼人／磯村勇斗／寺島しのぶ／豊原功補／駿河太郎／小宮山莉渚／菅田俊／岩松了／二ノ宮隆太郎／康すおん

SHOW-HEY シネマルーム

★★★★★

ヤクザと家族 The Family

2021 年／日本映画

配給：スターサンズ、KADOKAWA／136 分

2021（令和 3）年 2 月 14 日鑑賞	TOHO シネマズ西宮 OS

👀 みどころ

　"Family" は絶対！それはマフィア映画の最高峰『ゴッドファーザー』3部作（72、74、90 年）を観れば明らかだが、日本のヤクザでもそれは同じ。しかし、１９９２年に「暴力団対策法」が施行された後のヤクザの人権は？また、"反社" のレッテルを張られたヤクザの家族の生き方は？

　１９８９年のバブル崩壊から１０年。小泉改革によって経済回復は軌道に乗ったが、１９９９年、２００５年、２０１９年と時代が進む中、１９歳のチンピラはヤクザとして如何なる人生を？この不条理はヤクザだったから？それとも・・・？

　なぜ今ヤクザ映画を？そんな疑問を確認しながら、それをしっかり考えたい。

―――＊―――＊―――＊―――＊―――＊―――＊―――＊―――＊―――

■□■今風の骨太ヤクザ映画２作が公開！こりゃ必見！■□■

　２０２１年２月３日付朝日新聞は、「社会の不条理　いまヤクザ映画で」と題して、本作と『すばらしき世界』（20 年）の２作品を紹介した。その冒頭は、「義理と人情を描き、かつて一代ジャンルを築いたものの、今や数えるほどに減ったヤクザ映画。この冬、ヤクザを題材に現代社会を映し出す注目作の公開が相次ぐ。社会から排除された、はみ出し者の物語から見えてくるものとは―」と、問題提起しているが、これは私の問題意識と全く同じだ。

　学生運動が全国を吹き荒れた１９６０年代後半に人気急上昇したヤクザ映画は、１９６８年の東大の第１９回駒場祭で「とめてくれるなおっかさん　背中のいちょうが泣いている　男東大どこへ行く」のキャッチフレーズで最高潮に達した。それから５０年。学生運動は１９８９年の「天安門事件」や、近時の台湾、香港などで断続的に生まれているものの、

160

日本では“過去の遺物”になってしまった。そして、ヤクザ映画も、義理人情ははるか遠くの世界になってしまったうえ、１９９２年には「暴対法」が施行され、２００９年以降は次々と暴力団排除条例が制定される中、ヤクザにカッコよさを求める若者など１人もいなくなったのは当然だ。

そんな時代状況の今、なぜ注目すべきヤクザ映画が２本も続けて公開されたの？本作を鑑賞するについては、まずそれをしっかり考えたい。

■□■マフィアもヤクザも大切なのは“Family”！■□■

舘ひろしは、２０２０年に渡哲也が亡くなった後は石原プロモーションの３代目社長を引き継ぐべき立場だったが、残念ながらそれができず、石原プロモーションは２０２１年１月１６日に解散した。そのため、阪神淡路大震災後、毎年実施されていた石原プロモーション（“石原軍団”）による炊き出しもなくなってしまった。しかし、１９５０年生まれの舘ひろしは俳優としてまだまだ健在で、本作では広域指定暴力団「柴咲組」の組長、柴咲博役で本作のストーリーを牽引している。

柴咲組は、静岡県警組織犯罪対策本部の取り締まり下にある地方都市で、加藤雅敏（豊原功補）率いる侠葉会と今は手打ち状態にあるが、その対立と抗争はいつ発生してもおかしくないのが実態らしい。そんな状況下、柴咲組と問題を起こした１９歳のチンピラ・山本賢治（綾野剛）と、柴咲博との“ある出会い”が描かれた後、親分、子分の絆（盃）を結ぶ姿が描かれる。この儀式がどこまで正式のものかはわからないし、法的には全く認められないものの、ヤクザの世界ではこれで一気にオヤジと息子の関係になるらしい。柴咲組には若頭の中村努（北村有起哉）がNO.2の地位を確立していたが、この盃だけで山本は何の実績もないまま若頭補佐に抜擢されたから、ヤクザの世界ではファミリーが幅を利かせることがよくわかる。

そこで思い起こされるのが、マフィア映画の最高峰である『ゴッドファーザー』3部作（72、74、90年）の中でトコトン強調されていたファミリーの絆だ。ファミリーは国家権力（＝警察）から常に監視され、弾圧される中で組織を守るための最大の哲学だが、その構造は日本のヤクザも全く同じらしい。本作導入部では、今風にアレンジされた中でのヤクザ社会における親子の絆とファミリーの重要性をしっかり確認したい。

■□■小泉改革の成果はやくざ社会とその生活にも！？■□■

１９８９年のバブル崩壊と、平成の時代に入ってからの“失われた１０年”。その間には１９９５年１月１７日の阪神淡路大震災も発生し、まさに日本国は“弱り目に祟り目”状態になった。しかし、２００１年４月以降は、“小泉改革”によって、良くも悪くも日本経済は立ち直った。私のライフワークである都市問題の分野では、２００２年の「都市再生特別措置法」の制定による都市再生路線の推進によって大きく方向性が変わったが、経済面では、“知恵袋”になった竹中平蔵内閣府特命担当大臣の“改革路線”の中で不良債権の処理を終え、株価も日本経済も上昇局面に入っていった。

本作導入部の物語は１９９９年だが、それから６年後の２００５年には、日本経済の回復は柴咲組の地元にも及んでいた。そのため、今や若頭補佐としてそれなりの貫禄もついた山本は、背中に彫りこんだ「修羅像」にふさわしい仕事をこなしていた。そんな時代状況下、静岡県のとある地方都市に再開発の必要性が生まれたのは、私に言わせれば遅きに失したもの。従前の駅前がどのような状態だったのかは本作ではわからないが、柴咲組が"しのぎ"の対象としている"夜のまち"ははっきり言って時代遅れだから、その再開発は不可欠だ。また、こんな地方都市でも、北と南の対立はかつての「南北朝時代」と同じように深刻だったから、経済が活性化し、再開発が現実化してくると、南北の対立＝柴咲組vs侠葉会の対立も先鋭化してくることに。そんな状況下、柴咲組の傘下のキャバクラ店に登場し、ある条件を提示してきた侠葉会の若頭・川山礼二（駿河太郎）は、山本から手痛い洗礼を浴びることに。

　山本役を演じる綾野剛はもともとカッコいい俳優だし、２００５年当時の山本は若頭補佐として人生の絶頂期にあったから、そんな彼が川山を痛めつける姿はサマになっている。しかし、諸般の事情を考えると、柴咲組の若頭補佐として、こんな行動をとるのは如何なもの・・・？

■□■恋模様のぎこちなさは少し変！藤井脚本に異議あり！■□■

　どんな役でもこなす美人女優・尾野真千子は、今や映画やドラマで引っ張りダコ。本作ではそんな尾野真千子が若き日のキャバ嬢・工藤由香役としてはもとより、２０１９年からは１４歳の娘・彩（小宮山莉渚）を育てるシングルマザーとしてストーリーを大きく牽引していく。

　しかし、本作中盤に見る、キャバクラ内での山本と由香との出会いとその後のぎこちない恋模様の展開（？）は、その世界の一端をよく知っている私にはあまりにも不自然だ。由香が脚本の設定どおり、何でもママの言いつけに従う貧乏学生のバイトホステスなら、ママが若頭補佐の山本から大枚を渡され、「今夜はこの女を！」と聞かされたら、その通りことが運ぶのが当然。ところが、スクリーン上では、面白いと言えば面白いが少しぎこちない風景が！親父の柴咲から、いくら「その方面は疎い」と言われる山本でも、その方面の欲求は人並（以上）のはずだから、あの局面で由香からあんなことを言われたら・・・。

　知り合ってから１４年後、そして山本が刑務所から出所してから１４年後の、２０１９年の山本と由香の恋模様の展開（？）にはかなり納得だが、２００５年当時の２人の恋模様の展開は少し変だから、藤井脚本に異議あり！

■□■敵のタマを取るには？懲役１４年の軽重は？■□■

　織田信長は東の駿河から上洛を目指して大軍を率いてきた今川義元を桶狭間で急襲するにあたり、部下の将兵たちに「目指すは今川義元の首ひとつ！」と命じ、その通り実行した。しかし、本作中盤のハイライトとなる、２００５年に若頭の中村と若頭補佐の山本が柴咲組とそのファミリーを守るための"ある決断"は、侠葉会の若頭・川山の殺害だった

から、これも少しヘン！？

　まちの再開発を巡る南北の利権の対立の中、柴咲組が立てた戦略は一体ナニ？本作では柴咲組も侠葉会もヤクザ（＝暴力団）としての単純さと凶暴さが目立つだけで、知的センスが全く感じられないのが難点だ。山本や中村が目指した殺害のターゲットはなぜ敵（＝侠葉会）の大将たる加藤雅敏会長ではなく、若頭の川山だったの？また、その殺害の実行部隊は、そのために雇っている「鉄砲玉」を使えばいいのでは？さらに、敵のタマを上げるのが目的なら、何も真正面から敵の本陣に乗り込む必要はなく、"闇討ち"を狙えばいいのでは？その点、『ゴッドファーザー』で観た再三の暗殺シーンは、それぞれの戦略、戦術はもとより、それぞれのキャラが見せる味わいがあって面白かったが、本作では、山本と柴咲の意思疎通の不十分さも目立ってしまうことに。それはともかく、川山殺しで有罪判決を受けた山本の刑期４年の軽重は？

■□■ヤクザを取り巻く１４年間の社会の変化は？■□■

　２００１年４月に自社ビルに移転した私は、ホームページを開設すると共に、毎年2回事務所だよりを作成、発送してきたから、本作が描く１９９９年から２０１９年までの１４年間の日本の政治経済、社会の変化はよくわかっている。しかして、その間の「暴対法」等によるヤクザ規制の効果は？他方、その１４年間ずっと刑務所に入っていた山本が社会情勢の変化に疎いのはある程度仕方がないが、刑務所内でも新聞や本は読めるし、面会の場でホットな情報を仕入れることはいくらでもできる。したがって、２０１９年に出所してきた山本が１４年間の社会変化に全くついていけない姿を見ていると、それは勉強不足（努

力不足）と言わざるを得ない。藤井脚本ではその点を説明すべく、浦島太郎状態の山本と、１９歳から山本の弟分だった細野竜太（市原隼人）をうまく対比させて描いていくので、それに注目！

また、２０１９年の時点で山本は３９歳になっていたが、チンピラ時代の山本が通っていた「オモニ食堂」の名物ママ・木村愛子（寺島しのぶ）の一人息子・木村翼（磯村勇斗）も今は２２歳になり、落ちぶれ果てた柴咲組とは全く違うやり方で夜のまちを仕切っていたから、時代の変化はすごい。それはそれで十分納得できる時代の変化だが、本作後半からは、あっと驚く山本と由香との再会が藤井脚本の中で描かれていくので、それに注目！

山本が今なお由香に未練を持ち、その居所を探させるという脚本には違和感があるが、由香が今は市役所で固い仕事についているという脚本には納得。しかし、彼女は一人暮らしではなく、一人娘の彩と一緒だったから、それにはビックリ！この彩は今１４歳。すると、彩の父親はひょっとして、あの時の・・？

■□■山本のケジメは？第三世代への承継は？■□■

浙江省杭州市にある富陽のまちを舞台とした中国映画『春江水暖〜しゅんこうすいだん』（19年）は、美しい山水絵巻の中で三代に渡る大家族の姿が描かれていた。それに対して本作は、静岡県のとある地方都市のヤクザ抗争の中でうごめく、くだらない男たちの生きざま（？）を描いた映画。しかし、そんな本作でも、激変した２０１９年の時代状況の中、「親父を殺したやつを見つけた」と語る翼の姿を見て、山本があるケジメをつける姿が最後のハイライトとして描かれる。

２００５年当時に見る最盛期の山本は、頭の中はカラッポでも、見かけと行動力はカッコよかった。しかし、２０１９年の山本は何をやってもうまくいかず、柴咲組はぼろぼろの上、親父と慕ってきた博も失い、由香との関係も最悪になっていた。そんな状況下、山本が"ある使命"を発見できたのはある意味でラッキーだったかもしれないが、コトを実行した後の山本を守る組織は今やどこにもなかった。そのため、本作冒頭の悲しいシークエンスになってしまうのだが、藤井脚本のラストは実によくできているので、それに注目！自分に代わって親父の仇を討ってくれた山本の死を翼が悼んだのは当然だが、そこにやってきたのは一体誰？

『春江水暖〜しゅんこうすいだん』でも、ストーリーを牽引したのは４人の兄弟だったが、再開発に揺れる富陽のまちに住み、新たな人生模様を築いていくのは、恋に落ちた孫娘たちの第三世代だった。山本が刺されて海の中へ転落した桟橋で、はじめて１４歳の彩から「お父さんのことを聞かせて欲しい」と頼まれた翼が大いに驚いたのは当然だが、その後、いかなる対応を？この第三世代ともいうべき翼がヤクザを承継すれば最悪だが、そんなことはきっとないはず。しかし、山本のケジメのつけ方をしっかり確認した第三世代の翼や彩には、これからいかなる生き方が・・・？

２０２１（令和3）年2月17日記

Data

監督・脚本：岨手由貴子

原作：山内マリコ『あのこは貴族』
（集英社文庫）

出演：門脇麦／水原希子／高良健吾
／石橋静河／山下リオ／佐
戸井けん太／篠原ゆき子／
石橋けい／山中崇／高橋ひ
とみ／津嘉山正種／銀粉蝶

★★★★

あのこは貴族

2021 年／日本映画

配給：東京テアトル、バンダイナムコアーツ／124 分

| 2021（令和3）年 3 月 6 日鑑賞 | テアトル梅田 |

👁️👁️ みどころ

　"内部生" と "外部生" ってナニ？同じ慶応大学に入っても、お嬢様と田舎出は全く違う！しかして、「シスターフッドムービー」たる本作で、門脇麦 vs 水原希子はどんな "対決" を？

　お嬢様のお見合い風景は少し退屈だが、上流階級なら、さもありなん。他方、慶応の授業料は高いから、田舎出の苦学生はキャバクラのバイトもやむなし？

　2 人の女たちの中核に位置するのは、高良健吾扮する弁護士から政治家秘書に転じる青木だが、本作での彼はあくまで 2 人の引き立て役。森喜朗会長の辞任後、JOC（日本オリンピック委員会）の女性理事が 42％になったが、本作の女性色は最初から 100％。そのため、私にはわからないことも多いが、世の女性諸君は本作を如何に？

——— * ——— * ——— * ——— * ——— * ——— * ——— * ——— * ———

■□■ "貴族" には違和感が！原作は？ ■□■

　私が『あのこは貴族』というタイトルを聞いて、興味を持つと同時に違和感を持ったのは、そもそも日本に貴族はいるの？ということ。もちろん、今の日本に貴族はいないから、より正確には、"ノブレス・オブリージュ" の意識がイギリスに比べて極端に弱い日本に、"貴族" のような特質を持った人種はいるの？ということだ。例えば、三島由紀夫の生まれや育ち、そして彼の遺作となった『豊饒の海』全 4 巻を読めば、彼の中にはれっきとした "貴族の香り" をかぐことができる。

　しかし、本作導入部で描かれる榛原華子（門脇麦）たちの姿は決して貴族ではなく、単なる上流階級にすぎない。本作の主人公であり、『あのこは貴族』というタイトルになっている華子は貴族ではなく "上流階級のお嬢様" と呼ぶのがピッタリなのだ。

　他方、東京で開業医をしている榛原家に生まれ、その箱入り娘として育てられてきた華

子の、さらに上を行く上流階級が、"見合い"の席で奇跡的にピッタリ相性があった弁護士の青木幸一郎（高良健吾）。青木家は政治家も輩出している名門だから、慶応大学の初等部からずっと同級生の親友で、今はバイオリニストになっている友人の相楽逸子（石橋静河）が華子に言うように、青木は明らかに「私たちの家よりも"上の階級"」なのだ。

そんな視点で山内マリコが書いた面白い原作が『あのこは貴族』だから、"貴族"と言う言葉にはさすがに違和感を持ちつつ、興味は津々・・・・。

■□■ "シスターフッドムービー"の、もう1つの対極は？■□■

カタカナ表記が全盛の昨今、本作は「シスターフッドムービー」と呼ぶらしい。その「シスターフッドムービー」の一方の主人公が華子だが、その対極にあるのが、同じ慶応大学生ながら、こちらは富山の田舎から出てきた"外部生"の時岡美紀（水原希子）。華子のような"内部生"は、「ちょっとお茶」をする時、お茶とケーキで5000円も当然らしいから、美紀も、美紀と一緒に"外部生"として富山から入学してきた平田里英（山下リオ）もビックリ！

私は昭和42年に愛媛県松山市から大阪大学に入学したが、当時の私の絶対的な条件が、「私学はムリ。国立一期校のみ」だった。入学試験は何とかなっても、久しぶりに里帰りした美紀の実家を見ると、そもそも慶応大学に入学し、4年間の学費を捻出すること自体が無理だったのでは？そう思わざるを得ない。また、私の時代のアルバイトは家庭教師がベストだったが、今時は？父親の仕事が厳しくなってくると、美紀はバイトを余儀なくされ、キャバクラ嬢を始めたが、その行きつく先は？バブル時代に北新地を飲み歩いていた私は、大学生がアルバイトでやっているホステスが大好きで、本職のホステス以上に多くの友人がいたが、私のような優良な客（？）はまれ。美紀のような美人の慶応生がバイトでキャバクラ嬢をやっていると・・・？

■□■格差は広がるばかり！出会うはずのない2人だが・・・■□■

1967年4月の入学後、すぐに学生運動にのめりこんだ私は、男にしても女にしても"面白いヤツ"が大好きだったので、基本的にお嬢様は嫌いだった。それはなぜなら、何を話してもお嬢様の答えはワンパターンで決まっており、面白みがないからだ。本作導入部にみる華子のお見合いストーリーを観ていると、まさにその典型だ。それに対して、青木の方は当然（？）女の扱いに馴れているから、華子との見合いは適当にはぐらかすのだろうと思っていると、いやいや・・・。いとも簡単に最初の出会いからうまくハマり、青木家では華子の"調査"もパス。めでたく結婚式に至りそうだから、アレレ・・・。他方、学生時代に美紀から講義のコピーを借りたことがきっかけで、青木は密かに美紀との"関係"を続けていたから、こちらは、なるほど、なるほど・・・。

「シスターフッドムービー」たる本作の両ヒロインはもちろん華子と美紀だが、本作では華子の補助役としてバイオリニストの逸子、美紀の補助役として同じ富山出身の里英がストーリー形成に大きな役割を果たすので、それに注目！

166

１回目の見合いから今は結婚に向けて着々とコトを進めている華子と、結局は大学を中退し、ホステスを続けているうちに常連客の紹介で今の会社にやっと就職できた美紀は、同じ慶応大学生であっても、"内部生"と"外部生"という違いの他、そもそも住む世界が全く違うもの。したがって、この両ヒロインの接点は何もないし、本来は出会うはずのない２人だったが・・・。

■□■女２人の"初対決"は？岨手監督の脚本と演出は？■□■

　本作中盤のハイライトは、出会うはずのないヒロイン２人の出会いと、そこでの女２人の対決・・・？その舞台は高層ホテルのラウンジだが、華子と美紀を青木絡みで引き合わせたのは逸子だ。これは、とあるシャンパンパーティーでバイオリンの演奏をしていた逸子に美紀が声をかけた際、たまたま美紀が青木と連れ立っているのを発見したため。

　本作は女性作家・山内マリコの原作小説を、本作が長編第２作目となる女性監督・岨手由貴子が脚本を書いて演出したもの。したがって、その後そこでどんな会話が展開していくのかは、男の私には全く想像がつかない。というより、そもそも、逸子はなぜ華子と美紀を自分の仲介で引き合わせようとしたの？その狙い（？）についても全く見当がつかない。

　先にやってきた美紀に対して、逸子は「２人を対決させようとか、美紀さんを責めようとか、そういうんじゃないんです」、「日本って女を分断する価値観が普通にまかり通っているじゃないですか。私、そういうの嫌なんです。本当は女同士で叩き合ったり、自尊心をすり減らす必要ないじゃないですか」と述べ、「ただ華子には、すべてを了解したうえで結婚してほしいのだ」と説明したが、それに対する美紀の返答は？そして、逸子のこのセリフをどう考えればいいの？そこで美紀は「そうだね・・・」と静かに共感を示したが、そこに華子がやってきた後の３人の女たちの会話の展開は？

　森喜朗東京オリンピック・パラリンピック競技大会組織委員会会長の辞任後、JOC（日本オリンピック委員会）の理事会は、新たに女性理事１２名を加え、女性の比重が４２％になったが、本作中盤のハイライトたるこのシーンは、脚本も演出も出演もすべて女ばかりで、男の立ち入るスキは全くない。この女同士の会話の結果、青木は一方的に美紀から「もう会いません」と告げられることになってしまったが、男の私に言わせれば、そんな一方的な通告に青木はきっと戸惑ってしまったはずだ。本作は「シスターフッドムービー」らしく、この中盤のハイライトにおける女２人の心理描写は丁寧だが、その反面、青木はつんぼ桟敷状態に・・・？

■□■結婚生活は？女同士の起業は？どちらがベター？■□■

　本作では、"刺身のツマ"状態に置かれている青木幸一郎役の高良健吾は、ある時はお坊ちゃまの"慶応ボーイ"として、また、ある時は青木家の複雑な遺産相続人の１人として、そして何よりも、本作では華子の夫役としてさまざまな顔を演じ分けているから、さすが。しかし、それはあくまで同じお嬢様育ちで、青木家に嫁いできた華子の"次の生き方"を

考えさせる補助的な役割だから、本作の男はツライ。弁護士から国会議員の秘書に転じて二世議員を目指さなければならない青木は大変だから、華子は本来それを補佐し、内助の功を発揮すべきことが求められていたが、さて華子は・・・?

　アイドル歌手だった高田みづえが大関・若嶋津と結婚した後、二所ノ関部屋の女将として立派に内助の功を果たしていることに比べれば、本作で華子が見せる"決断"は如何なもの?青木は(男は)そう思わざるを得ないし、華子の行動は到底納得できないものだが、岨手由貴子監督はその点を如何に?

　他方、本作ではお嬢様の華子でもそれだけ強いのだから、田舎者ながら"東京砂漠"の中でたくましく生き抜いている美紀や里英が更に強いのは当然。一時的に富山に戻っていた里英は、今は起業を目指して東京で立派に生きていたから、里英が美紀に協力を求めれば・・・?私は弁護士として女同士の起業がうまくいかなかったケースもたくさん見ているが、現在は逆に大成功しているケースを身近に見ている。そんな私の目には、美紀と里英が組めば最強!そう見えたが、さて・・・。

■□■女2人の2度目(クライマックス)の対決は?■□■

　大阪市北区で都心居住を続けている私には車は不要で、電動機付自転車が必需品。しかし同時に駐輪場所に苦労するし、二人乗りは厳禁だ。そんな私だから、出張の際、東京駅周辺で自転車に出会うと親近感がわくが、二人乗りはまず見たことがない。ところが、本作後半ではそんな風景も・・・?それはともかく、本作ラスト近くに訪れる女2人の2度目の対決(?)はあまりの偶然性にビックリだし、あまりの出来栄え感もある。しかし、当然それが本作ラストのクライマックスになる。

　『愛の渦』(14年)(『シネマ32』未掲載)で大胆な演技を見せた女優・門脇麦と、いかにも都会的で洗練されたセンスが光る女優・水原希子を対比すると、慶応の"内部生"と"外部生"をどう決めるかは難しい。本作の選択もありだが、逆の選択も面白かったのでは?そんな興味を持ちながら、美紀のマンション内で交わす2人の会話を聞いていると・・・?

　狭いとはいえ、ソファーまで置いてある部屋。また、ベランダに出れば、少し欠けているとはいえ、東京スカイツリーが目の前に広がる部屋。これは美紀には少し立派すぎるが、それは映画だから止むなしとして、このクライマックスでは、ベランダでアイスを食べながら華子が語る次のセリフに注目したい。それは、「こういう景色はじめて見ました。ずっと東京で生きてきたのに」というものだが、それに対して、美紀は「そっちの世界と、うちの地元って似てるよね」と笑いかけることに・・・。2人は今たしかに同じ風景を見ているのだが、さて、そんな2人のホントの気持ちは・・・?

2021(令和3)年3月10日記

Data

監督：武正晴
原作：桜木紫乃『ホテルローヤル』
　　　（集英社文庫刊）
脚本：清水友佳子
出演：波瑠／松山ケンイチ／余貴美
　　　子／原扶貴子／伊藤沙莉／
　　　岡山天音／正名僕蔵／内田
　　　慈／冨手麻妙／丞威／稲葉
　　　友／斎藤歩／友近／夏川結
　　　衣／安田顕／和友龍範／玉
　　　田志織／長谷川葉生

★★★★

SHOW-HEYシネマルーム

ホテルローヤル

2019 年／日本映画
配給：ファントム・フィルム／104 分

2020（令和2）年 11 月 14 日鑑賞　　TOHOシネマズ西宮OS

👀みどころ

『ホテルニュームーン』（19 年）は、日本・イラン合作映画らしく（？）社会派ドラマだった（？）が、北海道の釧路湿原にあるラブホテル『ホテルローヤル』をタイトルとした本作は？

アダルトグッズの販売もラブホでは大切な日常だが、いくらそこで生まれ育ったとはいえ、美大受験に失敗したため、やむなくそこで働いている雅代のそこでの日常は？「お客A」と「お客B」がそこで過ごす非日常は興味津々だが、心中事件を起こしてしまう「お客C」のカップルは？

ラブホの経営はある意味気楽？バブル時代にあるラブホの顧問弁護士をしていた私はそう思っていたが、本作の雅代は？そんな本作からあなたは何を学ぶ？

───＊───＊───＊───＊───＊───＊───＊───＊───＊───＊───

■□■あちらは社会派！こちらは人生の機微を！■□■

11 月 8 日に観た『ホテルニュームーン』（19 年）は、日本・イラン合作映画らしく社会派！それに対して、直木賞を受賞した桜木紫乃の原作を『100 円の恋』（14 年）（『シネマ35』186 頁）、『嘘八百』（17 年）（『シネマ41』72 頁）等の武正晴監督が映画化した本作は、ヒロイン・田中雅代（波瑠）の生きザマを中心に描かれる人生の機微がポイント。したがって、本作には『ホテルニュームーン』のようなあっと驚く物語は登場せず、本作では「ホテルローヤル」を舞台に淡々とした生活が描かれ続けていくことに・・・。

冒頭、美大の受験に失敗した一人娘の雅代が「ホテルローヤル」を手伝っている風景が描かれるが、かなり居心地が悪そうだ。経営者の父親・田中大吉（安田顕）からは、「受験に失敗しても、お前にはこのホテルがある」と励まされ、母親・田中るり子（夏川結衣）からは、「客に説明するためアダルトグッズの使い方を覚えておきなさいよ」とアドバイスされていたが、これらは両方とも大きな勘違い。多分、まだ初体験も済ませていない雅代

の女ゴコロは傷つくばかりだ。しかし、北海道の釧路湿原を望む高台のラブホで生まれ育った雅代には、他に収入を得る当てもないから、結局家業を手伝うほかなし！？

■□■ラブホは雅代たちには日常だが、客には非日常！■□■

　私は弁護士として忙しく活動していた時期に、あるラブホの経営者の顧問弁護士として親しく接していたから、本作と似たような名前、似たような設備、似たような値段のラブホの内部は知り尽くしている。また、弁護士として多種多様な事件を扱ったから、その中には、家の中で自殺したまま異臭を放っていた事件もあったし、本作と同じような、ラブホでの心中事件もあった。

　もっとも、本作を観ていると、雅代や従業員の能代ミコ（余貴美子）、太田和歌子（原扶貴子）たちは部屋の様子をマイクで聞きながら楽しむという特権（？）があったが、いくらラブホの顧問弁護士をしていた私でも、そこまでの特権にあずかったことはない。したがって、本作に見るようなお客さんの"生態"については知る由もない。しかし、本作の「お客A」として登場するカメラマンとモデルのカップルや、「お客B」として登場する子育てと親の介護に追われている中年カップルの生態を観ていると・・・。

　「ホテルローヤル」を職場にしている雅代や従業員たちにとっては、アダルトグッズを提供したり、隠しマイクから"あの時"の喘ぎ声を聞くのは日常だが、お客が「ホテルローヤル」に求めるのは"非日常"。本作前半では、2時間か、泊まりかは別として、「ホテルローヤル」にその非日常を求めてやってくるカップルたちの生態をしっかり検証したい。

■□■この先生は意外に真面目！雨宿りから、どこまで？■□■

　続いて、「お客C」として登場するのが、女子高生とその教師というカップル。教え子をラブホに連れ込む若い男性教師・野島亮介（岡山天音）は、よほどの悪人！そう思うのは当然だが、この2人は急に大雨に襲われたため、まりあ（伊藤沙莉）の提案で、2時間3600円の休憩コースを選択したらしい。したがって、「お客A」も「お客B」も、雅代たちはベッド上で展開されるセックス時の喘ぎ声を聞くことができたが、この「お客C」にはそれはなく、おしゃべりばかり。それを聞いていると、男は妻に裏切られたかわいそうな境遇であるうえ、女子高生を強引に襲うことがないのはもちろん、女子高生の"お誘い"にも安易に乗らないまじめ教師らしい。もちろん、年齢的には教師の方が年上だが、2人の会話を聞いていると、全体的に女子高生の方が年上のような不思議な感じの会話になっている。

　2人が利用しているのは、真ん中にバスルームのある豪華な部屋。しかし、雨宿り目的だけの利用なら、風呂は無意味だ。そう思っていると、原作は知らないが、本作では2人の会話の親密度が深まるにつれて、風呂にも入ることに。このまま休憩では時間オーバー確実だから、ひょっとしてお泊りコースに変更？そう思っていると案の定・・・？しかして、このカップルのその後のストーリー展開は？

■□■雅代のはじめての男は？その展開は？■□■

　松山ケンイチは、『聖の青春』（16年）（『シネマ39』35頁）で不遇の天才棋士・村山聖役を鬼気迫る迫力で演じていたが、本作で彼が演じた宮川はそれとは正反対の、いわば空

気のような存在の男。もっとも、冒頭のシーンでるり子にアダルトグッズの性能を説明していた彼が、その後雅代の部屋をノックし、「年頃のお嬢さんへの配慮を欠いていました」と謝る姿を見ていると、決して無神経な男ではないようだ。

まさかアダルトグッズの販売でボロ儲けすることはできないだろうが、逆に一定額のニーズは常にあるようだから、彼の商売は安定しているらしい。そのため、ホテル内で起きた心中事件によってホテルが経営危機に瀕したうえ、父親が倒れてしまったため、雅代がホテルの売却を決意すると、宮川は快く在庫の返品にも応じていたから良心的だ。

もっとも、それはちょっとしたビジネスの話だけで、雅代の心の機微を描く本作のポイントは、そこで雅代が、「セックスっていいものですか？」「私と試してくれませんか？」と誘われた後の展開となる。まず、宮川が率直にそれに応じるかどうかは、多分あなたの想像通りだが、いざベッドインした後の意外な展開はたぶん予測できないだろう。これも原作がどうなっているかは知らないが、なるほど、なるほど・・・。

■□■破産？売却？事業譲渡？弁護士の活用は？■□■

北海道の釧路と釧路湿原を私は一度だけ観光したことがあるが、ハッキリ言って、そこは田舎。今風に言えば、近い将来の"消滅集落"だ。しかし、そこで生まれた雅代に同級生がいるのは当然だし、雅代と同じようにUターンして地元で働いている同級生がいるのも当然だ。

7編の連作を一つの物語にまとめた本作のラストは、車に乗り込んだ雅代が晴れ晴れとした表情で、次の人生に向かうシークエンスになる。そして、そうなるのは、本作のもう1人の主人公である「ホテルローヤル」自体が無事に売却（事業譲渡）できていることが前提だ。しかし、弁護士歴50年近くになる私に言わせれば、心中事件が起き、客がほとんど来なくなったラブホを、まともな価格で売却するのは至難の業。そこは、私も経験したように、破産しかない。それが私の弁護士としてのアドバイスだが、もちろん、本作には弁護士の出番もなければ、そんなストーリー展開もない。そこに登場するのは、捨てる神あれば、拾う神ありの姿だから、それに注目！

アダルトグッズの需要は間違いなく一定量あるように、ラブホの需要も一定量あるもの。それは、いくら釧路湿原が田舎だからと言って、変わるものではないらしい。雅代の同級生・美幸（冨手麻妙）の決断はそんな"読み"に基づくものだが、さて、新たな従業者を迎えたラブホ「ホテルローヤル」の経営は？その繁栄は・・・？

2020（令和2）年11月25日記

Data
監督・脚本：加藤卓哉
出演：瀧内公美／神尾楓珠／市川知
　　　宏／SUMIRE／神戸浩／松浦
　　　祐也／仁科貴／ふせえり／
　　　田中要次

★★★★

裏アカ

2020 年／日本映画

配給：アークエンタテインメント／101 分

2021（令和3）年3月21日鑑賞	オンライン試写

👀 みどころ

　スマホすら持たない私には、SNSの世界は無縁。そのため、"裏アカ"が"裏アカウント"の略だということすらわからなかったが、なぜ瀧内公美扮する真知子は裏アカデビューを？

　一見華やかに見えるアパレル業界も、その実態は大変だから、店長になっても独り身のアラサー女子は不安がいっぱい？一度だけ会いたい。そんな願いは男女ともに共通だが、アレレこんな展開も？男なら、こんなに"安く、安全に"は大歓迎だが・・・。

　後半から赤裸々にされていくヒロインの"ジキルとハイド"ぶりは如何に？1人1人自分の胸に手を当てながら、しっかり考えたい。なお、夢々自分だけは例外だと思わないように・・・。

―――*―――*―――*―――*―――*―――*―――*―――*

■□■水アカならぬ"裏アカ"とは？なるほど、なるほど！■□■

　私は弁護士として、また、映画評論家として日々情報収集に努力しているが、それでも本作のタイトルとされている"裏アカ"が何のことかわからなかった。毎年3月には、ハリウッドでアカデミー賞が発表されるが、"裏アカ"は、ひょっとしてその裏バージョン？まさか"水アカ"の類ではないはずだ。しかして、"裏アカ"のアカはアカウントの略だから、"裏アカ"とはSNS（ソーシャルネットワークサービス）の"裏アカウント"のことらしい。なるほど、なるほど。

　VHSとβのビデオが大活躍していたバブルの時代には、アダルトビデオ（AV）が"裏ビデオ"としてもてはやされ、それに登場する女優はAV女優と呼ばれていたが、それも"今は昔"。また、来る5月からは大島渚監督の『愛のコリーダ』（76年）〈修復版〉がテアトル梅田で公開予定だが、同作の主演女優・松田英子は"本番女優"と呼ばれた。さら

に、映画での"本番行為"は"芸術かエロスか"の大論争となり、裁判にまで発展した。そこでの"本番"が何を指すかは言わずもがなだが、今年１月に７２歳を迎えた私に"裏アカ"の意味がわからなかったのは仕方ない。しかし、"裏アカ"が裏アカウントの略だとわかると、何だそんなもの、と思ってしまう。しかし、その実態は？未だスマホすら持っていない私には、"裏アカ"を含む SNS の世界そのものが全く分からないが・・・。

■□■ "DX"とは？あの略語は？この大文字並びは？■□■

　SNS が生活の一部になってしまっている若者は、"裏アカ"が何の略語かわからない７２歳の老人をバカにするかもしれない。しかし、それなら逆に、若者諸君は、現在盛んに議論されている"DX"とはナニかを知ってる？安倍晋三長期政権を引き継ぐことになった菅政権はコロナ政策に追われているが、昨年９月の就任直後に新たな目玉政策として打ち出したのが"DX"だ。そして、デジタル庁の新設も決定しているが、"DX"を「デジタル・トランスフォーメーション」と読める若者は、さて何人いるだろうか？もし、これを「デラックス」と読んでしまった若者は、その意味も意義も全くわからないはずだ。

　また、森喜朗東京オリンピック・パラリンピック競技大会組織委員会会長の"女性蔑視発言"による辞任劇は、いかにも昨今の日本の風潮に沿ったバカバカしい出来事だったが、IOC とは？また、コロナ騒動で一躍有名になった WHO とは？また、IMF とは？

　このように、昨今の日本には英語の大文字を並べただけの略語が氾濫しているが、これらの役割はしっかりニュースを読んでいなければわからない。ちなみに、IOC は国際オリンピック委員会の略、WHO は世界保健機関の略、IMF は国際通貨基金の略だ。これらの、英語の大文字の頭文字だけを並べた略語を理解するのは大変だ。ちなみに、毛色を変えて IS とは何の略？これらの略語や英語の大文字並びの意味がしっかり分かるのなら、"裏アカ"ごときを知らなくても、決して恥じることはないはずだ。

■□■裏アカデビューのきっかけは？フォロワー数は？■□■

　『彼女の人生は間違いじゃない』（１７年）（『シネマ４０』２７２頁）と『火口のふたり』（１９年）（『シネマ４５』２１９頁）での見事な脱ぎっぷり（？）で一躍有名になった女優・瀧内公美の本作の役は、青山のアパレルショップで店長を務める伊藤真知子。競争の激しいアパレルの世界でそれなりの実力と地位をキープしているようだが、導入部では、後輩からの猛追（？）もあって真知子は焦り気味。男にも興味を示さず、仕事一筋に頑張っているのに、このままでは・・・？そんなイライラした気持ちが仕事にも表れているようだから、危険。昔はこんな女性のことを「オールドミス」と称したが、今はそんな言葉は禁句で、「アラサー」とか「アラフォー」と呼ばなければならない。本作導入部では真知子が裏アカにデビューするまでの心理を丁寧に追っているので、興味ある女性は必見！

　そして、ある日遂に、高級マンションに１人で住んでいる真知子が、自撮りした胸部の写真を引っさげて、裏アカの世界にデビューしてみると・・・？今なおスマホを持たず、いわゆるガラケーで十分満足している私だが、仕事上ではパソコンによるホームページの

開設やメールのやり取りは不可欠。また、その延長として、パソコンでのFacebookや、iPadでの中国語サイトであるweiboは活用している。そして、Facebookやweiboを始めると気になるのがフォロワー数だが、私のweiboのフォロワー数は数百人。私ですらこれくらいのフォロワー数があるのだから、魅力的な胸元の写真を載せた真知子の裏アカが拡散していったのは当然。裏アカの世界でのフォロワー数は急上昇することに。たちまち、数百から数千人へ。こうなれば、1万人の突破も間近だ。

■□■裏はあくまで裏！しかし、「会いたい」は表の世界！■□■

　トランプ前大統領や橋下徹元大阪市長ら、膨大なフォロワー数を誇る著名人が、如何に情報処理をしているのか私にはわからないが、私は1日数十通のメールやweiboを確認するだけでも大変。そんな中でも、適当に新しい情報を発信しているが、それはアパレルという表の仕事の片手間に裏アカを始めた真知子も同じらしい。私は2日に1本のペースで観ている映画の評論を書き、それをサイト上に載せたり、その時々のちょっとした話題をサイトに載せるのがルーティンだが、真知子のそれは？真知子が最初に裏アカに載せたのは自身の胸の一部の写真だったが、フォロワー数が増えるにつれて、掲載する写真が少しずつ過激になっていったのは必然。しかし、裏アカはあくまで裏。それが絶対的な原則だ。

　他方、男女の恋をテーマにした名曲は多い。より具体的に、"会いたい"をテーマに女心を歌った名曲も多い。すぐ思いつくものだけでも、まずは園まりの「逢いたくて逢いたくて」、私のカラオケ定番である松田聖子の「あなたに逢いたくて〜Missing You〜」、沢田知可子の名曲「会いたい」、八代亜紀演歌のヒット曲「もう一度逢いたい」等がある。しかし、これらの名曲は裏アカの世界ではなく、あくまで表の世界を歌ったもの。ところが本作では、何を血迷ったのか、真知子は「1度だけ会いたい」とメッセージしてきた"ゆーと"と名乗る男の誘いに乗って、会う段取りを決めることに。おいおい、それはヤバいのでは・・・。勝新太郎の『座頭市』シリーズも多いが、その主題歌「座頭市」で歌われたように、彼はあくまで裏稼業の人間だった。しかし、真知子はそうではなく、れっきとした表社会の人間。しかも、そこでのキャリアアップを目指している女ではなかったの？

■□■タダでOK？そりゃ男には便利！しかし、リスクは？■□■

　菅総理の長男が勤務する東北新社による総務省幹部の接待問題は、山田真貴子内閣広報官の辞任によって少し収まったが、新たにNTTによる接待問題が浮上してきたから総務省問題の本質の解明はこれからだ。山田真貴子内閣広報官の飲食代は1人平均7万4000円超だったが、1985年〜1991年頃のバブル時代の大蔵省による"ノーパンしゃぶしゃぶ接待"に代表されるそれは、How much？その金額にはビックリさせられるはずだが、本作ではじめて（1度だけ）会った真知子と"ゆーと"と名乗る年下の男はどこに行くの？それを興味深く見ていると、彼が真知子を案内したのは（行きつけの？）超激安の居酒屋だったからビックリ。もちろん、お互い本名を明かさないままの会話に終始していたが、「敬語を使ったら罰金100円」と"ゆーと"が提案したルールがうまく効いたこと

や、食事場所がそんな風に安心できる場所だったこともあり、2人の会話はえらくスムーズだ。私は1人のエロおやじ（じじい）として、この2人が最初に交わす会話は男からの「いくら？」というもの、そしてまた、2人がまず行くところは高級ラブホテル、そう思っていたし、そんな風に、男が望んでいる通りにコトが運ぶかどうかは、真知子が男（＝ゆーと）を気に入る（信用する）かどうかにかかっていると思っていたが、どうもそんな私の感覚は時代遅れのようだった。本作に見る今時の男女のSNSでの最初の出会いは、どんなもの・・・？

　他方、食事後の2人が行くところは？それは絶対私が予想しているとおり！そう思っていたが、イヤイヤ、それも大きく想定の範囲外だったから、アレレ・・・。もっとも、男女がはじめて1度だけ会った、"コトの結末"は想定通りだったし、その性交渉はかなり過激なもの。また、2人が最後に交わした言葉も、"ゆーと"と真知子のそれは好対照だったから、それにも注目！こんな風に裏アカでの最初の出会いはタダでOK！それは男には便利！しかも、「会える？」との真知子からの質問に対しては、"ゆーと"の方から「1回だけの約束だよ」と答え、あっさりバイバイしたから、なるほど、なるほど・・・。これなら、リスクもなし！これなら、裏アカも悪くないかも…。

■□■あっと驚く再会は？さあ、後半の展開は？■□■

　本作導入部では、アラサーのキャリアウーマン（？）真知子がなぜ裏アカにデビューしたのかを興味深く描いたうえ、本番シーン（？）を含む前半のハイライトシーンでは、"ゆーと"のスマートかついかにも手際よい1回こっきりのデートの姿を興味深く描いていく。しかし、1回だけ会いたいという裏アカの世界をここまでスクリーン上に表現すれば、本来それでストーリーは終わってしまうはず。したがって、本作の後半がどのように展開していくのかは"ネタバレ厳禁"とされるはずだが、なぜか本作のチラシの［STORY］には「ゆーとと会えないことから、裏の世界でフラストレーションがたまっていくのとは裏腹に、表の世界は、自身のアイデアが採用され、大手百貨店とのコラボレーション企画が決まるなど充実していく真知子。やりがいのあるプロジェクトに意気込む真知子だったが、その百貨店担当者の原島努こそが、あのゆーとだった。」と書かれている。さらに、それによって真知子のココロが混乱するのは当然だが、チラシの［STORY］は、それに続いて「表の世界で再会を果たした2人。平静を装う原島に対し、心乱れ動揺を隠せない真知子。原島ではなく、ゆーとに会いたいという思いが日増しに募っていく。表と裏、愛情と憎悪、真実と嘘、理性と欲望・・・。相反する2つが激しく交錯する中、真知子に突然訪れる結末とは・・・。」と書かれている。

　しかして、本作後半に見る、真知子の「ジキルとハイド」ぶりは？

2021（令和3）年3月22日記

Data

監督：本木克英
脚本：谷本佳織
出演：井上真央／三浦貴大／夏木マリ／立川志の輔／吹越満／鈴木砂羽／舞羽美海／左時枝／柴田理恵／木下ほうか／西村まさ彦／中尾暢樹／冨樫真／工藤遥／吉本実優／内浦純一／石橋蓮司／室井滋

大コメ騒動

2020 年／日本映画
配給：ラビットハウス、エレファントハウス／106 分

2021（令和 3）年 1 月 11 日鑑賞 ／ TOHO シネマズ西宮 OS

👀 みどころ

　今から１００年前の１９１８年には、新型コロナならぬスペイン風邪が全世界で猛威を振るった。それと同じ時代、帝政ロシアではレーニン率いるボリシェビキが十月革命を成功させたが、富山県の"おかか"たちの女一揆は？

　シベリア出兵と米騒動はいつ？そして、この両者にはどんな因果関係が？１１都府県に緊急事態宣言が"発出"される中で実施された"大学入学共通テスト"にそんな問題が出たか否かは知らないが、高石友也が歌った「受験生ブルース」で受験時代を過ごした団塊世代はそれくらいは常識。

　本作では、美人女優・井上真央が真っ黒な顔で登場し、富山県の貧しい漁師町での"米騒動"がスクリーンいっぱいに展開。さあ、おかかたちは逮捕、弾圧、分断攻勢をいかにはねのけ、"米よこせ運動"をいかに「成功」させたの？日本史のお勉強は、本作でしっかりと！

————＊————＊————＊————＊————＊————＊————＊————＊————＊

■□■１００年前の富山の"女一揆"が映画に！こりゃ必見！■□■

　徳川時代には、有名な『郡上一揆』（00 年）をはじめとして、さまざまな農民一揆が起きたが、山崎樹一郎監督の『新しき民』（14 年）（『シネマ 35』278 頁）が描いた「山中一揆」を知っている人は少ないはず。しかし、今から約１００年前に、富山県の"おかか"たちが起こした"女一揆"は、「米を安くよこせ」というものであったため、"米騒動"として有名になった。

　本作の主人公は、富山県の貧しい漁師町で暮らす松浦いと（井上真央）。漁師の松浦利夫（三浦貴大）の元に嫁いできた彼女は、出稼ぎの漁に出た夫の留守中、３人の子供と共に女仲士として働いていた。しかし、１９１８年という第一次世界大戦でのドイツの敗色が強まる時代の中、日本では"シベリア出兵"が現実的な課題になるに伴って、米の値段が

上がっていた。肉体労働に従事する当時の日本の男は一日に一升の米を食べていたそうだから、一升２０～３０銭の米が、一升４０～５０銭に値上がりすれば、貧しい家庭には大問題。そんな中、いとたち"富山の漁師町のおかか"たちはいかなる行動を？

■□■なぜ米は沖の船に？漁師町の女たちは何を求めたの？■□■

　２０２０年から２１年にかけてマスコミは新型コロナウイルス報道一色になっているが、スペイン風邪がパンデミック化した１００年前もそれと同じだったらしい。そんな時代状況下で、地元紙、「富山日報」は「米騒動」を報じたが、その内容は？

　本作冒頭、『八日目の蝉』(11年)(『シネマ26』195頁)で、永作博美と共に素晴らしい演技を見せた女優、井上真央が、真っ黒な顔で重い米俵を背中に背負う女仲士の姿で登場する。この漁師町では、魚が獲れない時期になると、男たちは北海道や樺太へ何か月も出稼ぎの漁に出かけるため、留守を預かる女たちは約２０銭の日当を目当てに、女仲士として働くらしい。米がまともな値段ならそんな日当でも何とかなるが、米価がどんどん高騰していくと・・・？

　毎日いとたちが担いで浜まで運んでいる富山産の米は、沖に停泊する汽船に乗せられて北海道まで運ばれていくそうだが、なぜ地元で作った米を地元で食べられないの？それは、幼い頃から頭がよく、女だてらに（？）新聞にも目を通しているいとでもわからないらしい。そんな時に頼りになるのは、おかかたちのリーダー役である清んさのおばば（室井滋）。その姿形を一目見ただけで神がかっている存在だとわかるが、あの年齢にしては行動力も抜群！『スパルタカス』(60年)における「スパルタクスの反乱」は、ラストのクライマックスに登場したが、本作では、導入部で「米を安くよこせ！」と叫ぶおばばに続いて、いとたち多くのおかかたちが浜に突進！そんなおかかたちの行動について、地元紙はいかなる報道を？

■□■この新米記者の取材から見えてくる人物像は？真相は？■□■

　地元紙の「富山日報」は、いとたちの行動を「女一揆」＝「暴動」と報じたが、これに興味を示した「大阪新報社」のデスク、鳥井鈴太郎（木下ほうか）は、新米記者の一ノ瀬実（中尾暢樹）を抜擢し、取材のため富山に派遣。正義感あふれる彼は、さっそく地元で取材を始めたが、その取材先は？そこから見えてくる人物像は？真相は？

　１９１４年にヨーロッパで始まった第一次世界大戦は、１９１８年に入ると、ドイツの敗色が濃くなると共に、帝政ロシアでは社会主義革命を目指す勢力が勢いを強めていた。もちろん、その思想は天皇制下の日本では厳禁だが、日本共産党が結党されるのは１９２２年だからまだ先のこと。また、小林多喜二や宮本顕治、宮本百合子（中條百合子）らのプロレタリア文学の登場も、まだ先の話だ。したがって、１９１８年当時の一ノ瀬は正義感にあふれていたものの、社会主義思想はもちろん、政治体制についての知識や問題意識もろくに持っていないことは明らかだ。そんな一ノ瀬が、いとや清んさのおばばに直撃取材したのは当然だが、その対極にある人物として取材したのは、大地主で町の権力者でも

ある黒岩仙太郎（石橋蓮司）。彼の前では警察署長の熊澤剛史（内浦純一）も最敬礼状態だからすごい。また、地元では「鷲田商店」が米の販売を一手に握っていたが、その女将である鷲田とみ（左時枝）はかなり強欲。黒岩もそうだが、とみもだてに年齢を重ねているわけではなく、喋る言葉には十分な"説得力"がある。すると、一ノ瀬は持ち前の正義感だけでそれに対抗できるの？そんな不安を持ちながら観ていると、案の定・・・？

　一ノ瀬が書いた記事は鳥井の下で何度も修正された挙句、「広く国民が求める記事」にするため、いとたちの「米よこせ運動」は、破壊を伴った数百人規模の「越中の女一揆」として報道されることになったからアレレ・・・。その結果、いったんは盛り上がっていた、いとや清んさのおばばたちの「米よこせ運動」は、執拗な分断工作もあって次第に下火になっていくことに。いとの利発な息子、正一郎は、とみの策略に乗ってしまったいとを、「仲間たちを裏切った！」と罵倒したが、さて・・・。

■□■逮捕、弾圧、分断。その姿をじっくり鑑賞！■□■

　山本薩夫監督の『戦争と人間』三部作（70年、71年、73年）（『シネマ5』173頁）の第3部では、軍部と手を組んで満州の利権拡大にひた走る五代財閥の動きをメインストーリーに描きながら、他方で、山本圭演ずる標耕平の革命闘争や、灰山（江原真二郎たちプロレタリア画家たちのはかない抵抗も描いていた。あの時代、「天皇制打倒！」と主張すればたちまち「治安維持法違反」となることは確実で、それは今の香港情勢と全く同じだ。

そう考えると、レーニン率いるボリシェビキが、１９１８年に帝政ロシアを打倒する「１０月革命」を成功させたとはいえ、それと同じ時代に、富山県の貧しい漁師町でおかかたちが「米よこせ！」と叫んで行動しても鎮圧させられるのがオチ。スクリーン上ではそんな想定通り、おかかたちに交じって動いていた老人が、「男だから」という理由だけで逮捕されたからアレレ・・・。このように、おかかたちの運動は官憲によって弾圧されると共に、おかかたちの運動は巧妙に分断されていくことに。

　そこでは当然「アメとムチ」の手法がとられたが、その実務（？）を担ったのは、その手の"仕掛け"に長けた女・とみ。その巧妙な話術の前に、いとさえも「自分だけは米を安く売ってもらえる」というエサに屈服してしまったから大変。それによって腹いっぱい米を食うことができた正一郎は一時の満足を得ることができたが、いとが分断工作に乗ったことが仲間たちの前で暴露されると・・・？もっとも、とみによって巧妙に分断されたのはいとだけではなく、このおかかも、あのおかかも・・・。

　他方、官憲の弾圧のターゲットがおかかたちの唯一無二のリーダーである清んさのおばばに向いたのは当然。容貌は悪いが性根は座っている清んさのおばばは、牢獄の中で果敢にハンガーストライキを決行したが、その運命は・・・？本作中盤では、そんな逮捕、弾圧、分断の姿をしっかり鑑賞したい。

■□■女一揆の行方は？このヒロインのクソ力は？■□■

　レーニン率いる職業革命家集団であるボリシェビキでさえ、度重なる弾圧の前に挫折を繰り返したのだから、いとたちおかか集団の単純な「米よこせ運動」が当局の弾圧と、とみの分断工作の中で挫折したのは仕方ない。そんな実情に悲観し、また、自分の観念的な理想論の無力さを痛感した若手記者の一ノ瀬は失意の中で富山を去っていった。しかし、いとには逃げる場所などどこにもない。さあ、こんなギリギリの局面で、いとはどう考え、どう動くの？おかかたちの勢力の再結集など可能なの？本作ラストでは、多少漫画チックながら、極限状態まで追い込まれたいとが見せるクソ力、いや、底力をしっかり鑑賞したい。

　『八日目の蟬』でもたくましい姿を見せていた（？）井上真央だが、本作ラストではそれとは全く異質かつ少し漫画チックながら、そのたくましさという点では共通する、素晴らしい姿を見せてくれるので、それを堪能したい。

２０２１（令和3）年1月15日記

Data

監督：天野千尋

脚本：天野千尋、松枝佳紀

出演：篠原ゆき子、大高洋子、長尾
　　　卓磨、新津ちせ、宮崎太一、
　　　米本来輝、洞口依子、和田雅
　　　成、縄田かのん、田中要次、
　　　風祭ゆき

ミセス・ノイズィ

2019 年／日本映画

配給：アークエンタテインメント／106 分

2020（令和 2）年 12 月 5 日鑑賞　　TOHO シネマズ　西宮 OS

👀👀みどころ

　２００５年４月に奈良県で起きた "騒音おばさん事件" はマスコミで面白おかしく報道されたが、まさかそれが映画に！？あんなおばさんを主役にしても、観客は全然集まらないのでは・・・？

　しかし、映画はアイデア、そして、映画は脚本。着想はそれであっても、芥川龍之介の『藪の中』を映画化した黒澤明監督の『羅生門』と同じように、「真実は揺れるもの」という主張を貫徹させれば、面白い映画になるのでは？

　誰がどう見ても、篠原ゆき子演じる女性作家が善玉で、大高洋子演じる騒音おばさんが悪玉だが、さて "真実" は？法学部出身の天野千尋監督に拍手！そして、彼女の次回作に期待！

――＊――＊――＊――＊――＊――＊――＊――＊――＊――＊――

■□■着想は "騒音おばさん事件" から！■□■

　本作は、名古屋大学法学部法律政治学科を卒業し、約５年間の会社勤務の後、２００９年に映画製作を開始した天野千尋監督作品。ベランダで布団を叩いているおばさんが大写しされたチラシを１０月中旬に見た時は、そんなくだらないネタに頼ったコメディ作品はノーサンキュー。そう思っていたが、公開直前の新聞紙評で意外な好評を得ている上、２０１９年の第３２回東京国際映画祭での "日本映画スプラッシュ部門正式出品作品だと知ると、こりゃ必見！

　「騒音おばさん事件（奈良騒音傷害事件）」とは、奈良県生駒郡平群町の主婦が約２年半にわたり大音量の音楽を流すなどの方法で騒音を出し続け、それにより近所に住む夫婦を不眠・目眩などで通院させた事件。２００５年４月、傷害罪の容疑で奈良県警に逮捕され、２００７年に最高裁で実刑判決が確定した。騒音を出す現場が被害者夫婦により録画、マスコミ各社に提供され、テレビのワイドショーで、主婦が「引越し、引っ越し」などと大

声で叫ぶ様子が何度も流れたため、騒音おばさんの名前で有名になった。

パンフレットの①「プロダクションノート」、②「監督インタビュー」、③『ミセス・ノイズィ』制作秘話　松枝佳紀（共同脚本）」を読むと、本作着想の出発点は、その「騒音おばさん事件」だが、同事件の取材をすると予算的に難しいうえ、あまりに実際のことに引き寄せられるとリアルになりすぎるため、オリジナルな内容にしたらしい。

本作冒頭は、アパートに引っ越してきた女性小説家の吉岡真紀（篠原ゆき子）が、夫・吉岡裕一（長尾卓磨）の支えにもかかわらず、スランプに陥っている姿が描かれる。一人娘・吉岡菜子（新津ちせ）と遊ぶ時間も削って執筆に精を出しているにもかかわらず、新作の出来はイマイチで、出版社からは“ダメ出し”が。焦れば焦るほどネタが途切れ、人物描写は浅くなり、小説全体のレベルが低下していくから、このままでは“一発屋”で終わってしまうかも・・・？そんな不安の中、今日も徹夜で執筆していたが、まだ午前6時前なのにお隣のベランダからもの凄い騒音が。こりゃ一体ナニ？

■□■脚本の狙いは黒澤明越え！？真実は１つ！いやいや！■□■

本作の脚本を共同で書いたのは天野千尋監督と松枝佳紀だが、そこでは芥川龍之介の小説『藪の中』を黒澤明監督が映画化した『羅生門』（50年）と同じように、「何が真実なのかはわからない」ことをポイントにしたのが最大の特徴。そのため、本作のヒロイン吉岡真紀が意外な美人（？）であること、その逆に、早朝からベランダで布団を叩く若田美和子（大高洋子）が設定どおりの憎たらしいおばさんであることと相まって、前半は圧倒的に真紀＝善玉、美和子＝悪玉として描かれている。

弁護士生活５０年近くになる私は、裁判を通して決して「真実は１つではないこと」、というより、「何が真実かは誰にもわからないこと」を痛感している。民事裁判での勝敗は、裁判官が認定した事実に基づいて決まるもので、決して真実に基づいて判断されるものではない。ましてや、刑事事件の有罪無罪は、単に検察側が有罪の立証ができるか否かで決まるだけで、決して真実に基づいて決まるものではない。このことは、『十二人の怒れる男』（57年）（『名作から学ぶ裁判員制度』18頁）をはじめとする“法廷モノ”の名作を勉強すればすぐにわかることだ。近時の法廷ドラマの傑作である『判決、ふたつの希望』（17年）（『シネマ42』147頁）を観てもそれは明らかだ。また、法廷モノでなくても、モノの見方は十人十色、百人百様だということは、ロマン・ポランスキー監督の『おとなのけんか』（11年）（『シネマ28』136頁）を観ればよくわかる。

しかして、本作前半で描かれるストーリーは真実？それともどこかに、誰かの、何らかの、思い込みが？そして、本当に真紀＝善玉（＝まとも）（＝ふつう）？美和子＝悪玉（＝非常識）なの？

■□■主役は妻たち、夫たちは脇役、すると、演出役は？■□■

本作の主役は、天野千尋監督が本作で創作した２人のヒロイン（？）である、女性作家・真紀と騒音おばさん・美和子。真紀の夫・卓磨と美和子の夫・若田茂夫（宮崎太一）はあ

くまで脇役だ。とりわけ、卓磨は終始一貫して真紀の引き立て役に徹している。それに対して、中盤から登場してくる茂夫は、脇役ながらストーリー進行上重要な役割を果たすのでそれに注目！茂夫にまつわる脚本の妙が本作を面白くさせていることは間違いないので、それはあなた自身の目でしっかりと！

　他方、一般的に幼い子供は"汚れなき天使"役として描かれることが多く、真紀と裕一の一人娘・吉岡菜子（新津ちせ）も導入部を観ている限り、そう思える存在だ。しかし、執筆に忙しい真紀がちょっと目を離した隙に1人で公園に遊びに行ったり、菜子がいなくなった後、両親が大騒ぎし、警察に届け出までしているのに、しゃあしゃあとお隣のおばちゃんと一緒に遊んだり、昼寝したり、さらには茂夫と一緒にお風呂に入ったり・・・。こりゃ、一体ナニ？これでは真紀が気が狂いそうになるほど美和子にイライラさせられるのも当然だが、ある意味で菜子はそんなドラマを演出する進行役に！

　さらに、本作後半の真紀と美和子のバトルをSNSにアップし、炎上させることによって、ネットやマスコミを巻き込む大騒動を演出するのは、真紀の従弟の多田直哉（米本来輝）。ネタ切れで1行も原稿が進まない真紀に対して、「騒音おばさんとのトラブルこそ小説に書けば」とアドバイスした多田の眼力（？）には感心だが、彼のお気軽さはまさに今風の若者。彼の文学的才能も、彼がいろいろと影響を受けるキャバクラ嬢の文学的才能も私は信用できないが、アイデアマンとしての多田の才能が、真紀と美和子のバトルに素晴らしい演出を加えることになるので、それに注目！

■□■こんなマスコミでいいの？こんな笑いは映画だけで！■□■

　去る12月3日には、お笑い芸人・渡部建の約1時間にわたる"不倫謝罪会見"をTVで観たが、こんなどうでもいいニュースに取材陣が殺到する姿や、それが延々と放送され、多くのコメンテーターがそのコメントをしている姿に唖然。テレビではこれが、トランプvsバイデンと同じ価値のニュースとして放映されているのだから日本は完全に狂っているとしか思えない。そんな日本のマスコミなればこそその狂った姿が、本作後半からは次々と登場するので、それにも注目！

　SNSへの動画の提供は国民の自由だが、それがやたらに拡散され、制御できなくなってくると、かなりヤバい。真紀と美和子の間で展開されるベランダでの"布団たたきバトル"は、真紀が出来の悪い弁護士のアドバイスを得て、美和子に対して損害賠償請求を決めたことによる証拠集めの必要性から撮影したものだが、それが法廷用の録画ビデオだけではなく、SNSでネット上に拡散されると・・・？今や、真紀と美和子が隣同士で住んでいる団地はマスコミ注目の的とされ、外は取材スタッフでいっぱいだ。そんな状況下、あることでノイローゼ状態だった美和子の夫・茂夫がベランダから飛び降り自殺を図る事態になると・・・。その原因は真紀だ。そう言われると真紀が反論したくなるのは当然だが、世間は？そして、マスコミは？

　映画だからこんなバカバカしい設定は笑えるし面白い脚本、面白い演出だと感心できるが、こんなアホバカマスコミぶりは映画の中だけにしてもらいたいものだ。

■□■思い込み？独りよがり？藪の中は？■□■

　５０年近くやってきた弁護士生活の中で私が痛感するのは、相談者（依頼者）の思い込み、独りよがりの強さ。相談者（依頼者）は１００パーセント、自分の言い分が正しいことを前提に説明を進め、裁判をやれば勝てるはずだと主張する。したがって、それに対する私の最初の役割は、「物事はあなたの見方ばかりではなく、別の見方もある」と当たり前のことを教えることになる。しかし、それに納得するのは利口な人だけで、そんな説明をする私に腹を立てて席を立ってしまう相談者（依頼者）も多い。

　しかして、本作前半に真紀が弁護士に説明した事実とは？それに対する出来の悪い弁護士のアドバイスとは？そして、そこで決定された処理方針とは？

　芥川龍之介の『藪の中』を映画化した黒澤明監督の『羅生門』は、冒頭からＡの見方とＢの見方、さらにＣの見方をいろいろと示していた。しかし、本作はそうではなく、前半は一貫して美人で善良な真紀の視点から、騒音おばさんの迷惑ぶりが描かれるから、観客は私を含めて全員真紀の見方に同調するはずだ。しかし、茂夫の自殺未遂（？）の後は、不倫騒動でつるし上げられていたあの芸人・渡部健と同じように一転して真紀が悪玉として攻撃されることになる。しかして、そんな真紀を助けてくれたのは一体誰？そしてまた、その後に少しずつ明かされる、あっと驚く別の目で見る真実とは？

　そんな展開の中、最後に訪れるのは『判決、ふたつの希望』と同じような希望になるの？それとも・・・？それは、あなたたち自身の目でしっかりと！

２０２０（令和２）年１２月８日記

Data
監督：廣田裕介
製作総指揮・原作・脚本：西野亮廣
原作：にしのあきひろ『えんとつ町
　のプペル』（幻冬舎刊）
声の出演：窪田正孝／芦田愛菜／立
　川志の輔／小池栄子／藤森
　慎吾／野間口徹／伊藤沙莉
　／諸星すみれ／太平祥生／
　宮根誠司／飯尾和樹／山内
　圭哉／國村隼／本泉莉奈

SHOW-HEY シネマルーム

★★★★

えんとつ町のプペル

2020 年／日本映画
配給：東宝、吉本興業／100 分

2021（令和3）年1月2日鑑賞　TOHO シネマズ西宮 OS

👀👀 みどころ

　私はお笑いコンビ「キングコング」もお笑い芸人・西野亮廣も知らない。だって、TV にお笑い芸人が登場すると条件反射的にリモコンのスイッチを切ってしまうのだから。したがって、「西野亮廣エンタメ研究所」も知らないし、彼が書いた絵本も知らない。しかし、映画を観ると意外や意外・・・。

　『鬼滅の刃』（20年）の興行収入が３００億円を突破し、歴代 NO.1 になったが、「成功ラインは１００億円！？」と公言している本作の出来は？観客数は？

　西野流コンテンツマーケット論の成否は半年後、ないし１年後に出るはずだが、本作はキャラクターもストーリーも、そして世界観も個性的で面白い。ラストに見る「スパルタクスの反乱」ならぬ「ルビッチの反乱」の成否に注目しながら「信じること、夢見ること」の大切さを考えたい。コロナ禍の今、非常事態宣言を発出することの意味はナニ？その混乱ぶりを目の当たりにするにつけても、ルビッチの勇気に拍手！

――＊――＊――＊――＊――＊――＊――＊――＊――＊――

■□■西野流コンテンツマーケティング論とその実践に注目！■□■

　私は基本的に“お笑い芸人”は嫌い。しかし、日本の民放テレビはお笑い芸人が大好きだ。近時は、NHK までも司会者やバラエティー番組のヒナ壇に次々とお笑い芸人を起用している。もっとも、“ツービート”という漫才コンビから出発したビートたけしこと北野武が、多方面で発揮している才能を見ればわかるとおり、“お笑い芸人”とひとくくりにすることがナンセンスなことも当然。なぜなら、お笑い芸人から出発した後、俳優業や司会業などに活動領域を広げ、成功している人もたくさんいるからだ。しかして、本作の製作総指揮・原作・脚本者である西野亮廣は、１９８０年に生まれ、１９９９年に漫才コンビ“キ

ングコング"を結成したお笑い芸人だが、絵本作家としての活動の他、ビジネス書の執筆者としても活躍しているらしい。なるほど、なるほど・・・。

さらに注目すべきは、私は全く知らなかったが、彼は、近時大きく広がり、コロナ禍で飛躍的に拡大した"クラウドファンディング"の概念を日本に広めた先駆者であるとともに、"オンラインサロン"という概念を広めた人物らしい。そして、「西野亮廣エンタメ研究所」と名づけた彼のオンラインサロンは、登録者数7万人という日本最大のサロンとして大成功しているらしい。私も本作鑑賞後、本屋をうろついている中で、ベストセラーのコーナーに彼の12月18日発売の本『ゴミ人間　日本中から笑われた夢がある』を見つけ、約30分間立ち読みしたが、「本作の成功ラインは100億円！？」と公言している彼の意気込み、いや、意気込みではなくマーケティング戦略は興味深い。

コロナ禍に見舞われた2020年に、『鬼滅の刃』（20年）が興行収入300億円を突破し、歴代トップに躍り出たのは、ある意味で奇跡だが、他方では周到なマーケティング戦略の結果とも言える。そう考えると、本作の鑑賞を機に、西野亮廣流マーケティング論とその実践に注目！

■□■絵本を映画化！それは逆！製作総指揮・原作・脚本を！■□■

近時の邦画はヒット小説を原作として映画化するものが多い。それは一つの流れだから悪くはないが、同時に、映画のオリジナル脚本の書き手がいなくなったことの表れでもあるので、それは痛い。しかして、2016年に発表された西野亮廣の絵本『えんとつ町のプペル』は「大人も泣けるストーリー」と話題を集め、57万部越えの大ヒットになっているそうだから、西野流マーケティング戦略からすれば、当然その映画化を狙うことになる。誰でもそう考えるはずだが、西野亮廣に言わせると、それは逆。すなわち、彼にとっては、絵本よりも映画の構想の方が先にあり、2011年ごろから書き始めた絵本は、将来映画化するためのネタだったらしい。そんな壮大な計画で絵本を書き、「西野亮廣エンタメ研究所」を運営してきた結果、今般やっとそれらの集大成として、彼が製作総指揮・原作・脚本を務めた本作が完成したわけだ。

本作では、監督、演出、アニメーション監督、キャラクター監督、絵コンテ・演出等々の製作スタッフは多岐にわたっているが、脚本は西野亮廣が1人で担当している。したがって、本作の成否（興行収入100億円越え）のカギは、1人、西野亮廣にある。逆に言えば、監督などの責任は薄い。さあ、西野亮廣のそんな壮大な実践の成否は？

■□■舞台は？主人公は？世界観は？■□■

本作の舞台はタイトル通り、えんとつ町。しかし、主人公はタイトルとは異なり、少年・ルビッチ（芦田愛菜）だ。しかして、えんとつ町はどこに？プペル（窪田正孝）って一体誰？『鬼滅の刃』と同じように、いくら世間で大ヒットしていても、それに興味のない人はその中身をサッパリ知らない。私も『鬼滅の刃』と同じように本作については何の予備知識もなかったが、冒頭にナレーションで語られるえんとつ町についての説明を聞いて、

なるほど、なるほど。

　私が弁護士登録をした１９７４年当時の日本は大気汚染公害が深刻化しており、とりわけ西淀川、尼崎地区に集積した工場の煙突から出る煙は、大量の硫黄酸化物（SOx）を含んでいたため、深刻で、かつての青空は失われてしまっていた。そんな大気汚染問題を知り、西淀川大気汚染公害訴訟弁護団の一員として長い間活動した私の目には、本作に見る黒い煙に覆われ、周囲を４０００メートルの城壁に囲まれた"えんとつ町"はかなり異常。しかも、このえんとつ町では空を見上げることが禁止されているというから、えんとつ町のリーダーは、中国で独裁体制を強化している習近平国家主席以上の独裁者？

　もっとも、町の人々は空の向こう側にどんな世界が広がっているかなんて想像しないから、朝から晩まで煙に覆われた町、外の世界を知らない町、星空を知らない町を、"えんとつ町"と呼んでいるのはルビッチの父親・ブルーノ（立川志の輔）だけだ。ところが、星があると信じ、星の話、黒い煙のその先にある光輝く世界の話を紙芝居にして伝えていたブルーノは、みんなから嘘つき呼ばわりされ、姿を消してしまったから大変。香港では２０２０年６月３０日に「国家安全維持法」が制定されたが、戦前の日本には「治安維持法」があり、天皇制反対を唱える日本共産党を始め、いわゆる民主勢力は弾圧されていたが、その任務を担っていたのが「特高警察」だ。「特高警察」は不穏分子の情報を集めるべく、広く国民から情報を募っていたが、えんとつ町でそれと同じような役割を果たしているのが、レター家の末裔・レター１５世（野間口徹）をリーダーとする「異端尋問所」。なるほど、なるほど、本作を鑑賞するについてはまず、そんな"世界観"をしっかり確認する必要がある。

　その結果、ブルーノがいなくなってから１年の歳月が流れたルビッチは、父親が教えてくれた星の存在を信じながら母親のローラ（小池栄子）と２人で暮らしていたが・・・。

■□■もう１人の主人公たる"ゴミ人間"、プペルに注目！■□■

　本作の表の主人公はルビッチだが、もう１人の（ウラの）主人公は、原作者の西野亮廣が創造した"ゴミ人間"ことプペル、つまり、タイトル通り、えんとつ町のプペルだ。

　本作は、町がハロウィンで盛り上がる中、子供たちが思い思いの仮装でダンスを楽しんでいるシークエンスから始まるから、平和そのもの。世界情勢が緊迫化する中、"平和ボケ"を享受している日本と全く同じだ。しかし、その場に現れたゴミ人間が、仮装ではなくホンモノの"バケモノ"だとわかると、たちまち大騒動に。スクリーン上はその直後、ゴミ処理場に送られているゴミ人間を目撃したルビッチが、これを救出する冒険劇が描かれ、その後、ルビッチによってプペルと名付けられたこのゴミ人間とルビッチが友達になる感動的なシークエンスが描かれる。さらに、その脱出劇の中には、鉱山の採掘泥棒のスコップ（藤森慎吾）も登場するので、この男のキャラクターと、クライマックスで果たすこの男の役割にも注目！

　ハリウッド製の『アイアンマン』（０８年）は、「最も強力な武器を作ることが平和への

一番の近道」という理屈に沿って強力なパワースーツを作る主人公の姿が描かれていた（『シネマ20』22頁）。その姿は、鎧兜に身を固めた中世の騎士風で、メチャカッコよかった。他方、そのイメージをそのままにしながら塚本晋也監督が創造したのが、『鉄男 THE BULLET MAN』（09年）（『シネマ25』179頁）。『アイアンマン』の主人公はパワースーツを着用することによってアイアンマンに変身するから、その変身は自律的だった。それに対し、『鉄男 THE BULLET MAN』の主人公・アンソニー（エリック・ボシック）が"鉄男"に変身し、さらに強力な銃器まで備わるのはアンソニーの怒りが最高潮に達した時という設定だから、彼の変身は他律的であると同時に自律的だから、『アイアンマン』より設定が複雑だった。

それらに比べれば、西野亮廣が創造したゴミ人間＝プペルは、ゴミの寄せ集めで作られた単純なもの。そして、客席には伝わらないものの、その体臭はかなり臭いらしい。しかし、本作で注目すべきは、プペルの心持ち。すなわち、ルビッチから友達の意味を説明されて、それに納得したプペルの心持ちは？そして、プペルがルビッチに対し、友達として見せる行動は？

■□■星を語り、まだ見ぬ星を夢見ること、それがなぜ悪い？■□■

ルビッチの父親であるブルーノは町から姿を消していたが、それは彼が「星などあるものか」とみんなから嘘つき呼ばわりされたため。そして、ルビッチは今、プペルをかくまってくれた掃除屋のダン（國村隼）の下でえんとつ掃除の仕事をしていた。

ルビッチは高いところが苦手なのに、なぜ煙突掃除の仕事をしているの？そう思ったプペルがその理由を尋ねると、ルビッチはプペルをえんとつの上に連れて行き、町を見わたしながら、ここで父親・ブルーノからもらった大切なブレスレットを落としてしまったこと、ブルーノがいつも話してくれた「あの煙の上には光り輝く『星』が浮かんでいる」という話をプペルに語った。この話にプペルは、「素敵な話だ」と興味を持ったが、もちろんこの話は2人だけの秘密。なぜなら、えんとつ町では空を見上げること自体が禁止されているのだから、その先にある（かもしれない）まだ見ぬ星を夢見ることも当然厳禁。星を語り、まだ見ぬ星を夢見れば、嘘つき呼ばわりされ、ブルーノの二の舞になることは明らかだ。しかし、星を語り、まだ見ぬ星を夢見ることが、なぜ悪いの？

そんな中、ある日、ダンが煙突から落ちる事故が発生したが、これは本当に事故？それとも誰かに狙われたの？えんとつ掃除の仲間たちは、「ルビッチがゴミ人間プペルを連れてきたからだ」と騒ぎ立て、「最近、喘息患者が増えたのもゴミ人間プペルのバイ菌が原因だ」と、何でもかんでも都合の悪いことをプペルのせいにしたから、ルビッチとプペルは肩身が狭くなる一方だ。さらにある日、町中に国民保護サイレンが鳴り響く中、砂浜に不気味な黒い船が流れ着いたから、町の人たちはビックリ！船の存在を知らない町の人々は、海に浮かぶ得体のしれない物体を「バケモノ」だと恐れたが、ルビッチはそれが"船"であることを知っていた。なぜなら、それは、ブルーノが語ってくれた紙芝居に登場していたか

187

らだ。ブルーノの紙芝居は嘘じゃなかった！船があるなら星もきっとある！そう確信した
ルビッチとプペルは、「信じることで道は開ける」という父の教えを信じて空を目指すこと
に。

■□■スパルタクスの反乱は失敗したが、ルビッチの反乱は？■□■

　パンフレットには、「今明かされる、えんとつ町の秘密」と「大冒険の先に２人が見た真
実とは」の見出しの下、①「星を語るブルーノ」、②「ハロウィンの夜に現れた友だち」、
③「普通じゃないと悪として裁かれる町」、④「まだ見ぬ星を夢見て・・・」、⑤「えんと
つ町で事件が起きた！」、⑥「立ちはだかる権力者たち」の「章立て」で、本作のストーリ
ーが紹介されている。

　そのラストの「立ちはだかる権力者たち」の１人は、えんとつ町を統べる、異端審問所
の最高責任者たるレター１５世。そしてもう１人は、「お飾り」的なレター１５世を意のま
まに操っている秘書のトシアキ（宮根誠司）だ。ここで面白いのはこのトシアキという人
物は絵本には登場せず、映画用のキャラクターだということだが、それはなぜ・・・？ダ
ンの配下でえんとつ掃除をしている掃除屋には、スーさん（飯尾和樹）のようないつもニ
コニコしている人のいいキャラも登場するが、トシアキはそれと正反対の悪人・・・？そ
のあたりの分析はなかなか難しいので、１人１人しっかり考えてみたい。

　それはともかく、本作ラストでは「信じることで道は開ける」というブルーノの教えを
信じて、プペルと共に空を目指すルビッチの姿が描かれるが、ハッキリ言ってこれは無謀
かつ無策。私は中学時代に観て大いに感銘を受けた『スパルタクス』（６０年）を何度も
DVDで観ているが、ハッキリ言って「ルビッチの反乱」は「スパルタクスの反乱」以上に
無謀かつ無策。チャールズ・チャップリンが監督、主演した『チャップリンの独裁者』（４
０年）（『ヒトラーもの、ホロコーストもの、ナチス映画大全集』１４頁）は、ラスト６分
間の演説が見ものだったが、本作ラストに見るルビッチの演説もなかなかのもの。しかし、
そんな演説で大衆の支持を集めても、やはり「立ちはだかる権力者たち」の壁は厚い。ち
なみに、本作では、ルビッチの幼なじみで、ブルーノの紙芝居を一緒に見ていたにもかか
わらず、夢見ることや信じることに臆病だったため、結果的に「反ルビッチ陣営」のリー
ダーになっていたアントニオ（伊藤沙莉）の動静が、子供たちの勢力図における大きなポ
イントになるので、それに注目。また、前述したようにチョー個性派の鉱山の採掘泥棒・
スコップが、「ドキドキするじゃないか！！」の名セリフをもって「ルビッチの反乱」に賛
同し、煙で覆われた空（壁？）を破壊する物資と技術を提供するので、それにも注目！

　残念ながら「スパルタクスの反乱」は失敗してしまったが、「ルビッチの反乱」の成否は
如何に？

　　　　　　　　　　　　　　　　　　　　　　　　２０２１（令和３）年１月６日記

第5章
中国映画

SHOW-HEY シネマルーム

★★★★★

八佰
(The Eight Hundred)

2020 年／中国映画
配給：ハーク／149 分

| 2021（令和 3）年 3 月 13 日鑑賞 | シネ・リーブル梅田 |

Data
監督：管虎
脚本：管虎・葛瑞
出演：黄志忠／欧豪／王千源／姜武
／张译／杜淳／魏晨／李晨
／俞灏明／张俊一

👀 みどころ

　戦争の歴史にも戦争映画にも詳しいと思っていた私ですら、「四行倉庫の戦い」を知らなかった。中国のプロパガンダ映画として、２０２０年８月２１日の公開以降大ヒットしている本作の、アジアン映画祭での上映に拍手！

　１９３７年７月７日の盧溝橋事件後の、上海での日中の軍事衝突は如何に？なぜ蒋介石は、「四行倉庫」の死守を命じたの？そこに「アラモの砦」での攻防戦やそこでの玉砕のような意義があるの？

　去る３月１１日に第１３期全人代第４回会議を終えたばかりの中国は、習近平の独裁色を一層強めているが、１９３７年当時の中国のリーダーは誰？国旗はナニ？また、中華民族という概念は・・・？

　約１００年前の「四行倉庫」の戦いを鑑賞するについては、そんな点もあわせてじっくり考えたい。そうすれば、終映後に単純な拍手はできない、と私は思うのだが・・・。

―――＊―――＊―――＊―――＊―――＊―――＊―――＊―――＊―――＊―――

■□■よくぞ "この中国映画" をアジアン映画祭で上映！■□■

　『キネマ旬報』は毎年３月号で１年間の映画業界の "総決算" を行っている。しかして、２０２１年３月下旬特別号の第２章、「世界のヒットランキング＆映画界事情」の中国編（66頁）では、「プロパガンダ映画が上位を席捲」という見出しの中で、３１億元の興行収入を記録した本作を、「中国では７月２０日から映画館が営業を再開、徐々に客足を取り戻していったが、そのスピードを一気に加速させたのが８月２１日に公開された戦争映画『八佰』だ。」と紹介している。また、そこでは、「同作の管虎監督も参加したオムニバス戦争映画『金剛川』（原題）も３位にランクイン。」と紹介している。私はこの『金剛川』の情報は前から知っていたので、「こりゃ必見！」と思っていたが、日本での公開はまだまだ先。そ

んな矢先、なぜか第16回アジアン映画祭で本作が公開されることに！その“快挙”に拍手しながら、早速チケットを購入した。

　“中国のプロパガンダ映画”であることは、後述の国旗掲揚のシークエンスでクライマックスに達するが、それ以上に私が興味深かったのは、上映終了後、期せずして会場からまばらながらも拍手が起きたことだ。中国では、歴代トップの興行収入1000億円を挙げた呉京（ウー・ジン）監督の『戦狼2　ウルフ・オブ・ウォー2』（17年）（『シネマ44』43頁）が上映された際、そのラストで中華人民共和国のパスポートが大きく映し出されると、観客は総立ちになって拍手を送ったらしい。しかし、まさか日本で本作が上映された直後に、わずかとはいえ、拍手が起きるとは！

　戦争映画の大作には、『史上最大の作戦』（62年）をはじめとして、歴史的に有名なものが多いが、稀に『プライベート・ライアン』（98年）等、一般的には全然知られていないものもある。日中戦争をテーマにした映画では、『戦場のレクイエム』（07年）（『シネマ34』126頁）等、中国では有名でも日本人は全然知らない映画も多いが、上海事変をテーマにした日中戦争の映画なら、その方面の歴史に詳しい私はお手の物。「南京事件」をテーマにした張藝謀（チャン・イーモウ）監督の『金陵十三釵』（11年）（『シネマ34』132頁）等と比較対象しながら本作は必見！そう思っていたが、原題『八佰』、英題『The Eight Hundred』（邦題は未定）という本作のテーマは、「四行倉庫の戦い」だ。ええ、それって一体ナニ？私は全然聞いたことがないが・・・。

■□■四行倉庫ってナニ？どこに？四行倉庫の戦いとは？■□■

　中国旅行大好き人間の私は、何度も上海旅行をしている。その中で、1921年に開催された中国共産党の第1回党大会の記念館（李漢俊の自宅）も見学したし、森ビルが上海

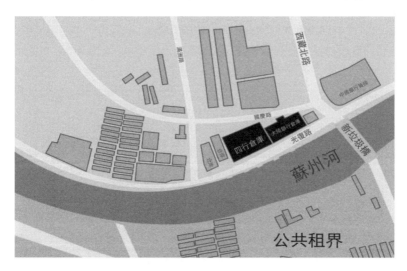

の浦東新区に建設した「上海環球金融中心」の最上階の見学もした。今や東京の地価を上回っている上海では、外灘を中心とするロマンチックな夜景や黄浦江遊覧のナイトクルーズ等が観光名所だが、この外灘は、西欧列強が公共租界として使用したところだ。日本側からいう「上海事変」は、「第１次上海事変」（1932年１月〜３月）と「第２次上海事変」（1937年８月〜11月）がある。そして、その第２次上海事変で、日中が最後の攻防戦を繰り広げたのが「四行倉庫の戦い」らしい。

前掲の地図は Wikipedia に掲載されている地図だが、この地図のとおり、「四行倉庫」は蘇州河を隔てて南側の公共租界の対面（北側）にある建物だ。

他方、当時の中国軍（の主力）は現在の中国の人民解放軍ではなく、国民党の蒋介石率いる国民党軍だ。そして、四行倉庫の戦いは、１９３７年１０月２７日から３１日までの５日間の攻防戦。蒋介石は、一方では限定的撤去を命じて中国軍を蘇州河の南岸に移動させながら、他方では蘇州河北岸にある「四行倉庫の死守」を命じた。これは、北側の四行倉庫を死守させることによって内外の人々の心を感動させるためらしい。Wikipedia によれば、現に１０月２８日に蘇州を訪れた蒋介石は、「第３戦区の師長以上の将領の前で長文の演説を行ったが、この中で、一個団を残して閘北の死守を命じた理由について、中国人が主義のために戦い、国を守るために死ぬ覚悟と精神を持っていることを世界の人々に示し、心理的に敵に圧力をかけるためであったと説明した。」そうだ。その結果、四行倉庫の戦い（死闘）は１０月２８日から３１日まで続いたそうだから、すごい。なるほど、なるほど・・・。

■□■なぜタイトルが『八佰』に？■□■

紀元前５世紀に、スパルタ軍が１００万のペルシャ軍と戦って玉砕した「テルモピュライの戦い」を描いた『３００　スリーハンドレッド』（06年）では、劇画タッチの映像が斬新だったし、“スパルタ教育”に象徴される「退却しない。降伏しない。ひたすら戦うのみ」という、スパルタ軍の哲学（？）に圧倒された（『シネマ15』51頁）。また、ジョン・ウェイン主演の『アラモ』（60年）と、『アラモ（THE ALAMO）』（04年）（『シネマ6』112頁）では、１８３６年春に起きた「アラモ砦の悲劇」をしっかり味わうと共に、今はアメリカ合衆国の一部になっているテキサス州が、いかなる犠牲の上でメキシコからの独立を勝ち取ったのかという歴史を学ぶことができた。それに対して、今、謝晋元中佐（杜淳）を司令官として四行倉庫を守る兵は、４００名余り。彼らはドイツ式訓練兵で、公表は８００名。なるほど、なるほど。

もっとも、本作導入部では、湖北軍が５２４団に合流する姿が映し出されるが、その実態は？四行倉庫の戦いについては、Wikipedia が詳しく解説しているので、それは必読！『史上最大の作戦』では、ジョン・ウェインをはじめとするオールスターが連合軍の将軍や司令官を演じていたが、本作でも謝中佐をはじめとする多くの軍人が登場する。それを一人一人紹介し、そのストーリーを評論すれば膨大な長さになるので省略するが、

Wikipedia の情報と対比すれば、より一層本作は興味深いはずだ。とりわけ、①ガールスカウトの女性・楊恵敏のストーリーや、②中国軍の謝中佐と日本軍の指揮官が２人で差し向い、馬上での対話等々のシークエンスについては、一人一人じっくり鑑賞してほしい。

■□■四行倉庫 VS アラモの砦。それを死守する意味は？■□□

　日本が盧溝橋事件を起こしたのは１９３７年７月７日だが、それを受けて、南京政府の中華民国総統・蒋介石は、"徹底抗戦"を表明した。日本政府は、一方で在留日本人の安全を名目に海軍陸戦隊を投入したが、他方で「不拡大方針」を採っていた。しかし、「大山中尉殺害事件」等によって衝突は拡大し、北支事変から支那事変へ、すなわち、全面的な日中戦争に突入していった。蒋介石が兵力をケチりながらも、四行倉庫の「死守」を命じたのは、前述したとおり、中国人民の奮闘ぶりを世界各国にアピールするため。しかして、同時に蒋介石は、当時開催されていたブリュッセルでの国際会議に期待していた。南側の租界には西欧列強の人々が住んでいたから、「四行倉庫」を艦砲射撃すれば、租界に流れ弾が着弾する恐れがあり、そうなれば日本が西欧列強から非難されるのは必至。しかして、日本軍は四行倉庫に対していかなる攻撃を？逆に、それに備えて、謝晋元中佐はいかなる防御陣地の構築を？

　「アラモの砦」は、かなりチャチなものだったが、そこに立てこもったわずか２００名足らずの男たちは、サンタアナ将軍率いるメキシコ正規軍と１３日間にわたって戦い、全員壮絶な最期を遂げたが、それは一体何のため？それは、その後のテキサス共和国の独立からテキサスのアメリカ合衆国への併合、そしてアメリカ・メキシコ戦争（米墨戦争）に発展したからすごい。「アラモの砦」に比べると、５階建てのビルだった四行倉庫は小さいが、倉庫だけに堅牢な建物だったらしい。しかも、武器は豊富で、兵士たちはドイツ式訓練兵。さらに、蘇州河を隔てた南側には、中国人はもとより西欧人がたくさん住んでいたから、文字通り"対岸の火事"として、四行倉庫の攻防を"見学"している。とりわけ、報道陣はその戦いの行方に注目しているから、蒋介石の命令を実行するためにも、守備軍はしっかり頑張らなければ。しかも、アラモの砦を守ったのは、正規軍ではなかったのに対し、こちらはドイツ式訓練を受けた国民党の正規軍。人数は、公表的には「八佰」、実際には４２３名。しっかり奮闘しなければ・・・。

■□■掲揚する国旗はナニ？それは青天白日旗！■□■

　バイデン政権発足後、はじめて日米豪印による首脳協議が開かれたが、そこでの最大の注目点たる対中政策は、トランプ政権と同じように強硬策を続けている。尖閣諸島対策のため、新たに「海警法」を立法した中国は、次にはいよいよ台湾攻勢を？万一そんな事態になれば、それは、大陸・中華人民共和国の旗（五星紅旗）と、台湾の旗（青天白日旗）のどちらが掲揚されるかの問題になるわけだが、「四行倉庫の戦い」当時の中国の旗はナニ？それは、現在の五星紅旗ではなく、青天白日旗だ。

　本来２０１９年７月５日だったはずの本作の公開が、２０２０年８月２１日に延期され

たのは、伝えられるところによる
と、"国民党の美化"問題があった
ためらしい。つまり、上海に侵略
してきた日本軍を迎え撃ち、四行
倉庫の戦いに臨んだのは、毛沢東
率いる人民解放軍！そうであれば
一番嬉しいのだが、いくらなんで
もそれは歴史上の事実の歪曲。当
時日本軍を迎え撃ったのは、蒋介
石率いる国民党軍なのだ。

青天白日旗

　クリント・イーストウッド監督
の「硫黄島」2部作（06年）では、
星条旗を摺鉢山に立てる米兵たち
の写真が象徴的に描かれていたが、
硫黄島に星条旗を掲げることの意
味は何？しかして、本作中盤のハ
イライトは、ガールスカウトの楊
恵敏が命懸けで運んできた青天白
日旗を、四行倉庫の屋上に掲揚す
るシークエンスになる。そんな"え
えかっこ"をすれば、日本軍がそ

中華人民共和国の五星紅旗

れを阻止すべく攻勢を強めたり、空爆してくる恐れがある。したがって、それはやめて、
蒋介石の命令通り持久戦を続ける"プランA"がベター。そんな意見もあったが、謝中佐
はあえて国旗を屋上に掲揚するという"プランB"を選択した。しかして、その意味は？
また、それに伴う必然的な犠牲は？もちろん、高々と掲揚され、南側の租界地の人々も敬
礼しながら仰ぎ見る国旗は青天白日旗だ。したがって、本来なら『戦狼Ⅱ』における中華
人民共和国のパスポートと同じように、その国旗をクローズアップで大写しすべきだが、
本作ではなぜか遠慮して・・・。

■□■八佰は全員玉砕？それとも？ラストのハイライトは？■□■

　『硫黄島からの手紙』（06年）（『シネマ12』21頁）では、いかに長い間米軍を硫黄島に
くぎ付けにするかを最大の命題にした渡辺謙演じる栗林忠道陸軍中将は、文字通り矢尽き
刀折れた後に自決。また、日本将兵は全員玉砕した。また、「アラモの砦」では、砦内に侵
入してきたメキシコ兵の前に、守備兵は全員玉砕した。しかして、四行倉庫の戦いでも、
４２３名の兵士は全員玉砕！私はてっきりそう思っていたが、真実は違うらしい。すなわ
ち、イギリスが間に入って撤退交渉をした結果、四行倉庫の戦いのラストは、"玉砕"とは

正反対の"生き延びろ！"との命令に急展開するので、それに注目！

　その展開について、Wikipedia では、「イギリスには租界が砲火の攻撃を受ける恐れがあることを理由に、陣地の放棄を中国側に働きかけ、３１日、守備隊は西蔵路を経由して租界内に撤退した」と書かれているが、さて、本作では？ちなみに、Wikipedia によると、四行倉庫の戦いにおける損害は、日本兵が戦死２００名以上であるのに対し、中国兵は、戦死１０人、負傷３７人とされている。しかし、本作ラストのハイライトにおける撤退戦の展開は？これを見ている限り、中国軍の損害は何百人にも上りそうだが・・・。

　デヴィッド・リーン監督の名作『戦場にかける橋』（57 年）は、イギリス人捕虜たちが、作り上げた橋を自ら命懸けで爆破するハイライトが涙を誘ったが、本作ラストのクライマックスでは、四行倉庫から租界内へ、つまり北から南へ橋を渡る兵士たちが、次々と日本軍の銃弾に倒れる姿が映し出されるから、これは涙を誘うもの。さらに、それを何とか迎え入れようとする南側の租界地内の人々が差し出す手も、涙を誘うものだ。それもこれも、すべて「中華民族万歳！」の演出のため。というのが本作の狙いだが、さて、その当否は？

■□■字幕はなぜかダニー・ボーイと共に！その歌詞は？■□■

　昔は、今以上に映画と映画音楽が一体になっていた。それは、『エデンの東』（55 年）や『太陽がいっぱい』（60 年）等を観ればよく分かる。しかして、本作では、謝中佐の犠牲の中、多くの兵士が北から南へ脱出するクライマックスの後に字幕が流れるが、そこで流れる曲はなんと『ダニー・ボーイ』だったからビックリ！歌詞は中国語で故郷を懐かしむものだが、米中対立の激化が心配されている今、なぜ中国のプロパガンダ映画たる本作の映画音楽が『ダニー・ボーイ』なの？

　近時は大金をつぎ込んだハリウッド映画に中国人の美人女優が少しだけ登場することがあるが、それはハリウッドが中国の金に期待し、依存しているため。しかし、本作で『ダニー・ボーイ』を使用することに中国側のメリットは何もないはずだ。本来なら、ここで国民党の当時の国歌を使うべきだが、ひょっとして、習近平体制下ではそれをしたくなかったの？あるいは、本作をアメリカ人にも共感を持って観てほしかったため？

　そもそも、私や私世代は誰でもアメリカで生まれた名曲『ダニー・ボーイ』を知っているが、１３億人の中国人民はこの曲を知っているの？中国で上映された後、本作も『戦狼 2 ウルフ・オブ・ウォー2』（17 年）（『シネマ 41』136 頁、『シネマ 44』44 頁）と同じように拍手の嵐に包まれたのかは知らないが、習近平独裁色が強まり、"愛国教育"が定着している昨今はきっとそうだったのだろうと推測される。それはそれでいいのだが、あえて繰り返せば、この曲と共に字幕が流れ終わると、日本の映画館で日本人の客席の一部から拍手が沸き起こったのは一体なぜ？

２０２１（令和３）年３月１８日記

Data

監督：藍志偉（フランシス・ナム）

原作：梁羽生「七剣下天山」（徳間
文庫刊）

脚本：苏悦年（スー・ユエ・ニェン）

出演：张倬闻（チャン・チゥオ・ウェン）／陈洁（チェン・ディ
エ）／安紫依（アンヅゥイー）
／张浩（チァン・ハオ）

★★★★

セブンソード　修羅王の覚醒
（七剑下天山之修罗眼／SEVEN　SWORDS）

2019 年／中国映画
配給：AMG エンタテインメント／90 分

2021（令和3）年 3 月 22 日鑑賞　　　オンライン試写

👀 みどころ

　ツイ・ハーク監督の『SEVEN SWORDS　セブンソード（七剣）』（０５年）は、これぞ武侠映画！というべきエンタメ巨編だった。また、"新派武侠小説の開祖"・梁羽生の原作『七剣下天山』については、同監督が TV ドラマ版全３９話も作っている。しかして、その両者とも異なるのが新たな本作だ。

　最先端の VFX と高度なワイヤーアクションを"売り"にした本作を含む、３つの『七剣下天山』シリーズは、原作を大きくアレンジしているらしい。近時ハマっている"華流ドラマ"にはその手の"売り"が多いが、さて、本作の出来は？

　字幕なしのオンライン試写だから、私の「汉语水平」ではセリフの正確な理解はムリだが、そんな試写でも十分楽しめたことに感謝！

――――＊―＊―＊―＊―＊―＊―＊―＊―＊―＊―＊――――

■□■中国新派武侠小説の三大家と新派武侠の開祖■□■

　ツイ・ハーク監督の「これぞ武侠映画！」と言うべきエンタメ巨編、『SEVEN SWORDS セブンソード（七剣）』（０５年）はメチャ面白い映画だった（『シネマ１７』１１４頁）（以下、ツイ・ハーク映画版という）。そのため、私はその評論を、第１部「坂和流あれこれの視点」、第２部「坂和流ストーリー紹介とキャラ紹介」に分けたうえ、計１４ページに渡って詳論した。

　しかして今回は、シネ・リーブル梅田で開催される「未体験ゾーンの映画たち　２０２１」全４１作の中に、藍志偉（フランシス・ナム）監督の『七剑下天山之修罗眼』（２１年）を発見。その上映は３回だけだが、中国人の友人から私の iPad にその中国語版をセットしてもらえたため、それを鑑賞することに。梁羽生は「中国新派武侠小説の３人の大家」である金庸、梁羽生、古龍の１人で、"新派武侠小説の開祖"と呼ばれているらしい。そんな彼の代表作が『七剑下天山』だ。

■□■ TVドラマ版３９話は原作に忠実！本作のテイストは？ ■□■

　そう聞くと、本作は大いに楽しみ。そして、本作はツイ・ハーク映画版と対比すれば、さらに面白いはずだ。ちなみに、本作『七剣下天山之修羅眼』に続いては、第２作目の『七剣下天山之封神骨』（１９年）と、第３作目の『七剣下天山之七情花』（２０年）が矢継ぎ早に公開されているらしい。そして、この３つの『七剣下天山』シリーズは、それぞれ梁羽生の原作を生かしながらも、独自の解釈を前面に押し出して映画化しているそうだから、それも楽しみだ。ちなみに、それはツイ・ハーク映画版と同じだが、本作のチラシには「最先端のVFXと、高度なワイヤーアクションにより圧倒的なスケール感と、猛烈なスピード感を加え描いた全く新しい武侠アクション！」と宣伝されているから、本作を含む『七剣下天山』シリーズ３作のテイストはツイ・ハーク映画版とは全然違うようだ。

　他方、梁羽生原作の『七剣下天山』にはTVドラマ版もある。それは、２００７年にツイ・ハークの監督、脚本で全３９話のTVドラマにされている（以下、ツイ・ハークのTV版という）だが、その詳細な解説を読んでみると、ツイ・ハークのTVドラマ版は比較的原作に忠実なドラマに仕上がっているらしい。TVドラマ版全３９話すべてを見るのは大変だが、後述のようにそれが日本のTVでも放映されることがあれば、必見！

■□■ 「七剣下天山」の時代は？登場人物は？キーワードは？ ■□■

　『七剣下天山』の時代は、１７世紀中頃。中国史は王朝の歴史だが、満州民族の清が北京を占領することによって漢民族の明を事実上滅ぼして新王朝を樹立したのは１６４４年。ツイ・ハーク映画版は１６６０年に設定されていたが、それは「反清復明」のスローガンを掲げて明王朝のために戦う勢力がいたからだ。そんな中、清朝政府は武術の研究と実践を禁じ、清王朝への反乱分子発生を防止するため「禁武令」を発布したが、天山山脈に囲まれた神秘の山・天山に立てこもった剣士たちは・・・？

　施耐庵の『水滸伝』は、梁山泊に立てこもった剣士１０８名が大活躍するメチャ面白い武侠小説だ。それに比べれば『七剣下天山』の登場人物は少ないが、それでも登場人物は多種多様だし、１人１人は魅力的だ。その魅力的な１人１人のキャラはあなた自身で確認してもらいたい。ただ、『七剣下天山』のキーワードになっている"七剣"とは次のとおりだ。

（１）莫問剣：英知の象徴、（２）遊龍剣：攻撃の象徴
（３）青干剣：防守の象徴、（４）競星剣：犠牲の象徴
（５）日月剣：結束の象徴、（６）舎神剣：剛直の象徴
（７）天瀑剣：紀律の象徴

　この"七剣"の特徴と、"七剣"を操る剣士たちの名前とキャラを理解する必要があるが、ここでは"七剣"の名前だけを理解しておきたい。

■□■ BS放送では華流ドラマが花盛り！私の好みは？ ■□■

　中国語の勉強をたゆまず続けている私は、近時「華流ドラマ」にはまっているが、近時のBS11、BS12やサンテレビでは、それが花盛り。毎日どこかの局で何本も放映しているから、それらを合計すると毎日６、７本が放映されていることになる。ちなみに、２０２１年３月１５日現在、放映されている華流ドラマは次のとおりだ。

BS11イレブン	4：00	『武則天―The Empress―』
	10：00	『ミーユエ　王朝を照らす月』
	15：29	『如懿伝』
BS12トゥエルビ	5：00	『独孤伽羅～皇后の願い～』
	7：00	『永遠の桃花』
	17：00	『運命の桃華「残酷な真実」』
	18：00	『新・白蛇伝』
サンテレビ	15：00	『月に咲く花の如く』

　私が過去、全何十話にも上るそれらのTVドラマを録画し、コマーシャルを飛ばしながらしっかり鑑賞して面白かったのは、『三國志～司馬懿　軍士連盟～』、『花と将軍』、『ミーユエ　王朝を照らす月』、等の「歴史モノ」、「戦争モノ」、「武俠モノ」だ。それに対して、『瓔珞～紫禁城に燃ゆる逆襲の王妃～』、『月に咲く花の如く』、『永遠の桃花』、『新・白蛇伝』等はあまり面白くなかった。それは、それらの「恋愛モノ」、「宮廷モノ」、「SFモノ」、そして「ワイヤーアクションモノ」が、私には絵空事（＝ファンタジー）に見えるためだ。しかして、最先端のVFXと高度なワイヤーアクションを多用した本作の出来は？

■□■原作小説をどこまでアレンジ？その当否は？■□■

　華流ドラマでは、韓流ドラマと同じように美女がたくさん登場する。それはそれで嬉しいのだが、華流ドラマに時々登場する“白髪の美女”については好き嫌いが分かれるはずだ。他方、原作小説では“七剣”を操る7人の剣士たちは全員男だが、本作のチラシには剣を持った美女が2人写っている。しかも、その1人は白髪の美女だからアレレ‥。

　ちなみに、ツイ・ハーク映画版の評論でも、私は「女剣士はツイ・ハーク監督の創作・・・？」の小見出しで、『七剣下天山』を読んでいないが、聞くところによると原作には女剣士は登場しないとのこと。したがって武荘の村娘であった武元英が突然、七剣士の1人に変身し、さっそうとした女剣士ぶりを披露するのは、ツイ・ハーク監督の創作らしい・・・？」と書いたように、ツイ・ハーク映画版も原作小説をツイ・ハーク監督流に創作していたが、本作に登場する“白髪の美女”は蓝志伟監督の創作？また、ツイ・ハーク監督映画版では、悪役の楚昭南が徹底した悪役ぶりを発揮していたが、本作で悪役を演じるのは誰？ひょっとして、あの“白髪の美女”が悪役を・・・？私はそんな妄想をたくましくしながら字幕なしの本作をiPadの小さい画面で鑑賞した。

　残念ながら私の「汉语水平」ではセリフを十分理解することができなかった。そのため、ストーリー展開はわかっても微妙な会話はわからないから少しイライラ・・・。しかし、ネット上にあった「Cinemarche　映画感想レビュー＆考察サイト」を読んだことによって、そのストーリーや各登場人物のセリフも大体理解することができた。

　ワイヤーアクションとはいえ本作のアクション度は相当のものだから、やはり本作は映画館の大スクリーンで楽しむのがベストだ。しかし、iPadでもそれなりに楽しむことができたことに感謝！

2021（令和3）年3月26日記

監督・脚本：顧暁剛（グー・シャオ
　　　　　ガン）
出演：銭有法（チエン・ヨウファー）
　　　／汪鳳娟（ワン・フォンジュ
　　　　エン）／孫章建（スン・ジャ
　　　　ンジエン）／孫章偉（スン・
　　　　ジャンウェイ）／章仁良（ジ
　　　　ャン・レンリアン）／杜紅軍
　　　　（ドゥー・ホンジュン）／章
　　　　国英（ジャン・グオイン）／
　　　　孫子康（スン・ズーカン）／
　　　　彭璐琦（ポン・ルーチー）

★★★★★

春江水暖〜しゅんこうすいだん
（春江水暖／Dwelling in the Fuchun Moutains）

2019 年／中国映画
配給：ムヴィオラ／150分

2021（令和3）年1月20日鑑賞　　旧ギャガ試写室

👀👀 みどころ

　日本に絵巻があれば、中国には山水画あり！あなたは、黄公望の山水画・「富春山居図」を観たことは？畢贛（ビー・ガン）監督や胡波（フー・ボー）監督と同じ、１９８８〜８９年生まれの中国第６世代監督、顧暁剛（グー・シャオガン）の新たな才能は、それにインスピレーションを得て、杭州市の富陽を舞台に、市井の人々の営みを、山水画のようにスクリーン上に映し出した。

　約１０分間にも及ぶ「横スクロール撮影」がお見事なら、西湖の美しさは息を飲むほど。その中で「一の巻」として展開される、顧（グー）家の人々の営みをしっかり味わいたい。そして、本作に続く「二の巻」、「三の巻」にもさらに期待したい。

―――＊―――＊―――＊―――＊―――＊―――＊―――＊―――＊―――＊

■□■中国にはまたまた若い才能が！顧暁剛監督に注目！■□■

　中国（大陸）では、政治面においては習近平への権力集中が強まる中、表現の自由への規制がますます強化されている。しかし、映画界では、『シネマ４６』で紹介した、『凱里ブルース』（15 年）（『シネマ 46』190 頁）、『ロングデイズ・ジャーニー　この夜の涯てへ』（18 年）（『シネマ 46』194 頁）の畢贛（ビー・ガン）監督、そして、『象は静かに座っている』（18 年）（『シネマ 46』201 頁）の胡波（フー・ボー）監督をはじめ、世界的に注目される若手監督が生まれている。『シネマ４５』に収録した『帰れない二人』（18 年）（『シネマ 45』273 頁）の賈樟柯（ジャ・ジャンクー）監督は、第六世代監督ながら、もはや「巨匠」の域に達しているし、『薄氷の殺人』（14 年）（『シネマ 44』283 頁）で、第６４回ベルリン国際映画祭の金熊賞と銀熊賞（最優秀作品賞と主演男優賞）をゲットした第 6 世代の監督、刁亦男（ディアオ・イーナン）監督も、最新作『鵞鳥湖の夜』（19 年）（『シネマ 47』198 頁）で、更なる存在感を見せている。もちろん、日本でも新進若手監督の活躍は見ら

れるが、本作の顧暁剛（グー・シャオガン）監督を見ると、人口が日本の１０倍の中国では、次々と若い才能が誕生していることにビックリ！１９８８年８月１１日生まれの顧暁剛監督は、１９８９年６月４日生まれの毕贛監督や、１９８８年７月２０日生まれの胡波監督とほぼ同級生だ。

　彼の生まれは西蘇省だが、５歳の時に浙江省杭州に移り、それからずっと本作を撮影した富陽で育ったらしい。進学した浙江理工大学では希望のコースに入れなかったそうだが、その後映画作りに目覚め、『自然農人老賈』（12 年）に着手した後、２年間に渡る撮影で、本作を長編映画として完成させたらしい。

　本作を鑑賞するについては、まず、中国で次々と生まれてくる若き才能、顧暁剛監督に注目！

『春江水暖〜しゅんこうすいだん』　　　配給：ムヴィオラ
２月11日（木・祝）Bunkamura ル・シネマほか全国順次公開
©2019 Factory Gate Films All Rights Reserved

■□■ 「春江水暖」とは？富陽とは？富春江とは？■□■

　中国語の勉強を日々たゆまず続けている（？）私には、『春江水暖〜しゅんこうすいだん』という本作の原題、邦題はしっかり理解できる。「春江水暖」は、宋代きっての文豪で、書家・画家としても優れ、音楽にも通じていた詩人・蘇東坡が、こよなく愛した富春江の風景をうたった代表的な詩「恵崇春江晩景」の一節から取られた言葉だ。ちなみに、西湖を最大の観光名所とした中国浙江省杭州は中国でベスト１、２を争う景勝地で、私も数回観光したことがある。そのため、浙江省杭州の美しさは私の頭の中に刻み込まれている。

　また、顧暁剛監督の故郷であり、本作の舞台になっている富陽は浙江省杭州市にある都市。富陽は２０１４年から杭州市の市直轄地に改変されたが、それ以前は富陽県として独立していたので、住民は今でも杭州と富陽を区別している人が多いらしい。

本作冒頭は富春江の解説から始まる。日本大百科全書（ニッポニカ）の解説によると、富春江は、浙江省中部を流れる銭塘江中流部の桐廬県から蕭山県聞堰に及ぶまでの別称で、有名な「銭塘江の逆流」はこのダムまで到達するらしい。私は杭州旅行の際、一度だけ現地でその説明を聞いたことがあるが、その逆流を実際に見たわけではないので、その"実態"は不明だ。また、流域の富陽県付近は有名な景勝地で、春江第一楼などの名勝があるそうだから、是非次回はそれを見学したい。

ちなみに、本作冒頭には、富春江について次の字幕が流れるので、これをしっかり味わいたい。

> 富陽に大河あり　名を富春江という　両岸には"鶴山"と"鹿山"
> 河は杭州を通り東シナ海へ
> 元代には黄公望がこの地に隠遁し　有名な"富春山居図"を描いた
> 富春県の歴史は秦代にまで遡る　孫権はここで呉を建国し
> その子孫は今も龍門古鎮に居住する

なお、本作のタイトルにされた「春江水暖」と富陽については、パンフレットに詳しい解説があるので、ネット情報と共に、本作の良さを理解するためにもしっかり勉強したい。本作の素晴らしさを味わうには、その勉強と理解が不可欠だ。

■□■本作のインスピレーションは「富春山居図」から！■□■

日本には、奈良時代から室町時代まで盛んにつくられた絵巻や絵巻物という素晴らしい芸術（絵画）がある。その最も有名なものは、平安時代の四代絵巻。それは、①源氏物語絵巻、②鳥獣人物戯画、③信貴山縁起絵巻、④伴大納言絵巻の４つだ。

それはそれとして素晴らしいが、数千年の歴史を持つ中国には山水画がある。山水画が独立した絵画の分野として確立したのは唐の時代。宋の時代の巨匠・郭熙の最高傑作「早春図」は有名だ。中国旅行が大好きな私は、観光地で立ち寄ったお土産店でさまざまな山水画を購入しているが、顧暁剛監督が本作の脚本を書き、長編初監督するにあたってインスピレーションを得たのは、有名な黄公望の山水画・「富春山居図」からだ。その詳細は、パンフレットやネット情報などを参照してもらいたい。

しかして、本作のスクリーン上には「富春山居図」そっくりの美しい風景が素晴らしい撮影技術の中で次々と登場してくるので、それに注目。チラシやパンフレットには、本作は「まさに現代の山水絵巻」と書かれているが、まさにそのとおり！

■□■本作は大家族の、３代にわたる市井の物語■□■

中国の映画では、壮大な「歴史モノ」も面白いが、「家族モノ」は、山田洋次監督の「家族モノ」とは異質の面白さと重厚さがあるうえ、一大叙事詩としての出来を誇るものが多い。その最高傑作は、『宋家の三姉妹』（97年）（『シネマ5』170頁）だが、『活きる』（94年）（『シネマ5』111頁）や『ジャスミンの花開く』（04年）（『シネマ17』192頁）もそ

う。さらに、直近では『在りし日の歌』（19年）（『シネマ47』32頁）もそうだ。

　本作冒頭は、長男・ヨウフー（チエン・ヨウファー）が経営しているレストラン・黄金大飯店に、顧（グー）家の家長である老いた母・ユーフォン（ドゥー・ホンジュン）の誕生日を祝うため、4人の兄弟を中心とする大家族とその友人たちが集まる祝宴から始まる。２０００年から中国旅行に行き始めた私は、一方ではホテルやレストランの豪華さに驚きながら、他方ではトイレの汚さに驚いたが、本作でも、あれほど立派なレストランで、何度も停電が起きていることにビックリ。少なくとも、２１世紀の日本では、よほどのことがない限り停電は考えられないが、江南の富陽にある立派なレストランでは再三そんな事態が。もっとも、そんな事態をうまく切り抜け、座を白けさせないのも、中国数千年の歴史の知恵の一つだから、本作導入部ではそれに注目し、また、中国式の乾杯のあり方や、舞台裏での魚のさばき方なども勉強したい。

　本作のストーリーは、宴たけなわの真っ最中、突然主役のユーフォンが倒れてしまうところからスタートする。本稿を書いている１月２１日はバイデン新大統領の就任式が最大のニュースだが、「爆笑問題」の田中裕二がくも膜下出血と脳梗塞で緊急入院したこともニュースになっていた。幸い彼の場合は処置が早かったため手術は不要、入院と１か月の静養だけでオーケーになったそうだが、脳卒中で倒れたユーフォンは認知症が進んでおり、今後は介護が必要になるらしいしい。そこで起きる問題は4人兄弟の誰がユーフォンを引き取り介護するかだ。本作はそこから大家族の3代にわたる市井の物語が始まっていくことに。

『春江水暖〜しゅんこうすいだん』　配給：ムヴィオラ
2月11日（木・祝）Bunkamura ル・シネマほか全国順次公開

■□■4人兄弟それぞれの思いは？富陽のまちの四季は？■□■

　本作は、①黄金大飯店のオーナーである長男・ヨウフー（チエン・ヨウファー）の他、②富春江で漁をしている次男のヨウルー（ジャン・レンリアン）、③妻と別れ、男手ひとつでダウン症の息子を育てている三男のヨウジン（スン・ジャンジエン）、そして、④気ままな独身暮らしをしている四男のヨウホン（スン・ジャンウェイ）という、顧（グー）家の4人兄弟それぞれの母親への思いを軸とする、さまざまなストーリーが展開していくので、それを一つ一つじっくり味わいたい。4人兄弟それぞれの年老いた母親への思いはほぼ共通だが、それぞれの仕事や収入、そして年齢、立場などによってその対応が異なるのは仕方ない。

　本作が描くその人間模様も興味津々だが、本作でそれ以上に注目したいのは、富陽とい

うまちの再開発が人間の気持ちに与えるさまざまな状況だ。ちなみに、四男のヨウホンは再開発の現場で働く肉体労働者だが、次男のヨウルーは再開発に伴う我が家の取り壊し、立ち退きに伴って支払われる補償金で息子に家を買おうとしていたが・・・。

他方、本作後半からは、博打に手を出したため、闇金から借金した三男のヨウジンが、息子の治療費のために一獲千金を狙ってイカサマに手を出す姿が描かれるが、その結末は？他方、自らの借金に苦しみながらも、否応なく弟たちの金の悩みに付き合わされるのが長男のヨウフーだ。

本作で描かれる市井の人々の日々の苦労は、どこの国でもどの時代でも同じかもしれないが、本作では　富陽という美しいまちの中で営まれるそんな顧家の4人兄弟の姿を、美しい富陽のまちの四季の移り変わりの中で、しっかり観察したい。

■□■富春江での漁は？まちの再開発は？■□■

黄金大飯店を営む長男・ヨウフーは一見裕福そうだが、そうではなく、実は富春江で漁をしている次男・ヨウルーへの魚代も未払いになっているらしい。そんな長男とは対照的に、ヨウルーは家は持っていても船上暮らしが好きらしい。富春江では昔はたんまり魚が獲れていたそうだが、今は？

私は弁護士として都市再開発問題をライフワークにしているから、中国の再開発問題にも大いに興味がある。本作ではそれを真正面から打ち出していないものの、次男・ヨウルーや、四男・ヨウホンが、富陽のまちの再開発に当事者として絡んでいる姿を見せてくれるので、それに注目！私は再開発の現場で収用裁決申請の手続きを取ることによって、取り壊し、立ち退きに伴う補償金のアップを勝ち取ったことが数回あるが、さて、ヨウルーは？

もちろん、まちの再開発はそんな個人の事情もさることながら、まち全体の作り変えがいかに進むのかが最大の焦点。それ自体に賛否両論があるのは当然だが、私は再開発は必要不可欠だと考えている。それは、例えばかつての東京のアークヒルズや近時の虎ノ門ヒルズの再開発を見ればよくわかる。また、私が裁判提起をした大阪阿倍野地区のまちの姿も大きく変わった。しかして、4人兄弟を中心とする顧家の人々が暮らしている富陽のまちの再開発はどのように進むのだろうか？

■□■第3世代の若者たちは？その恋模様は？■□■

本作に登場する人物は、テレビで毎日放映されている中国時代劇でおなじみの英雄豪傑ではなく、すべて市井の人々。認知症になってしまった母親・ユーフォンの世話を巡って苦労を重ねるのは4人兄弟だから、第3世代の孫たちは少し気楽・・・？

妻と離婚した三男・ヨウジンが1人でダウン症の息子カンカン・（スン・ズーカン）を育てるのは大変だが、本作で最も青春を謳歌しているのは、長男・ヨウフーの娘・グーシー（ポン・ルーチー）だ。グーシーは富陽に戻って教師をしている恋人のジャン先生（ジュアン・イー）と交際しているが、その交際には何のトラブルもなく順調そうだ。私は丸一

日観光した西湖の美しさには感動したが、本作ではデートの真っ最中に「泳ぐのと歩くのとどちらが早いか競争しよう」と提案したグーシーが、いきなりそれを実行するシークエンスが素晴らしい撮影技術の中で登場するので、それに注目！私は２０２０年の年末に自撮り撮影と動画撮影を強化するため新しいカメラを３台購入し、撮影技術の勉強もしている。そのため、パンフレットの中でグー・シャオガン監督がこのシークエンスをどのように撮影したのかについて説明している箇所が興味深かったが、この湖はひょっとして西湖？

　約１０分間にも及ぶ、この「横スクロール」撮影のサマは技術的なものはもちろん、それ自体が素晴らしい山水絵巻になっているので、その素晴らしさをしっかり確認したい。

『春江水暖〜しゅんこうすいだん』　　配給：ムヴィオラ
２月１１日（木・祝）Bunkamura ル・シネマほか全国順次公開

■□■現代の山水絵巻は続く！「３部作」の大構想に期待！■□■

　２０１６年１１月の大統領選挙で、トランプ候補が本命とされていた民主党のヒラリー・クリントン大統領を破り、第４５代大統領に就任した後、世界の盟主たるアメリカは、「アメリカファースト」を合言葉に、さまざまな劇的に変化した政策を展開してきた。これは見ている分には面白かったが、その反面、疲れる面も・・・。それに対して、本作は１５０分の長尺だし、その中で劇的なストーリーが展開されていくわけでもないから退屈・・・？いやいや、決してそんなことはない。それは、黄公望の山水画・「富春山居図」にインスピレーションを得て、中国第６世代のグー・シャオガンが本作を監督した狙い通り、市井の人々の淡々とした物語が、富陽のまちの四季の移り変わりの中で、山水画のように描かれていくためだ。中国語を勉強しているとよくわかるが、中国では春節をはじめとして季節ごとの定まった行事がたくさんある。

　本作ラストは春の清明節。そこでは、亡くなった母親・ユーフォンの墓参りに集まった顧家の人々が描かれる。冒頭ではユーフォンの誕生会の祝宴に集まっていた大家族だったが、今日は墓参りだから、その変化は大きい。しかも、その年の冬に自宅で始めた闇賭博で大繁盛していた三男・ヨウジンの自宅に、ある日警察が踏み込んできたから大変。そんな事態になった以上、ヨウジンがユーフォンの墓参りに参列できないのは仕方ないが、家族の中に"前科者"が生まれるのは如何なもの・・・？しかし、ジャン先生と結婚したグ

ーシーは幸せそうだし、警察に逮捕されてしまったヨウジンの息子・カンカンは、次男の
ヨウルー、アイン（ジャン・グオイン）夫婦が面倒を見ているようだから一安心。さらに、
製紙工場で働いていた次男・ヨウルーの息子ヤンヤンは予定通り結婚式を終えたようで、
今日の墓参りには妻も一緒だ。

このように、顧家の4
兄弟を中心とした大家
族は、去る者がいれば新
たに家族に加わる者も
いるから、四季の移り変
わりと同じように、変化
しながら毎年続いてい
くことになる。また、本
作で描かれた、夏から始
まる顧家の人々の営み
は春でいったん終える
が、その舞台は一貫して
富陽だ。そこには相変わ
らず美しい川が流れて
いる。本作ラストは、山
水画のように展開した
人間の物語の中に、美し
い富陽のまちと美しい
富春江が現代の山水画
のように映し出されて
いくので、それに注目！
　しかし、驚くことなか

『春江水暖〜しゅんこうすいだん』　　配給：ムヴィオラ
2月11日（木・祝）Bunkamura ル・シネマほか全国順次公開

れ！本作ラストは、「巻
一完」の字幕が表示されるから、本作はグー・シャオガン監督が企画している「3部作」
の第1作になることがわかる。そして、第2作は順調にいけば2022年に撮影が始まる
らしい。いかにも中国的なそんな壮大な計画に期待しながら、「第2巻」、「第3巻」でも見
せてくれるであろうグー・シャオガン監督の才能の爆発に期待したい。
　　　　　　　　　　　　　　　　　　　　2021（令和3）年2月3日記

春江水暖～しゅんこうすいだん

全国順次公開中

原題：春江水暖／Dwelling in the Fuchun Mountains
監督・脚本：顧暁剛
出演：銭有法／汪鳳娟
製作年：2019年、中国、150分
配給：ムヴィオラ

山水画のように美しいまちに暮らす、大家族の四季

（ばんわ・しょうへい）

Data

監督・脚本：万玛才旦（ペマ・ツェテン）
出演：索朗旺姆（ソナム・ワンモ）／金巴（ジンバ）／杨秀措（ヤンシクツォ）

羊飼いと風船
（気球／BALLOON）

2019年／中国映画
配給：ビターズ・エンド／102分

| 2021（令和3）年2月6日鑑賞 | シネ・リーブル梅田 |

👀 みどころ

　風船の色はいろいろだが、やっぱり「赤い風船」がベスト！そんなタイトルの名作もあったが、本作冒頭に登場するのは白い風船だし、形もヘン。

　何とこれは"一人っ子政策"下で不可欠な"アレ"だったからビックリ！"アレ"が不足すると、とんだ"失敗"も。ましてや、立派な種羊と同じくらいたくましい夫と夜の生活を営んでいると・・・。

　他方、輪廻転生が信じられ定着しているチベットの草原では、第四子の妊娠は亡き祖父の転生！単純にそう信じ込めれば嬉しいが、さて現実は？

　詩的で圧倒的な映像美にうっとりしながら、ストーリーの秀逸さにも、そしてクライマックスに見る"赤い風船"の対比にも感嘆！恐るべし、チベットの万玛才旦（ペマ・ツェテン）監督！

———＊———＊———＊———＊———＊———＊———＊———＊———＊———＊———

■□■始まりは2個の白い風船から！しかしその形はアレレ？■□■

　中国の"一人っ子政策"は1979年に始まり2015年に終わった。その期間中は中国13億人民にさまざまな避妊具が使われたはずだから、その数は膨大。もっとも、チベット族には一人っ子政策も緩和されていたから、3人までは許されていたらしい。しかして、本作の舞台となるチベットの草原地帯では、タルギェ（ジンバ）とドルカル（ソナム・ワンモ）夫妻は既に中学生を筆頭に3人の男の子を育てていた。

　馬の"種付け"シーンも相当迫力があるが、本作では、タルギェが友人から借り受けた、いかにも精力の強そうな種羊による"種付け"シーンが衝撃的。その種付けのシーンを巡って、夫婦間で「立派な種羊だろ」「あんたみたい」との2人だけの秘密の会話が登場するが、そんな夫婦の"夜の営み"には"アレ"が不可欠だ。ところが、冒頭のシークエンスで下の男の子2人が遊びまわっている白い風船を見ると、形が真ん丸ではなく少しヘン。

その正体に気付いたタルギェが慌ててそれを割ってしまったのは当然だが、一緒に暮らしている祖父にはなぜタルギェがそんないじわる（？）をするのかわからないらしい。なるほど、なるほど・・・。

　ペマ・ツェテン監督が本作を思いついたのは、"ある偶然の出来事"からだそうだが、「赤い風船」と聞けば、アルベール・ラモリス監督の『赤い風船』（56 年）や、台湾の侯孝賢（ホウ・シャオシェン）監督の『ホウ・シャオシェンのレッド・バルーン』(07 年)(『シネマ20』258 頁)を思い出す。本作ラストは何とも素晴らしい「赤い風船」のシークエンスになるからそれに注目だが、それと対比する意味でも、また本作のストーリー形成の軸を理解する上でも、本作の冒頭に登場する２人の子供が持つ２個の白い風船に注目！

『羊飼いと風船』　　配給：ビターズ・エンド
2021 年 1 月 22 日（金）より、シネスイッチ銀座ほか全国順次ロードショー！
©2019 Factory Gate Films. All Rights Reserved.

■□■アレより避妊手術の方が！女先生に相談すると？■□■

　産婦人科の医師はやっぱり男性より女性の方が安心？今の日本の女性にそんな意識があるのかどうかは知らないが、ドルカルを見ていると、チベットでは今でも"その方面の相談"は女先生の方が安心らしい。そのため、わざわざ１人でバイクに乗って湖東診療所を訪れたドルカルは、男先生から「世界は変わったのに君たちは何も変わらない」と皮肉を言われながら、女先生が帰ってくるのを待つことに。

　そして、戻ってきた女先生に小さな声で相談したのは、避妊手術をしてもらおうと思っ

ていること。「コンドームは？あれなら簡単でしょ？」と言う女先生に対して、「子どもた
ちが風船にしちゃって・・・」と恥ずかしそうに答えている風景は微笑ましい。そこでま
とまった結論は、来月に避妊手術をすることだが、コンドーム不足を気遣った女先生が、
自分の分を1個ドルカルに与えてくれたのはさすが。日本なら、ドラッグストアに行けば
いくらでも入手できるが、後でわかるように、チベットではそれも配給制らしい。しかし、

あの立派な種羊と同じくらい"精力的"なタルギェとの夜の夫婦生活が続くとすれば、アレはたった1個で大丈夫なの？

しかも、本作ではあえてしっかり者のドルカルが、コンドーム隠しにかけては不用心なように描かれている。つまり、布団の下に隠していたはずの大切な1個も2人の子供に発見された結果、再び白い風船として有効活用（？）されてしまうので、それに注目！その有効活用とは、隣に住む男の子が大切にしていた笛との物々交換だが、それがバレると、タルギェは近所の男から「子供のしつけがなっとらん！」と責められ、取っ組み合いの大ゲンカにまでなってしまう

『羊飼いと風船』　配給：ビターズ・エンド
2021年1月22日（金）より、
シネスイッチ銀座ほか全国順次ロードショー！

から、コトは笑い事ではない。それはともかく、布団の下に隠していたはずのアレがない
とわかれば、タルギェの性的欲求は抑えられるの？また、来月の避妊手術を控えたドルカ
ルの対応は？

本作は色気狙いの映画ではないから、そんな夫婦の"秘め事"は描かれないが、次に診

療所を訪れて尿検査をしたドルカルの目の前に突き付けられた現実とは？

■□■チベット仏教における輪廻転生とは？その定着ぶりは？■□■

　チベット仏教には、有名な輪廻転生の教えがある。これは「すべての生きとし生けるものは輪廻転生する」という教えで、「一時的に肉体は滅びても、魂は滅びることなく永遠に継続する」というチベット仏教独特の世界観だが、日本人にはその世界観はほとんど理解不可能。せいぜい理解できるのは、山田風太郎の原作を映画化した『魔界転生』(81年) (『シネマ3』310頁) ぐらいだ。しかし、本作のお風呂のシーンで、長男ジャムヤンの背中のホクロを見せてくれとせがむ2人の弟や、それを見て「ばあさんが家族に転生したとはありがたい」と語る祖父の姿を見ていると、この家族たちが輪廻転生を信じ込んでいることがよくわかる。

　その直後に見る、突然亡くなった祖父のチベット葬儀の姿も興味深いが、「父がいつ転生するか教えてください」と質問するタルギェに対して、チベット高僧が「家に帰ったら僧侶を招きお経を唱えなさい。そうすれば家族の中に転生する」と答える姿も興味深い。日本ではこんな会話はありえないし、お寺の僧侶がこんな予言をすれば、医師法違反にもなりかねない。しかし、チベットでは今でもそれを信じているから、その直後にドルカルの妊娠を聞かされたタルギェが「こんなに早く祖父が転生したか」と喜んだのもうなずける。チベットの高僧の言葉を１００％信じているタルギェは、4人目の出産が違反であることや、経済面や教育面から考えても、4人の子持ちになるのがいかに大変かについてほとんど目が向かないようだ。

『羊飼いと風船』　　配給：ビターズ・エンド
2021年1月22日（金）より、シネスイッチ銀座ほか全国順次ロードショー！
©2019 Factory Gate Films. All Rights Reserved.

　思いもしなかった"受胎告知"に動揺したのは、4人目の子育てがいかに大変かをよく知っているうえ、女先生からも「堕ろしなさい。また産んだら罰金よ」ときつく言われていたドルカル。そんなドルカルの気持ちが、堕ろす方向に傾いていたことは明らかだ。しかし、それをしっかり相談したかったドルカルに対して、タルギェが述べた言葉は・・・？そして、その時はじめてタルギェはドルカルに手をかけてしまったから、さあ大変。こん

なことをしていると、夫婦間の溝はどんどん深まっていくばかりだが・・・？

■□■チベット尼僧にも注目！妹はなぜ尼さんに？■□■

　私は２０００年以降、弁護士と映画評論家の"２足の草鞋"を履いているが、ペマ・ツェテン監督は映画監督と小説家という２足の草鞋を履いているそうだ。１９９１年に、西北民俗学院に入学し、在学中に小説家としてデビューした彼は、国内外で数々の文学賞を受賞。その後、２００２年に北京電影学院に入学し、文学部で映画脚本と監督学を学び、映画製作を始めたそうだから、すごい。

　　　　　　『羊飼いと風船』　　配給：ビターズ・エンド
2021 年１月22日（金）より、シネスイッチ銀座ほか全国順次ロードショー！

パンフレットの「監督インタビュー」によると、本作はすべて彼のオリジナルストーリーだが、本作については、最初の脚本と原作小説、そして映画にされた本作の脚本がそれぞれ別々にあるらしい。本作については、ラストの「赤い風船」のシークエンスがビジュアル的に素晴らしいが、それは映画ならではの演出。このように、同じテーマながら小説と映画の双方でそれぞれ似て非なる素晴らしい世界を作り上げるわけだから、彼の２足の草鞋の履き方は素晴らしい。

　本作で驚いたのは、本作のサブストーリーとして重要な役割を果たす、ドルカルの妹で、チベット尼僧のシャンチュ・ドルマ（ヤンシクツォ）が、原作小説にはまったく登場しないこと。ドルカルがなぜタルギェと結婚したのかについて、本作はまったく触れないが、長男ジャムヤンが通学する青海湖チベット中学校で、偶然別れた元恋人のタクブンジャと出会うシークエンスに登場してくるシャンチュとドルカルとの会話の中で、この姉妹のそれまでが暗示されてくる。幸せな結婚をし、３人の子供に恵まれた姉のドルカルに対し、今は小説まで発表しているタクブンジャと別れて尼僧になる決心をし、完全に世俗世界から離れてしまった妹のシャンチュは両極端な立場だが、女という面では共通しているから、今の時代状況を生きていくについて、それぞれ大きな悩みがあるのは当然。タクブンジャがシャンチュに手渡した小説の中には、タクブンジャがシャンチュと過ごした日々のこと

が書かれているらしいから、シャンチュがそれを読みたがったのは当然。しかし、ある日その本を発見したドルカルは、今更そんなものはいらないと考え、その本を火の中へ。すると、それに対するシャンチュの対応は？

ペマ・ツェテン監督が小説家や脚本家として非凡な才能を持ち、また北京電影学院で監督学を学んだ映画監督として非凡な才能を持っていることは、本作にシャンチュを登場させ、今のチベットを生きる女性の悩みや問題点を過不足なく、2人のセリフの中で語らせている脚本や演出を見ていると、よくわかる。尼僧の物語は、オードリー・ヘプバーン主演の『尼僧物語』(59年) 等を見てもわかる通り、それだけでも結構面白いものが多いが、本作ではシャンチュの物語が主役のドルカルをうまく引き立てるサブストーリーとして実にうまく構成されているので、本作では面白いチベット尼僧の帽子をかぶったシャンチュにも注目！

■□■堕ろすの？それとも？ドルカルの決断は？夫と長男は？■□■

『在りし日の歌（地久天長）』(19年) は、1980年代の改革開放政策の中で始まった「一人っ子政策」を巡る2組の夫婦の葛藤の姿を描いた名作だった（『シネマ47』32頁）。同作では、第二子の妊娠に喜んだのもつかの間、「計画生育」にそれを知られたため、強制的に堕胎させられる悲しい姿が描かれていた。しかし、本作ではそれほどの危機はなく、罰金を支払い、その他アレコレの不利益措置さえ我慢すれば、出産自体はオーケー？第四子の妊娠は祖父の輪廻だと固く信じているタルギェが、堕ろすことを絶対に認めなかったのは当然だ。

タルギェがドルカルに対して「あの時ぶったのは悪かった。あんなことは二度としない」と謝ったのが立派なら、「産んでくれれば酒もタバコもやめる」と宣言したのも立派。去る2月4日に女性差別発言の謝罪会見をした森喜朗東京五輪・パラリンピック組織委員会会長の姿には反省の姿は見られず、むしろ居直りの面が強かったが、本作のタルギェの反省と禁酒禁煙の決意は固そうだから、これならドルカルも受け入れるのでは？それに対するドルカルの返事は明確ではなかったが、ある日ドルカルは1人で湖東診療所を訪れ、堕胎手術のためのベッドに横たわっていたから、アレレ？夫のタルギェがあれほど頼んだのに、なぜドルカルはそれを受け入れず堕胎の道を選んだの？

しかし、幸いなことにまだ手術は始まっていないうえ、そこではタルギェと一緒に駆け付けてきた長男のジャムヤンが、涙ながらに必死で「産んでくれ」と頼んだから、それを聞いたドルカルはさすがに方針転換・・・。私はそう思ったが、さて、ドルカルの最終決断は？私を含む観客の注目がその一手に集まったのは当然だが、そこでペマ・ツェテン監督はうまくそのテーマをずらしていくから、なるほど、なるほど・・・。

■□■クライマックスの赤い風船に注目！このシーンは永遠に■□■

2000年以降、中国に20回以上旅行に行っている私の楽しみの1つは、足つぼマッサージや市場での庶民的な買い物だが、本作のクライマックス直前には、病院帰りに市場

をうろつくタルギェの姿が登場する。それが、本作導入部で下の弟たちと交わした「今度町に行けば、風船を買ってきてやる」という約束の履行のためだったのか、それとも手術台に横たわるドルカルの姿を見て動揺した気持ちを静めるためだったのかはわからないが、市場をうろつく途中で風船売りの姿を見つけたタルギェは、約束通り大きな赤い風船を2個購入することに。ちなみに、そこでの風船1個の値段は多少钱？（How Much？）

　しかして、本作クライマックスに向けては、冒頭のシークエンスとは対照的に、まん丸い赤い風船2個をバイクに括り付けて帰ってくるタルギェの姿が映し出されるから、下の2人の子供たちは大喜びだ。さあ、子供たちはこの風船でどんな風に遊ぶの？そう思っていると、アレレ・・・？1つは突然割れてしまったうえ、2人で残りの1個を奪い合っているうちに、さらにアレレ？高村光太郎が『智恵子抄』の中で詠んだ歌は「東京の空　灰色の空」だから、そんな空にはいくら赤い風船でも似合わない。しかし、草原の上いっぱいに広がる青い大空の中に、大きな赤い風船が舞い上がっていけばよく似合うし、その風景は美しい。2人の子供が呆気にとられながらそれを見上げていたのは当然だが、それを見上げていたのはバイクを走らせていたタルギェも同じ。そして、その他にも、・・・・・。

『羊飼いと風船』　　配給：ビターズ・エンド
2021年1月22日（金）より、シネスイッチ銀座ほか全国順次ロードショー！
©2019 Factory Gate Films. All Rights Reserved.

　アラン・ドロンが主演したルネ・クレマン監督の『太陽がいっぱい』（60年）のあっと驚くラストは強烈な印象を残したが、本作のラストシーンもそれと同じくらい、永久に忘れられない美しいラストシーンになるはずだ。

２０２１（令和３）年２月１０日記

羊飼いと風船
全国順次公開中

原題：気球／BALLOON
監督・脚本：ペマ・ツェテン
出演：ソナム・ワンモ、ジンパ／栃木
社（ジンパ）／金　太（栃木
社）
製作：2019年／中国
102分
配給：ビターズ・エンド

輪廻転生の教えと現実に描らく、チベットの家族

熱血弁護士
坂和章平(50)
中国映画を語る

SHOW-HEY シネマルーム

★★★★★

THE CROSSING
~香港と大陸をまたぐ少女~
（过春天／THE CROSSING）

2018年／中国映画
配給：チームジョイ株式会社／99分

2020（令和2）年11月21日鑑賞 ／ TOHOシネマズ西宮OS

Data

監督・脚本：白雪（バイ・シュエ）
エグゼクティブ・プロデューサー：
　　田壮壮（ティエン・チュアン
　　チュアン）
出演：黄堯（ホアン・ヤオ）／孫陽
　　（スン・ヤン）／湯加文（カ
　　ルメン・タン）／倪虹潔（ニ
　　ー・ホンジエ）／江美儀（エ
　　レン・コン）／廖啓智（リウ・
　　カイチー）／焦剛（チアオ・
　　ガン）

👀 みどころ

　２０２０年６月に制定・施行された「香港国家安全維持法」によって、それまで続いていた「一国二制度」は崩壊！？しかし、白雪（バイ・シュエ）監督はそれとは異なる「THE CROSSING」の視点から、深圳と香港を跨いでスマホの密輸団に加担していく女子高生ペイの姿を鮮やかに切り取った。

　ペイは越境児童だが、それってナニ？深圳と香港の往来には、なぜ出入国審査（イミグレーション）や税関があるの？そもそも、一国二制度とはナニ？それらをしっかり勉強しながら、１６歳の少女、ペイの生きざまを確認したい。

　ちなみに、ペイが親友のジョーと共に夢みた旅行先はどこ？それを当てることができれば、あなたはかなりの中国通だが・・・。

———＊———＊———＊———＊———＊———＊———＊———＊———＊———＊

■□■ペイは越境児童！なぜ深圳と香港を毎日、越境通学？■□■

　北京電影学院を２００７年に卒業した白雪（バイ・シュエ）監督の初長編作品たる本作の主人公、１６歳の女子高生ペイ（黄堯（ホアン・ヤオ））は、深圳で母親ラン（ニー・ホンジエ）と暮らしながら、香港の高校に通う"越境児童"（中国語では"跨境学童"）。ペイの父親は、香港でれっきとした家庭を持ち、トラック運転手の仕事をしているヨン（リウ・カイチー）。しかし、ペイはその家庭で生まれた娘ではなく、ヨンと深圳の愛人だったランとの間に生まれた子供。つまり、父親が香港人で、母親が大陸人であり、両親の片方が香港永住権を持つ「単非児童」だ。その詳細は、パンフレットにある谷垣真理子（東京大学教授）のコラム「越境児童とふたつの都市の物語」を参照。

　両者の家庭にどのようないざこざがあったのかは知る由もないが、当然いろいろあったはず。そんな環境下で育ち、今は思春期真っ盛りであるペイが、一緒に生活している母親ランに対して何かと反抗的なのは当然だ。他方、父親の職場を訪問した時にお小遣いをも

215

らえるのは嬉しいが、別の家庭で幸せそうに食事をしている父親を見ると・・・。

6歳の時に、両親と共に北方から南の深圳に渡って暮らし始めたバイ・シュエ監督は、隣接する香港の文化の影響を受けて育った。そのため、深圳と香港を行き来する時にイミグレーション（出入国審査）を通過する児童をよく見かけており、当初越境通学児童という特殊な集団をテーマに物語が作れないかと考え、2015年から2年間もの歳月をかけて取材を始め、2017年に完成した脚本をもとに2018年に制作したのが本作だ。

香港の「一国二制度」は、2020年6月の「香港国家安全維持法」の制定・施行によって崩壊してしまった感が強いが、越境通学児童というテーマを描いた本作は必見！

■□■女子高生の友情は？二人の夢は？■□■

JKと略称される女子高生の「生態」はいろいろと興味深いが、本作導入部に見るペイと、その親友ジョー（湯加文（カルメン・タン））の友情はいかにもそれらしい。父親にも母親にも懐けず、兄弟もいないペイにとって、唯一の心のよりどころは親友ジョーと過ごす時間らしい。そんな2人の夢は「日本の北海道への旅行」というのが面白いが、その理由の第1は、雪を見て触って感じてみたいこと、第2は日本酒を飲みたいことだから、さらに面白い。

2人だけの時間でそんな夢を語り合っているところを見ると、いかにも無邪気なJKだが、そのために必要なのはお金。ペイと違って、香港に住み香港の学校に通う生粋の香港人たるジョーは富裕層に属していたから、それなりに豪華な家に住んでいる。さらに、ジョーのおばさんは、狭くて地価の高い香港でプール付きの大邸宅に住んでいるから凄い。そんなジョーにとっては北海道行きの旅費はちょろいものだが、ペイは北海道旅行のお金を貯めるために必死。そのため、今日も学校の同級生にスマホケースを売ったり、夜はレストランでバイトしたりして稼いでいた。しかし、香港と深圳を行き来するには、その度にイミグレーションと税関を通過しなければならないが、一国二制度の下では、密輸も・・・。

■□■「iPone6」の"密輸"の稼ぎは？密輸団の存在は？■□■

深圳と香港は隣接している都市。しかし、前者は中国（中華人民共和国）で、後者は香港（特別行政区）だから、「一国二制度」という特殊な制度の下での深圳と香港の往来にはIDやビザが必要だし、税関もある。そのことは、私も香港から深圳に移動したときに体験済み。そんな中で浮上するのが、両都市の商品の価格の違いとそれを利用した密輸団の存在だ。深圳と香港はメチャ近いが、いくら距離が近くても、その往来にはイミグレーションと税関を通過することが必要。しかし、イミグレーションと税関さえ通過すれば、モノの持ち運びは簡単。すると、そこでは密輸が頻繁に・・・？

禁制品の密輸がバレれば大ごとだが、スマホ程度なら、バレても大した処分はなし・・・？かどうかは知らないが、制服姿で毎日イミグレーションと税関を通過しているペイに対して、突然ぶつかってきた若い男がとっさに手渡してきたのは、密輸団の一員として違法に持ち込んでいたそのスマホらしい。わけのわからないまま、若い男・メガネ（眼鏡仔）に

それを引き渡すと、それ相応の「分け前」をもらうことができたから、以降ペイが彼ら（密輸団）に接触していったのは仕方ない。だって、これをやれば、レストランのバイトとは比べ物にならない金を稼ぐことができるのだから。

深圳側の受け手であるシュエイ（焦剛（チアオ・ガン））はちょっと怖い中年男だったが、香港側の密輸グループの女ボス・ホア（江美儀（エレン・コン））は、ペイに自分の若い頃の面影を見て気に入り、利発さと気の強さを見込んでペイにいろいろと責任ある仕事を任せてくれたから、ペイの張り切りようも半端ではない。ジョーの彼氏である２０歳のハオ（スン・ヤン）も、普段は家族が経営する小さな屋台を手伝いながら、ホアの手下として着実に仕事をこなしていたが、日々ペイと一緒に仕事をする中で次第に親しくなっていくと・・・？

■□■拳銃の密輸は？密輸団からの独立は？２人の友情は？■□■

中年のエロおやじがはびこる社会の中で、JKは何かと危険だが、制服を着た真面目そうなJKなら、税関を通過するのに怪しまれることは少ない。ホア率いる密輸団の手下であるチーザイ（七仔）やメガネが、それに気が付いた後、チンピラ風から制服の高校生に変身していくストーリーはユーモア感がタップリだ。

しかし、いくら稼げるからと言って、スマホから拳銃に密輸のターゲットを変えるのは如何なもの？父親が経営する屋台を手伝っているハオは慎重派（？）だからそれに躊躇したが、ホアが見込んだ通りの"良い根性"をしているペイは、悩みながらもそれをオッケーしたからちょっとヤバい。さらに、そんな仕事上の悩みを共有し、共に過ごす時間が長くなっていくと、ジョーの恋人であったはずのハオとペイの親密性が増していったのも仕方ない。ジェニファー・ジョーンズとウィリアム・ホールデンが共演した名作『慕情』（55年）では、ヒロインが勤務する病院の裏にある、香港を一望できる丘が二人の思い出の場所になっていた。しかして、本作もそれと同じように、ハオがいつも一人で登っている、香港を一望できる丘に初めてペイを連れて登るシークエンスが登場するが、ハオがわざわざペイをそこに連れて行ったことが意味するものは・・・？

ハオは拳銃の密輸に参加することには慎重だったが、慎重でなかったのはホア率いる密輸団からの独立。それは相当ヤバいことだが、ホアから独立してペイと２人だけでスマホを密輸し、２人だけで大儲けしようと計画したハオとそれに同意したペイ、２人の行動は？そして、そんな展開の中、近時ハオと自分との接点が少なくなったと感じていたジョーが、いつの間にかハオとペイがそんな風になっていることを伝え聞くと・・・。

JK同士の友情は深いようで浅い。一部ではそんな声も聴くが、そんな状況が明らかになった後の２人の友情は・・・？

■□■原題は？英題『THE CROSSING』の狙いは？邦題は？■□■

本作の原題は『过春天』で、直訳すれば「春を過ぎる」という意味だが、なぜ本作はそんな原題に？イントロダクションによれば、「过春天」は香港と深圳間の密輸団の隠語であ

り、密輸する人が無事税関を通り抜けた時に仲間に「过春天」と伝えるらしい。かつて、赤穂浪士が吉良邸に討ち入りする際、仲間内で斬り合わないために使った"合言葉"が「山と川」だったが、「过春天」はそれと同じような、密輸団の"合言葉"だ。

それに対し、英題は『THE CROSSING』。これは、イギリスが勝手につけた英題ではなく、白雪監督が自らつけたものだ。そして、パンフレットにある白雪監督インタビューでは「映画の英題名は『THE CROSSING』です。このタイトルに何か表現したい特別な意味はありますか？」という質問に対し、「『THE CROSSING』というのは実は行動的な感覚です。私の頭の中で、ペイはいつも走っているイメージです。だから、『THE CROSSING』にも中国語の「春を過ぎる」の面にもある種の動きがあります。」と答えている。なるほど、それも一理あるが、『THE CROSSING』という邦題を聞いて私がすぐに思い出す映画は、呉宇森（ジョン・ウー）監督の大作『The Crossing－ザ・クロッシング－Part I（太平輪乱世浮生（前編／The Crossing）』（14年）（『シネマ44』78頁）と『The Crossing－ザ・クロッシング－Part II（太平輪 彼岸（後編／The Crossing 2）』（15年）（『シネマ44』90頁）。同作が『The Crossing－ザ・クロッシング－』とタイトルされた理由は、同作が中国大陸の上海と台湾の基隆市を結ぶ「中国のタイタニック」と呼ばれた大型客船「太平輪号」を軸とした「歴史ドラマ」・「人間ドラマ」だったからだ。したがって、その『The Crossing－ザ・クロッシング－』の狙いと、本作の『THE CROSSING』の狙いは全然違うものだということを、しっかり認識したい。

また、「The Crossing」と聞けば、距離的に遠く隔てているイメージだが、本作の『THE CROSSING』は深圳と香港間だから極めて近距離。しかし、そんな近距離にもかかわらず、中国大陸にある深圳と特別自治区である香港は、「一国二制度」の下で大違いだから、その両都市を「THE CROSSING」するについては、本作のようなさまざまな問題点が・・・。

その両者に対して、本作の邦題は『THE CROSSING～香港と大陸をまたぐ少女～』だが、この説明ぶりはいかにも今風。ここまでタイトルに入れれば確かに映画のイメージはよくわかるが、その是非は・・・？

■□■久しぶりに田壮壮の名前を！■□■

私が本作で注目したのは、エグゼクティブ・プロデューサーとして田壮壮の名前が載っていたこと。中国第五世代監督として、張芸謀（チャン・イーモウ）、陳凱歌（チェン・カイコー）（再開された北京電影学院の第1期の同期生）と並ぶ、彼の代表作は、『盗馬賊』（85年）（『シネマ5』67頁）と、『青い凧』（93年）（『シネマ5』98頁）だが、『青い凧』は中国当局の批判を受け、10年間映画製作を禁止された。また、彼の両親は共に文化大革命の迫害を受け、自身も下放された経験を持っている。後述の映画観は、そんな彼なればこそのものだ。ちなみに、私は2007年10月10日に北京電影学院で特別講義をしたが、その打ち合わせの時に偶然出会ったのが、田壮壮氏。その時に2人並んで撮った記念写真は私の宝物だ（『シネマ34』36頁）。

それはそれとして、本作についてバイ・シュエ監督は、田壮壮の手助けについて、「私の中の映画観と人生観は監督の影響をとても大きく受けています。この映画を作る前は、先生はいつも私に「自分で決めろ」と言ってきました。初めは理解できなかったのですが、あとになってそれが先生の考えだとわかりました。私に自分で判断できるようになって欲しかったのです」と語っている。逆に、田壮壮は「バイ・シュエ監督はとてもプロフェッショナルで彼女のスタッフもプロフェッショナルです。なので、私が撮影現場で何かすることは必要ないと考えました。今回のチームはとても団結力があり、とても専門的な経験が豊富です。その中でバイ・シュエ監督は創造的なリーダーシップ能力の点で監督が持つべき資質も持っていることを表していると思います」と語っている。

　さらに私が注目したのは、「ティエン・チュアンチュアン氏は多くの映画でエグゼクティブプロデューサーを務めてこられましたが、本作はどういった点を意識しましたか?」という質問に対して彼が、「心のままに従って創作するか、映画市場に従って創作するかだと思います。その選択が重要です。監督は一定のレベルに行くと興行収入で考えるようになりますが、最初の映画作品は映画自体で考えるのではないでしょうか?これは2つの考え方です。現在、新しい風潮と新人主義がありますが、それは興行収入とは関係なく、映画市場の問題だと思います」と語っていること。そしてさらに、『薬の神じゃない!』と『THE CROSSING〜香港と大陸をまたぐ少女〜』の監督はどちらも私の生徒の作品です。2作品とも非常によくできています。『THE CROSSING〜香港と大陸をまたぐ少女〜』には映画市場要素がありますが、これらの要素のために作られた作品ではありません。」と語っていることだ。

　私はたまたま『薬の神じゃない!』(17年)(『シネマ47』207頁)と本作を同じ時期に観たが、両者とも彼の生徒の作品であることを知り、「なるほど」と納得!

2020 (令和2) 年11月25日記

Data

監督：趙霽（チャオ・ジー）
原作：『封神演義』
出演：楊天翔／宣暁鳴／凌振赫／張
　　　喆／高増志／張赫／朱可儿
　　　／李詩萌／劉若班／郭浩然

★★★

ナタ転生
（新神榜：哪吒重生／New Gods: Nezha Reborn）

2021年／中国映画
配給：チームジョイ／117分

2021（令和3）年3月27日鑑賞　　TOHO シネマズ西宮 OS

👀 みどころ

　最近アニメには飽きてしまったが、最近の中国流3DCGアニメーションの大ヒット作は必見！そう思ったが、ナタ（哪吒）ってダレ？「ナタ転生」ってナニ？

　中国では『西遊記』、『三國志演義』、『水滸伝』、『金瓶梅』という"四大奇書"が有名だが、それに次ぐ（？）『封神演義』も有名で、そこに登場するキャラクターの1人であるナタは、中国人なら誰でも知っているらしい。なるほど、なるほど・・・。しかして、本作の出来は？

―――＊―――＊―――＊―――＊―――＊―――＊―――＊―――＊―――

■□■ナタ（哪吒）ってダレ？ナタ転生ってナニ？■□■

　中国語の勉強をしている私には、本作の主人公ナタの漢字が「哪吒」と知ると、なるほど、なるほど・・・。そして、ナタが3000年以上前の世界で絶大な権力を持つ一族、東海龍王の息子・三太子に歯向かい死闘を繰り広げ、勝利したほどの強い魔力を持つ7歳の少年神・ナタだと知ると、さらに、なるほど、なるほど・・・。

　ナタに息子を殺され激怒した東海龍王は、「町の百姓たちの命が惜しければ、自らの死で罪を償え」と卑怯な脅しを行ったため、ナタは百姓たちを守るために自ら命を絶った。そして、時は流れ、現代。ナタはバイク好きな好青年、李雲祥（リ・ウンショウ）として生まれ変わっていた。なるほど、なるほど、これが「ナタ転生」・・・。

■□■本作のストーリーは？■□■

　上記の情報を基にネットで本作のストーリーを探ると、それは次の通りだ。すなわち、

バイクで縦横無尽に駆け回り、仲間と共に充実した日々を送っていた雲祥だが、東海龍王の息子・三太子の生まれ変わりである三公子が、ナタに前世で殺された恨みを晴らそうと雲祥の命を狙い始めたことで、仲間たちも次々と危険にさらされ、市民をも巻き込む決死

の戦いに。まだ自分がナタの生まれ変わりであることを気づいていない雲祥だが、三公子と戦うためにはナタの魂を呼び覚まし、覚醒しなければ勝つことはできない。大切な仲間や、市民たちを守るために立ち上がった雲祥の戦いが今始まる——。

　なるほど、なるほど・・・。

■□■「封神演義」とは？■□■

　ナタの名前やそのキャラを日本人はほとんど知らないが、中国人なら誰でも知っているらしい。それは、ナタが中国の明代に成立した神怪小説『封神演義』に登場するキャラだからだ。Wikipedia によると、中国の四大奇書は『西遊記』、『三国志演義』、『水滸伝』、『金瓶梅』の4つ。『封神演義』は“これらより一段低いもの”とされ、“二流の文学作品”とされているが、それでも、『封神演義』は中国小説史で一定の重要な地位を占めているらしい。

　『封神演義』によると、はるか昔、世界は仙界と人界に分かれ、仙界でも人界でもさまざまな物語が展開していたらしい。ちなみに、人界は殷（商）の紂王の治世だが、これは私が中学生の漢文の授業で学んだことがある。始皇帝によって中国が統一される前の、神話のような中国史の中に登場する国が殷（商）だ。そんな世界観（？）の中で展開していく『封神演義』の登場人物の1人がナタだが、そんな「神怪小説」の中で、彼はどんな役割を？そして、その転生とは？

■□■ビジュアルと中国流の最新３DCGアニメに注目！■□■

　本作についてはネット情報に「ナタが『現代に生きていたら？』という考えをベースに、東洋と西洋両方の美学とナタが持つ反骨精神の“パンク要素”を融合させ、従来にない新しいビジュアルのナタを描いた」と書かれ、また「興行収入７０億円を突破した『白蛇；縁起』の制作スタジオ・追光動画が４年の年月を費やし、最新の３DCG技術を使用したことで、今までにはない新たな神話リメイク作品が完成した」と書かれている。

　正直なところ、“パンク要素”が何を意味するのか、私にはサッパリわからないが、本作のビジュアル（のド派手さ）にはビックリ！そしてまた、なるほど、これが中国流の最新３DCGアニメーション！とその技術の高さに更にビックリ！

２０２１（令和３）年３月２９日記

SHOW-HEY シネマルーム

★★★

ボルケーノ・パーク～VOLCANO PARK～
（天火／Skyfire）

2019 年／中国映画
配給：アルバトロス・フィルム／94 分

2020（令和2）年 11 月 24 日鑑賞 ｜ シネ・リーブル梅田

Data

監督：西蒙・韦斯特（サイモン・ウェスト）
出演：王学圻（ワン・シュエチー）／昆凌（ハンナ・クィンリヴァン）／実骁（ショーン・ドウ）／傑森・艾塞克（ジェイソン・アイザックス）／柏安（ビー・ロジャース）

■□■ショートコメント■□■

◆１週間だけの限定上映。しかも、２０時以降１回だけの最終上映。そんな"悪条件"だが、チラシに踊る、「サイモン・ウェスト監督作品」「『トゥームレイダー』『エクスペンダブルズ2』の監督が放つ、灼熱のパニック・アクション超大作！！」の見出しを見れば、こりゃ必見！

　邦題になっている『ボルケーノ・パーク～VOLCANO PARK～』は、天火島に建設されている世界初の火山テーマパーク「天火島リゾート」のこと。チラシの写真にはその火山が噴火し、溶岩が流れ出る中を必死に逃げるヒロインたちの姿が映っているが、さて、"灼熱のパニック・アクション"とは？

◆冒頭、「天火島」と呼ばれる東南アジアの火山島の調査に従事していた火山学者のタオ（王学圻（ワン・シュエチー））が、突如発生した噴火によって幼い娘・シャオモン（比兰德・罗杰斯（ビー・ロジャース））は何とか助けたものの、同じ研究に従事していた妻のスー（爱丽丝・里特韦尔（アリス・リートベルト））を失うシークエンスが描かれる。

　ところが、その２０年後、天火島には今、実業家のハリス（傑森・艾塞克（ジェイソン・アイザックス））によって、一大リゾートパークが建設されていた。そのテーマは「活火山の上に建つ世界初の火山テーマパーク」だが、それって一体ナニ？

　私は白浜の「サファリパーク」を体験した時、それなりに興奮したが、本作に見る火山テーマパークの規模は、それとは桁違い。これなら、ハリスとその妻・チュンウェイ（马昕墨（マ・シンモウ））が世界中からやってきた投資家たちに熱く語っているように、この火山パークは大ヒット！？

◆世界初の火山テーマパークは、少なくとも１５０年間は絶対に安心・安全！しかし、ケーブルカーに乗って、噴火口の中に下っていく体験はスリルいっぱい！それがハリスの謳い文句で、投資家も招待客も興味津々だが、それってホント？

　今、美しく成長したシャオモン（昆凌（ハンナ・クィンリバン））は、両親と同じ火山学

者になり、シャン教授（石涼（シー・リャン））率いる観測チームの一員として天火島リゾートの開発に従事していた。新型コロナウイルス騒動下では、「新型コロナウイルスと経済の両立」が大テーマだが、火山テーマパークの建設では、「安全とスリルの両立」が大テーマ。そこでは、ややもすれば経済（儲け）重視に走る経営者（ハリス）に対して、安全面について専門的知見を提示するシャオモンたち観測チームの責任が重大だが・・・。

◆テーマパークをテーマにした映画では『ジュラシック・パーク』（９３年）がその代表。そこでは、本来は恐ろしい恐竜が暴れず従順に観客と接するのが魅力だったが、万一その前提が崩れてしまうと・・・。本作の中盤以降は、ハリスの妻が得意満面の笑みを浮かべながら投資家たちを案内している中、突如、天火島の噴火が始まっていくので、それに注目！トム・クルーズが主演した『宇宙戦争』（０５年）（『シネマ８』１１４頁）では、宇宙人が地球を襲うサマが興味深く描かれていたが、本作では人間が英知を傾けて建設してきたリゾートパークを、自然（活火山）がいかに襲うかが描かれるので、それに注目！

◆ディザスター・ムービーはハリウッドの専売特許ではない！中国映画だって！そんな"実績"を見せつけてくれた中国初のディザスター・ムービーが『超強台風』（０８年）（『シネマ３４』３５４頁）だった。そこでは、浙江省温州市を襲った大型台風"藍鯨（あいげい）"の物凄さの他、市民のために献身的な大活躍をする市長の姿が印象的だった。
　それと同じように本作も、謳い文句にされている、「灼熱のパニック・アクション」の他、火山テーマパークの危険性を訴え、娘の安全を守るために天火島にやってきた父親・タオの、老体にムチ打った（？）大活躍が描かれるうえ、それまでは母親を失った心のキズで確執だらけだった２人の父娘関係が、ラストでは感動的なストーリーに終焉されていくので、それにも注目！

◆本作の人間ドラマとしては、シャオモンの研究仲間であるチュンナン（窦骁（ショーン・ドウ））とその恋人のチアワイ（柏安（バイ・アン））との間で、興味深い純愛ドラマが展開するので、それにも注目！また、脱出劇を巡っては、基地に残ったテンボー（紀凌尘（ジ・リンチェン））が、観測用のドローン操作で大活躍する上、後述する車のドライバーとしても考えられないような大活躍をするので、それにも注目！

◆また、当初は金の亡者のように思われていたハリスも、招待客の母親とはぐれた少女の脱出を巡っては、意外な（？）人情味を発揮し、思い出の時計をお別れに手渡すシーンでは、「お前はいいやつ！」と感じさせながら死んでいくので、心安らかに合掌。

◆最後に！そんな自然からの猛襲に対して人間ができることはただ逃げることだけだが、本作では１台の車が何度も何度も大活躍するので、それにも注目！ちなみに、この車（４WD）はトヨタ製？それとも・・・？

２０２０（令和２）年１１月２６日記

表紙撮影の舞台裏（37）

１）東京五輪まであと７０日余、パラリンピックまでちょうど１００日となった２０２１年５月１６日、東京都庁で開催されたセレモニーで小池百合子都知事は新型コロナウイルス対応を念頭に、「多くの人の希望の明かりとなるよう、安全安心な大会に向けて関係者と力を合わせ準備を進めたい」とあいさつ。東京五輪・パラリンピック組織委員会の橋本聖子会長も、「コロナ禍の今だからこそアスリートが大会で生む感動に世界中の人々が心を揺さぶられ、希望と勇気を得ることと確信している」と述べた。

しかし、翌１７日付朝日新聞は、「中止」が４３％、「再び延期」が４０％、「今夏に開催」は１４％という調査結果を発表した。３度目の緊急事態宣言が発出され、医療体制がひっ迫・崩壊している中、五輪開催が無理なことは、沖縄戦が終わり、敗戦必至となっていた１９４５年５月１６日当時と同じはずだ。一体誰が、いつ五輪中止の決断を下すの？

２）東京五輪まで１年余となった２０１９年６月２６日、私は東京の映画友達である山田将治氏の車で１９６４年に開催された東京五輪のメインスタジアムだった国立競技場に赴いた。あの時、高校１年生だった私は故郷の松山の自宅にあった小さな白黒テレビで、序盤ではメダルラッシュとなった重量挙げとレスリングに夢中になり、中盤では男子体操の力強さに魅了された。そして、終盤ではマラソンでエチオピアのアベベに敗退する君原健二選手、寺沢徹選手、円谷幸吉選手と、オランダのヘーシングに敗退する柔道の無差別級の神永昭夫選手の姿に悔しがり、最後には、女子バレーでの大松博文監督率いる「東洋の魔女」の金メダル獲得に熱狂した。

３）明治神宮外苑には隈研吾氏が設計した新国立競技場が建設されていたが、旧スタジアムでは「近代オリンピック１００年・思い出の東京オリンピック１９６４」を開催中。そこは５５年前の懐かしい写真でいっぱいだった。さらに、今ではかなりダサくなってしまった、日本選手が着用して誇らしげに入場行進した、あの時の赤と白のブレザーとズボン・スカートの展示も。さらに、自由に聖火トーチを持って走る体験コーナーがあったので、「何でもやってみよう精神」の旺盛な私はすぐに挑戦。７０歳を過ぎたとはいえ、右手に聖火トーチを持って疾走する勇姿（？）は相当なものだ。

４）東京五輪の開会式は、夏の高校野球のような一糸乱れない規律正しい入場行進が見モノだったが、女子体操では、愛くるしい表情を振りまき、若さあふれる演技を披露したルーマニアのコマネチ選手が日本人の目をくぎ付けにした。ビートたけしがネタにした「コマネチ！」は下品だったが、裏表紙に掲載した白いコスチューム姿の彼女の美しさにはうっとり！

５）そんな"夢の再現"を望む私だが、ワクチン接種という"切り札"が遅れた現状では、２０２１年７月の東京五輪が夢と消えるのは"確実"。しかし、私の聖火ランナーの雄姿は永遠に！？

２０２１（令和3）年５月１８日記

225

Data

監督：ウ・ミンホ

原作：キム・チュンシク「実録KCIA
『南山と呼ばれた男たち』」
（ポリティクス刊、講談社
刊）

脚本：ウ・ミンホ／イ・ジミン

出演：イ・ビョンホン／イ・ソンミ
ン／クァク・ドウォン／イ
・ヒジュン／キム・ソジン

SHOW-HEY シネマルーム

★★★★★

KCIA 南山の部長たち

2020年／韓国映画

配給：クロックワークス／114分

| 2021（令和3）年1月29日鑑賞 | シネ・リーブル梅田 |

👀 みどころ

日本では、部長は局長の下、課長の上だから、社長には程遠い地位。しかし、南山にあるKCIA（韓国中央情報部）のトップは部長だから、"南山の部長"ことキム部長は大統領に次ぐNO.2の権限を！

長期政権は腐敗するもの。1979年10月26日に起きた朴正煕大統領射殺事件の原因は？明智光秀が「本能寺の変」を起こしたのはなぜ？織田政権のNO.2だった光秀は、主君と共に「麒麟がくる国」を目指したのでは？

キム部長は共に軍事クーデターで決起した同志だから、キム部長と大統領の絆は中途採用の光秀と信長以上だったはず。それなのに一体なぜ・・・？

『ユゴ　大統領有故』（06年）も面白かったが、本作も面白い。ちなみに、謀反後のキム部長の政権構想と光秀の政権構想を比べてみると・・・？

———＊———＊———＊———＊———＊———＊———＊———＊———＊———＊———

■□■KCIAとは？南山の部長とは？原作は？■□■

アメリカにCIA（中央情報局）あれば、韓国にはKCIA（韓国中央情報部）あり！日本にはそれらに相当する国家組織としての諜報機関がないから、かつての『陸軍中野学校』シリーズ（66年、67年、68年）以外に「スパイもの」の名作が少ないのは仕方ない。第77回ベネチア国際映画祭で銀獅子賞（最優秀監督賞）を受賞した黒沢清監督の『スパイの妻』（20年）は面白かった（『シネマ47』53頁）が、これは本格的な「スパイもの」ではなかった。すると、2020年韓国年間興行収入ランキング第1位となり、第93回アカデミー賞長編映画賞の韓国代表作品とされた本作は「スパイもの」？そう思ったが、さにあらず。本作は、1979年10月26日に起きた「朴正煕大統領暗殺事件」を描くもので、イントロには「豪華キャスト共演で史実をもとに描く歴史の闇」と書かれている。朴正煕大統領暗殺事件をテーマにした名作は、「韓国の大島渚」と呼ばれる「386世代」

のイム・サンス監督の『ユゴ　大統領有故』(06年)(『シネマ16』126頁)だが、ウ・ミンホ監督はなぜ同じネタで本作を?

　本作は、1990年から26ケ月にわたって東亜日報に連載された記事をまとめたキム・チュンシクのノンフィクション「実録KCIA『南山と呼ばれた男たち』」を原作としている。そして、同原作は、朴正熙による1960～1970年代にかけての18年間にわたる独裁政権の中心にいたのがKCIAだったという視点から書かれているらしい。つまり、彼らについて書かれた記事は1本もなかった時代、彼らについて書かないことは記者として正当な義務を放棄していることになるのではないか?そんな思いでキム・チュンシクが書いた著書が本作の原作になったわけだ。なるほど、なるほど。

　他方、KCIAは韓国中央情報部だから、そのトップは部長。部長といえば日本では局長の下、課長の上という地位で、社長にはまだまだの地位だが、KCIAではそのトップは部長だ。しかして、本作の主役となる第8代KCIA部長、キム・ギュピョン(実際の人名はキム・ジェギュ)部長を演じるのは、日本でもおなじみの名優イ・ビョンホンだが、なぜ、タイトルは「部長たち」と複数になっているの?それは、冒頭から元(正確には第4代)KCIA部長のパク・ヨンガク(実際の人名はキム・ヒョンウク)(クァク・ドウォン)が登場するからだ。なるほど、なるほど。

■□■18年間の長期政権の是非は?その独裁ぶりは?■□■

　日本で総理大臣に就任した麻生太郎も安倍晋三も2世議員、3世議員だが、日本の議院内閣制は明治から約150年間続いているから、当然それもあり。しかし、朝鮮戦争終結から間もない1961年の軍事クーデターで権力を握り、1963年から1979年まで、5代から9代にわたって大統領職を続けた朴正熙が稀有な例なら、その娘である朴槿恵が第18大統領として、父娘2代にわたって大統領になったのは、更に稀有な例だ。

　現在KCIAの部長としてパク大統領(イ・ソンミン)を"閣下"と呼んで敬い、"閣下"の下で忠実に働いているキム部長は、1961年の軍事クーデターの時以来の側近らしい。現在、韓国では"検察改革"が大問題になっているが、当時のKCIAの部長は、大統領に次ぐ権力を持っていたらしい。もちろん、本作に見るパク大統領もキム部長もスーツ、ネクタイ姿だが、2人とも元軍人だから、ホントは軍服姿の方が似合うのかも。日本では、安倍晋三政権がそれまでの最長政権だった佐藤栄作政権の2798日を抜いて、2822日という歴代最長になったが、その途端に持病の潰瘍性大腸炎の再発のために辞任したのは皮肉だ。

　それはともかく、安倍晋三の2822日(7年8カ月)と比較しても、朴正熙が第5代から第9代まで17年間も大統領職を続けたことにビックリ。今はロシアのプーチン政権がいつまでの長期政権になるのかと、中国の習近平政権が2期10年と定めた憲法を改正し、いつまでの長期政権になるのかが注目されているが、それと比べても大統領職17年はすごい!もっとも、そんな長期政権には腐敗がつきものだが・・・。

227

本作冒頭、アメリカの下院の聴聞会でパク・ヨンガク元KCIA部長が証言するシークエンスが登場するが、これは一体ナニ？トランプ政権下で、国家安全保障問題担当大統領補佐官職にあったジョン・ボルトンが回顧録を出版して大反響を呼んだが、どうやら米国に亡命していたパク・ヨンガクも、パク大統領の腐敗を告発する回顧録を執筆しており、今日は聴聞会でその内容を証言するらしい。パク大統領がそれに激怒し、キム部長に回顧録の回収を含む事態の収拾を命じたのは当然だが、果たしてそんなことができるの？

■□■この2人の絆は織田信長と明智光秀以上！？■□■

　2020年のNHK大河ドラマ『麒麟がくる』は、新型コロナウイルスのため中断を含む不規則な放送になったが、残りはいよいよ1月30日と2月7日の2回のみになった。いうまでもなく、最終回がクライマックスの「本能寺の変」だが、なぜ明智光秀は織田信長に謀反したの？それについては、①「信長に対する恨み、」②「突発的な犯行」、③「将軍・足利義昭が黒幕」、④「四国政策を巡る対立」の4説があるが、光秀を主人公にし、『麒麟がくる』という前向きなタイトルにした同ドラマは、この4説とは違う独自の解釈で光秀の謀反を描くはずだ。毎回ずっと見ている私の予想では、その理由は、初心を忘れて間違った道に入り込み、いくら諫めてもそれを修正しない主君・織田信長をやむを得ず殺し、それまでお互いの理想としてきた"麒麟がくる国"を信長に代わって自分が打ち立てるというものだろうが、さて・・・？

　足利幕府の権威をバックに軍事政権を強化していった信長にとって、将軍や公家、更に天皇にも信頼されていた光秀は、秀吉以上に有能な部下だった。しかし、光秀はあくまで上洛を狙う信長が中途採用した武将の1人にすぎないから、1961年の軍事クーデターを共に命がけで決行した、いわば同志ともいえるパク大統領とキム部長の関係よりは弱い。逆に言えば、パク大統領とキム部長の関係は今でこそNO.1の大統領とNO.2のKCIA部長という序列になっているものの、心情的には「我らは同志」という関係なのだ。したがって、パク大統領キム部長の絆は、信長と光秀以上に固いはずだ・・・。

■□■「忠臣」と「提灯持ち」、どちらを重用？■□■

　本作に見るパク大統領は独裁色が強く、ある意味で部下をいくらでも使い捨てにするワガママな大統領だが、時折キム部長に対して見せる"人間性"を見ていると、2人の信頼と絆の固さをうかがい知ることができる。そうであるからこそ、キム部長は"同志"として、そして、NO.2の「忠臣」としてパク大統領に対して諫言をし、路線の修正を求め、「そろそろ退陣の準備を」とまで言おうとしていたわけだ。

　『麒麟がくる』で、明智光秀の対極に置かれている人物は佐々木蔵之介演じる羽柴秀吉だが、本作でキム部長の対極に置かれるのは、警護室長のクァク・サンチョン（イ・ヒジュン）と、秘書室長のキム・ケフン（パク・チイル）。もちろん、光秀は信長の提灯持ちばかりではなかったが、本作に見るクァク警護室長とキム秘書室長はパク大統領の典型的な提灯持ち。腐敗した権力にはこの手の提灯持ちが集まるのは常だが、パク大統領はそれを

どこまでわかっているの？信長が側近の武将に対して与える指示は簡潔かつ明確だったが、本作に見るパク大統領は「君のそばには自分がついている。好きにしろ」と命じるだけ。これは聞き方によっては大きな裁量権を与えたようだが、実は、うまくいけば大統領の成果、失敗すれば、「その責任は君にある」という意味のようだから、アレレ・・・。

キム部長はパク大統領から命じられたとおり、パク・ヨンガクから回顧録を回収することには成功したが、想定に反してパク・ヨンガクは聴聞会での証言を決行したから、キム部長はパク大統領から大目玉を食らうことに。光秀もストーリー後半からはあれやこれやの失敗を信長から責められていたが、キム部長も大目玉が続くことになると・・・？さらに、なお一層クァク警護室長やキム秘書室長が重宝されていくことになると・・・？

■□■こんな非情な命令まで実行したのに・・・■□■

鬼のように非情な心を持ち、目的のためには手段を選ばない織田信長にとっては、比叡山を攻略するについて、僧兵のみならず、女子供まで皆殺しにすることが平気なら、信長を裏切り、有岡城に立てこもった荒木村重を、攻め落としたうえその一族郎党を根絶やしにするのも平気だった。しかし、心根の優しい光秀にとっては、いかに主君の命令（厳命）とは言え、そんな非道な殺戮をすることに心を痛めたのは当然だ。民主主義の時代ならそんな光秀の意見も自由に表明できるし、立憲民主党の蓮舫衆議院議員のように、一野党議員が時の総理大臣に対して何とも無礼な質問をすることも可能だが、あの時代ではいくら有能な部下でも、主君に対してどこで諫言できるかは難しいものだった。しかも、仮に意見を言ったとしても、それが却下されれば泣く泣く主君の命令を実行するしかない。しかし、そんなことが１度ならず、２度、３度と続くと・・・？

キム部長がそんな思いをすることになったのは、フランスに渡っていたパク・ヨンガクの暗殺を実行した時。本作では、アメリカでもフランスでもロビイストとして活躍（暗躍）しているスレンダー美女、デボラ・シム（キム・ソジン）が大きな役割を果たしている。ちなみに、バイデン政権が始動し始めた今、米国と日本、韓国の関係がどうなるのかはかなり微妙だが、１９７９年当時のアメリカのカーター政権とそのスタッフにとっても、朴正煕大統領が独裁を続けている韓国との距離感は、かなり微妙だったらしい。本作には第１１代駐韓米国大使ウィリアム・グライスティーン（ジェリー・レクター）が登場し、キム部長から頻繁に情報提供を受けている姿が描かれるが、そこでのキム部長に誠実さはあまり見られない。したがって、米国の聴聞会にとっては、KCIA のキム部長とは連絡を取っているものの、彼がどの程度、正確に情報を提供しているかは不明だ。そんな米国の聴聞会でパク大統領に不利な証言をしたパク・ヨンガクが、フランスで行方不明になったと聞いたとき、真っ先に疑ったのが KCIA による犯行説だが、そんな質問に対してキム部長はどのような回答を？

"元 KCIA 部長、パク・ヨンガクを消せ。"そんな非情な命令まで俺は涙を呑んで実行したのに、それに対するパク大統領の見返りは？キム部長が明智光秀と同じように、そう考

えたのは当然だが・・・。

■□■内輪だけの会食はどこで？女性も同席？■□■

コロナ禍で「ステイ・ホーム」が叫ばれ、緊急事態宣言が発令される中、国会議員が銀座のクラブへ！さすがに、「これも仕事だ！」とは言えないこのセンセイは謝罪し、役職を辞任したが、パク大統領は大統領府の中に内輪だけで会食をする場所を持っているらしい。それは『ユゴ　大統領有故』でも描かれていたが、本作でもクライマックスに向けてその会食の席が映し出されるので、それに注目！出席者はパク大統領の他は、側近であるクァク警護室長とキム秘書室長、そして KCIA のキム部長の３人。もっとも、クァク警護室長とキム秘書室長は同日のヘリコプターに乗っての地方視察にも同行していたが、キム部長はそれを外されていた。したがって、そのこともこの日の会食の席でキム部長がパク大統領の射殺を実行した１つの理由になっていたようだ。

他方、政治とも権力闘争とも、ましてや大統領射殺とは無関係ながら、興味深いのはこの会食の席に若い女性が同席しているうえ、１人はギターを弾きながらある曲を歌うこと。この歌が何かは本作では明示されないが、『ユゴ　大統領有故』を観た私にはこれがシム・スボンの「その時その人」という曲だということがわかる。パク大統領は別のシーンでもこの歌を歌っていたから、よほどこの曲がお気に入りらしい。今日はそんな内輪だけの食事会だが、側近として重宝されているクァク警護室長とキム秘書室長、そして大統領が大好きな女性歌手のシム・スボンの３人は当然として、近時大統領への不満ばかり述べているキム部長がなぜこの席に呼ばれたの？『麒麟がくる』と同じようにその点は明確にされず、キム部長によるパク大統領射殺の理由は結局１人１人の観客の解釈に委ねられているようだ。しかし、少なくともこの日のパク大統領射殺が、思い付きとは言えないまでも、事前に十分検討し、準備したものではないことは確かだから、その点はしっかり鑑賞したい。もっとも、単なる思い付きではないとは言え、ここで不可解なのは、キム部長がぶっ放した拳銃の中に弾が十分に入っていなかったこと。幸いパク大統領を撃った一発目の弾は入っていたが、とどめを撃つための弾が出てこないとは一体何？『ユゴ　大統領有故』ではそんな状態が描かれていなかったが、キム・チュンシクの原作におけるその点の記述はどうなっているの？

■□■大統領射殺後の政権構想は？■□■

　２０２１年２月１日付夕刊は、一斉にミャンマー国軍が実行した軍事クーデターのニュースを伝えた。クーデターの理由は、２０２０年１１月の総選挙（上下院選挙）で、有権者リストに多数の不備があり、不正の可能性があるというものだが、その正当性は疑わしい。アメリカをはじめ西側諸国はこれを批判し、アウン・サン・スー・チー国家顧問兼外相の即時釈放を求めている。そんな中、ミャンマー国軍は国軍系テレビを通じ、緊急事態宣言下で国家を統治する最高機関の設置を発表した。これは、国軍主導の新体制を宣言したものだ。

また、坂本龍馬が暗殺されたのは１８６７年１２月１０日だが、彼が「船中八策」を発表したのは１８６７年６月。これも、立派な徳川幕府を倒したのちの新政権構想だ。さらに、『麒麟がくる』は２月７日に最終回の「本能寺の変」を１５分拡大版で放映するが、そこでは、信長を討ち取った後の光秀の新政権構想がどこまで描かれているかが興味深い。歴史上の事実としては、「本能寺の変」の直後、想像もつかないスピードで、秀吉が「中国大返し」を成功させて光秀を討ち取ったため、光秀の新政権構想は日の目を見なかった。しかし、信長に代わって光秀が新たな覇者となった場合、光秀が「麒麟がくる国」をつくるための政権構想を持っていたことはさまざまな資料から明らかになっている。それらに比べて、キム部長が大統領射殺後に描いた政権構想は？

　本作に見るキム部長は、当初は冷静沈着さが最大の特徴（魅力）だが、後半に一度だけ発生するクァク警護室長との罵り合い、取っ組み合いを見ていると、アレレ、韓国人はこのレベル？とつい疑ってしまうほど激情的。さらに、大統領の射殺という“大事”を実行するについて肝心の冷静沈着さがあまり見られず、むしろ狼狽気味だから、アレレ。そして、肝心の新政権構想に目を転じると、本作に見るキム部長は、どうやら参謀総長（キム・ミンサン）と相談して決めるとしか考えていなかったようだから、アレレ？十分な新政権構想を持たないままパク大統領の射殺だけを先に決行したとすれば、それはあまりにお粗末と言わざるを得ない。

　本作ラストでは、自らの裁判の最終陳述で彼が語る言葉が流されるが、それは自己の信念を述べているだけだから、私には不満。やっぱりパク大統領の方が、キム部長よりよほど器が大きく、キム部長は所詮ＮＯ.２止まりだったのかも・・・？そう考えると、現在の日本の総理大臣は・・・？　　　　　　　　　　２０２１（令和３）年２月３日記

イム・サンスの『ユゴ　大統領有故』も必見！

　私が、『ユゴ　大統領有故』（06年）（『シネマ16』（126頁））を観たのは、２００７年だが、映画の冒頭音楽は流れるものの、黒塗りのシーン（要するにスクリーンが真っ黒のシーン）が３分５０秒も登場したことにビックリ！それは一体なぜ？

> ……今から28年前の1979年10月26日、朴正煕大統領が韓国中央情報部長官の手によって暗殺！　これはホントのお話……。そして今、その全貌が「韓国の大島渚」と呼ばれる、「386世代」のイム・サンス監督によって明らかに……。映画を観て意外なのは、第１にあまりのあっけなさ。大統領暗殺がこんなに易々とできるとは……？　第２は、次期政権構想の薄弱さ。大統領暗殺事件がこんな実態で、こんな結末になったとは……？

SHOW-HEY シネマルーム

★★★★★

王の願いーハングルの始まりー

2019 年／韓国映画
配給：ハーク／110 分

| 2021（令和3）年4月6日鑑賞 | オンライン試写 |

Data

監督：チョ・チョルヒョン
出演：ソン・ガンホ／パク・ヘイル
／チョン・ミソン／キム・ジ
ュンハイ／チャ・レヒョン／
タン・ジュンサン

👀 みどころ

　徳川幕府は１４代、２６５年だが、朝鮮国の李王朝は２７代、５１８年も続いた。その中で燕山君と光海君が"ワル"として人気だが、NO.1はやっぱり１万ウォン札の肖像画として使われている４代・世宗。彼の最大の功績はハングルの創造だ。あの時代の朝鮮語って、一体どんな言葉？

　文字には表意文字と表音文字がある。私は表意文字の漢字の方が好きだが、世宗はなぜ究極の表音文字を目指して、「訓民正音」を残したの？

　本作から学ぶものは多い。こりゃ必見！

―――＊―――＊―――＊―――＊―――＊―――＊―――＊―――＊―――

■□■燕山君も光海君も大人気だが、やっぱり世宗がNO.1■□■

　華流（中国）の「歴史ドラマ」は『三國志』をはじめとして王朝と皇帝の物語が面白いが、韓国の「歴史ドラマ」は、李王朝の時代のみ。徳川幕府は、徳川家康から第１５代将軍・徳川慶喜まで（１６０３年～１８６８年）２６５年間も続いたが、朝鮮の李王朝はそれ以上で、李成桂の太祖から純宗まで（１３９２年～１９１０年）５１８年間も続いた。朝鮮王朝には２７人の王がいたが、その名前に「君」がついているのは１０代目の燕山君と１５代目の光海君だけ。そして、燕山君は『王の男』（05年）（『シネマ12』312頁）で、光海君は『王になった男』（12年）（『シネマ30』89頁）で主人公にされる等、"ワル"として大人気だが、やっぱり韓国の王様の人気NO.1は第４代の世宗。その人気は、１万ウォン札の紙幣の肖像画として使われていることを見れば明らかだが、それは一体ナゼ？

　彼の人生はTVドラマ『龍の涙』（08年～11年）等でも有名だが、何と言っても彼を有名にしたのは、ハングルの創設者としてだ。

■□■世宗はなぜ名君？その最大の功績は？■□■

　NHK大河ドラマ『青天を衝け』では、吉沢亮演ずる主人公・渋沢栄一の動きも気になる

が、目下の注目点は、父親の水戸光圀を始め、福井藩や薩摩藩などから「次期将軍に！」と期待されている、草彅剛演ずる徳川慶喜の動き。周囲の期待に反して、彼は将軍職への意欲の無さを明確にしたが、その直後、１３代将軍・徳川家定から"大老"に抜擢された井伊直弼によって、尊王攘夷派は弾圧されてしまったから、アレレ・・・。

　そんな徳川幕府の混乱に比べて、１５世紀の李王朝第３代国王・太宗の３男だった世宗は、王位に就くはずではなかったのに、優れている世宗に王位を継がせたいと考えている父親の気持ちを察した兄２人が王位を譲ったため、若くして即位できたからラッキー！確かにそのとおりだが、世宗の最大の功績は、ハングルを創造し「訓民正音」を制定（１４４６年）にしたことだ。李王朝時代に支配層が信奉していたのは儒教。朝鮮半島では朝鮮語が使われていたが、それを表現する文字がなかったため、知識層は漢字を使っていた。しかし、漢字だけですべての朝鮮語を表現することはできないため、漢字の音だけで朝鮮語を表す吏読（イドウ）という方法がとられていたが、当然一般の庶民は難しい漢字を読むことができなかった。

　本作に登場する世宗は即位後３０年近くになっていたが、モノの本によれば、世宗は若くして即位するとすぐに、全国から優れた人材を集めて集賢殿という役所をつくり、さまざまな開発にあたらせたらしい。したがって、世宗の名君ぶりは、さしずめ NHK 大河ドラマ『篤姫』（08年）で高橋英樹が、『西郷どん』（18年）で渡辺謙が演じた、薩摩藩の名君・島津斉彬のようなものだ。世宗はハングルを作ろうと長年努力したが、糖尿病などの持病に悩む年になっても、その完成はなお遠かったらしい。そのため、本作導入部では、かんしゃくを起こした世宗がそれまで蓄積してきた信頼をすべて捨ててしまうようなシークエンスが登場するが・・・。

■□■知らなかったなあ！儒教が圧倒的に支配！仏教は冷遇！■□■

　聖徳太子のドラマや大化の改新のドラマ、また鑑真や遣唐使のドラマでは、日本がいかに仏教を大切にしていたかが描かれる。しかし、本作を観ていると、世宗時代の朝鮮半島では儒教が圧倒的に支配しており、仏教は冷遇されていたことが、これでもかこれでもかというくらい描かれるので、それに注目！知らなかったなあ、そんな事実は・・・。

　本作で世宗を演じたソン・ガンホは、『パラサイト　半地下の家族』（19年）（『シネマ46』14頁）でも大活躍した名優だが、本作における仏教の僧侶・シンミ役のパク・ヘイル、王妃役のチョン・ミソンも超演技派！この３人の共演は『殺人の追憶』（03年）（『シネマ4』240頁）以来だ。『殺人の追憶』では、パク・ヘイルが４年制大学卒で英語もオーケーのインテリ刑事を、ソン・ガンホがたたき上げの地元警察の刑事を演じて常に対立していたが、それは本作でも同じ。つまり、儒教を重んじ、仏教を冷遇する李王朝時代の政策をそのまま推進している世宗と、強い信念を持った仏教の僧侶であるシンミは最初から"水と油"の相容れない関係だった。しかし、後述のように、シンミが「大蔵経」に通じていることを知り、更に、それがすべての民が容易に読み書きできる文字の創造を目指す世宗の理想

の実現に役立つことを知ると、いつの間にか2人の仲は・・・？

　世宗は廃仏政策を行い、仏教の宗派を禅教の2宗派に統合し、18ヶ寺を除いてすべて破却するなどしたそうだが、日本では孔子を開祖とする儒教と、釈迦の教えを伝える仏教が対立することなく共存した。しかるに、なぜ李王朝の時代は儒教と仏教は対立していたの？そんな大テーマと共に、新しい文字の創造を通して、それまで敵対していた世宗とシンミが同志のような関係に結び付いていく人間ドラマをしっかり確認したい。

■□■大蔵経ってナニ？当時の朝鮮国と日中との関係は？■□■

　『パラサイト　半地下の家族』では、導入部で主人公たち4人家族が住んでいる「半地下」住宅にビックリさせられたが、本作導入部では日本の仏教徒が世宗に対して、「大蔵経の"原版"を日本に譲って欲しい」、と懇願するシークエンスにビックリ！大蔵経って一体ナニ？日本の仏教徒は、なぜその原版の頂戴を世宗に求めたの？

　現在の朝鮮半島は、朝鮮戦争後も南北分断状態が続いているから、日中と北朝鮮、韓国との関係はより複雑化している。しかし、朝鮮国と日中との関係が複雑だったのは、世宗の時代も同じ。朝鮮国が宗主国たる中国にいかに気を使いながら政権運営をしていたかは、本作における大蔵経を巡る議論を聞いているとよくわかるが、そこでも顕著なことは、朝鮮半島（＝李王朝）における儒教の支配と仏教の冷遇だ。漢字の使用は中国から強制されたものではないが、世宗のように新しい文字を創造するために漢字の使用を止めたりすれば、中国からの圧力は？さらに、その開発のために、従来から重用している儒者ではなく、仏教徒を大量に活用したりすれば、中国からの圧力は？

　私は本作の鑑賞を契機に「大蔵経」について多くの資料を集めて学んだが、大蔵経（一切経）とは、仏陀の死後、仏陀が説いたものをまとめた仏典や経典を集大成した叢書のことだ。大蔵経は①僧としての生活規律を説いた「律蔵」、②説教を述べた「経蔵」、③それらの解釈をした「論蔵」の三蔵から構成されている。また、大蔵経には、その書かれた言語に基づき、大別して「パーリー語三蔵」、「チベット大蔵経」、「漢訳大蔵経」という3系列のものが存在するらしい。なるほど、なるほど。このように勉強してみると、仏教における大蔵経はさしずめキリスト教における聖書のようなもの・・・？

■□■表意文字 vs 表音文字。世宗が目指した文字は？■□■

　宮中に学問研究所として「集賢殿」をつくり、若く優秀な儒学者や官僚を養成した世宗は、集賢殿の学士と共に広い分野に及ぶ編纂事業を主導し、儒学や様々な文化・技術を振興した。したがって、誰でも容易に学べ、書くことができる朝鮮独自の文字をつくりたいと考えたのはその延長線だが、これはとてつもなく困難な作業だった。

　文字には表意文字と表音文字があり、漢字は典型的な表意文字、ハングルは典型的な表音文字だ。世宗が目指したのは、誰でも容易に学べ、書くことができる朝鮮独自の文字をつくることだったが、そのためには一体何をどうすればいいの？そこで登場し、世宗に協力することになったのが仏教徒のシンミだが、そこでは彼が大蔵経に通じていたことが大

いに寄与するのでそれに注目！

　私は中国語の勉強を一生懸命やっているが、そこで何より難しいのが発音。とりわけ、母音の聞き分けが難しいが、本作を観ていると、ハングルを創造するについてシンミやそのスタッフがその点でいかに苦労したかがよくわかる。ハングルの構造について解説した本はたくさんあるが、本作を観れば、どんな意図でハングルの創造が進められ、どんな苦労の末にそれが完成したのかがよくわかるので興味深い。ハングルを日常的に使っている韓国人はもとより、語学に興味を持っている人は本作必見！

　もっとも、１４４６年に訓民正音は完成したものの、その時点では世宗の体力は限界に近づいていたうえ、世宗とシンミの双方を支え、協力していた王妃も死亡。このまま世宗が死亡すれば、仏教に反発し、訓民正音にも反対している儒教派の大臣や官僚たちが訓民正音を廃止することは確実だ。そんな時代状況だったにもかかわらず、訓民正音が生き延び、ハングルが現在のような常用語になったのは一体ナゼ？それを本作を鑑賞する中でしっかり勉強したい。

２０２１（令和３）年４月１２日記

世宗大王の銅像と１万ウォン札

　韓国を訪れた外国人旅行者の必見観光スポットがキョンボックン（景福宮）。キョンボックン（景福宮）前のクァンファムン（光化門）広場には、世宗大王の大きな銅像があり、多くに人がその前で記念撮影をしている。

　大韓民国１０，０００ウォン紙幣。肖像画として世宗大王が描かれている。

Data
監督・脚本：ヨン・サンホ
出演：カン・ドンウォン／イ・ジョ
　　　ンヒョン／イ・レ／クォン・
　　　ヘヒョ／キム・ミンジェ／
　　　ク・ギョファン／キム・ドユ
　　　ン／イ・イェウォン

SHOW-HEY シネマルーム

★★★★

新　感染半島
ファイナル・ステージ

2020 年／韓国映画
配給：ギャガ／116 分

2021（令和 3）年 1 月 2 日鑑賞　｜　TOHO シネマズ西宮 OS

みどころ

　瀬々敬久監督の『感染列島』（08 年）は、「新型インフルエンザ」らしき感染症で汚染された、今から 10 年前の日本列島だったが、本作はゾンビ化してしまった朝鮮半島の 4 年後を描くもの。香港に亡命していたジョンソクたちは、2000 万ドルを積んだトラックを取り戻すべく、再び半島に乗り込んだが・・・。

　半島は今や死の街に！そう思っていたが、現実には 631 部隊の他、美女たちの家族も生存。なるほど、なるほど・・・。631 部隊の凶気が、ゾンビ以上であることは、『グラディエーター』（00 年）と同じような"お楽しみ"を観ればよくわかる。ひょっとして、これが人間の本性・・・？

　おっと、それはサブストーリーで、本作のクライマックスは、カネと脱出の両者を賭けた三者入り乱れたカーチェイスになる。もちろん、結果はミエミエのはずだが、そこに至るまでのプロセスと韓国映画特有の"濃さ"をタップリと味わいかつ楽しみたい。

—— * —— * —— * —— * —— * —— * —— * —— * ——

■□■コロナが拡大する中、ゾンビ映画も拡大！■□■

　300 万円という低予算でも、素人に近い俳優陣でも、「アイデアさえ良ければ！」、「脚本さえ良ければ！」を日本中に実証し、劇場を超満員にしたのが、上田慎一郎監督の『カメ止め』こと『カメラを止めるな！』（17 年）だった（『シネマ 42』17 頁）。日本の「ゾンビ現象」はそんな小作品から生まれたが、韓国で「ゾンビ現象」が起きたのは、『新感染　ファイナル・エクスプレス』（16 年）から。ソウル発、プサン行きの高速鉄道 KTX 内で突然、感染爆発が起き、乗客が次々と凶暴化（ゾンビ化）していったから大変だ。

　その 4 年後を描いた本作冒頭では、姉夫婦とまだ幼い甥を連れたジョンソク大尉（カン・

ドンウォン）が、やっとの思いで日本行きの船に乗り込む姿が映し出される。ところが、何とその客室内で感染が発生したため、姉と甥はジョンソクの目の前で凶悪なゾンビたちに襲われてしまうことに・・・。日本での受け入れを拒否された船は何とか香港にたどり着いたが、それから４年、ジョンソクは義兄のチョルミン（キム・ドユン）と共に、香港の片隅で絶望的な日々を送っていた。

5月15日（土）発売
『新感染半島　ファイナル・ステージ』
4K ULTRA HD&Blu-ray＜2枚組＞：¥7,480（税込）
Blu-ray：¥5,280（税込）・DVD：¥4,180（税込）
発売・販売元：ギャガ
(C) 2020 NEXT ENTERTAINMENT WORLD & REDPETER FILMS. All Rights Reserved.

「ゾンビ映画」の起源は『フランケンシュタイン』（31年）等の“モンスター映画”にあり、その後、世界的にヒットした『ゾンビ』（78年）等で広く知られるようになった。そして、ミラ・ジョヴォヴィッチ主演の『バイオハザード』シリーズ（01年、04年、07年）（『シネマ2』235頁、『シネマ6』300頁、『シネマ16』423頁）の出現や、ダニー・ボイル監督の『28日後...（28 DAYS LATER)』（02年）（『シネマ3』236頁）や『28週後...』（07年）（『シネマ18』364頁）のヒットによって、新たに21世紀の「ゾンビ映画」が確立され、『ゾンビランド』（09年）、『ワールド・ウォーZ』（13年）（『シネマ31』164頁）等が次々と作られた。これらのゾンビ映画の系譜については、パンフレットにある伊東美和（ゾンビ映画サポーター）の「ゾンビ映画の系譜とヨン・サンホの描くゾンビ」を熟読したい。

　２０２０年には新型コロナウイルスがパンデミック化したが、それに伴って「ゾンビ映画」も拡大の一途を辿るのは必至！？そんな中、前作の『新感染　ファイナル・エクスプレス』を大ヒットさせた韓国のヨン・サンホ監督は、その続編たる本作をどんな「ゾンビ映画」に？

■□■ジョンソクの仕事は？再び半島へ潜入？そんなバカな！■□■

　２０２０年は、２月以降の新型コロナウイルス騒動の発生とパンデミック化によって全世界が大変な状況に陥った。そんな中、日本で顕著になっているのが、感染者への差別だが、それは本作でも同じ、いや、それ以上だ。食堂に入っても、韓国からの亡命者である

237

ことがバレると、「半島者は出ていけ」と客から罵倒されていたから大変。そんな2人がまともな仕事につけるはずはなく、今日は、一見して裏社会の人間だとわかる男から、「完全

閉鎖されている半島へ潜入し、2000万ドルが積まれたトラックを奪え」という仕事の注文を受けることに。チームは、ジョンソクとチョルミンの他2名。分け前は半分だ。

感染者は暗いところでは目が見えないから、夜のうちに半島へ潜入し、トラックを運転して帰るだけ。そう考えれば、この仕事はある意味で容易かも・・・？また、2分の1が分け前という条件も悪くないが、弁護士の立ち合いで契約書を作るわけではないから、この契約はどこまで有効？港の近くで3日間待つとのことだが、ひょっとしてカネの入ったトラックを引き渡したら、その場で射殺されてしまうのでは・・・？そんな不安もいっぱいだが、面白い映画作りのためには、とりあえずそれは無視・・・。

また、港までは船で潜入する手はずが整っているとしても、札束の入ったトラックはどこにあるの？そこに行くまでの車は？ガソリンは？その間の食料や水は？任務達成に向けて検討すべき課題は多いが、面白い映画作りのためには、とりあえずそれも無視。4年前にはタクシーの運転手をしていたというおばさんがチームに入っていたから、市街地がいかに崩壊していても、トラックの所在地までの運転はすいすいと順調。こんなにコトが順調に運ぶのなら、2000万ドル×2分の1の分け前がもらえるこの仕事はチョロいもの。用心に用心を重ねてやっとトラックまで到着しジョンソクも、一安心して帰路につこうとしたが・・・。

■□■半島内には生存者が！それは、631部隊！■□■

ヨン・サンホ監督が共同脚本を書いた本作はたしかに「ゾンビ映画」だし、大ヒットした『新感染　ファイナル・エクスプレス』の続編だが、スクリーン上に大量に登場するゾンビたちには何のキャラクターも与えられず、ただ人間を襲うバケモノとして存在するだけ。それは、本作を単なる「ゾンビ映画」ではなく、「人間ドラマ」にするためだ。そのため本作には、完全に閉鎖された半島の中で4年間ずっと生き抜いてきた軍団「631部隊」

が登場するので、それに注目！その指揮官はソ大尉（ク・ギョファン）だが、今やその実権は、現場を仕切るファン軍曹（キム・ミンジェ）が握っているらしい。

　たいした苦労もなく２０００万ドルが入ったトラックを見つけたジョンソクたちにトラブルが発生したのは、運転手をどかそうとした時。息絶えていたはずのその男から突然襲われたことによって、クラクションが鳴り響き、それを聞きつけたゾンビたちが大量に襲撃してきたから大変だ。トラックともう１台の車を駆って大量の感染者（ゾンビ）から逃げ出した４人だったが、その進路の前に６３１部隊の照明弾が放たれたから、一難去ってまた一難。こんな事態は全く想定していなかったのに・・・。クラッシュした車から投げ出されたジョンソクたちは、真昼の如く照らされた空の下、群がる感染者たちと必死に戦ったが、もはやここまで・・・？

■□■ここにも生存者が！それは、あの家族！■□■

　「ゾンビ映画」には、必ずしも美女を登場させる必要はない。しかし、『カメ止め』でもアイドル女優・松本逢花の他、人妻女優の代役として監督の妻・日暮晴美を登場させていたように、ストーリーを面白くさせる上で女優陣の活躍は不可欠だ。しかし、チョルミンの妻で、ジョンソクの姉だった美女は、本作冒頭でゾンビの餌食にされてしまったから、本作はどこでどんな美女を登場させるの？そう思っていると、本作には１０代の長女・ジュニ（イ・レ）とまだ幼い次女のユジン（イ・イェウォン）の母親・ミンジョン（イ・ジョンヒョン）が登場し、大きな役割を果たすので、それに注目。ちなみに、この美女の登場に関するヨン・サンホ監督の演出は巧みで、ジョンソクたちが車に乗って半島を脱出するべく船に向かった４年前のシークエンスにもこの美女とその家族を登場させているので、なるほど、なるほど・・・。

　ミンジョンはかつて軍の士揮官だった初老のキム（クォン・ヘヒョ）と共に６３１部隊から抜け出し、隠れ家に隠れて無線でSOSを出し続けているらしい。ここでも、あの時船にたどり着くことができなかったミンジョンたち家族が、なぜ今日まで生き抜いているのかのストーリーが省略されているが、それもいったんは横に置きたい。そして、本作中盤では、車から放り出された状態で大量のゾンビたちと戦い、もはやこれまでか、とあきらめかけていたジョンソクを車に招き入れ、見事なハンドルさばきで感染者たちを蹴散らしていくジュニのハンドルさばきに注目したい。

　観客動員１６００万人を突破し、韓国歴代NO．１となった『エクストリーム・ジョブ』（19年）を観れば典型的にわかる通り、韓国映画は出演者のキャラが濃いのが特徴。しかして、本作では美女・ミンジョンの戦闘能力や、長女・ジュニのレーサーまがいの運転技術もさることながら、その母娘愛、家族愛が非常に濃いので、しっかりそれを味わいたい。

■□■ゾンビも怖いが、人間の狂気はもっと怖い！？■□■

　朝鮮半島がいかに"感染列島"化していったのかについては、私は観ていないが、「新型インフルエンザ」らしき感染症によって日本列島が"感染列島"化していく姿は、瀬々敬

久監督の『感染列島』(08年)(『シネマ22』未掲載)を観た私はよく知っている。

　２０２１年の正月明けは、新型コロナウイルス騒動が広がる中で再度の緊急事態宣言の"発出"が確実になっているが、『感染列島』の物語は、今からちょうど１０年前、２０１１年の正月明けからスタートしていた。その年の夏の日本列島は、数千万人を超える感染者と１０００万人を超える死者が発生していたそうだが、凶悪化するゾンビによって"感染列島"化した朝鮮半島は完全に封鎖されてしまったのだから、それから４年後の今、生存者は誰一人いないはず。私はそう思っていたが、本作には前述したように、６３１部隊や、ミンジョンたち家族が登場してきたのでビックリ！しかも、ミンジョンたち家族は細々と生き延びているだけだが、事実上、ソ大尉に代わってファン軍曹が指揮を執っている６３１部隊は、かなり凶暴化した集団としてハチャメチャな集団生活を送っていることにビックリ！

　人間の運、不運は神様にしかわからないが、その意味では、長女・ジュニの運転する車に救われたジョンソクは運が良かったが、２０００万ドルを積んだトラックごと６３１部隊に捕まったチョルミンは不運。『グラディエーター』(00年)で描かれたように、ローマ帝国時代には奴隷の一部が「グラディエーター（剣闘士）」として命を懸けて戦い、それをローマ市民たちが楽しみながら見物するという恐ろしい制度があったが、今、ファン軍曹が主催しているゾンビたちを使った"あるゲーム"は、人間の狂気がゾンビ以上であることを示すおぞましいものだ。さあ、ワケの分からないそんな"ゲーム"に出場させられたチョルミンの運命は・・・？

■□■金の行方は？うごめく人間模様がクライマックスに！■□■

　前述したように、本作はゾンビ映画だが、何度も登場してくる大量のゾンビは単なる物体だけの存在で、ストーリー形成上大きな意味をもたず、後半からのストーリーは２０００万ドルの争奪戦の中にうごめく人間模様になってくる。そこでのキーマンは、６３１部隊の中で１人だけファン軍曹に従わず、ソ大尉に忠誠を尽くすキム二等兵だ。トラックの中の札束と衛星電話を見つけた、と彼からの報告を聞いたソ大尉が、恐る恐る電話をかけてみると、その電話は「港で３日間待っている」と約束した、あの裏社会の連中に通じたから、シメシメ。しかも、トラックに乗ってカネさえ持ってくれば感染列島から脱出させてくれる上、半額をくれると約束してくれたから、その手に乗らないバカはいない。あとは、ゲームに熱中しているファン軍曹に気づかれないように、うまく６３１部隊の駐屯地から脱出し、一路、港までトラックを走らせるだけだ。

　他方、ミンジョンたちに救出されたジョンソクは、同じころ、チョルミンを救出するべく６３１部隊の駐屯地に潜入。競技場内で、ゾンビと戦っているチョルミンを救出するためには、６３１部隊の兵士を倒すよりもゾンビを競技場から解放してしまった方が得策。そんなジョンソクの思惑が見事にハマったうえ、ジョンソクとチョルミンを乗せて脱出した長女のジュニやミンジョンの運転もプロ級だ。しかし、混乱を立て直して大量の車で追

いかけるファン軍曹率いる部隊も強力だから、ここから展開される三者入り乱れてのカーチェイスは本作最大の見どころになる。

　しかして、カーチェイスの勝者は誰？そして、カネを積んだトラックで無事に港に到着するのは一体誰？それは当然ジョンソク、チョルミン、ミンジョンたちのはずだが、その脚本と演出は如何に？

■□■ラストに向けて、韓国映画の"濃さ"を堪能！■□■

　韓国映画ではじめてアカデミー作品賞を受賞したポン・ジュノ監督の『パラサイト　半地下の家族』(19年)(『シネマ46』14頁)でも、韓国歴代ナンバー1の観客動員となった『エクストリーム・ジョブ』(19年)(『シネマ46』239頁)でも、大ヒットする韓国映画

では登場人物のキャラの濃さが目立っている。しかして、本作でも、クライマックスとなる三者入り乱れたカーチェイスの中、ファン軍曹の狂気を秘めたずる賢さ(？)はもとより、美女・ミンジョンの戦闘能力と運転テクニック、そして、ジョンソクとチョルミンの「絶対に生きて帰るんだ」との執念が強力に描かれるので、それに注目！

　ド派手に照明弾を打ち上げ、銃をぶっ放しながらジョンソクたちを追うファン軍曹率いる631部隊が必死なら、トラックで駐屯地から逃げ出したソ大尉も、衛星電話での通信で明確な目標を持っていたから、今や必死。そんな中、ファン軍曹の部隊を何とか振り切ったミンジョンたち家族とジョンソク、チョルミンは今やっと港にたどり着こうとしていたが、そこで放たれた一発の弾は、ミンジョンの足に命中したから、さあ大変。撃ってきたのは一体誰？さらに、港の近くでは、大きな音を聞きつけた大量のゾンビたちが襲撃し

てきたから、足を負傷したミンジョンの脚力がゾンビに負ければその餌食になってしまうのは必至。折りしも、上空にはあるハプニング(？)によって救助用のヘリコプターが飛来したが、さて、最後に救出されるのは一体誰？もちろんその詳細をここで書くワケにはいかないから、本作ラストに見る韓国映画特有の"濃さ"と面白さは、あなた自身の目でしっかりと！

2021 (令和3) 年1月6日記

Data

監督・脚本：キム・ヨンフン
原作：曽根圭介『藁にもすがる獣た
　　　ち』（講談社文庫刊）
出演：チョン・ウソン／チョン・ド
　　　ヨン／ペ・ソンウ／チョン・
　　　マンシク／チン・ギョン／シ
　　　ン・ヒョンビン／チョン・ガ
　　　ラム／ユン・ヨジョン／

SHOW-HEY シネマルーム

★★★★★

藁にもすがる獣たち

2020 年／韓国映画
配給：クロックワークス／109 分

2021（令和3）年2月23日鑑賞　｜　シネ・リーブル梅田

👀 みどころ

　最近の邦画はピュアな「純愛モノ」や、弱者への「寄り添いモノ」が多いが、韓国映画はアクの強い作品、キャラの強い作品が多い。すると、曽根圭介の、アクの強い原作『藁にもすがる獣たち』は、韓国の映画がベストマッチ！

　それがピタリ的中だったし、美人女優、チョン・ドヨンの悪女キャラは原作以上の出来。『ワイルド・シングス』（98年）と同じように、二転三転、そして四転五転していく物語はメチャ面白い！

　もっとも、日本人の個人金融資産1900兆円を考えても、大金は使ってこその価値！？それを痛感！本作の結末を見ると、続編の誕生も！？

―― * ―― * ―― * ―― * ―― * ―― * ―― * ―― * ―― * ――

■□■曽根圭介の原作はキャラの濃い韓国映画とベストマッチ■□■

　近時の邦画は『花束のような恋をした』（21年）のようなピュアな"恋愛モノ"、『心の傷を癒すということ』（20年）のような"寄り添いモノ"が花盛り。これは、「すべての人にやさしく平等に」が潮流になってしまった昨今の日本社会のせいだ。しかし、1967年に静岡県で生まれ、早稲田大学商学部を中退、サウナ従業員、漫画喫茶店長、無職時代を経てミステリー作家になった曽根圭介の小説は、そんな近時の潮流とは正反対。彼の小説『藁にもすがる獣たち』（13年）は、カネに取りつかれ、欲望をむき出しにした人々が激しくぶつかり合うサマを描いた犯罪小説だ。

　他方、『パラサイト 半地下の家族』（19年）（『シネマ46』14頁）はもとより、近時の『犯罪都市』（17年）（『シネマ42』268頁）、『エクストリーム・ジョブ』（19年）（『シネマ46』239頁）、『悪人伝』（19年）（『シネマ47』229頁）等の韓国映画の"刑事モノ"、"犯罪モノ"の登場人物たちのキャラの濃さを見れば、曽根圭介の小説は邦画よりも韓国映画とベストマッチ！私のみならず、誰もがそう思うはずだ。

人間の本性を巡っては、相対立する「性善説」と「性悪説」がある。したがって、どんなストーリーのどんな局面において、そのどちらが正しいかを探っていく映画も面白いが、どんな人間もその両者を備えていることを前提として、どんな局面になれば、そのどちらが出現するかを探っていく映画も面白い。本作はまさにその後者だから、“藁にもすがる獣”状態になった人間たちは、突然１０億ウォンの大金を目の前にした場合、「性善説」に従って行動するの？それとも「性悪説」に従って行動するの？それをじっくり観察したい。

■□■本作の主役３人は？原作小説の主役３人との対比は？■□■

　本作に登場する“藁にもすがる獣たち”の“主役”は、①暗い過去を清算して新たな人生を歩もうとする女・ヨンヒ（チョン・ドヨン）、②失踪した恋人が残した借金を抱える男・テヨン（チョン・ウソン）、③事業に失敗し、今は地元のサウナのアルバイトで妻と認知症の母親を何とか養っている男・ジュンマン（ペ・ソンウ）、の３人。見方によっては、④株式投資の失敗により、家庭が崩壊して不幸の沼に嵌ってしまった主婦・ミラン（シン・ヒョンビン）も４人目の主役と考えられる。その他の面々も同じような“曲者”ぞろい。本作ではまず、そんな“藁にもすがる獣たち”の、韓国特有（？）の“濃いキャラ”に注目！

　それに対して、原作小説に登場する３人の主役は、(a) 父親から受け継いだ理髪店を潰してしまい、サウナでアルバイトをする初老の男、(b) 夫のＤＶに耐えながらデリヘルで働く主婦、(c) 元恋人に多額の借金を背負わされ、ヤクザの取立てにあえぐ悪徳刑事の３人だ。この両者を対比すると、本作の③ジュンマンがほぼ原作の (a) に相当し、本作の④ミランがほぼ原作の (b) に相当するが、本作でチョン・ウソン演じるハンサム男・②テヨンは、出入国審査官の“お役人様”だから、原作の (c) 悪徳刑事とは大違いだ。さらに、『シークレット・サンシャイン』（０７年）（『シネマ１９』６６頁）、『ハウスメイド』（１０年）（『シネマ２７』６７頁）等で名演技を見せた韓国を代表する名女優、チョン・ドヨン演じる①ヨンヒは、原作者の曽根圭介ですら思いつかないほど、とてつもなくえげつない、韓国特有の、血も涙もない女傑（？）だから、とりわけこの①ヨンヒのキャラに注目！

　本作の冒頭は、右手に持たれたボストンバッグがサウナのコインロッカーに収納される姿をクローズアップで捉えるシークエンスから始まる。そのストーリーは原作と同じだが、この撮影はさすが韓国映画！と思わせる美しさと迫力がある。その中に入っている金額は１０億ウォン。そう聞いても日本人にはピンとこないし、原作でも本作でもそれが使われるシーンが全く登場しないから、その価値はわからないが、１０億ウォンは約９５００万円だ。ちなみに、多分日本でも韓国でも、これくらいが“藁にもすがる獣たち”の人生を動かすきっかけになる金額なのだろう。

■□■最初にボストンバッグに手を付けるのは誰？■□■

　私が映画評論を書き始めるきっかけになった面白い映画『ワイルド・シングス』（９８年）。同作は、まさに「ワクワク・ドキドキ・ラブラブ、これが映画の醍醐味です。」と書

いたとおりの名作（快作）だった『シネマ1』3頁）。その評論で、私は「これは、もう絶対おすすめ。5転・6転のストーリーが読めれば天才。」と書いたが、それは本作も同じだ。

　もっとも、本作冒頭のボストンバッグがサウナのコインロッカーに収納されるシークエンスを観た後の焦点は、誰がそれを取り出すのか、になる。そのロッカーのキーを持っているのは当然そこにバッグを入れた本人だが、それはもちろんストーリーでは隠されている。その結果、最初にロッカーを開けてバッグを発見し、更にその中に大量の現金が入っているのを見つけるのはジュンマンだが、私にはその後のジュンマンの行動はメチャ意外。なぜなら、ジュンマンはそのままそのバッグを持っていくことができたにもかかわらず、良心的に（？）それを忘れ物の保管室にしまい込んだからだ。もっとも、それが本当に良心的な行動か否かは、彼がそのことをサウナの支配人・サンドン（ホ・ドンウォン）に教えていないことや、わざわざそのバッグを他の荷物の後ろに隠していたことから明らかだが、さて彼はこの時点でこのバッグ（＝現金）をどうしようと考えたの？

　こんな良心的な（？）行動を見ていると、この時点で彼はきっと、まだ“藁にもすがる獣”になり切れていなかったのだろう。しかし、認知症の母親・スンジャ（ユン・ヨジョン）が、妻のヨンソン（チン・ギョン）につらく当たったり、そのとばっちりで妻が骨折して入院、更にそんなゴタゴタによる数回の遅刻を咎められ、サンドンから“クビ宣告”をされてしまうと、ジュンマンは“藁にもすがる獣”状態に。その挙句、彼は遂に保管室に置いた現金入りのバッグを持ち出そうとしたが、そこでサンドンとの間に思わぬハプニングが発生！こりゃ絶体絶命、と思われたが、そこで見せる、さすが“藁にもすがる男”・ジュンマンの爆発力と瞬発力に注目！

■□■第1の殺人は誰が誰を？ところが、アレレ・・・■□■

　私は園子温監督が大好き。とりわけ、「パンチラ」をテーマにしながら（？）、さまざまな人間の本性を描いた『愛のむきだし』（08年）（『シネマ22』276頁）や、『冷たい熱帯魚』（10年）（『シネマ26』172頁）、『恋の罪』（11年）（『シネマ28』180頁）等の人間の性と業（サガ）をトコトン掘り下げて生々しく描いた初期の作品が大好きだ。『冷たい熱帯魚』では、石井隆監督の『ヌードの夜／愛は惜しみなく奪う』（10年）（『シネマ25』183頁）の冒頭シーンを上回るほど残忍な、風呂場で死体を切り刻むシークエンスまで登場していたが、昨今の“お上品”な邦画では、もはやそんなシーンはムリ。しかし、えぐいシーンに抵抗感のない（？）韓国映画なら、それもOK！？

　そうかどうかは知らないが、本作ではどこかユーモアのある“ボストンバッグの移動物語”とは異質の、ドロドロした人間ドラマでは、最初の殺しの物語として、ミランと、中国の桓仁からやってきた不法滞在者のジンテ（チョン・ガラム）との共謀による、ミランの夫・ジェフン（キム・ジュンハン）殺しが登場する。その計画は、夜中に飲み屋から千鳥足で出てくるジェフンを、ジンテが車で跳ね飛ばすだけの単純なものだから、首尾は上々！自宅でジンテからの報告を聞いたミランがそう考え、それに続く保険金請求の段取

りを考えていると、玄関のドアがノックされ、当の本人が戻ってきたから、アレレ！ジンテは間違いなく死体を山の中に埋めたと言っていたのに、何とそれは別の男の死体！？

■□■この美女によるあの美女殺しの凄惨さは園子温以上！■□■

本作第1の殺人事件は、深刻な状況下にもかかわらずどこかユーモラスなところがあった・・・？しかし、風俗店で働いている美女・ミランに同情したかのように近づいてきた、ベンツに乗った美人女社長・ヨンヒが、ミランに第2の保険金殺人計画を持ち掛けるストーリーを観ていると、この女社長の悪女ぶりが際立っている。毒を食らわば皿まで。それは古今東西を問わない鉄則だが、夫殺しによる保険金詐取に失敗したミランにとって、「幽霊が出てくるから警察に自首する」と喚くばかりの、だらしのない男・ジンテを見切り、これを殺害の上、土の中に埋めてしまったのは仕方ない。

しかし、その上を行くのがヨンヒで、ヨンヒはまだ生きているミランのDV亭主・ジェフンを、今度こそ保険会社に怪しまれずに殺害し、保険金を受け取る方法をミランに伝授したから親切なものだ。そんなアドバイスもあって、ミランの2度目の保険金目当ての亭主殺しはまんまと大成功。しかし、それによってミランに大金が入ってくると、ヨンヒは一方ではミランに"高飛び"を指示し、他方では、園子温監督の『冷たい熱帯魚』を上回る凄惨な手法でミランを切り刻み、バラバラ死体にして　本作の舞台になっている港町の海の中に投げ捨ててしまったから、アレレ・・・。ちなみに、そこでの名セリフが「金が欲しければ誰も信じるな」だから、これは本作の面白さと共にしっかり記憶しておきたい。

■□■物語は二転三転！そして四転五転！こりゃ面白い！■□■

本作は韓国の名優たちが多数出演し、それぞれの個性的な演技を競っているが、本作中盤には韓国男優NO.1のチョン・ウソン演じるテヨンと、韓国女優NO.1のチョン・ドヨン演じるヨンヒが元恋人同士として、テヨンの部屋の中で再会するので、それに注目！

本作導入部では、出入国審査官というお堅いお役人"（であるはず）のテヨンは、金融業者のドゥマン（チョン・マンシク）から借金の返済を迫られ困惑する姿が描かれる。しかし、その借金は自分のものではなく、跡形もなく失踪してしまった恋人・ヨンヒが残したもの。そんな金で購入したベンツに乗ったヨンヒは「女社長」と呼ばれ新しい人生を歩んでいたが、ミランを殺して金を奪い、その死体を切り刻んで海の中に捨ててしまったにもかかわらず、今またテヨンのアパートに戻ってきたから、アレレ・・・。その事情にアレコレあるのは当然だし、厚かましくも再度テヨンの前に姿を見せたヨンヒが、何らかの次の策略を練っていたのも当然だ。しかして、それは一体ナニ？また、目の当たりにヨンヒの姿を見て、当初は怒り狂っていたテヨンも、その後冷静にアレコレの計算をし始めたのは当たり前。その結果、美男美女ながら"藁にもすがる獣"男性NO.1と、"藁にもすがる獣"女性NO.1の2人が目指した次の行動とは？

ヨンヒは莫大な自分の借金をテヨンに押し付けたまま失踪したのだから、二度とテヨンの前に登場できないのが常識だが、並外れた厚かましさを持ったヨンヒにはそんな常識は

通用しないらしい。しかして、ヨンヒが再びテヨンの前に登場したのはナゼ？それはテヨンでなければできない"ある仕事"をやってもらうためだが、それは一体ナニ？そこで効いてくるのが、原作では「悪徳刑事」としている"藁にもすがる獣"（c）の職業を、本作のテヨンについては「出入国審査官」としたことだ。『ワイルド・シングス』も二転三転から四転五転して面白かったが、第1の殺人、第2の殺人を経た本作中盤では、男女の主役2人が再び意気投合（？）するところから、また四転五転していくことに。こりゃ面白い！

■□■貯めるだけで価値！いや大金は使ってこそ！ところが？■□■

　２０２１年２月１５日、日本の日経平均株価は遂に３万円を超えた。バブル絶頂期だった１９８９年１２月２９日の最高値が３万８９５７円４４銭だったから、"失われた１０年"、"失われた２０年"を含む平成の３０年間を終え、令和の時代に入った日本は、再びバブルに突入？他方、トランプ大統領の４年間、上昇に上昇を続けたアメリカの株価は、バイデン政権に移ってもなお"史上最高値"を更新し続けている。それに比べると、「日本の株価は更なる上昇の余地がある」という見解にも一理あるが、私にはそう思えない。国債発行額の増大、過度の金融政策への依存はもとより、コロナ禍での日本の実体経済の悪化に次ぐ悪化は深刻で、株価上昇に浮かれる状況ではないはずだ。ところが、興味深いのは、一方では国債発行額、つまり政府の借金が増え続ける中、他方では①国民１人１人の個人金融資産と②民間の非金融法人企業の金融資産も増え続けていることだ。２０２１年２月２４日付日本経済新聞、松林洋一（神戸大学教授）の「個人金融資産１９００兆円の行方　上」によれば、２０２０年９月末時点の上記①は１９０１兆円、上記②は１２１５兆円に上っているらしい。なるほど、なるほど。

　本作は１０億ウォンの現金が入ったボストンバッグを巡る、殺人事件を含むどぎつい人間模様を描いた映画だが、誰もそれに手を付けず、サウナのロッカー室や忘れ物の保管室、あるいは"藁にもすがる獣たち"のタンスの中に貯蓄され続けている。それって、一体ナゼ？大金は使ってこそ価値があるのでは？貯金しているだけでは何の価値もないのでは？そう考えると、本作の鑑賞には前記論文が大きく"連動している"ことがわかる。ミランを殺して大金をせしめたヨンヒは、出入国審査官のテヨンの協力を得て、カルロス・ゴーン元「ルノー・日産・三菱アライアンス」社長兼最高経営責任者のように、「華麗なる国外脱出」を目指したが、韓国の港町を舞台にした本作ラストでは、まずヨンヒがあえなくドゥマンの「御用！」とされたうえ、ドゥマンからの再三の催促にも関わらず、デメキン（パク・ジファン）と共に逃げ回っていたテヨンも追いつめられることに。

本作は"藁にもすがる獣たち"の殺し合いを含むそんな人間模様（人間ドラマ）がメチャ面白いからそれに注目だが、それと同時に１０億ウォンの入ったボストンバッグは最後にどこへ行くの？その事にもしっかり注目したい。本作ラストの何とも意外な結末を観ていると、曽根圭介の原作には続編がないが、映画ではひょっとして続編が誕生するかも・・・？そんな期待も膨らんでいくことに・・・。　　　　　　　２０２１（令和３）年３月１記

Data

監督・脚本：ユン・ダンビ
出演：チェ・ジョンウン／パク・スンジュン／ヤン・フンジュ／パク・ヒョニョン／キム・サンドン

SHOW-HEY シネマルーム

★★★★

夏時間

2019 年／韓国映画
配給：パンドラ／105 分

2021（令和 3）年 3 月 23 日鑑賞 ｜ テアトル梅田

👀 みどころ

　注目すべき若手監督は日本にもいるが、韓国では、中国に負けず３０歳前後の若手監督の躍進がすごい。「驚くべきデビュー一作！エドワード・ヤン、小津安二郎、ホウ・シャオシェンを彷彿とさせる、恐るべき才能」と称された若手女流監督、ユン・ダンビが１０代の少女の視点で描いた"家族の物語"とは？

　戦争映画でもサスペンス映画でもない淡々とした"家族の物語"なのに、なぜ目がスクリーンに集中するの？少しいびつ、そして、仲がいいのか悪いのかがわかりにくい４人（５人）家族の"ひと夏の物語"をじっくり味わいたい。

　ちなみに、ヒロインだけは別だが、その他はホントの家族？顔つきだけ見れば、私はそんな誤解をしてしまったが・・・。

—— ＊ —— ＊ —— ＊ —— ＊ —— ＊ —— ＊ —— ＊ —— ＊ —— ＊ ——

■□■韓国では中国と同じく３０歳前後の若手監督が大活躍！■□■

　私が出資金の一部を負担した、『僕の帰る場所』（17 年）（『シネマ 41』105 頁）と『海辺の彼女たち』（20 年）の藤元明緒は１９８８年生まれの若手監督。日本でも彼のような３０歳前後の若手監督は育っているが、中国や韓国のそれに比べると大きく遅れている。

　私が注目している若手監督は、中国では①『凱里ブルース』（15 年）（『シネマ 46』190 頁）、『ロングデイズ・ジャーニー　この夜の涯てへ』（18 年）（『シネマ 46』194 頁）のビー・ガン監督、②『象は静かに座っている』（18 年）（『シネマ 46』201 頁）のフー・ボー監督、③『巡礼の約束』（18 年）（『シネマ 46』207 頁）のソンタルジャ監督、⑤『ザ・レセプショニスト』（17 年）（『シネマ 46』212 頁）のジェニー・ルー監督、韓国では①『はちどり』（18 年）のキム・ボラ監督、②『８２年生まれ、キム・ジョン』（19 年）（『シネマ 47』226 頁）のキム・ドヨン監督などだ。

　韓国では２０２０年１２月に奇才、キム・ギドク監督が亡くなったことにビックリさせ

られたが、監督デビュー作で、第24回釜山国際映画祭4冠等の快挙を成し遂げ、一躍世界の注目を集めたのが、1990年生まれの若手女流監督、ユン・ダンビだ。パンフレットには、「驚くべきデビュー作！エドワード・ヤン、小津安二郎、ホウ・シャオシェンを彷彿とさせる、恐るべき才能」の文字が躍っているが、さて？

■□■ "家族の物語" を10代の少女の視点から！■□■

ポン・ジュノ監督の『パラサイト　半地下の家族』(19年)(『シネマ46』14頁)もある意味で "家族の物語" だが、同作は強烈なブラック・コメディだった。それに対して、これまでエドワード・ヤン、小津安二郎、ホウ・シャオシェンらの "巨匠" がそれぞれの名作で描いてきた "家族の物語" は、すべて心温まるほのぼのとしたもの。山田洋二監督の『男はつらいよ』(69年〜95年)シリーズも、ある意味 "家族の物語" だから、同作では「とらや」の "茶の間" がいつも「家族団らん」の場として登場していた。

渥美清の死亡後、第50作目として完成させた『男はつらいよ　お帰り　寅さん』(19年)では、諏訪博(前田吟)とさくら(倍賞千恵子)夫婦の一人息子・満男(吉岡秀隆)の視点から "フーテンの寅さん" のさまざまな思い出と "家族の物語" が語られていたが、本作は10代の少女・オクジュ(チェ・ジョンウン)の視点から "家族の物語" が語られる。しかも、それは誰でも1つや2つ "思い出" として持っているはずの「夏休みの思い出」だ。「ユン・ダンビ監督　インタビュー」によると、本作は必ずしも彼女の実体験に基づくものではないそうだが、こんな映画を観ると、私にもあんなこんなの "夏休みの思い出" が "家族の物語" の中にあったことが思い出されることに・・・。

■□■なぜ引っ越しを？この家族はいびつ？いやいや・・・■□■

『パラサイト　半地下の家族』ではタイトルにされていた「半地下」の住宅が印象的だったが、本作でオクジュが父親のビョンギ(ヤン・フンジュ)と弟のドンジュ(パク・スンジュン)と共に引っ越していくのは、郊外にある一戸建てのかなり立派な家。これは祖父のヨンムク(キム・サンドン)の家だ。ビョンギが「ここで夏を過ごす」と宣言する中で、4人家族の生活が始まることになるが、この家族は少しいびつ・・・？引っ越し作業中の父親・ビョンギと姉・オクジュ、弟・ドンジュの動きを観察し、おしゃべりを聞いていると、誰でもそう思うのが当然だ。その理由の一つは、この家族の中に母親がいないこと。ユン・ダンビ監督はその理由については何も説明してくれないから、それは観客が自ら考えるしかないが、やはり片親(父親)だけでは2人の子供の性格もどこか曲がってしまうの？イヤイヤ、そんなことはないと思うのだが・・・・

そんなことを考えながらスクリーンを観ていると、ある日、この家を訪れてきた叔母(ビョンギの妹)のミジョン(パク・ヒョニョン)が一緒に夕食を食べたが、その席でミジョンはビョンギに勧められるまま一泊した後、一緒に暮らすことになったから、アレレ。旦那様を放っておいていいの？そう思っていると、ある日、ミジョンを尋ねてきた旦那様との間でミジョンは大喧嘩を展開していたから、さらにアレレ・・・。

■□■ヒロインも天才子役も好演！家族の絆は？■□■

『男はつらいよ』では、「とらや」の“茶の間”に集まっている面々はレギュラー一陣だが、本作で最初にヨンムク宅の茶の間に集まって夕食を食べるのは4人。その姿を見ていると、オクジュだけは突出した美人だが、祖父、父、弟の3人は、まるでホントの家族のように顔立ちが似ているのでビックリ！さらに、少し遅れてこの家に住み着いた叔母のミジョンも、女ながら兄・ビョンギそっくりの顔立ち（？）なので、これにもビックリ！それはともかく、一つ屋根の下で夏休みを過ごしているこの5人家族の様子（やりとり）を観ていると、一面では、仲が良さそうで仲が悪く、他面では、仲が悪そうで仲がいい、から面白い。

オクジュはお年頃だから、彼氏（？）がいるのは当然だが、お世辞にも弟に対して「優しい」とは思えない振る舞いが多い。それも年頃だからある面では当然かもしれないが、他面では如何なもの？また、ある日「二重瞼の手術のお金を貸して」と父親に頼むと、ビョンギからは「やめろ！」の一言だけで無視されてしまったから、オクジュの乙女心は大きく傷ついたはずだ。もっとも、そうかと言って、車に靴箱を積んで街へ行き、その路上販売で生計を立てているビョンギから、商売道具である運動靴をくすねて売却しようとしたり、それがダメになった後にそれを彼氏にプレゼントするのは如何なもの？夏休みは長いから、毎日一つ屋根の下で一緒に生活していれば、あれやこれやのハプニングが起こるのは当然だが、この4人、さらにミジョンを加えた5人家族の絆は如何に？ビョンギとミジョンが時々しんみり語り合っている姿や、祖父の誕生日をみんなで祝うシークエンスを観ていると、家族仲はメチャよさそうだが、さて？

ちなみに、オクジュ役を演じたチェ・ジョンウンの本作での演技は絶賛され、弟のドンジュ役を演じたパク・スンジュンも「天才子役」と絶賛されているが、たしかにそのとおりだ。戦争映画でもサスペンス映画でもない、淡々とした本作は、淡々と“家族の物語”が進んでいくだけだが、目はずっとスクリーンに集中することに。

■□■“ひと夏の経験”の最後に訪れるものは？■□■

ビョンギたち家族には新型コロナウイルスによる（経済的）影響は全くないが、靴の路上販売ではその収入は知れているはず。また、ミジョンも夫から生活費が払われているとは思えないから、経済面には不安があるはずだ。また、ビョンギとミジョンにとってのこの“ひと夏の経験”は、①祖父のおもらし、②祖父の老人ホーム入れだったが、その延長としてビョンギがミジョンに「しばらくこの家で暮らそうか」と言うと、その反応は「お兄ちゃんは実家のお金を頼っていた、家まで貰うなんて」だったから、アレレ・・・？ひょっとして相続争いが発生？弁護士の私は一瞬そう思ったが、さて、その後の成り行きは？

また、ある日、見知らぬ女性に家を案内しているビョンギの姿を見たオクジュが「おじいちゃんに無断で決めてはだめ」とビョンギを責めると、逆にビョンギはオクジュに対して「お前も無断で靴を売ったじゃないか」と切り返してきたから、この家族は、姉弟喧嘩

が日常茶飯事（？）なら、時々起こる父娘喧嘩も激烈・・・？

　山口百恵が１９７４年に歌った「ひと夏の経験」は大反響を呼んだが、さて、お年頃のオクジュが祖父の家で家族と共に過ごす"ひと夏の経験"の中で最後に訪れるものは？それは祖父のお葬式。そのお葬式には、思いもかけずビョンギの離婚した妻（＝オクジュの母親）が出席していたが、その反応を含む、オクジュの心の動きは如何に？本作ラストに見るユン・ダンビ監督の「エドワード・ヤン、小津安二郎、ホウ・シャオシェンを彷彿とさせる」演出に注目！

２０２１（令和３）年３月２６日記

Data

監督・脚本：キム・チョヒ

出演：カン・マルグム／ユン・ヨジ
ョン／キム・ヨンミン／ユ
ン・スンア／ペ・ユラム／チ
ョ・ファジョン／ソ・ソンウ
オン／カン・テウ／キル・ド
ヨン／イ・ドユン／ムン・ヒ
ョイン／イ・ヒョア／ク・キ
ョイク／アナスターシャ／
キム・ヨンピル

SHOW-HEY シネマルーム

★★★★

チャンシルさんには福が多いね

2019 年／韓国映画

配給：リアリーライクフィルムズ、キノ・シネマ／96 分

2021（令和3）年1月16日鑑賞	シネ・リーブル梅田

👀👀 みどころ

　私の大好きな韓国の鬼才キム・ギドク監督の新型コロナウイルスによる突然の訃報は大ショックだが、その対極の作風を確立しているのは、『シネマ４２』で一気に４本を収録したホン・サンス監督。本作は、長年そのプロデューサー（PD）を務めてきたキム・チョヒの長編監督デビュー一作だ。

　アラフォー女性（正確にはジャスト４０歳）のチャンシルさんは自分自身の投影のようだが、新作映画の撮影中に監督が急死するという失意の中でも、若いイケメンとの淡い恋（？）やレスリー・チャン（の幽霊？）との語らい等、わかったような、わからないような日常は・・・？

　女性監督には「歴史大作」や「黒社会モノ」ではなく、等身大の私小説ドラマがお似合い。『８２年生まれ、キム・ジヨン』（19 年）でデビューした女性監督、キム・ドヨンらと共に、韓国で次々と生まれる若手女性監督に注目！

——＊——＊——＊——＊——＊——＊——＊——＊——＊——＊

■□■韓国では次々と若手女性監督が長編デビュー作を！■□■

　２０２０年１１月１１日に、韓国の鬼才キム・ギドク監督がラトビアで突然死亡したが、その原因は新型コロナウイルス。彼は世界三大映画祭を制覇した巨匠だから、韓国では大ニュースになっているはず。そう思ったが、韓国の映画人の多くは沈黙しているらしい。それは一体ナゼ？

　私は『シネマ４２』で、「ホン・サンス監督×女優キム・ミニに注目！」という見出しで４本の映画を掲載した（285 頁）。その一本『それから』（17 年）の「みどころ」で私は、「男女の恋愛劇を会話劇で描く作風は、いかにも韓国的なキム・ギドク監督やパク・チャヌク監督の作風と正反対！お洒落で風刺の効いたそれは、なるほど、こりゃ韓国のウディ・アレンだ。」と書いた。

本作は、そんなホン・サンス監督の下で長年プロデューサー（PD）を務めてきた女性キム・チョヒの監督長編デビュー作だ。韓国では、『ハチドリ』（19年）、『８２年生まれ、キム・ジョン』（19年）（『シネマ47』226頁）のキム・ドヨン等、次々と若手女性監督の長編デビュー作が続いている。世界的な女性監督作品では、セリーヌ・シアマ監督の『燃ゆる女の肖像』（19年）が絶賛されていたが、日本でもっとも有名な女性監督・河瀬直美監督の『朝が来る』（20年）（『シネマ47』118頁）は、イマイチだった。さあ、本作は？

■□■どぎつさもアクの強さもなし！アラフォー女性を淡々と■□■

韓国映画は「歴史モノ」はもとより、「南北分断モノ」、「黒社会モノ」、「刑事モノ」等々でも、どぎつく、アクの強いものが多い。それは、１６００万人の観客動員を突破、興行収入歴代 NO.1映画となった『エクストリーム・ジョブ』（19年）（『シネマ46』239頁）や『悪人伝』（19年）（『シネマ47』229頁）等を観ても明らかだ。しかし、それは男性監督に限っての話・・・？本作を含めて、近時韓国でスマッシュヒットとしている女性監督作品を観ていると、そう思ってしまう。つまり、韓国でも、女性監督作品はどぎつさナシ、アクの強さナシということだ。

また、『８２年生まれ、キム・ジョン』を筆頭として、女性監督作品は自分の体験を素材にした私小説的作品が多いが、本作もまさにそう。つまり、本作のタイトルになっている、アラフォー女性、正確には御年４０歳の女性・チャンシルさん（カン・マルグム）は、キム・チョヒ監督自身を投影させた女性なのだ。したがって、どぎつさなし！アクなし！の本作は、そんなアラフォー女子の生きざまを淡々と！

本作冒頭、PDのチャンシル、妹分の若手女優・ソフィー（ユン・スンア）ら映画の製作スタッフや俳優たちが、一気飲みで大騒ぎしているシークエンスが登場する。それをリードするのはチ監督（ソ・ソンウォン）だが、一気飲みを終えた彼が突然ぶっ倒れてしまったからビックリ！さらにその直後、有名なショパンの葬送行進曲が流れてくるからアレレ・・・。キム・ギドク監督は突然亡くなったが、ホン・サンス監督はもちろん生存中。それなのに、キム・チョヒ監督デビュー作の冒頭を、そんなシークエンスにして大丈夫なの・・・？

■□■半分は自叙伝！？いやいや、映画はやっぱり作り物？■□■

映画作りにおける監督と PD の役割分担は作品によって千差万別。性行為に男性上位と女性上位があるように、監督上位もあれば PD 上位もある。冒頭の"一気飲みゲーム"を主導していたのがチ監督だったのと同じように、その映画づくりも監督上位だったから、チ監督が死んでしまうと企画自体が雲散霧消。主演女優のソフィーはまた次の映画で使ってもらえればいいが、同作の資金作りから雑用まですべて引き受けていたチャンシルは、その映画づくりがなくなれば、どうすればいいの？御年４０歳のチャンシルがそんな風に戸惑ったのは当然だが、日銭を稼ぐためとはいえ、まさか妹分の女優・ソフィーの家政婦になろうとは！

本作のヒロイン・チャンシルがキム・チョヒ監督自身を投影した女性であることは明らかだから、本作の半分は自叙伝！？そう思っていたが、まさかPDから家政婦への転身は自叙伝ではないはずだ。他方、ソフィーがどれくらいの人気女優かは知らないが、その代表作の紹介はないから、想像するに"大部屋女優"に毛の生えた程度？しかし、チャンシルに言わせると、ソフィーは寝る時以外はいつも走り回っているそうで、歌やダンスのレッスンはもとより、フランス語の勉強まで自腹で家庭教師のキム・ヨン（ペ・ユラム）を雇ってやっているそうだからエライ。2人の客室（？）でのその授業風景はいかにも熱々だが、チャンシルの見立てではこの2人に恋愛感情はないようだ。ならば、この年まで映画づくり一筋で、恋愛にかまけたことのなかった自分でも・・・？そんなときめきを覚えたが、それって一体ナニ？

　そんな風に真面目に本作を観ていると、ポクシルばあさん（ユン・ヨジュン）の家に間借りさせてもらっているチャンシルの隣には、下着姿の怪しげな男が登場！こりゃ一体ナニ？そんなストーリーを観ていると、本作は自叙伝ではなく、やっぱり作り物！？

■□■好きな映画は？レスリー・チャンの相手女優は？■□■

　ホン・サンス監督の持ち味は、ウディ・アレン監督並みの軽妙さ、とりわけ会話劇のそれだから、長年そのPDを務めたキム・チョヒの監督デビュー作がそれと同じような持ち味になるのは当然。フランス語の授業を終えたキム・ヨンが帰る時間と家政婦の仕事を終えたチャンシルが帰る時間は、よく重なるらしい。それがキム・チョヒ監督の演出のミソ

253

だ。すると、帰り道での２人の会話は？年齢的には若干チャンシルの方が上だから、この２人の話題はどこまで合うの？最初の帰り道での２人の会話は自己紹介程度だったが、チャンシルが申込み、キム・ヨンが快く受け入れた食事（デート？）の席での会話は？そこでは、ホン・サンス監督特有の軽妙な会話の面白さを彷彿させる会話を、キム・チョヒ監督が"映画ネタ"を中心に展開させるので、それに注目！もっとも、そこで目立ったのは２人の好みの違いだったから、アレレ・・・。

他方、香港の名優・レスリー・チャンの代表作はチェン・カイコー監督の『さらば、わが愛／覇王別姫』（93年）（『シネマ5』107頁）だが、彼の"本籍"はウォン・カーウァイ監督の『欲望の翼』（90年）（『シネマ5』227頁）、『楽園の瑕』（94年）（『シネマ5』231頁）、さらに、あの当時には珍しかった男同士の同性愛を描いた『ブエノスアイレス』（97年）（『シネマ5』234頁）等の香港映画。『欲望の翼』や『楽園の瑕』で共演した香港の美人女優、マギー・チャンとの相性は抜群だった。しかし、２００３年に死んでしまったレスリー・チャンが、なぜ本作に登場してくるの？それって、ひょっとして幽霊・・・？

■□■アラフォー女性いろいろ vs あの小説、あの映画■□■

昔は、女は結婚して子供を産むのが当然。そして、結婚し、子供を産んだ女は若い時は夫に尽くし、年老いた後は子に従うものだった。しかし、今はそんな常識は全く通用しないから、一概にアラフォー女性といっても既婚、未婚の別はもとより、子供の有無や仕事の有無等、アラフォー女性もいろいろだ。

他方、ジョージ・オーウェルの『１９８４年』は、ディストピア小説の代表として有名。この小説のおかげで１９８４年という年には特別な都市というイメージが定着している。しかして、１月１７日付産経新聞は、中国の"８０後（バーリンホウ）"と呼ばれる８０年代生まれを代表する女性作家・郝景芳の新作小説『１９８４年に生まれて』を、立体的でみずみずしい"自伝体"小説として紹介した。同小説の主人公は、郝景芳と同じ１９８４年に生まれた軽雲だが、『82年生まれ、キム・ジヨン』のヒロイン、キム・ジヨンは１９８２年生まれだから、２年先輩。よく考えてみれば、本作のチャンシルも４０歳だから、その生まれも１９８２年前後だ。しかし、『82年生まれ、キム・ジヨン』のキム・ジヨンは、結婚、出産、子育ての中で夫と幸せに暮らしていたが、本作のチャンシルは PD の仕事がなくなると、みじめさだけが目立つアラフォー女性だ。

恋の相手として胸の高まりを覚えていたキム・ヨンから「お姉さん」と呼ばれたのがショックなら、レスリー・チャンの幽霊に出会い、会話を交わしていた自分もどこか変。妹分のソフィーは、たゆまぬ努力の甲斐あって次の出演映画に巡り合えそうだが、八方ふさがりの中、チャンシルはどうなるの？自分の道はどこにあるの？そんな本作の、分かったような、わからないような（？）結末は、あなた自身の目でしっかりと！

２０２１（令和3）年1月22日記

第7章
映画は仕掛け！映画はアイデア！

Data
監督・脚本：ロイ・アンダーソン
撮影：ゲルゲイ・パロス
出演：マッティン・サーネル／タティアーナ・デローナイ／アンデシュ・ヘルストルム／ヤーン・エイェ・ファルリング／ベングト・バルギウス／トーレ・フリーゲル
ナレーター：イェッシカ・ロウトハンデル

★★★★

ホモ・サピエンスの涙

2019 年／スウェーデン・ドイツ・ノルウェー映画
配給：ビターズ・エンド／76 分

2020（令和2）年11月28日鑑賞 ｜ シネ・リーブル梅田

みどころ

　"映像の魔術師"と呼ばれる"スウェーデンの巨匠"ロイ・アンダーソンが、金獅子賞を受賞した前作『さよなら、人類』に続いて、本作で銀獅子賞を！

　1枚の絵画から紡がれる物語は、シェヘラザードが王様に語って聞かせた『千夜一夜物語』ほどドラマティックではない。セリフを極力省いた、悩み多き男女の暗〜い物語だが、それでもどこかに希望が・・・。それがいい！

　『ある画家の数奇な運命』（18 年）（『シネマ 47』169 頁）では、東ドイツ出身の画家クルト・バーナートの「フォト・ペインティング」を知ったが、本作ではシャガールの『街の上で』を始めとする数々の名画にインスパイアされた「千夜一夜物語」をじっくり味わいたい。

　ちなみに、地上を浮遊する恋人たちが眼下に見ている町はどこ？その崩壊ぶりは？その原因は？1枚1枚の絵画に込められた思いを感じとりながら、英題『About Endlessness』と邦題の意味をしっかり考えたい。

——— * ——— * ——— * ——— * ——— * ——— * ——— * ——— * ———

■□■ "映像の魔術師"の面目躍如！この巨匠に再度注目！■□■

　本作はロイ・アンダーソン監督の長編第6作目。私が"スウェーデンの巨匠"と呼ばれている同監督の素晴らしさを知ったのは、『さよなら、人類』（14 年）（『シネマ 36』262 頁）を観た時。その前に『愛おしき隣人』（07 年）（『シネマ 19』339 頁）を観た時は"それなりのもの"という"納得感"だったが、固定カメラ、1シーン1カットの撮影で計39シーンを並べた『さよなら、人類』は、「映画は動く絵画」の思想を実践したものとして、見れば見るほど深い味わいが生まれる作品だった。

　世間はそんな"スウェーデンの巨匠"ロイ監督を"映像の魔術師"と呼んでいるが、同監督は、第71回ヴェネチア国際映画祭で金獅子賞を受賞した『さよなら、人類』に続く、

5年ぶりの最新作たる本作で、第７６回ヴェネチア国際映画祭の銀獅子賞（最優秀監督賞）を受賞。"映像の魔術師"ぶりを発揮しているので、再度それに注目！

■□■この名画はシャガール！その撮影は？その狙いは？■□■

　私は２０１７年４月１８日にはじめて、徳島県鳴門市にある大塚国際美術館を見学したが、その巨大さと４時間ではとても鑑賞しきれない膨大な作品群に驚かされた。そこでは、世界中の有名な画家の作品が陶板で再現されていたから、シャガールのコーナーもじっくり鑑賞できた。妻のベラを一途に敬愛し、ベラへの愛や結婚をテーマとした作品を数多く残しているため、「愛の画家」とも呼ばれている彼の代表作の１つが、『街の上で』だ。英題を『About Endlessness』、邦題を『ホモ・サピエンスの涙』とした本作のチラシには、シャガールの『街の上で』の名画が大きく載せられている。するとスクリーン上でも、その絵をそのまま見せるの？そう思っていると、イヤイヤ・・・。ロイ監督が、この名画からインスパイアされた『無限について』、もしくは『ホモ・サピエン（全人類）の涙』について、本作で見せる"映像の魔術師"ぶりとは？

　『街の上で』（1918年・油彩）は、故郷・ヴィテブスクの上空で抱き合いながら浮遊するシャガール自身とその妻ベラの姿が描かれているそうだが、ロイ監督は、このシークエンスのために膨大な費用をかけてセットを組み、１ケ月かかりで撮影したそうだ。パンフレットにある①「Studio２４　ロイ・アンダーソン監督の制作現場」（11頁）を読み、②「DIRECTOR'S INTERVIEW」（18頁～19頁）を読み、③「PRODUCER'S INTERVIEW」（20頁～21頁）を読むと、彼らの目の下にある都市全体は巨大なセットで、その街の模型を建てるのに１ケ月かかったそうだから、いかに苦労したかがよくわかる。しかして、その狙いは？タイトルとの関連は？それを読み解き解説するためにはもちろん感性が重要だが、それだけではなく、シャガールの『街の上で』についての勉強と知識が必要だ。

■□■千夜一夜物語を語るシェヘラザードは？そのセリフは？■□■

　私は１９７４年４月に弁護士登録をした直後、クラシック好きの友人と意気投合し、オーディオとレコードに凝ったが、その時大好きになったのがリムスキー・コルサコフ作曲の交響詩『シェヘラザード』。これは、『千夜一夜物語』をテーマにしたものだが、それを物語る女性がシェヘラザードだ。シェヘラザードはシャフリアール王のために、波乱万丈の面白い物語を夜毎繰り広げたわけだが、さて、ロイ監督がインスパイアされた数十枚の絵画から構成された本作のシェヘラザード役は誰が？そして如何なるセリフを？

　本作のチラシには、シャガールの『街の上で』の他、数枚の絵画が載せられている。それらの絵からインスパイアされた物語を、退屈させない面白い物語として見せるためには、『千夜一夜物語』を語って聞かせたシェヘラザードのような"上手な語り手"が必要！もちろん、そんなアプローチもありうるが、ロイ監督は真逆のアプローチをとっている。すなわち、本作でシェヘラザード役を務める女性ナレーターの最初のセリフは"男の人を見た。おいしい夕食で妻を驚かそうとしていた"、"男の人を見た。ぼんやり別のことを考え

ていた"、"女の人を見た。広報の責任者で、恥じるということがまるで分からない"等々のシンプルなものになっている。カメラがとらえる登場人物のセリフも少ないうえ、その動きも最小限だ。デヴィッド・フィンチャー監督の、早口で喋りまくる登場人物たちの膨大なセリフ量に驚かされた『ソーシャル・ネットワーク』(10年)(『シネマ26』18頁)とは正反対の本作のセリフの少なさは、きっと映画史上トップ10に入るものだろう。

ちなみに、シャガールの『街の上で』について女性ナレーターが語るセリフは、"恋人たちを見た。愛し合う2人は空を漂っていた。かつての麗しの都 — 今や廃墟と化した街の上を"というだけだ。たったこれだけのために巨大なセットを組み、膨大な撮影時間をとったのだから、映画作りは大変だ。

■□■不器用で悩み多き男女たちばかり！それでも希望が！■□■

本作でシェヘラザード（？）が語る『千夜一夜物語』（？）の登場人物は、すべて不器用で悩み多き男女だ。とりわけ、前半に登場する、信仰を失ってしまった牧師はその後別の物語にも登場するので、今風の言い方をすれば、彼の悩みにしっかり寄り添いたい。また、導入部で食料品が詰まった袋を抱えて登場した、中年男は「先週、何年かぶりに再会したスヴァルケルに声をかけたが、無視された」という学生時代の友人とのエピソードを語るが、ラスト直前に再び登場し、再び学生時代の友人について話し出し、「また金曜日出くわした。今度も無視された、あいつは今や博士だ。私よりすごい。あんな負け犬が博士だとは、」と旧友とのエピソード"その2"を語るので、その悲哀をじっくり味わいたい。

その他、本作は『千夜一夜物語』のように、千日間も語り続けられるわけではなく、シェヘラザード（？）が物語る男女は約20名。しかし、そのそれぞれが一枚の絵のイメージで構成されているのはもちろん、極めて少ない語りとセリフの中で、彼ら彼女らの悩みがしっかり浮かび上がってくる。そこで本作が素晴らしいのは、それが絶望的なものではなく、どこかにユーモアがあり、希望らしきものが感じられることだ。一枚の名画の前に立って鑑賞するだけではなかなかそこまで思いを致すことはできないが、本作を観ているとそれが可能だから、本作は素晴らしい。

■□■ドイツの「新即物主義」とは？それを代表する画家は？■□■

10月に観た『ある画家の数奇な運命』(18年)(『シネマ47』169頁)は、数奇な運命の中で、最終的に「フォト・ペインティング」の手法を完成させた東ドイツ生まれの画家クルト・バーナートの物語だった。同作では、冒頭に示されたナチスドイツが1937年にドレスデンで開催した「頽廃芸術展」の姿がショックだった。そこでは、20世紀初頭以来のモダンアート（印象主義、表現主義、キュビスム、抽象芸術、シュールレアリスム等）を、難解であるばかりか、見る者を不快にし、健全な国民文化の創生にとって有害であるとしていたから、ロシア出身のユダヤ系画家・シャガールの『街の上で』のような幻想的な絵は、その代表作だろう。それに対して、ロイ監督のインタビューによれば、同監督は、その力強さゆえに新即物主義のアーティストたちに興味を持っており、本作に

登場させていないものの、オットー・ディックスの「ジャーナリスト、シルヴィア・フォン・ハルデンの肖像」(1926／ミクストメディア、油彩・テンペラ) が大好きらしい。

　パンフレットにある椹木野衣 (美術批評家) のCRITIQUE 1「人類にとっての最後の希望」によると、第一次世界大戦後に現れた新即物主義は、同じ反抽象主義的な姿勢は取っても、リアリズムとは根本から異なるらしい。何がどう違うのか？そして、新即物主義が写真と相性が良いのはなぜか？等については、それをじっくり読んで勉強する必要があるが、ハッキリ言って私にはよくわからない。

　ちなみに、本作にはファシズムを風刺したククルイニクスイの「The end」(1947-48／油彩) という絵が登場するが、これは私がはじめて見るもの。ヒトラーの最後は、オリヴァー・ヒルシュビーゲル監督の『ヒトラー～最期の１２日間～』(04年)（『シネマ8』292頁) 等で再三描かれているが、史実に即した (?) そんな映画で見る姿と、それを風刺した絵画で見るその姿とは大違いだ。この絵が登場するのはナレーターが"男の人を見た、世界征服の野望が、砕け散るのを悟った男だ"と語る物語。ロイ監督がこの絵からインスパイアーされた物語は、「散乱した部屋で"終わり"を感じる、３人の軍人。「勝利万歳 (ジーク・ハイル)」。顔面蒼白のヒトラーが部屋に入ってくる。爆発音が絶え間なく鳴り響き、天井からは砂埃が落ちてくる。」というものだが、さて・・・。

■□■メインテーマは人間の脆さ！さまざまな絶望と希望が！■□■

　トランプ大統領の登場によって、あらゆる意味での「分断が拡大した」と一般的に言われているが、私の考えでは、コトはそれほど単純ではない。しかして、ロイ監督によれば、英題を『About Endlessness』、邦題を『ホモ・サピエンスの涙』とした本作のメインテーマは明確。それはズバリ"人間の脆さ"だ。しかし、"人間の脆さ"をテーマにすることは、イコール"脆い人間"をそのままスクリーン上に登場させ、描くことではない。本作前半に登場する「神を見失ってしまう牧師」はその典型だが、悪夢にうなされる彼はもはや絶望的？いやいや、必ずしもそうではないはず。それがロイ監督の言い分。そのことは、監督インタビューで彼が「脆さを見せる何かを創作することは、希望のある行為だと思っています」、「なぜなら、存在の脆さに自覚的でいれば、自分の持つものに対して丁寧でいられるからです」と語る言葉を聞けば理解できる。

　「人生は糾える縄の如し」、「苦あれば楽あり」。これらは中国映画『活きる (活着)』(94年)（『シネマ5』111頁) のテーマになっていたし、全５０作も続いた日本の歴史的遺産ともいえる『寅さんシリーズ』の主人公・フーテンの寅さんこと車寅次郎の人生訓でもある。２０２０年５月現在、地球上に約７７億人も生息しているホモ・サピエンス (人類) は、たしかに脆い存在。しかし、人類がその脆さを認めさえすれば、そこから絶望ではなく希望も生まれてくる！？それを本作から感じ取ることができればロイ監督は喜んでくれるはずだ。そうすると、邦題の『ホモ・サピエンスの涙』も決して「悲しいだけの涙」ではないことになるはずだが・・・。　　　　　２０２０（令和２）年１２月２日記

Data

監督・脚本：クリスティアン・ペッツォルト

出演：パウラ・ベーア／フランツ・ロゴフスキ／マリアム・ザリー／ヤコブ・マッチェンツ

★★★★

水を抱く女

2020 年／ドイツ、フランス映画
配給：彩プロ／90 分

2021（令和 3）年 4 月 24 日鑑賞　｜　テアトル梅田

👀 みどころ

　"水の精"ウンディーネの恐い本性は、「愛する男が裏切ったとき、その男は命を奪われ、ウンディーネは水に還らなければならない」というもの。ギリシャ神話「ウンディーネ」や、アンデルセンの「人魚姫」は知っていたが、さて、そんな"恐い本性"の展開と行き着く先は？

　『東ベルリンから来た女』（12 年）等の「ベルリン三部作」で鋭い社会問題を提起してきたペッツォルト監督が、一転して「精霊三部作」に挑戦！その第1作が"水の精"ウンディーネの物語だ。

　小説でも音楽でも映画でも、"水の精"の本性さえ踏まえれば、自由なストーリー展開が可能。しかして、ベルリン市住宅都市開発省の博物館で、巨大な都市計画の解説をしているウンディーネの恋模様とその生きザマは？

―― * ―― * ―― * ―― * ―― * ―― * ―― * ―― * ―― * ――

■□■ ペッツォルト監督に注目！精霊三部作の第1作に注目！ ■□■

　1960 年生まれのドイツ人監督、クリスティアン・ペッツォルトは、「ベルリン三部作」とも言うべき①『東ベルリンから来た女』（12 年）（『シネマ 30』96 頁）、②『あの日のように抱きしめて』（14 年）（『シネマ 36』53 頁）、③『未来を乗り換えた男』（18 年）（『シネマ 43』226 頁）でさまざまな賞を受賞し、今や押しも押されぬ"巨匠"に成長した。そんなペッツォルト監督がそれまでの社会派問題提起作とは大きく異なる、新たな「精霊三部作」に挑戦！

　その第1作が、日本人には"オンディーヌ"としてよく知られている"水の精"「UNDINE」の物語だ。第2作は"火の精"、第3作は"地の精"の予定だが、邦題を『水を抱く女』とした"水の精"ウンディーネの物語とは？

■□■ "水の精"は魅力的だが、実は恐い女！？ ■□■

本作冒頭、ベルリンのとあるカフェで、恋人のヨハネス（ヤコブ・マッチェンツ）から「別の女性に心変わりした」と別れを切り出されるウンディーネ（パウラ・ベーア）の姿が登場する。これは TV ドラマ等にもよく登場する俗っぽい風景（？）だが、そこに登場するウンディーネのすごいセリフは、動揺しながらも腹の底から搾り出すような「私を愛しているはず。私を捨てたら、あなたを殺すはめになる。知っているでしょ」というもの。かつて夏目雅子が『鬼龍院花子の生涯』(82 年) の中で啖呵を切った「なめたらいかんぜよ！」とまではいかないが、これはかなり怖いセリフだ。

　始業の時間が迫っているウンディーネは、「休憩時間にまたカフェに戻ってくるので、その時には、もう一度『愛している』と言ってほしい」と言い残してその場を去ったが、ペッツォルト監督が“水の精”として描くヒロインがこのウンディーネだから、さあ、こんな恐いセリフを吐くウンディーネの物語はいかなる展開に？

■□■さすが！ベルリンにはこんな立派な博物館が！■□■

　中国旅行で北京の故宮博物院や瀋陽の九・一八歴史博物館、南京の侵華日軍南京大虐殺遇難同胞紀念館等を見学すれば、日本人は誰もがその広大さにビックリさせられるはず。日本では大阪城を代表として、全国各地にお城を中心とした街づくり（都市計画）の模型が展示されているが、その規模は中国に比べると極めて小さい。しかし、本作でウンディーネが務めているベルリン市住宅都市開発省の博物館内にある、ベルリンの町を象った大きな模型を見ると、その大きさは中国レベルの立派なもの。しかも、そこでは、ベルリンの都市開発を研究する歴史家であるウンディーネが巨大な模型を使って巨大な都市計画を３０分間タップリ語ってくれるのだから、価値がある。解説員のウンディーネは「“ベルリン”はスラブ語で“沼”や“沼の渇いた場所”を意味します」と語っていたが、なるほど、なるほど・・・。

　見学客への３０分間の解説を終えたウンディーネは急いでカフェに戻り、ヨハネスの姿を探したが、既にヨハネスはいなかった。悲嘆にくれ呆然としているウンディーネに対して、水槽から「ウンディーネ・・・」と呼ぶ声が聞こえてきたが、そこに現れたのが博物館で聞いたウンディーネの解説に感激した男・クリストフ（フランツ・ロゴフスキ）。クリストフはその感激をウンディーネに伝え、お茶に誘ったが、ウンディーネは何の反応も示さなかったから、アレレ・・・。

　そんな状況下、突然ウンディーネが見つめていた水槽が音を立てて揺れ始めたから大変。クリストフはウンディーネに飛びついて助けたが、２人とも水槽から大量の水を浴びたうえ、床に倒れたウンディーネの胸にはガラスの破片が突き刺さっていた。このシークエンスは、一方では黒いスーツをきっちり着こなし、ツンとすました頭のいい解説員であるウンディーネが、実は“水の精”「UNDINE」だったという設定にピッタリの情景だが、現実離れしたファンタスティックな映像であり、ファンタスティックなストーリーであることは間違いない。しかして今、気を失っているウンディーネに対して、クリストフはいか

261

なる処置を・・・？

■□■新たな恋の行方は？おとぎ話は自由な発想で！■□■

"水の精"「UNDINE」について、パンフレットには次のとおり解説されている。すなわち、

> 「ウンディーネ」とはラテン語の「unda（波）」に由来し、人間との結婚によってのみ不滅の魂を得ることができる女性の形をした水の精霊。
> ウンディーネをモチーフにした物語の多くは「愛する男が裏切ったとき、その男は命を奪われ、ウンディーネは水に還らなければならない」というストーリーラインで描かれている。

この「愛する男が裏切ったとき、その男は命を奪われ、ウンディーネは水に還らなければならない」というモチーフは、①アンデルセンの『人魚姫』（１８３７年）や、②チャイコフスキーのオペラ「ウンディーナ」（１８６９年）、③ドビュッシーの「前奏曲集」第２巻 第８曲「オンディーヌ」（１９１３年）、④劇団四季の「オンディーヌ」（１９５８年初演）、さらに、⑤手塚治虫の「七色いんこ」（第２０話「オンディーヌ」１９８１年）等々で幅広く、自由に伝えられている。つまり、「愛する男が裏切ったとき、その男は命を奪われ、ウンディーネは水に還らなければならない」というストーリーラインさえ守れば、小説・音楽・映画等々で描くウンディーネの物語は、自由な発想でオーケーということだ。

しかして、ペッツォルト監督は本作冒頭の「私を愛しているはず。私を捨てたら、あなたを殺すはめになる。知っているでしょ」というセリフでウンディーネの本性を明示した後、物語をドロドロしたヨハネスとの別れ話ではなく、クリストフとの恋物語に展開させていくから、それに注目！はじめて顔を合わせただけの２人がベッドインまで進む話はメチャ早いが、それはクリストフが潜水作業員という仕事に従事していたから、"水の精"ウンディーネと相性が良かったため。しかし、クリストフにはモニカ（マリアム・ザリー）という恋人がおり、彼女はクリストフの潜水作業を手伝っていたから、そこには"三角関係"が生ずる可能性が。

さらに、ラブラブ状態で２人が手をつないで道を歩いている時、新たな恋人と手をつないで歩くヨハネスとすれ違ったところ、ウンディーネは？意外に繊細な神経を持つ（？）クリストフから、その時に起きた彼女の鼓動について質問（詰問）されたから、そこにも新たな危機が？さあ、ペッツォルト監督が自由な発想で描く"水の精"ウンディーネの新たな恋の行方は？

■□■水の中には危機がいっぱい！なぜこんな最悪の事態に？■□■

潜水作業員・クリストフが具体的にどんな仕事をしているのかはわからないが、その重装備ぶりを見ると、水の中がいかに危険かがよくわかる。クリストフがウンディーネと出会った後に湖の中で見る巨大なまずの"グンター"はご愛嬌だが、「UNDINE」の文字を見つけた瞬間に水の中で起きるさまざまな出来事は神秘的。もちろん、水中撮影（の技術）

は大変だから、それはペッツォルト監督の腕の見せ所だが、この展開の中でウンディーネがいかに"水の精"として神秘的な特性を持っているのかがわかってくるので、それにも注目！

　また、恋に一途になっているウンディーネには女の恐さは微塵もなく、ただただクリストフとの幸せな恋にのめりこんでいるから、その姿にはいじらしさを感じてしまう。ところが、そんなウンディーネに対して、あの時あんなに冷たかったヨハネスは「彼女とは別れる。君の好きな湖に面した部屋を予約した。一緒に出かけよう」と復縁を迫ってきたから、アレレ。さらに間が悪いことに、その直後にクリストフから、今朝男とすれ違ったとき「男を見ただろ？君の鼓動を感じた」と告げられ、一方的に電話を切られたから、アレレ。そんなクリストフに対してウンディーネは、留守番電話に「私が待っていたのはあなた。今まででいちばん幸せ」とメッセージを残し、朝を待ってクリストフが暮らす街へと向かったが、そこでは脳死状態になったクリストフがベッドの上に横たわっていたから大変。さあ、ウンディーネはどうするの？

■□■潜水夫の人形は？クリストフの復活は？■□■

　ちょっとした小道具がストーリー全体を牽引する映画は多い。しかして、本作では、冒頭のグラグラ揺れる大きな水槽の中に入っていた潜水夫の人形がその役割を果たすので、それに注目！ウンディーネはクリストフからプレゼントしてもらったそれを大切にしていたが、ある日、ちょっとしたはずみでそれを落とすとバラバラになってしまったからアレレ。接着剤でくっつけて元通りの状態にしたのはさすがだが、２人が仲違いしてしまうと・・・？

　去る４月２１日にはインドネシア海軍の潜水艦「KRI ナンガラ４０２」が沈没し、５３人の乗組員全員が死亡するという大惨事が起きた。日本では１９１０年（明治４３年）に起きた、旧海軍の第６潜水艇が瀬戸内海で遭難し、艇長の佐久間勉大尉ら１４人の乗組員が全員死亡した惨事が有名だが、潜水夫もちょっとした事故で酸素が切れたら即死亡に至るのは仕方がない。したがって、ウンディーネが病院に駆けつけた時、既に"脳死"と判定されていたクリストフがその後、息を吹き返すことは現実にはあり得ないが、神話やおとぎ話なら・・・？しかして、本作ラストに向けて展開していく、更に自由な発想に基づく物語とは？

　クリストフが息を吹き返し、復活することができたのは、ひょっとして"水の精"・ウンディーネが自分を裏切った男・ヨハネスを殺したため？そんなストーリー展開の中、あの潜水夫の人形は誰の手に？さあ、ギリシャ神話に起源を持つ"水の精"ウンディーネの神話をモチーフにしたペッツォルト監督の「精霊三部作」の第１作ラストの展開をタップリと楽しみたい。

２０２１（令和３）年４月２９日記

Data

監督・脚本・主演：エリア・スレイマン

出演：エリア・スレイマン／タリク・コプティ／アリ・スリマン／ガエル・ガルシア・ベルナル

★★★★

天国にちがいない

2019 年／フランス・カタール・ドイツ・カナダ・トルコ・パレスチナ合作映画
配給：アルバトロス・フィルム、クロックワークス／102 分

| 2021（令和2）年2月6日鑑賞 | シネ・リーブル梅田 |

みどころ

「故郷はナザレ、僕はイスラエル系パレスチナ人」と公言する"現代のチャップリン"ことスレイマン監督が、素顔のままスクリーン上に登場！

新作映画を売り込むため、パリ、ニューヨークなどを旅する彼が目にする風景は、中国映画『春江水暖』（19 年）で観たような山水画ではなく、まさに現代の寓話そのもの。しかし、これって現実？それとも幻想？

人生は近くで見ると悲劇だが、遠くから見れば喜劇である。あなたはチラシに躍るそんな名文句を、本作からどう実感？

―――＊―――＊―――＊―――＊―――＊―――＊―――＊―――＊―――

■□■スレイマン監督とは？なぜ彼は現代のチャップリン？■□■

私は本作で、エリア・スレイマン監督の名前と顔をはじめて知った。チラシによると、"現代のチャップリン"と称賛されている彼は、これまでわずか長編3作品という寡作ながらも、イスラエル国籍のパレスチナ人であるという複雑なアイデンティティーと唯一無二の作風により、世界中で熱狂的な支持を得ているらしい。

また、本作は２０１９年の第72回カンヌ国際映画祭で、パルムドール賞を逃したものの、特別賞と国際映画批評家連盟賞をダブル受賞するほどの高評価を受けたそうだ。こりゃ必見！

それにしても、本作はフランス、カタール、ドイツ、カナダ、トルコ、パレスチナ合作だが、これって一体ナゼ？また、本作は邦題が『天国にちがいない』なら、原題も『It Must Be Heaven』だから、全く同じ。一体何が「天国にちがいない」というのだろうか？

■□■ナザレはどこに？イスラエル系パレスチナ人とは？■□■

私は『十戒』（56 年）や、『キング・オブ・キングス』（61 年）をはじめとする「キリストもの」や、『ベン・ハー』（59 年）、『スパルタカス』（60 年）、『クレオパトラ』（63 年）

等の「エピックもの」が大好き。近時は、その手の大量のVTRも購入して、自宅で観ている。そのため、スレイマン監督自身が主役として（?）登場している本作で、「僕の故郷はナザレ」と語っているのを見ると、瞬時にナザレのイエス・キリストを思い出すうえ、ローマ帝国に抑圧されていたユダヤ民族の歴史を思い起こしてしまう。

「モーゼ」の時代に故郷を追われたユダヤ人は、その後長い間、世界中の国々に散らばった後、第二次世界大戦後の１９４８年に、アメリカの支援によって、やっと自分たちの国・イスラエルを建国することができたが、そもそもパレスチナとは一体ナニ？そして、イスラエル系パレスチナ人とは一体ナニ？

■□■イスラエル系パレスチナ人はどんな目で世界を見るの？■□■

トランプに勝利したアメリカのバイデン政権は、中東情勢をいかに処理するの？また、アフガン戦争、イラク戦争の後始末をいかにつけるの？それが、重要な外交テーマの１つだが、かつて第１次〜第４次と続いた"中東戦争"の時代は、イスラエル vs アラブ（パレスチナ）の対立抗争がより明確だった。イスラエルは小さい国だが、アメリカの支援を受け、軍事力や武器、兵力共に強力。しかして、本作の公式サイトは、中東・パレスチナについて、次のとおり解説している。すなわち、

> もともとは現在のイスラエルとパレスチナ自治区、一部地域を除くヨルダン、そしてレバノンとシリアの一部を指していたが、１９４８年ユダヤ人によるイスラエル建国宣言によって、先住のアラブ人は「国外」に逃げて難民となるか、その地に留まるかの選択を迫られた。後者を選んだものは、自動的に「イスラエル人」にさせられてしまった。この「パレスチナ系イスラエル人」であり、イエスの故郷ナザレに生まれたのが本作の監督エリア・スレイマンである。

なるほど、なるほど。

去る１月２０日に観た中国映画『春江水暖〜しゅんこうすいだん』（19年）は、富陽で暮らすある大家族の物語を山水画のように描いた傑作だったが、山水画はあくまで物の例えとして表現したもの。それに対して、世界を旅するスレイマン監督が次々に目の当たりにするさまざまな風景と人々の営みは、現実。そう思うのだが、これは本当にスレイマン監督の目に映っているもの？それとも、彼の幻想？

トランプを支持するデモ隊の一部がアメリカの議会に乱入する姿は幻想ではなく現実だったが、本作に見るセントラルパークに裸の天使が登場する姿は現実？また、パリの美しい街の中を戦車が我が物顔に通り抜ける姿も現実？カフェテラスに一人座ってコーヒーを飲むスレイマン監督の目の前を、着飾った美女たちが次々と通り過ぎていく風景は幻想ではなく現実であってほしいし、それを見るとたしかに「天国にちがいない」と思ってしまうが、さて・・・？

■□■彼の新作企画は？彼は何を見ているの？■□■

新型コロナウイルス問題や森喜朗東京オリンピック・パラリンピック競技大会組織委員

会会長の女性蔑視発言。さらには国会のセンセイ方の銀座の高級クラブでの飲食問題等について、連日同じような情報を垂れ流しているだけの民放テレビ。そして、自分は今まで一度も悪いことをしたことがないかのように、"右にならえ方式"の辛口コメントを連日のように並べたてるコメンテーターたち。こんな"何でもあり"で自由平等、弱い者に何でも寄り添う理想的な今の日本国は、かつてマルクスやエンゲルスが唱えた理想的な共産主義国家。私はそう思っているが、スレイマン監督が「天国にちがいない」と見る世界は、本作のどこにどのように描かれているの？

　スクリーン上にいつも同じスタイルで登場するスレイマン監督は、サイレント時代のチャールズ・チャップリンのように、一言もしゃべらない。また、チャップリンのように体全体でその感情を見せることもないから、わずかに動く表情によって、彼の気持ちの動きを理解しなければならない。しかして、ナザレを故郷に持つスレイマン監督は、今なぜ新しい映画の企画をもって世界中を旅しているの？ちなみに、彼の友人であるガエル・ガルシア・ベルナルの紹介を得て映画プロデューサーに持ち込んだ新作の企画は、「パレスチナ色が弱い」という理由で却下されてしまったが、それをどう受け止めればいいの？また、ニューヨークで開催された「アラブ・フォーラム」に招かれた彼は、そこでどんな発言をするの？それらについてスクリーン上ですべてを見せず、その結末を観客の判断にゆだねているところが、本作のユニークさだが・・・。

■□■現代のチャップリンは、本作のどこにどんな希望を？■□■

　『ローマの休日』（53年）や、『スパルタカス』（60年）の台本を偽名で書いて大成功させた脚本家のダルトン・トランボは、『トランボ ハリウッドに最も嫌われた男』（15年）（『シネマ38』123頁）ですっかり有名になったが、１９５０年代にハリウッドで起きた"赤狩り"の中で、彼は「ハリウッド・テン」の１人にされてしまったから、大変だった。それと同じように、喜劇王として一世を風靡していたチャールズ・チャップリンも、"赤狩り"旋風の中、１９５２年に国内を追放されてしまったから大変だった。

　それに対して、スレイマン監督はあくまでイスラエル系パレスチナ人の立場を堅持しながら本作を作っている。そのため、本作のチラシには「人生は近くで見ると悲劇だが、遠くから見れば喜劇である」の見出しが躍り、続いて「現代のチャップリンからパレスチナへのもう１つのラブレター」と書かれている。チャップリンの喜劇王としての実績は、今でもリバイバル上映される大量の作品群を見れば明らかが、スレイマン監督のイスラエル系パレスチナ人というアイデンティティーを理解し、それに共感するためには、本作をじっくり観察することが必要だ。

　チラシには続いて「アイデンティティー、国籍、そして"故郷"とは―？」、「軽やかな映像美で疑問を投げかけ希望をもたらす、極上の叙情詩」と書かれているが、さて、あなたはスレイマン監督の本作のどこに、どんな希望を見出すことができるだろうか？

２０２１（令和3）年2月10日記

Data

監督・脚本：ロドリゴ・ソロゴイェン

共同脚本：イサベル・ペーニャ

出演：マルタ・ニエト／ジュール・ポリエ／アレックス・ブレンデミュール／アンヌ・コンシニ／フレデリック・ピエロ／ラウール・プリエト

おもかげ

2019年／スペイン・フランス映画
配給：ハピネット／129分

2020（令和2）11月1日鑑賞 ／ テアトル梅田

★★★★

みどころ

　短編が評価されたため、それを生かして長編を！その成功例が『SKIN／スキン』（19年）だ。本作もそのパターンで、ヒロイン役の女優は、第76回ヴェネチア国際映画祭オリゾンティ部門で主演女優賞を受賞！

　10年前に失踪した我が子の"おもかげ"が、この少年に！そうなれば親密度が増していくのは当然だが、年上の女に引っ掛けられているのでは？少年の両親がそう心配したのも当然。ちょっとした、"ひと夏の経験"だけで終われはいいのだが・・・？

　美しい風景の中で展開される物語は、会話劇中心だが、別れた夫や現在の恋人はどんな役割を？私にはそこらの展開がイマイチ不満。さらにラストも、わかったようなわからないような・・・。

――＊――＊――＊――＊――＊――＊――＊――＊――＊――

■□■まず短編を！それを生かして長編を！■□■

　まず短編を作ったところ、それが大ヒットしたため、短編のテーマを膨らませた長編を作り、それも大ヒットさせたのが『SKIN／スキン』（19年）（『シネマ47』37頁）だった。本作もそれと同じように、2017年に製作した15分の短編が第91回アカデミー賞短編実写映画賞にノミネートされるほど高く評価されたため、それをそのまま生かして長編映画にしたものだ。

　もっとも、『SKIN／スキン』は短編も長編もテーマや登場人物は同じだが、脚本も演出も全く違うものだった。それに対して本作は、導入部の15分は短編をそのまま使用し、その後は10年後のヒロインの姿を描くスタイルにしている。これは、ロドリゴ・ソロゴイェン監督が、サスペンスに満ちた短編が長編映画の非常に長い冒頭シーンのように感じたことと、短編とは全く違ったジャンルとして長編映画を作ろうと考えたためだ。なるほど、

なるほど・・・。

■□■短編の出来は秀逸！緊迫下で終わった短編の後は？■□■

本作の導入部としてそのまま使った15分の短編は4日間の撮影で完成させたそうだが、その95%がワンカット。その舞台は、スペインのマドリードにあるエレナ（マルタ・ニエト）の家の中だ。エレナには離婚した夫・ラモン（ラウール・プリエト）との間に6歳の息子・イバンがいたが、今、イバンはラモンとフランスのアンダイエあたりを旅行中だ。

エレナの家を訪れた母親と他愛もないおしゃべりをしている時にかかってきたケータイを取ると、そこからはイバンの声が。当初は気楽にしゃべっていたが、何かヘン！一緒にいるべき父親が見当たらないらしい。そして、今イバンがいるのは海辺。そこには人は誰もおらず、建物もなく、今どこにいるのかわからないらしい。なるほど、これが冒頭にスクリーン上いっぱいに映し出されていたあの海辺の風景なのか！

私がその海辺の風景を観ながら思い出していたのは、イラン映画の名作『彼女が消えた浜辺』(9年)(『シネマ25』83頁)に再三登場していた、イランの首都テヘランにあるカスピ海のリゾート地。同作ではその海辺から忽然と彼女（＝エリ）が消えたことを巡って極上の密室型推理劇を堪能することができた。しかして、なぜか今たった一人で海辺にいるらしい6歳の息子・イバンは、これからどうなるの？心細くなって泣き始めるイバンに対して、エレナは「何が見える？」と必死に手掛かりを探ったが、要領を得ない。すぐに警察に電話したものの、警察は「手続きを踏んでください」と繰り返すばかりだ。再び電話してきたイバンは、「近くに怪しい男がいる」と声を震わせていたため、エレナは「全力で逃げろ」と指示。イバンは何とか木の陰に隠れたようだが、再び発見されたと電話してきた瞬間に電話が切れてしまったから、さあ大変。それが、息子の声を聴いた最後の瞬間になろうとは・・・。

■□■あれから10年。エレナはどこで何を？この男の子は？■□■

あれから10年。エレナは今、イバンがいなくなったフランスの町ヴュー＝ブコー＝レ＝バンで、レストランの雇われ店長として働いていたが、それは一体ナゼ？長編ではその説明は一切ないが、その町にはエレナのことを"息子を失ってイカれたスペイン人"と中傷する人もいたから、本来ここはエレナにとって居心地の良い場所ではないようだ。長編のストーリーが突然始まるのは、海辺を散歩していたエレナが、ある日イバンの面影を宿した少年ジャン（ジュール・ポリエ）と出会った時から。思わずその後をつけていくと、ジャンはとある家の中へ・・・。

エレナが、毎日のように友人たちと浜辺でサッカーに興じているこの少年ジャンと話すきっかけを持つと、ジャンはパリの家から夏の間だけ家族でこの海辺にやって来ているらしいことがわかった。もちろん、エレナはジャンの中にイバンの"おもかげ"を見ただけだが、イバンの10年後を想像すると・・・？

ロドリゴ監督が短編を導入部とした長編の製作を思いついたポイントはそこだが、それ

268

だけでいかに面白い物語を展開させることができるの？そう心配していると、案の定・・・。

■□■この親密度はナニ？息子ではないから、ひょっとして？■□■

　今のエレナには恋人のヨセバ（アレックス・ブレンデミュール）がいた。この2人は近いうちに結婚してパリで暮らすことが既定路線のようだから、エレナがいつまでも一人でこんな海辺のレストランで働く必要がない。ところが、ジャンと出会ってからのエレナの頭の中はジャンの事でいっぱいになっているようだから、ヨセバがそれを心配したのは当たり前。ヨセバから「彼は君の息子ではない」と言われるまでもなく、エレナにはジャンが成長したイバンではないことはわかっているし、ジャンがあのフランス人家族の一員であることもわかっている。それなのに、この2人の間に突如発生したこの親密度は一体ナニ？

　その一因がイバンの"おもかげ"であることは明らかだが、それだけでスクリーン上で観るような2人の関係になっていくの？10代の息子がワケの分からない年上の女に付きまとわれている。そう心配した両親が、ジャンをエレナから引き離そうとしたのは当然だが、それに対するジャンの反発は？そして、「両親と話して」とジャンからのメッセージを受けたエレナの反応は？

　本作中盤に見るそこらあたりの展開は、私には不可解だ。さらに、ひょっとしてこの2人は男女の仲に・・・？いやいや、そんなことはあり得ない。そう思いながら見ていると、あるところで二人がキスを交わすシーンが登場するのでアレレ、まさか、ひょっとして・・・？

■□■わかったような、わからないような・・・？■□■

　本作は、エレナと10年前に失踪したイバンの面影を宿す少年ジャンとの出会いと、その2人の物語がストーリーの軸だが、同時にエレナには現在の恋人ヨセバと、別れた夫ラモンがいたから、その2人の間の物語も展開していく。ジャンに固執する中で、少しずつヨセバとのこれからの生活に興味を失いかけている（？）エレナをヨセバが心配したのは当然だから、この2人がどうなるかが心配だ。他方、ラモンは親しいパートナーとの間に現在8か月となる子供がおり、「自分は立ち直りつつある」とエレナに報告するのだが、そんな2人が話し合っているうちに突然険悪な雰囲気になっていくので、アレレ・・・？

　そもそも、こんなストーリーやこんなシークエンスをロドリゴ監督はなぜ用意したの？そう思っていたが、本作は、ジャンとの「ひと夏の経験」を終えたエレナがおもむろにケータイをとり、ラモンにかけるシーンで終わるので、それにも注目！これは一体ナゼ？私にはわかったような、わからないような・・・。

2020（令和2）年11月6日記

Data
監督・脚本・編集・絵：池田暁
出演：前原滉／今野浩喜／中島広稀
／清水尚弥／橋本マナミ／
矢部太郎／片桐はいり／嶋
田久作／きたろう／竹中直
人／石橋蓮司

SHOW-HEY シネマルーム

★★★★

きまじめ楽隊のぼんやり戦争

2020年／日本映画
配給：ビターズ・エンド／105分

2021（令和3）年4月1日鑑賞	テアトル梅田

👀 みどころ

　今年のアカデミー賞では、『ノマドランド』（20年）と『ミナリ』（20年）の"頂上決戦"が見もの。両者ともシリアスながら、わかりやすく人間の生きザマを考えさせる名作だが、映画はアイデア！そんな視点からは、セリフの棒読みから始まる、奇妙なタイトルの本作は興味深い。

　ヒットラー率いるナチス時代のドイツ国民と同じように、「天皇陛下、万歳！」と叫んで死んでいった戦前の日本国民は"思考停止状態"だったが、平和憲法に守られ、戦後76年間も戦争と縁のないまま生きてきた今の日本国民も、ほとんど"思考停止状態"？

　本作はそんなズキリ！とするテーマに肉迫！そんな期待にピッタリだが、残念ながら脚本はイマイチ！しかし、問題提起の視点は良し！練度を向上した次作に期待したい。

—— * —— * —— * —— * —— * —— * —— * —— * ——

■□■奇妙なタイトルに注目！セリフは棒読み！こりゃ一体？■□■

　本作は第21回東京フィルメックスで審査員特別賞を受賞した、池田暁監督の長編第4作だが、『きまじめ楽隊のぼんやり戦争』って一体ナニ？この奇妙なタイトルは何を意味しているの？私は予告編を数回観たうえ、それなりの事前情報を持っていたから、冒頭に登場する4人の"きまじめ楽隊"と、主人公らが暮らす津平（つひら）町の一日の姿を見て"きまじめ楽隊"と"ボンヤリ戦争"の"実態"を少しは把握することができた。しかし、事前情報なしで本作を観れば、何じゃこの奇妙な映画は！？そういう違和感でいっぱいになるはずだ。

　本作の主人公・露木（前原滉）は、楽隊が奏でる音楽で目覚め、身支度をして仕事場に向かう日常だが、4人の楽隊の動きが変なら、露木の動きも変。それ以上に変なのは、次々

270

に登場してくる津平町の人々の動きだが、なぜ彼らはこんな動き方を？そしてまた、なぜこんな抑揚のない棒読みの喋り方をしているの？こんなセリフ回しならプロの俳優でなくても出演できそうだが、本作で町長の夏目を演じる石橋蓮司は演技派。また、物知りな煮物屋店主・板橋を演じる嶋田久作も、気まぐれな定食屋店主・城子を演じる片桐はいりも、超個性的な演技派だ。そんな演技派俳優に、あえて本作のようなセリフの棒読みを強いているのは、もちろん池田暁監督だが・・・。

■□■津平町の１日は？ここの住民はみんなヘン？■□■

　津平町の住民は揃いも揃ってヘンだが、それはスクリーンを観ている我々が勝手にそう思うだけで、きっと本人たちはそう思っていないはず。露木も同僚の藤間（今野浩喜）も勤務先は津平町の第一基地。本作導入部では、朝９時から始まる２人の丸１日の"仕事"が描写されるので、それに注目！「では、作業を始めてください」の掛け声から始まる彼らの仕事は、姿勢を低くとって銃を構え、太津（たづ）川の向こう側に向かって撃ち続けることだが、彼らはなぜ毎日そんな仕事を？

　露木と藤間は昼休憩ではいつも近くの定食屋で昼飯を食べているが、そこには「うちの息子は優秀な兵隊さんだからね」という"自慢話"をネタにしている店主・城子（片桐はいり）が登場。また、露木は帰り道ではいつも板橋煮賣店で夕食の買い物をしているが、そこでは情報通の板橋（嶋田久作）からさまざまな情報が入ってくる。さらに、ストーリーが進んでいく中で、新たに"技術者"として第一基地にやってくる仁科（矢部太郎）や、煮物泥棒の三戸（中島広稀）、そして町長の息子の平一（清水尚弥）等が登場し、次々と面白い物語（エピソード）を展開していくので、それに注目！

　このように、津平町の住民は揃いも揃ってヘンな奴ばかり。そして、この町での１日は、一方では"戦時中"という緊迫感もあるが、他方では"戦時中"とはいえ、のどかな面も・・・。これは、「朝鮮戦争」が今なお終戦せず、北朝鮮と"停戦状態"にある韓国の１日と同じようなもの・・・？

■□■興味の継続は？ワンパターン？チャップリンとの比較は■□■

　もっとも、本作の"奇妙さ"は冒頭から導入部、更に中盤を通じてすべてワンパターンだから、冒頭と導入部ではそれに引き込まれたが、中盤になると少し飽きてくる。ちなみに、４月２日付日経新聞夕刊で、本作を星二つと低評価している宇田川幸洋（映画評論家）は、一方で「淡々と、架空のまちの戦時の日常がつみかさねられる。グロテスクに誇張された小津映画とでもいった趣き。美術と撮影からくる、つげ義春的ともいえる雰囲気には魅力もある」と書きながら、他方で「だが、登場人物の一様な機械人形化は、見ていたいくつもであり、そのくりかえしに苦痛すら感じてくる」と書いているが、私もそれに同感だ。また、『キネマ旬報』４月下旬号の「REVIEW　日本映画＆外国映画」では、詩人、映画監督で私と同じ１９４９年生まれの福間健二氏も星２つの低評価で、「笑えなかった」、「池田ワールド。そう言うテイストの徹底ぶりは認めたいが、頻出する食べ物の扱い方が

気色わるい」と書いている。

　本作の池田暁監督は脚本・編集・絵も担当し、フル活躍しているが、本作における彼の最大の功績はアイデア。彼の頭の中に生まれたアイデアが『きまじめ楽隊のぼんやり戦争』というタイトルに結実しているわけだ。冒頭に見る奇妙な楽隊の姿と、導入部で見る津平町の１日の姿、そして、その中で暗示される川の向こう側の太原町の脅威を感じ取ることができれば、本作の面白さに身を乗り出してしまうはず。しかし、本作ではその面白さが長続きせず、登場人物たちの奇妙な動きにも飽きてしまうからそれが残念！

　ちなみに、無声映画時代のチャップリンの名作は、俳優・チャップリンの奇妙な動きに全く飽きがこないうえ、面白いストーリーが次々と展開していくから、今日まで“名作”と評価されているわけだ。それに比べると、明らかに本作はストーリー構成がイマイチだ。

■□■太津川の向こう側は？私の第１の疑問は？■□■

　本作で途中から気になるのは、太津川の向こう側はナニ？ということ。川の向こう側は太原（たわら）町だが、そこにはどんな人たちが住んでいるの？町長は、「今日も向こう岸からの脅威が迫ってきています！どんな脅威かは忘れましたが、皆さん、とにかく頑張りましょう！」と訓示していたが、川の向こう側の脅威の具体的な内容は全くわからない。また、城子も盛んに戦いが激化している川上にいる息子の自慢話をするものの、その戦いの具体的な内容はさっぱりわからない。韓国と北朝鮮に分断された朝鮮半島では、韓国側から見る北朝鮮の脅威は具体的だが、本作ではそれがサッパリわからないところがミソだ。ナチス・ヒットラーの暴虐ぶりを特集したＢＳ１の番組『映像の世紀』（９５年〜９６年）を観れば、ヒットラーがユダヤ人の脅威を強調することによってドイツ国民の対抗心を高め、一致団結させたことが明らかだが、さて、津平町は太津川向こう岸にある太原町のどんな脅威に備え、日々戦争をしているの？

　本作のストーリー構成（脚本）には疑問点がたくさんあるが、その第１は、本作中盤、突然主人公の露木が楽隊への転勤を命じられること。今日の戦争（仕事）を終え、帰り支度をしている露木がいきなり上司の川尻から「露木くん、明日から楽隊ね」と言われたところから後半の奇妙なストーリーに移行していくわけだが、そもそもなぜ露木は第一基地勤務の兵隊から楽隊院に転勤させられたの？それがサッパリわからないうえ、本作ではそれを説明しようとする意欲は全く見えないから、私にはアレレ・・・。

■□■負傷兵は？泥棒は？町長の息子は？女性は？■□■

　本作のストーリー構成（脚本）についての私の疑問はたくさんある。それらはすべて、第１の疑問の続きともいえるもので、具体的には①川の向こうからの敵の弾で右腕を負傷した藤間のその後の扱い、②煮物泥棒で逮捕された三戸は兵隊にさせられて冷遇されるのに対し、同じ漬物泥棒として逮捕されるべき平一は、町長の息子だからという理由だけで警官に出世すること、③津平町では町長が帰庁する際に川尻の妻・春子（橋本マナミ）と見知らぬ女がお見送りをする習慣があるところ、ある日、町長が川尻に「何だ。奥さん代

272

えたのか？」と質問し、「はい、子供ができないもので」と答えた川尻に対して「じゃあ仕方ないね」と言って、その後、いとも簡単に川尻の妻が変わること、等だ。

『パラサイト　半地下の家族』（19 年）（『シネマ 46』14 頁）は韓国社会の格差問題に鋭いメスを入れた問題提起作だったが、日本でも格差と安倍政権・菅政権を批判する声が喧しい。池田暁監督が本作に上記のようなストーリー（エピソード）を盛り込んだのは、そんな日本社会の流れに沿ったものなのかもしれない。ちなみに、町長の息子のエピソードは、ひょっとして東北新社に勤務する菅総理の長男と総務省幹部の接待問題を皮肉ったもの？また、春子へのあり得ないような女性差別のストーリーは、森喜朗元東京オリンピック・パラリンピック競技大会組織委員会会長の女性蔑視発言への当てつけ？この問題は両者とも、本作が製作された後に発生したものだから、それはあり得ないが、なぜ本作に上記のようなストーリー（エピソード）を盛り込む必要があったの？

■□■なぜ「美しき青きドナウ」をトランペットで？■□■

本作後半は、露木が転属させられた伊達（きたろう）率いる"きまじめ楽隊"のストーリーがメインになっていく。津平町の住民は今の日本国民と同じように"思考停止状態"にあるが、それは"きまじめ楽隊"も同じ。さらに、町長はもとより、煮物屋店主の板橋と定食屋店主の城子を典型として、津平町のほとんどの住民は"思考停止状態"にあるが、そんな中、唯1人「なぜ・・・？」「どうして・・・？」と本作全編を通して素朴な質問をするのが、主人公の露木だ。

そんな露木には、川上の戦争で奮闘している息子のニュースばかりに一喜一憂している城子たちと違って、ほんの少しの"真実"が見えてくるらしい。その1つが、家の前で露木の耳に聞こえてきたかすかな音（音楽）を頼りに、川のほとりに行く中で露木の耳にハッキリ聞こえてきた川の向こう岸からのトランペットの音色だ。そのトランペットを吹いているのは、向こう岸にかすかに見える女性・・・？もしそうなら、同じ曲をこちら側から向こう岸に向けて吹いたら、反応してくるのでは・・・？これは、素朴な質問をすることに躊躇しない露木なればこその発想だったが、実際に、露木の耳に入ってきたヨハン・シュトラウス2世の「美しく青きドナウ」を露木が向こう側に向かってトランペットで吹いてみると・・・？3月13日観た中国映画『八佰（The Eight Hundred）』（20 年）では映画終了後、字幕と共に流れてきた曲が「ダニー・ボーイ」だったことにビックリさせられたが、本作はナゼ「美しき青きドナウ」なの？北朝鮮と韓国は「北緯38度線」を挟んで対峙しているが、ひょっとして韓国側から北朝鮮に向けてこの曲をトランペットで吹いたら、北朝鮮から反応が・・・？

■□■ラストは新部隊と新兵器！その威力は？きのこ雲は？■□■

第二次世界大戦の終盤は原子爆弾をどの国が先に開発し実用化するかが焦点になった。今でも北朝鮮はアメリカに対抗するためには核兵器をいかに保持し続けるかがポイントと考えているらしい。それと同じように、架空の時代の架空の都市・津平町も、新兵器の開

273

発に余念がなかったらしい。そのことは、情報通の板橋煮物屋の店主が当初から「この町にすごい部隊がくるらしいよ」と語っていたことからも明らかだ。もっとも、津平町の町長は物忘れがひどいから、喋っている内容は支離滅裂だし、板橋も「何がすごいのですか？」と聞かれると「何かがすごいらしいよ」と返すばかりだから、会話のワケの分からなさは全く同じだ。このように奇妙なタイトル、奇妙なセリフ回し、奇妙なストーリーで進んでいく本作は、露木以外の登場人物はすべて"思考停止状態"が際立っている。しかし、よく考えてみると"大東亜共栄圏"の建設という理想を唱えて中国大陸に進出していった旧大日本帝国の国民はかなり"思考停止状態"だったし、戦後、「平和憲法」の幻想の下で平和を７６年間も享受し続けている現在の民主主義国・日本の国民もほとんど"思考停止状態"だから、津平町の住民たちと同じようなもの・・・？

　そんなことを考えながら本作後半のストーリー展開を観ていると、ある日遂に新部隊と新兵器が登場！楽隊の重厚な音楽とともに登場した新部隊と新兵器は、その設置を終えると、轟音とともに弾を太原町に向けて発射。その数秒後に起きた太原町の光景は？そのすさまじさは、まさに１９４５年８月６日に広島に投下された原子爆弾と同じ。また、巨大なきのこ雲の姿も同じだ。すると、これで太原町は崩壊？それとも、新兵器には新兵器で報復？そんな新部隊と新兵器の恐ろしさは、あなた自身の目でしっかりと！

２０２１（令和３）年４月７日記

よく似たテイストの映画が次々と！

　１）『きまじめ楽隊のぼんやり戦争』は、架空の町での架空の戦時体制を描く、何とも奇妙なテイストの映画だった。２０２１年３月２３日付日経新聞夕刊は、そんな本作に続いて、①佐々木想監督『鈴木さん』（今冬公開予定）、②河合健監督「なんのちゃんの第二次世界大戦（５月８日公開）を紹介し、「『ぼんやりした総動員体制』に現代日本が映る」ことを指摘した。

　２）上記①も、「戦時下と思われる架空の町が舞台。４５歳以上の未婚者は住民資格を失う条例ができ、介護施設を営むヨシコは近く町を追われる。未婚の女友達は入隊した。住民は工作員がいないか監視している。そんな時、ヨシコの前に身元不明の男が現れる。」というものだ。

　３）上記②は、「実際の戦争を題材にしながら、架空の町で建設予定の平和記念館を巡る騒動を描く。市長の祖父は戦時中に反戦を訴えたと言われる元教師。彼を顕彰する施設にＢＣ級戦犯の遺族である石材店の家族たちが反対する。戦時下に何があったのか。そんな問いを投げかけるが、主な登場人物は戦後生まれ。行動の根拠は個々に違う。」というものだ。本作に続いて、上記①、②は必見！

２０２１（令和３）年４月２８日記

Data

監督：光野道夫
脚本：岡田惠和
原作：映画『Perfetti sconosciuti』
オリジナル脚本：パオロ・ジェノヴェッセ
出演：東山紀之／鈴木保奈美／常盤貴子／益岡徹／田口浩正／木南晴夏／淵上泰史／室龍太／桜田ひより

★★★★★

おとなの事情　スマホをのぞいたら

2021 年／日本映画
配給：ソニー・ピクチャーズエンタテインメント／101 分

2021（令和3）年 1 月 11 日鑑賞　　TOHO シネマズ西宮 OS

👀みどころ

　情報化社会の今、中国語で「智能手机」とされるスマホには、個人情報のすべてだけでなく、あらゆる秘密がいっぱい！他方、仲の良い夫婦には秘密などなし！そんな"キレイごと"から生まれたイタリア発の『おとなの事情』（16年）のリメイクは、日本版の本作がギネス世界記録の第19作目。

　仲の良い3組の夫婦と1人の独身男の夕食会。そこで始まる「スマホ公開ゲーム」は建て前論からスタート。しかし、そこから次々と暴露される7人の男女それぞれの秘密と、人間の本性は？

　この手の映画は結末が肝要。"人間不信"もごもっともだが、それでは大ヒットはムリ。さあ、本作の結末は？

—— * —— * —— * —— * —— * —— * —— * —— * —— *

■□■世界で最も多くリメイク！その日本版は１９作目！■□■

　イタリア映画『おとなの事情』（16年）（『シネマ40』294頁）は、「世界で最も多くリメイクされた映画」としてギネス世界記録に認定されたそうだが、その日本版が第19作目として登場！一口にリメイクといっても、どこまで原作を生かすか、どこまで脚色するかは脚本家の自由。ちなみに、韓国版リメイクの『完璧な他人』（18年）と、フランス・ベルギー版リメイクの『ザ・ゲーム〜赤裸々な宴〜』（18年）は、かなりオリジナル版に忠実らしい。しかし、岡田惠和が脚本を書いた日本版は？

　ちなみに、2月12日に公開される、ジュリアン・ムーアとミシェル・ウィリアムズが共演する『秘密への招待状』（19年）は、私の大好きなデンマークの女流監督、スザンネ・ビア監督の『アフター・ウェディング』（06年）（『シネマ16』63頁）のリメイクだが、男性2人が主人公だった原作は、女性2人の主人公に変更されている。これは、ロブ・ライナー監督の『最高の人生の見つけ方』（07年）（『シネマ20』329頁）をリメイクし

た日本版『最高の人生の見つけ方』（１９年）が、男性２人の主人公から、吉永小百合と天海祐希という女性２人の主人公に変更されたのと同じだ（『シネマ４６』３３６頁）。

　もっとも、独身男１人と３組の夫婦、計７名が出ずっぱりで展開するワンシチュエーションドラマである点は、イタリア版も日本版も同じ。イタリア版では、俳優たちになじみが薄かったが、日本版では私の大好きな女優・常盤貴子やかつてのトレンディ女優・鈴木保奈美らが登場するので、その名演が楽しみだ。キャスティングのトップにクレジットされている独身男・小山三平役は東山紀之だが、それはナゼ？そんなキャスティングも含めて、本作は興味津々！

■□■自己紹介だけで、大波乱の予感が！■□■

　イタリア版では、満月の夜に１組の夫婦が友人たちを招待した食事会が舞台になっていたが、本作の食事会は年１回の定例のものらしい。その舞台になるのは、雇われ店長・向井幸治（淵上泰史）が経営するカフェレストラン。料理の腕はそれなりのものらしいが、可愛い妻・向井杏（木南晴夏）との会話を聞いていると、“お調子者”の幸治と、獣医をしている理論派（？）の杏との対比（違い）が面白い。

　スクリーン上では、それに続いて、六甲隆（益岡徹）と六甲絵里（鈴木保奈美）の“セレブ夫婦”が食事会に出かける前の風景が描かれるが、年頃の１人娘を含めたその会話を聞いていると、この２人の関係はかなり微妙だ。それに続いて紹介されるのは、法律事務所でパラリーガルをしている園山零士（田口浩正）と、家計を支えるため、３人の子育てだけでなくパート勤務もしている園山薫（常盤貴子）の夫婦。この夫婦は、狭いアパートの中で夫の母親も同居しているし、夫の収入も多くはないから、何かと大変らしい。後に次々と暴露されるとおり、この両夫婦は一見仲の良い夫婦に見えているが、その内実は秘密だらけ・・・？最後に紹介されるのは、イケメンでスタイルもいいのに、なぜか独身の小山三平（東山紀之）。彼を紹介するシークエンスで、彼は手土産にしていた一升瓶を割ってしまう失態を犯していたが、ひょっとしてこの鈍くささがモテない原因？

　黒澤明監督の『七人の侍』（５４年）では、主演した三船敏郎の個性を突出させる中で、「７人の侍」それぞれの個性が描かれ、生き残る者と死んでいく者との区別も監督の判断で決められていた。しかし本作では、７人の男女の個性は違えど、そのウエイトの置き方は平等だ。また、『七人の侍』では、なぜ「７人の侍」が結成されることになったのかのストーリーが詳しく描かれていたが、本作導入部では食事会に向かおうとする３組の夫婦と１人の独身男それぞれの自己紹介をするだけの短いものに収めている。しかし、その自己紹介だけで、大波乱の予感が！

■□■スマホ公開のきっかけは？彼我の比較は？■□■

　今だに私が愛用しているケータイは、今や絶滅危惧種のガラケーだが、スマホは“スマートフォン”の略。英語の「スマート」は、「スタイルがいい」ではなく、「賢い」という意味だ。中国語でも「智能手机」だから、その中には知恵がいっぱい詰まっている。近時

はお財布機能や決済機能までついているから、「もしスマホを失くしたら？」をテーマにした恐ろしい映画まで登場している。イタリア版で、3組の夫婦と1人の独身男が互いにスマホを公開するゲームを始めたきっかけは、楽しい会話の中で、「お互いが信用しているなら携帯を見せ合わない？」という提案が出されたことだった。そう言われると、「俺は嫌だ」と言いづらくなるのがミソだが、岡田惠和が脚本を書いた本作での「スマホ公開ゲーム」開始のきっかけは？

　それは、新婚夫婦ながらチャラ男・幸治への不信感に悩む生真面目な杏が、食事が始まる前に、「夫婦って何？夫婦間に秘密ってあるの？」と言い出したこと。これは、金持ち夫婦と貧乏夫婦という違いこそあれ、両組とも杏には理想的な夫婦に見えていた六甲隆・絵里夫婦、園山零士・薫夫婦と自分たち夫婦を比較した結果、生まれてきた疑問だ。しかし、思春期の高校生や人生論に悩む大学生ならともかく、既に夫婦生活に入っている杏が、今さらそんな根本的な疑問を出し、その答えを求めること自体が本来は無理。しかも、「夫婦間に秘密がないなら食事会の間だけスマホをテーブルの上に置いて公開しましょう」と提案すること自体がバカげている。

　それは、人間には性善説だけでなく、性悪説の面があるという本質を考えれば当然だ。しかし、ここでの杏の提案は、建て前としては正論。しかも、六甲隆・絵里夫婦も、園山零士・薫夫婦も、外見上は理想的な夫婦なのだから、それに反対する理由はないはず。そんなキレイごとがまかり通っている今の日本国では、それに反対する理由はなく、それに反対する奴はどこかやましいところがあるからだ、と勘繰られてしまうのがオチだ。本作で、その"やましいところ"をもっとも"自覚"していたのは零士。したがって、零士だけは最後までそんなゲームの開始に反対したが、多数決になると、どうしてもキレイごとだけの正論が勝利することに・・・。

■□■誰でもこの程度の秘密は！こりゃヤバイ！え、まさか？■□■

　テレビの年末年始番組にはろくなものがないから、私は古いDVDや映画ばかり見ていたが、DVDで『聖衣』（53年）を観ていると、そこには有名なイエス・キリストが「罪のない者だけが石を投げなさい」と人々を諭す物語が登場していた。コロナ騒動の下、外出自粛や会食自粛が叫ばれているのに、菅首相を始め、政治家たちが大人数で会食していたことが批判されていたが、1月15日には、会食嫌いで有名だった（？）石破茂元幹事長が、9名で、1人4万円のフグ会食をしていたことがすっぱ抜かれて謝罪に追い込まれた。そして、TVのアホバカバラエティでは、いろいろなコメンテーターがそれを批判していたが、ひょっとして、次にマスコミの餌食にされるのはそのコメンテーターかも？つまり、今でも「罪のない者だけが石を投げなさい」の教えは生きているわけだ。

　思春期の男（＝雄）の性欲が強いのは当然。そのため、若い男の下宿や部屋をのぞいてみれば、エロ本やエッチビデオ、さらに風俗店のチラシがあっても何ら不思議ではない。まして、情報をすべて自由に操れるスマホの時代なら、その中にはあの手この手のその道

の情報も・・・？零士がゲームの開始に反対したのは、そんなちょっとした秘密からだったらしい。しかし、その秘密は、妻に公開されると俺にはまずいが、独身男の小山なら笑い話で済ませるレベルのはず！そう考えた零士は、「ちょっとベランダでタバコを吸ってくる」と言い訳をして、小山とスマホの交換を交渉することに。これは、零士が法律事務所のパラリーガルとして、長年弁護士先生の下働きを忠実にこなしてきた経験から生み出された知恵らしい。人のいい（？）小山は、いやいやながらそれに応じてしまったが、さあ、その後の展開は？

本作中盤は、ここから次々と明らかにされていく"あの秘密"、"この秘密"に注目！その秘密の中には、前述したとおりの、零士のような笑い話で済ませられる軽いものもあるが、こりゃヤバイ！ええ、まさか！？と思う大変なものもあるので、さあお立合い！私は、TVドラマ『悪魔のKiss』（９３年）でデビューした時の常盤貴子を見て大好きになったが、本作導入部で見せる彼女は、不細工な夫・園山零士とその母親と同居し２人の子育てに追われている主婦ながら、根が美人なだけにまだまだ十分イケている。そんな薫は、急いで家を出る時、スマホを見て一体何をしたの？それが暴露されるちょっとヤバいシークエンスで私は一瞬"何か"を期待したが、さて、その展開についての光野道夫監督の演出は？もっとも、それはちょっとしたサブストーリーで、メインは某人物のスマホに、ゲイのヒデ（室龍太）の通知が登場し、切々と愛の告白をするところから始まるのでそれに注目！ジェンダーフリーの時代、状況下、このストーリーは少しバカげているものの、「なるほど！」と思わせるインパクトがあるので、その展開に注目！ここまでの秘密が次々と暴露されれば、零士・薫夫婦は離婚の危機に・・・？

■□■こりゃ面白い！なのに、なぜ星２つ？異議あり！■□■

　私は毎週金曜日の夕刊各紙に載る新作映画についての新聞紙評を楽しみにしている。しかして、日経新聞の本作の評価は、「東山ら俳優の共演が見どころ」としながらも、星２つと評価が低かった。そのため危うく見逃すところだった私としては、この採点に異議あり！もともと顔も体形も不細工ながら個性派俳優として生きていかなければならない零士役の田口浩正の名演技は当然だが、本作唯一の独身男・小山三平役を演じた東山紀之は、誰がどう見ても正当な二枚目俳優。したがって、あの手この手で人間の本性を問い、その暴露合戦の面白さを追求する本作のような映画には東山は不向き！私はそう思っていたが、冒頭の自己紹介での一升瓶を割ってしまうシークエンスを見るだけで、この独身男はどこかヘン！そんな小山は零士とのスマホ交換を余儀なくされたところから、アッと驚く秘密が暴露され、思わぬ展開に！

　また、かつて"トレンディ女優"として名を鳴らした鈴木保奈美も、導入部からずっとセレブな売れっ子精神科医ぶりを見せているが、その本性は？さらに、冒頭から妻の杏のみならず、すべての観客が「この男は・・・？」と思ってしまう男・幸治は、どこまでいい加減で、どんな秘密を？

世界で１９番目のリメイクとはいえ、本作はメチャ面白い。なのに、なぜ星２つなの？異議あり！人間の多面性を考えなければならない法曹関係者はこりゃ必見！

■□■結末は喧嘩別れに？いやいや、あの日の絆はそれ以上！■□■

　コロナ騒動とコロナ対策の展開を見ていると、人権意識が強い西欧諸国と、お上意識が強く右へならえ志向が強い日本とでは、全然違うことがよくわかる。それを、比較的うまくやっているのはやはりドイツだと私は思っているが、さて・・・？

　オリジナル版『おとなの事情』はイタリア発だったが、イタリア人はとにかくおしゃべりで有名。『ソーシャル・ネットワーク』（１０年）（『シネマ２６』１８頁）では、機関銃のように次から次へと繰り出されるセリフにビックリさせられたが、３組の夫婦と１人の独身男が堂に会した食事会を舞台にしたセリフ劇では、世界一おしゃべりな国民であるイタリア人がよく似合う。しかし、日本人は何事も控えめで口数も少ないから、そんな舞台劇のリメイクは不向き？そんな心配もあったが、本作の俳優陣にはそんな心配はご無用だった。六甲隆・絵里夫婦のセレブぶりとその崩壊ぶりが見ものなら、倦怠感いっぱいの中でもなんとか貧乏夫婦の絆をキープしてきた園山零士・薫夫婦の誤解だらけの大げんかも見もの。他方、新婚夫婦ながらもいつ崩壊してもおかしくない向井幸治・杏夫婦は、幸治の浮気が暴露される中、当然離婚の方向に？そう思っていると・・・？

　本作中盤で“あの秘密”、“この秘密”が次々と暴露され、「夫婦の絆など嘘八百！」という修羅場が続く中、結末は一体どうなるの？本作がよくできているのは、なぜ７人の男女の食事会が毎年開催されているのか？なぜ、この男女が互いにこれだけの信頼関係を持っているのか？等について、冒頭の、缶詰を開けるシーンによってそのヒントが示され、ラストでその種明かしがされること。１９９５年１月１７日に起きた阪神淡路大震災と、２０１１年の３．１１東日本大震災を体験した日本人なら、だれでもこの設定は心に沁みるはずだ。ちなみに、オリジナル版は満月の夕食会だったが、本作は皆既月食の夜の食事会だ。したがって、本作のラストは７人の男女がそんなお月様を見つめるシーンで終わるが、この時、１人１人の心の中によぎっているものは一体ナニ？できればそこに想いを致しながら、１人１人自己反省してみてはどうだろうか？

２０２１（令和３）年１月１５日記

Data

監督・脚本： カーロ・ミラベラ＝
　　　　　　デイヴィス
出演：ヘイリー・ベネット／オース
　　　ティン・ストウェル／エリザ
　　　ベス・マーベル／デビッド・
　　　ラッシュ／デニス・オヘア／
　　　ローレン・ヴェレス／ザブリ
　　　ナ・ゲバラ／ライト・ナクリ
　　　／ババク・タフティ／ニコー
　　　ル・カン

Swallow／スワロウ

★★★★

2019 年／アメリカ、フランス映画
配給：クロックワークス／95 分

2021（令和 3）年 1 月 16 日鑑賞　　梅田ブルク 7

みどころ

　拒食症や過食症はよく知っているが、"異食症"って一体ナニ？画鋲を飲み込む姿にビックリなら、「その触感がたまらない」発言にもビックリ！妻の妊娠を喜んだのも束の間、夫も夫の両親もその"治療"に躍起だが、その方法は如何に？

　そんな展開にも注目だが、それだけならB級ゲテモノ映画になってしまう本作は、ヒロインの"出生の秘密"が明らかにされる中、意外な「復讐モノ（？）」になっていくからお立ち合い！

　２０１５年の大腸がん（直腸がん）手術の後、「食べること」と「出すこと」に敏感になっている私は、ヒロインの症状はわからないものの、別の意味で興味深かったが、さて、あなたは・・・？

───＊───＊───＊───＊───＊───＊───＊───＊───＊───＊───＊

■□■こりゃ一体何の映画？調べてみると・・・■□■

　宣伝ゼロ。パンフはもちろんチラシもなし。そんな映画『Swallow／スワロウ』を発見した私がネット情報を集めてみると、Wikipedia には「本作は批評家から高く評価されている。」と書かれていたうえ、いくつかのネタバレ感想でも高く評価されていた。さらに、ネット情報で見る本作のヒロイン、ハンター（ヘイリー・ベネット）はそれなりの美人だったからこりゃ必見！もっとも、本作のテーマは私がはじめて耳にする"異食症"だし、「R－15＋」指定にされているから、きっと気持ちの悪いシーンがいっぱいあるはずだ。

　本作冒頭、ハンターの夫リッチー（オースティン・ストウェル）の常務取締役就任を祝う食事会のシークエンスが登場。夫と二人で豪邸に住むハンターは幸せの絶頂のようだが、実は、心のどこかに空虚感を抱いていることを示すサインもちらほら。なるほど、なるほど・・・。ある意味では「B 級のゲテモノ映画」ともいえる本作が高く評価されている理

由はそんなところに・・・？

■□■拒食症、過食症ならぬ異食症とは？その症状は？■□■

　２０１５年１１月に大腸ガン（直腸ガン）の手術をした私は、その後「食べること」と「出すこと」にかなり敏感になっている。それもあって、私は本作でハンターが見せる"異食症"の諸症状にビックリ！拒食症や過食症はよく知っているうえ、テレビでよく放映している"大食い競争"を観ていると、過食症はある意味"売りモノ"になる病気ともいえる。しかし、異食症って一体ナニ？

　"氷をバリバリと噛みながら食べたい"程度の欲求はわかるし、ビー玉ぐらいなら飲み込めるかもしれないが、スクリーン上で見るハンターが画鋲を飲み込む姿にはビックリ！ハンターにはそれらの"食感がたまらない"そうだが、飲み込んだバッテリーの液が漏れたら死んでしまうのだから、異食症は怖い。あの夕食会の後にはハンターの妊娠が判明し、夫や夫の両親からの祝福を受けていたのに、なぜハンターはこんなことに・・・？

■□■その治療法は？原因は心の悩み？■□■

　自分の可愛い女房にこんな病気が！ハンターの症状を知ったリッチーは「結婚前になぜそれを言わなかった！」と怒り狂ったが、そう言われてもハンターは困るだけ・・・。夫の両親もそんなハンターに絶望したのは当然だ。その結果、場合によれば、ハンターのお腹の中の子供は中絶させ、リッチーは離婚、再婚で再出発！当然そんな展開も考えられるが、本作は全く逆で、リッチーもリッチーの両親も何とかハンターの異食症を"治療"しようと懸命になっていくことに。

　その一つが、ハンターの監視役としてシリア系の男性ルアイ（ライト・ナクリ）を付けたことだが、誰がどう考えてもこれはヘン！男の監視役はいかにも不自然かつ不可能だ。その点、カーロ監督の心は如何に？もう一つは、ハンターに精神科の女医アリス（ザブリナ・ゲバラ）の診察を受けさせたこと。これは当然の処置だが、ハンターはアリスにどこまで心を開いて、その奥にある不安や悩みを打ち明けるの？

■□■ヒロインにはどんな出生の秘密が？■□■

　本作は後半に入り、ハンターがアリスに対して「この件は大きな問題にしないで」と言いながら、自分の"出生の秘密"を打ち明けるところから物語は意外な方向に展開していく。両親の祝福を受けて、リッチーのような大富豪の御曹司が結婚するについては、当然妻の"身元調べ"をしているはずだが、本作ではその点があまり描かれないところもミソ。ハンターの両親は？結婚前のお仕事は？さらに過去の男関係は？本作前半はそんな点を曖昧にしたまま、ハンターの異食症の症状ばかりに観客の目を集中させていたが、中盤に明らかにされるハンターの出生の秘密とは？そして、ハンターの本当の父親とは・・・？

　リッチーが本当にハンターを愛していたのかどうかは正直よくわからないが、スクリーン上の展開を見ている限り、リッチーはハンターを愛していると言っているうえ、その立

場を尊重していることがよくわかる。しかし、ハンターから出生の秘密を聞いたアリスが、当然負っているはずの職務上の"秘密保持義務"に平気で違反する姿を見ていると・・・？

■□■ヒロインの復讐は？■□■

"マカロニ・ウエスタン"ならぬ"ナシゴレン・ウエスタン"のものすごさにビックリさせられたインドネシア映画『マルリナの明日』(17年)(『シネマ45』311頁)では、冒頭に観た7人の強盗団によるヒロインへのレイプシーンも見ものだったが、真打は剣ナタを持った"闘うヒロイン"の勇姿だった。

なぜ、ここにそんなことを書くの？それは、意外にも本作はラストに向けて「復讐もの」に向かっていくためだが、ハンターの復讐相手は一体誰？そして、それはどんな展開に？同作に比べると、本作に見るハンターの（復讐の）迫力はイマイチ（？）だが、リッチーとの決別を決めたヒロインが見せる復讐のシナリオは？ネタバレが許されないのは当然だから、本作のヒロインの復讐の姿は、あなた自身の目でしっかりと。さらに、そこで"ある決着"をつけた後のヒロイン、ハンターの人生の選択は・・・？

2021（令和3）年1月22日記

胃ガン・大腸ガンの手術経験者に、この本を推薦！

1）快適な生活には快適な胃腸の活動が不可欠だが、便通を含め、その不調を訴える人は多い。そして、胃ガン・大腸ガンの手術を受けた人は日々の食生活はもとより、排便にも注意する必要がある。私のように胃ガン手術で胃の半分ないし3分の2を摘出した人や、肛門に近い直腸ガンだったため、肛門括約筋を切除した人にとっては、日々の"食べることと出すこと"を快適に進めていくには、それなりの工夫と努力が不可欠だ。

2）私が大腸（直腸）ガンの手術をしたのは2015年9月。胃ガンの手術は翌2016年11月だが、最もつらかったのは大腸ガン手術後の半年以上、人工肛門（いわゆるストーマー）をつけていた時期。それを取ることができたのはラッキーだったが、その後には毎日の排便の苦労が待っていた。数年にわたるさまざまな試行錯誤の中、今の私が「これぞベスト！」の参考書にしている本が、①頭木弘樹著『食べることと出すこと』（医学書院刊）、②青木厚著『「空腹」こそ最強のクスリ』（アスコム刊）の2冊だ。①は体験談だが、なるほどと思う面がたくさんある。②は反対説もありそうだが、私にはピッタリ。1日1食の生活を続けるのは通常の胃腸を持っている人には苦痛だろうが、胃ガン・大腸ガンの手術経験者は容易なはず。是非、一度チャレンジしてみては？

2021（令和3）年4月28日記

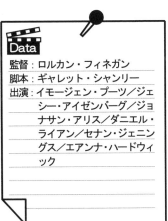

Data

監督：ロルカン・フィネガン
脚本：ギャレット・シャンリー
出演：イモージェン・プーツ／ジェ
　　　シー・アイゼンバーグ／ジョ
　　　ナサン・アリス／ダニエル・
　　　ライアン／セナン・ジェニン
　　　グス／エアンナ・ハードウィ
　　　ック

ビバリウム

2019年／ベルギー・デンマーク・アイルランド映画
配給：パルコ／98分

2021（令和3）年3月12日鑑賞　｜　シネ・リーブル梅田

👀 みどころ

　悪徳不動産屋やワケあり物件をテーマにした“不動産モノ映画”は多いが、
“托卵”を絡めたラビリンス・ストーリー仕掛けの“不動産モノ”は珍しい。
　１９６０年代から７０年代に開発された千里も泉北も大規模ニュータウン
は広く快適だから、そこへの入居は新婚夫婦の夢だった。しかし、理想の住宅
地・“YOUNDER”の9号棟は？まさか、脱出不能のそんな住宅でバケモノのよう
な男の子の“托卵”を託されるとは！？
　こりゃ、まさに“極限のラビリンス・スリラー！”まさに“世界騒然！精神
崩壊！”映画は仕掛け！そしてアイデア！だと実感！

———＊———＊———＊———＊———＊———＊———＊———＊———＊

■□■このタイトルはナニ？なぜ托卵の映像がアップで？■□■

　『カッコーの巣の上で』（75年）はアメリカン・ニューシネマの代表作だが、本作冒頭
ではカッコーの特性である“托卵”（たくらん）のアップ映像が登場する。托卵とは、「卵
の世話を他の個体に託する動物の習性」のことだが、その生々しい姿はあまり気持ちのい
いものではない。他方、「ビバリウム」と聞いて、すぐに「ビバリウムハウス」を連想し、
それが爬虫類や両生類を飼育するための容器のことだとわかる人の英語力は、相当なもの。
私には全然わからなかったのだから・・・。
　しかして、『ビバリウム』と題された本作は一体何の映画？導入部では、ちょっとしたス
トーリーの中で、本作の主人公トム（ジェシー・アイゼンバーグ）とその恋人・ジェマ（イ
モージェン・プーツ）のキャラクター紹介がされた後、2人が新居を探すためにある不動
産屋を訪れるところからストーリーが始まることに。

■□■この不動産屋はヘン！？この分譲地もヘン！？■□■

　不動産をテーマにした映画は多種多様だが、本作でトムとジェマに理想の住宅地
“YONDER”を案内する不動産屋・マーティン（ジョナサン・アリス）はどこかヘン。そん

な悪徳不動産屋（？）の案内について行かなければよかったのだが、若い2人はついつい言われるままに、マーティンの車の後を追って"YONDER"に入り、9号棟の案内を受けることに。

日本でも、高度経済成長時代に郊外で開発・分譲されたニュータウンでは、右も左も同じような建物が並んでいたが、ここ"YONDER"は・・・？

■□■まさに、こりゃ極限のラビリンス・スリラー！■□■

本作のチラシには、「世界騒然！」「精神崩壊！」「《極限》のラビリンス・スリラー」の見出しが躍っている。「ビバリウム」がわからない人には「ラビリンス」もわからないかもしれないが、それは「迷宮」のこと。しかして、ラビリンス・スリラーとは？そして、本作はなぜそう呼ばれているの？

本作のラビリンス・ストーリーは、"YONDER"内の一区画である9号棟の入り、その"特徴"を説明していたマーティンが突如消え去り"YONDER"からの脱出ができなくなった上、段ボールに入った男の子を、「この子を育てれば開放する」と書かれたメッセージと共に受け取ったところからスタートしていくことになるが、こりゃ一体ナニ？こんなストーリー、今まで見たことない！まさに、こりゃラビリンス・スリラーだ！

■□■若夫婦が"YOUNDER"内で置かれた"宿命"とは？■□■

私が大阪大学に入学した1970年当時の大阪は大規模開発の流れにあったから、千里で開発されたニュータウンの大きさにはビックリさせられた。しかし、そこに見る何十棟もの5〜6階建ての集合団地は、敗戦で焼け野原になった日本とは全く異質な風景だったから、勤勉な日本国民がそんな姿に自らを奮い立たせ、ますますマイホーム獲得の夢に邁進していったのは当然だ。そして、1970年の大阪万博を終えて、日本が本格的な高度経済成長期に入ると、泉北ニュータウンをはじめとする大規模ニュータウンの開発は更に進んでいった。

しかし、中国でもアメリカでもそんなニュータウンの開発は日本の10倍。それはそれで驚くべき規模だが、本作のスクリーン上に登場する"YONDER"の規模はその数百倍、数千倍のようで、トムとジェマが"YONDER"から脱出しようとしてもできないほどの規模だから恐ろしい。もちろん、現実にそんなことはあり得ないから、本作はラビリンス・ストーリーなのだが、トムとジェマの若夫婦はあの悪徳不動産屋・マーティンのせいで、そんな"YONDER"の9号棟に入居させられたうえ、段ボールに入ったバケモノのような男の子の子育て（托卵）まで強要されることに・・・。さあ、2人はそんな宿命（？）を如何に受け止めるの？

■□■この奇妙な男の子の子育て（托卵？）は大変！■□■

人間の寿命（80歳）は、犬の寿命（15歳）の5〜6倍だ。しかして、本作の男の子は、98日後には7歳くらいまでに急速に成長したから、まるで犬並み。しかも、どこでどう言葉を覚えるのかわからないが、2人の言葉をそのまま真似たり、犬と同じ鳴き声で

鳴いたり、さらには、空腹になると耳障りな奇声を発し続けるから、扱いづらい。そのうえ、四六時中2人の行動を監視しているから、うっとうしいことこの上ない。もちろん、そんな気持ちの悪い子供を育てるのはトムもジェマも嫌だが、"YONDER"から抜け出すためには仕方なし・・・？なるほど、冒頭の托卵のシークエンスはここに結び付けるためのもの・・・？子供から「ママ」と呼ばれるたびに「私はあなたのママじゃない」と言いながらも、ジェマは仕方なく面倒を見ていたが・・・。

他方、トムの方は、ある日タバコの火を庭に投げ捨てると、焼けた芝生の下の地面に何か異変が！ここを掘っていけば、脱出のヒントがありそうだ。そう思いついたトムは以降、それに没頭することに。しかし、こんなラビリンスな生活を2人はいつまで続けられるの？このままでは2人とも、まさに精神崩壊に！

■□■成長した青年に注目！展開する"地下の物語"とは？■□■

段ボールに入っていたあの赤ん坊が98日間で7歳くらいになったのなら、青年になるのは何日後？歴史上の主要な人物を主人公として描くNHK 大河ドラマは、最初の2，3回だけ幼少期の主人公を登場させ、ある日突然青年期の主人公に変身させるパターンが多い。しかして、本作でも、犬のように鳴き、時々けたたましい叫び声をあげていた気持ちの悪いあのガキが、ある日突然トムよりも背の高い青年に成長した姿で登場するので、それに注目！この青年は意外にハンサム（？）だが、その行動を観ていると、やはりヘン！そのうえ、青年になってもまともな人間と同じようなしゃべり方はできないから、その恐さ、バケモノぶりは子供の時代以上・・・？

実を言うと、トムは一度この"化け物"を子供の頃に殺してしまおうと考えて、車の中に閉じ込めたのだが、ジェマの反対によってそれは挫折。そして、今や連日の穴掘り作業で肉体的にも精神的にも疲れ果ててしまったトムは、今更この若い大男に対抗する術もなし。事態は既にそこまで悪化してしまっているわけだ。そんな中、本作はラストに向けてあっと驚く展開に！

ポン・ジュノ監督の『パラサイト　半地下の家族』（19年）（『シネマ46』14頁）では、韓国特有の「半地下住居」で暮らす貧乏一家の姿が印象的だったが、後半からはあっと驚く"地下"の物語が展開していった。それに対抗するかのように、本作でも、後半からは地下迷路での本格的なラビリンス・スリラーが展開していくので、それに注目！もちろん"ネタバレ厳禁"だから、その内容と恐さをここに書くことはできない。したがって、そんな本作のクライマックスは、あなた自身の目でしっかりと！

2021（令和3）年3月17日記

Data

監督・脚本：ナワポン・タムロンラタナリット

出演：チュティモン・ジョンジャルーンスックジン／サニー・スワンメーターノン／サリカー・サートシンスパー／ティラワット・ゴーサワン／パッチャー・キットチャイジャルーン／アパシリ・チャンタラッサミー

ハッピー・オールド・イヤー

★★★

2019 年／タイ映画

配給 ザジフィルムズ、マクザム／113 分

2020（令和2）年 12 月 19 日鑑賞　　シネ・リーブル

👀 みどころ

　"断捨離"は単なる"片付け"とは異なり、ヨーガの行法の元になっているから、哲学的で奥が深い。しかして、留学帰りのヒロインが自分の理想的なデザイナー事務所を作るために目指す断捨離とは？

　物を捨てる"断捨離"は、一方では他人との戦いであり、他方では自己の戦い。しかし、人間関係の"断捨離"は？

　"断捨離"はとてつもなく難しい。そう思っている私は、本作の監督にもヒロインにも同調できないが・・・。

——＊——＊——＊——＊——＊——＊——＊——＊——＊——＊——＊——

■□■アジアン映画祭でグランプリ！こりゃ必見！？■□■

　ナタウット・プーンピリヤ監督のタイ映画『バッド・ジーニアス　危険な天才たち』（17年）は面白かった（『シネマ43』205頁）。その製作スタジオと、主演女優のチュティモン・ジョンジャルーンスックジンが、再びタッグを組んだのが本作だ。

　本作は2020年3月に開催された第15回大阪アジアン映画祭でグランプリ（最優秀作品賞）を受賞した作品と言うから、必見！一瞬そう思ったが、そのテーマが"断捨離"だと聞き、また、何度も予告編を観ているうちに、一歩引いてしまった。それはなぜなら、私には"断捨離"と言う価値観にも、それを指針とした生き方にもあまり興味がないためだ。しかし、話題作でもあり、年末年始で時間があったため、あえて鑑賞。

■□■留学から帰国後、デザイナーの卵は何を目指すの？■□■

　前作で注目され多くの賞を受賞した、1996年生まれの女優、チュティモン・ジョンジャルーンスックジンの本作の役割は、スウェーデン留学からタイの実家に戻ってきたデザイナーの卵、ジーン役。帰国後、自分の事務所を持とうと考えたジーンが、母（アパシリ・チャンタラッサミー）と兄・ジェー（ティラワット・ゴーサワン）と一緒に暮らすことになる自宅のビルをリフォームしようと考えたところから、本作のストーリーが始まる。

そこに父親がいないことがミソだが、そもそも、父親が音楽教室兼自宅として使い、今は母親が好き勝手に使っている1階を、ジーンが「自分のオフィスにする」とリフォーム宣言したから、アレレ・・・。しかも、ジーンが留学中に学んだ知識によれば、自分の気に入る自分のデザイナー事務所を作るためには、徹底した"断捨離"が必要らしい。しかし、そりゃ、あまりにワガママ！あまりにも身勝手では・・・？

■□■断捨離とは？ジーンによるその実践は？■□■

Wikipediaによれば、"断捨離"とは、「不要な物を『断ち』『捨て』、物への執着から『離れる』ことにより、『もったいない』という固定観念に凝り固まってしまった心を解放し、身軽で快適な生活と人生を手に入れようとする思想である」とされ、「ヨーガの行法が元になっているため、単なる片付けとは異なるものとされている」そうだ。

たしかに、モノにこだわることはよくないかもしれないが、人間には物欲があるうえ、昭和24（1949年）生まれの私は、まだ"貧しくモノのない時代"を知っているから、モノへの執着もある。また、食べ物を残してはダメ、とか、まだ使える者を捨ててはダメ、という価値観もある。それらは、すべて"もったいない"という感覚に基づくものだ。そのため、私には"片づけ"はできても"断捨離"は到底ムリ。そう思っている。

"断捨離"の提唱者が誰であるかについては諸説あるが、そもそも"断捨離"などできっこないと考えている私は、"断捨離"の思想そのものにあまり興味がない。しかし、スウェーデンで「ミニマルスタイル」を学んだというジーンは、一方では母親と真っ向対立しながら自宅のリフォームを推し進め、他方では自分の持ち物を"断捨離"していく中で様々な矛盾に直面していくことになるので、それに注目！

■□■他人のモノの断捨離は容易だが、自分のモノの断捨離は？■□■

"断捨離"の第一歩はモノへの執着を解き放ち、モノを捨てること。しかして、ジーンはまず最初に他人のモノの"断捨離"をやろうとしたが、そこで起こったのが母親との対立だ。母親との対立は、父親が残していったピアノを巡って象徴的に展開されるが、そこではあまりに身勝手なジーンの姿に私はビックリ！こりゃいくら何でもひどすぎるのでは・・・？

他方、自分の持ち物の"断捨離"もかなりヘン！ジーン自ら"断捨離"を始めたにもかかわらず、友人のピンク（パッチャー・キットチャイジャルーン）からもらったCDは捨ててしまったものの、それをピンクに見られると・・・？さらに、元恋人のエム（サニー・スワンメーターノン）から預かっていたカメラを捨てることができないため、それをわざわざエムに郵送したところ、それが「受け取り拒否」で戻ってくると・・・？

ジーンのやっているこの"断捨離"は一体ナニ？それは、他人の物、自分の物を巡る人間関係をよりややこしくさせているだけなのでは・・・？

■□■人の気持ちと人間関係の断捨離は？■□■

本作のテーマは"断捨離"だが、スクリーン上で展開されるメインストーリーと問題提起は、人との関係。したがって、チラシにも「"カンニング"の次は"断捨離"！『バッド・

ジーニアス　危険な天才たち』の製作スタジオ×主演女優が贈る共感度 MAX ムービー！」
と書かれているが、本当のココロは、「"片付けマスター"への道は前途多難！」、そして、
「ひとの気持ちは、簡単に仕分けられません。」にある。
　しかし、本作でジーンが元恋人のエムを巡って繰り広げる物語は、始めから終わりまで
すべて私には納得できないことだらけだから、腹が立って仕方がない。ハッキリ言えば、
物としてのカメラの"断捨離"は単に捨てればいいだけ。また、カメラを巡るエムとの関
係は、やっと最後にしたように、スマホからエムのアドレスを完全抹消すればいいだけだ。
しかるに、ジーンはあれやこれやと様々な口実を設けて（？）、エムと接触を続けるから、
アレレ、アレレ・・・。そして、それによって、結局エムとエムの新しい恋人・ミー（サ
リカー・サートシンスパー）の関係は破綻してしまうことに・・・。これではミーがあま
りにもかわいそう。私には、ジーンの身勝手さばかりがくっきりと・・・。

■□■Cinema Essay や Review に納得？それとも・・・？■□■

　本作のパンフレットには、①秦早穂子（映画評論家）の『心は削除できるの？』と題す
る「Cinema Essay」と②松田青子（作家・翻訳家）の「『ミニマル』になれないわたしたち」
と題する「Review」がある。これらは両者とも興味深いが、そこに書かれていることに私
は全然納得できないし、共感もできない。
　また、本作に数回登場するジーンと母親の罵り合いに近い絶叫調の母娘喧嘩の姿を見て、
私は勝手にナワポン・タムロンラタナリット監督は女だと思っていたが、パンフレットを
見て男であることを知り、男でもこんな演出ができることにビックリ！本作に見るジーン
の身勝手さは女だけにしか理解できないし、共感できないものだと私は勝手に思ったのだ
が・・・。

■□■監督やヒロインに納得？それとも・・・？■□■

　最後に、ジーンがスウェーデンに留学してデザイナーの勉強ができたのは、きっと父親
からの仕送りのおかげ。したがって、帰国後ジーンが自分の事務所を持ちたいと願うのは
ジーンの自由だが、それなら父親のビルに頼ることなく、ゼロから事務所選びをすればい
いのでは？また、「ミニマルスタイル」にハマるのも本人の自由だが、それなら自宅の自分
の部屋にあるものを自由に自分ですべて"断捨離"すればいいだけなのでは？もっとも、
そうすれば本来、本作のような映画は成立しないわけなのだが・・・。
　そんなワケで、私は本作のナワポン・タムロンラタナリット監督にも、本作に見る女優
のチュティモン・ジョンジャルーンスックジンにも、同調できなかったが・・・。

２０２０（令和２）年１２月２８日記

Data
監督・脚本：ロバート・バドロー
原作：ダニエル・ラング『ザ・バンク・ドラマ』
出演：イーサン・ホーク／ノオミ・ラパス／マーク・ストロング／クリストファー・ハイアーダール

SHOW-HEY シネマルーム

★★★

ストックホルム・ケース

18年／カナダ・スウェーデン映画
配給：トランスフォーマー／92分

2020（令和2）年11月22日鑑賞　　テアトル梅田

■□■ショートコメント■□■

◆映画は勉強。あなたは「ストックホルム症候群」という言葉を知っている？それは、「誘拐・監禁事件などの被害者が犯人と長い時間を共にすることで、犯人に対し連帯感や好意的な感情を抱いてしまう状態を示す心理学用語だが、あなたは、その語源を知っている？

　本作を観れば、それが「なるほど、なるほど・・・」と理解できるらしい。また、銀行に押し入ったラース（イーサン・ホーク）と、人質に取られたビアンカ（ノオミ・ラパス）との間の軽妙なセリフ回しと、その後のあっと驚く展開を見れば、「ストックホルム症候群」の発生にも十分納得できるらしい。

　ストックホルムは、もちろん北欧・スウェーデンの首都。邦題になっている『ストックホルム・ケース』は１９７３年に起きた事件だが、その当時の私は２年間の司法修習の真っ最中。一生懸命に勉強しつつ、世の中の情報収集にも相当気を使っていたが、知らなかったなあ、そんな事件は・・・。

◆ラースは、ボブ・ディランが大好きらしい。というより、崇拝しているようだ。そのため、銀行に押し入るについても、武器の他ラジオが必需品らしいから、ビックリ！他方、スウェーデンの治安状況がどんなものかは知らないが、たった一人で押し入ってきたラースが天井に向かって銃を乱射しただけで、あれほど見事にフロア全体を制圧してしまったことにビックリ！ストックホルムの銀行の警備体制はどうなっているの？

　ラースは銀行員のビアンカに命じて、警察署長のマットソン（クリストファー・ハイアーダール）に電話させたが、そこでラースが申し出た要求は、収監されている囚人、グンナー（マーク・ストロング）の解放と逃亡するための車の用意、そして現金だが、それに対するマットソンの対応は？

　ここからが本作のメインだが、本作は妙にリアル感が薄くユーモア感が漂っているのが特徴。しかし、それはいいこと？それとも・・・？

◆旧友だったラースとグンナーの再会は、それなりに感動的。しかし、グンナーはラース

の説得役も兼ねているらしい。それはそれで仕方ないが、あんなに気楽に（？）1人で1階のフロアー全体を制圧しているつもりのラースに対して、なぜ警察はスキを見て反撃しないの？ストックホルム警察の対策本部は銀行の2階に設置しているうえ、マットソン署長は両手を挙げながら2階の階段から降りて行って、人質を抱えたラースと"ご対面"しているのだから、部下たちがいろいろな位置に隠れてラースを射殺するのは容易！私にはそう思えるのだが・・・。

　ストックホルム警察って、署長以下、よほどバカばっかり・・・？

◆導入部からそんな突っ込みを入れながら観ていると、本作はその後もラースとマットソン署長とのバカバカしい交渉戦、心理戦をメインとした展開の中で、①ラースたちの金庫室での籠城、②警察側からの天井から穴をあけて催涙ガス注入の試み、等々のシチュエーションが設定されていく。しかし、そのリアル感のなさに唖然！これでは、ストックホルム症候群」がなぜ生まれたのかという興味を持つ以前に、バカバカしくなってしまう。ラースのバカさ加減が顕著なら、警察署長はもちろん、ラースへの強硬姿勢を貫くスウェーデン首相（オロフ・パルメ）のバカさ加減も顕著だ。

　そんなドタバタ劇の中、一方ではラースとグンナーとの仲間割れが発生・・・？他方では、ラースとビアンカとの間にある種の信頼関係が発生！そして、それはひょっとして男女の愛情関係に・・・？

◆ラースは一貫して、警察に用意させる車で脱出できると信じているようだから、その面でもいささか頭が悪すぎる。こんな犯人1人を制圧するくらいは、いくら出来の悪いストックホルム警察でも可能なはずだ。そんな予想通り、結局ラースとグンナーは「御用！」となってしまうが、私はずっと続くその展開もかなり白けた目で・・・。

　もっとも、本作で最も大事なのは、ラースとグンナーとの"後日談"だが、さあ、その"後日談"は如何に？山根貞男（映画評論家）の本作についての新聞紙評は絶賛に近かったが、それって本心？

２０２０（令和２）年１１月２５日記

第8章
小品にもこんな名作が！

Data

監督・脚本：カロリーヌ・リンク
原作：ジュディス・カー「ヒトラー
にぬすまれたももいろうさ
ぎ」（評論社刊）
出演：リーヴァ・クリマロフスキ／
オリヴァー・マスッチ／カー
ラ・ジュリ／マリヌス・ホー
マン／ウルスラ・ヴェルナー
／ユストゥス・フォン・ドホ
ナーニ／アン・ベンネント／
ベンヤミン・サドラー

SHOW-HEY シネマルーム

★★★★

ヒトラーに盗られたうさぎ

2019 年／ドイツ映画
配給：彩プロ／119 分

2020（令和2）年 12 月 13 日鑑賞 ｜ シネ・リーブル梅田

👀 みどころ

　ヒトラーはヨーロッパ中の名画を根こそぎ奪ったことで有名だが、9歳の女の子から、うさぎまで奪ったの？いやいや、それはない。すると、この邦題は一体ナニ？

　ナチ党が「民意」を得て勢力を増す中、ユダヤ人のアンナ一家はスイスへの亡命を決行！これが『アンネの日記』のアンネと本作のアンナの命運を二分したが、アンナは苦しい時代の中、いかなる想像力を手に？本作は、「ナチスもの、ホロコーストもの」だが、悲しさよりも明るさが際立っている。それは一体ナゼ？

　原作者であるジュディス・カーの「伝記モノ」にしなかった、ドイツ生まれの女流監督カロリーヌ・リンクが、アンナに託した見事な演出に拍手！

——＊——＊——＊——＊——＊——＊——＊——＊——＊——＊

■□■知らなかったなあ、こんな原作！こんなユダヤ人作家！■□■

　私は２０２０年５月に、『ヒトラーもの、ホロコーストもの、ナチス映画大全集―戦後７５年を迎えて』を出版したが、同書に収録した７２本の「ヒトラーもの、ホロコーストもの」のほとんどは涙を誘う映画や涙なくして観られない映画ばかりだった。来年早々に観る予定の『この世界に残されて』（19 年）も、多分同じだろう。しかし、１９３３年２月から始まる、9歳の少女アンナ（リーヴァ・クリマロフスキ）とその兄マックス（マリヌス・ホーマン）、そして父アルトゥア（オリヴァー・マスッチ）、母ドロテア（カーラ・ジュリ）というユダヤ人の4人家族を描く本作は、悲惨な時代と状況下で描かれる悲しい物語であるにもかかわらず、悲しい涙を誘うものではなく、むしろ明るく前向きなものになっている。それは一体ナゼ？

　『ヒトラーに盗られたうさぎ』という邦題も奇妙だが、本作の原作になったのは、『ヒト

ラーにぬすまれたももいろうさぎ』（評論社刊・現在は絶版）で、これは"Warten bis der Frieden kommt"（１９７５）、そして"Eine Art Familientreffen"（１９７９）の２作を入れて３部作になるもの。この３部作は、１９２３年にドイツのベルリンで生まれ、１９３３年に家族と一緒にドイツを離れ、スイスとフランスを経由してイギリスへ亡命し、成長後、女流児童文学者として大成したジュディス・カーの代表的な古典らしい。知らなかったなあ、そんな原作！知らなかったなあ、そんなユダヤ人作家！また、私は『リンドグレーン』（18年）（『シネマ46』329頁）を観るまでは、世界で4番目に多く翻訳されたデンマークの児童文学者アストリッド・リンドグレーンのことを知らなかったが、それと同じように、本作を観てはじめてジュディス・カーのことを知ることに！

　ちなみに、『ミケランジェロの暗号』（10年）（『シネマ27』123頁）、『黄金のアデーレ　名画の帰還』（15年）（『シネマ37』261頁）、『ミケランジェロ・プロジェクト』（13年）（『シネマ37』267頁）、『ヒトラーVS. ピカソ　奪われた名画のゆくえ』（18年）（『シネマ45』99頁）を観ればわかる通り、ヒトラーはヨーロッパ中の名画を根こそぎ奪い取ったことで有名だが、9歳の女の子から"うさぎ"まで奪ったの？いやいや、それはない。すると、このタイトルは一体ナニ？

■□■本作のアンナ vs『アンネの日記』のアンネ！■□■

　本作を監督したカロリーヌ・リンクは、『名もなきアフリカの地で』（01年）（『シネマ3』151頁）で注目された、ドイツ生まれの女性監督。脚本も共同で執筆した彼女は、原作者のジュディス・カーと話し合いを重ねる中で、「なんだってできるのよ。一緒にいればね」という、ジュディス・カーの人生のモットーを本作のテーマに据え、感動的であると同時に、楽しい映画にしたいと思ったそうだ。本作のアンナのモデルは、もちろんジュディス・カー自身だ。

　私は寡聞にしてジュディス・カーのことを知らなかったが、『アンネの日記』の主人公である少女アンネは超有名。そして、アンネを描いた映画には、『アンネの追憶』（09年）（『シネマ29』145頁）や、『アンネ・フランク　真実の物語』（01年）等がある。本作のアンナと『アンネの日記』のアンネは同時期に生まれた、共に文才あふれる女の子だったが、屋根裏に隠れながらも結局ナチスに発見されて殺されたアンネに対して、アンナは一家そろって亡命したことによって、ナチスの迫害を逃れることができたから、その差は大きい。残念ながらジュディス・カーは本作完成直前の２０１９年５月に死亡したが、95歳の天寿を全うしている。もし、アンネが生きていれば素晴らしい作家になっていたことは間違いないはずだから、そんな視点からも、本作のアンナ vs『アンネの日記』のアンネの対比を、しっかりしておきたい。

■□■引っ越しの要否は国政選挙の結果で！その理由は？■□■

　日本の国政選挙では地縁と血縁が大切だが、例外的に"落下傘候補"もある。その"落下傘候補"は、いったん住民票を現住所から選挙区に移すが、落選すればまた元の住所に

戻ることになる。このように、“落下傘候補”の家族は国政選挙のために引っ越しを余儀なくされるが、それはあくまで“落下傘候補”の都合によるものだ。

しかし、本作導入部では、家族同然のお手伝いのハインピー（ウルスラ・ヴェルナー）とともにベルリンに住んでいるアンナ一家が、１９３３年３月に実施される総選挙でヒトラー率いるナチス党が勝てば、家族全員がスイスに移住しなければならないというストーリーが描かれるので、それに注目！そもそもこのように、国政選挙の結果如何によって、アンナ一家が引越ししなければならなくなるのは一体ナゼ？

折りしも日本では、今年９月、７年８か月続いた安倍晋三長期政権に代わって、菅新政権が誕生したが、衆議院議員の任期は２０２１年９月までだから、それまでのどこかで総選挙が実施されるのは確実。同選挙での政権交代の可能性は低いが、その結果如何によって引っ越しを余儀なくされる家族はいないはずだ。したがって、本作導入部ではまず、国政選挙の結果如何で、アンナ一家が引越しを余儀なくされることの意味をしっかり確認しておく必要がある。

■□■スイスに馴れたのに今度はパリへ？その中での成長は？■□■

『アンネの日記』の主人公は１５歳の女の子アンネだが、『ヒトラーに盗られたうさぎ』と題された本作の主人公は、タイトルとされているうさぎのぬいぐるみの所有者である９歳の少女アンナ。そのモデルである実在の人物ジュディス・カーはロンドンで劇作家として大成し、兄のマイケル・カーも、ロンドンの高等法院における最初の外国生まれの裁判官として活躍したが、それはひとえに両親が子供たちに素晴らしい教育を授けたからだ。それについては、パンフレットにある Essay、①伊藤さとり（映画パーソナリティ・心理カウンセラー）の「授業では教えてもらえない才能を伸ばす自己受容学」と②角野栄子（児童文学作家）の「苦しい時代に想像力という贈り物を手にした」、が興味深い分析をしているので、それに注目！

それらを読むまでもなく、本作冒頭に見る仮装大会で、怪傑ゾロに扮した兄マックスと、“物乞い女”に仮装したアンナを対比すれば、両者の感性の違いがよくわかる。また、幼い頃に絵が大好きな女の子は多いが、事故の絵しか思いつかないため、船が沈没する絵ばかり描いているアンナのような女の子は珍しい。そんな時、普通の親や先生は、「こんな悲しい絵を描いてはダメ。もっと楽しい絵をかきなさい。」と言うものだが、アルトゥアは、「好きな絵を描けばいい。他人の意見は気にするな」と対処していたからエライ。

また、ベルリンからスイスに引っ越すについて、「持っていくものはおもちゃ一つと本二冊だけ」と母親から厳命されたアンナが新しい犬のぬいぐるみを選んだため、結局、うさぎのぬいぐるみがベルリンに取り残されることになったわけだが、「さよなら　ピアノ」「さよなら　テーブル」「さよなら　台所」「さよなら　古い家」と、一つ一つに別れを告げていく感性は素晴らしい。こんなアンナだから、同じドイツ語でもスイスの方言で全く理解できない言葉をすぐに吸収できたのは当然だ。また、ドイツ式とスイス式の教育や習慣に戸惑ったものの、新しい環境下で喧嘩しながらもすぐに親友を見つけ、素晴らしい成長を

していったのも当然だ。これなら、ベルリンからスイスへ引っ越しても大丈夫。そう思っていたのに、今度は父親から「パリへ引っ越すかも・・・」と言われたからビックリ。やっと引っ越し先のスイスに馴れたのに、今度はパリへ？それは一体ナゼ？

■□■ユダヤ人は"流浪の民"！それは「あの名作」でも！■□■

　森光子の金字塔が『放浪記』の林芙美子役なら、森繁久彌のそれは、『屋根の上のバイオリン弾き』のテヴィエ役。１９６４年にブロードウェイで初演されたミュージカル『屋根の上のバイオリン弾き』は、本来日本人が演じても全然似合わない（？）ミュージカルだが、結果的に同作のテヴィエ役は森繁久彌にピッタリのはまり役になった。同作を観れば、ユダヤ人は"流浪の民"というイメージが強いが、それは本作を観ても同じだ。１９３３年３月のドイツ共和国（通称ワイマール共和国）の国会議員選挙で、ヒトラー率いる国家社会主義ドイツ労働者党（ナチ党）が２８８議席（得票率４３．９％）を獲得したことによって、ユダヤ人のアンナ一家がスイスへの亡命を余儀なくされたのは、ある意味当然。辛口演劇評論家のユダヤ人であるアルトゥアが、スイスでも同じような執筆活動で生計を立てることができればいいのだが、それはなかなか難しいらしい。しかし、フランスの新聞社なら・・・。

　ベルリンからスイスへの引っ越しについては、父親のアルトゥアとお手伝いのハインピーを残して、母親と子供たち３人が"先遣隊"になったが、スイスからパリへの引っ越しについての"先遣隊"は母親のドロテアだけ。良いアパートを見つけたら残りの家族も全員引っ越しだが、そもそもフランス語が全く分からないアンナ一家がパリへ引っ越すについては、何の不安もないの？その点の楽観主義（？）には驚くばかりだが、それはもともと"流浪の民"であるユダヤ人の本性？そんなことはないはずだが、期待したほどではなかったフランスのボロアパートで、"流浪の民"アンナ一家はどうやって暮らしていくの？

■□■パリでの生活は困窮！でも、この前向きさはどこから？■□■

　アルトゥアがスイスからフランスへの引っ越しを決めた最大の理由は、フランスならたくさんの新聞社があるので自分の演劇評論の掲載先もたくさんある、と考えたからだった。しかし、現実は、ベルリンでは一流の辛口評論家だったアルトゥアも、フランスでは安い原稿料の小さいコラムを１つもらっただけだったから、一家の貧困は強まっていくばかり。そんな中でも妻のドロテアは、パリで再会した、アルトゥアがボロクソに貶していた演出家夫婦の家に子供たちを連れて出かけていき、ご馳走になったりするたくましさ（？）を見せるので、それにも注目！パリのアパートの、がめつい大家さんは毎週の家賃の催促に懸命で、貧乏なユダヤ人をこき下ろしていたが、子供たちの教育に熱心なケンパー夫婦の姿や仕事にありつけずに困惑するアルトゥアを尻目にたくましく生きていくドロテアの姿を見るにつけ、"流浪の民"であるユダヤ人の知恵とたくましさに納得！

　なるほど、これならアンナ一家が新たなフランス語にすぐに馴れたのもよくわかる。それにしても、パリに引っ越して１年余りのアンナがフランス語の作文コンクールで優勝し

たことにビックリなら、アルトゥアが書いていた、ナポレオンを主人公にした脚本がイギリスで売れたことにもビックリ！アンナ一家のこの前向きさは一体どこから来ているのだろうか？本作後半では、それをしっかり見定めたい。

■□■ナニ！今度はイギリスへ！一家の新たな絆と決意は？■□■

ナポレオンを主人公にした脚本がイギリスで売れたとの報告を受けたアルトゥアは、直ちに、不遇だったパリから新天地と思われるイギリスのロンドンへの引っ越しを決意。ここでも、"流浪の民"ユダヤ人の面目躍如だが、私たち日本人の目には、やっと少し馴れたフランスを離

れて新たにロンドンへ移住し、英語を学ばなければならない一家は大変だ。

　しかして、本作ラストはパリからロンドンへ渡る船の上の家族の姿になるが、その時点ではアンナもマックスも大きく成長しており、イギリスでの新たな生活への不安は全くないようだからエライ。もっとも、その時点では、既にお手伝いのハインピーとの再会は難しくなっていたし、ユリウスおじさん死亡の悲報を受け取った後だったから、ますます孤立状態は厳しくなったケンパー夫妻にとってのロンドンの生活は如何に？そしてまた、アンナとマックスにとってのロンドンは如何に？

　前述した伊藤さとりのEssayは、「結果、どの国に行ってもお前なら言葉をすぐに覚えられると父親に言われたアンナの自己肯定感は、更なる才能を開花させるのだ」と述べ、「世界中の子供たちに希望を与えた絵本作家ジュディス・カーを育てた両親の子育て論は、『自己受容』と『勇気づけ』と結論付けている。まさにその通りだ。また、本作のラストには、ハリウッド大作のような華やかさもドラマティック性もないが、ケンパー夫妻の子育て論のすばらしさをくっきりと浮き彫りにしている。前述した角野栄子のEssayのタイトル通り、アンナは、この父親アルトゥアとこの母親ドロテアから、「苦しい時代に想像力という贈り物を手にした」のだから、そんな両親の功績に拍手！

　本作を鑑賞するについては、そんな大切な教訓を静かにそしてじっくりと確認したい。

２０２０（令和２）年１２月１６日記

SHOW-HEYシネマルーム

★★★★

この世界に残されて

2019年／ハンガリー映画
配給：シンカ／88分

2021（令和3）年1月9日鑑賞　　テアトル梅田

Data

監督・脚本：バルナバーシュ・トート

原作：ジュジャ・F. ヴァールコニ『Férfiidők lányregénye』

出演：カーロイ・ハイデュク／アビゲール・セーケ／マリ・ナジ／カタリン・シムコー／バルナバーシュ・ホルカイ

👀👀みどころ

　「ホロコースト」の主な舞台はフランス、ポーランド、オランダの他、デンマーク、ノルウェー、フィンランドもあるが、ハンガリーは？

　原作における中年医師と16歳の少女との会話劇に魅かれたハンガリー生まれのバルバナーシュ・トート監督は、『この世界に残されて』という邦題どおりのストーリーを淡々と綴ったが、本作はホントに「ホロコーストもの」？それとも・・・？

　ナチスドイツから解放された戦後のハンガリーを舞台とし、1948年からスターリンが死亡した1953年までを描いた本作を、日本のその時期と比較しながら見ると、今更ながら日本に生まれたことに感謝！もっとも、日々の"改革"が不可欠な今、「この世界に残されて」ではダメなことは明らかだが・・・。

――＊――＊――＊――＊――＊――＊――＊――＊――＊――

■□■ハンガリー発の「ホロコーストもの」をはじめて鑑賞■□■

　私は2020年5月20日に『ヒトラーもの、ホロコーストもの、ナチス映画大全集―戦後75年を迎えて―』を出版し、その第2編≪ナチス支配下のヨーロッパ各地は？―服従？それとも抵抗？国は？個人は？≫では、第1章を「フランスでは？」、第2章を「ポーランドでは？」、第3章を「オランダでは？ベラルーシでは？オーストリアでは？」、第4章を「デンマークでは？ノルウェーでは？フィンランドでは？」と分類し、多くの「ヒトラーもの」「ホロコーストもの」を掲載した。そこには「ハンガリーでは？」の章はなかったが、実はハンガリーでも約56万人ものユダヤ人が虐殺されたそうだ。

　しかして、今回はじめてハンガリー発の「ホロコーストもの」を鑑賞したが、本作はその実態を描く映画ではなく、『この世界に残されて』という邦題どおり、ホロコーストを生き延び、"この世界に残された"2人の主人公の姿を描くものだ。そのストーリーが始まる

時代は１９４８年。ハンガリーは１９４４年３月にナチスドイツに占領されると共にユダヤ人の悲劇が強まり、首都・ブダペストにいた２０万人以上のユダヤ系ハンガリー人のうち、戦後まで生き延びることができたのは１２万人ほどだったそうだ。

　本作冒頭のシークエンスは、少女クララ（アビゲール・セーケ）が、その保護者である叔母のオルギ（マリ・ナジ）に付き添われて産婦人科の医師・アルド（カーロイ・ハイデュク）の診察を受けるもの。そこでの診察は、「１６歳にもなるのに、まだ初潮が来ない」という相談だから、ホロコーストには全く関係がない。すると、本作は一体何が「ホロコーストもの」なの？

■□■この男の暗さはナゼ？クララはなぜこの男に？■□■

　そんな診察風景を見る限り、アルド医師の診察にどこまで意味があったのかよくわからない。しかし、病院からの帰り道、クララはアルドのことを「あの人には喜びの感情というものがないみたい。少しかわいそう」とオルギに語っていたが、本作では冒頭から物事をハッキリ語るクララと、口数が少なく、とにかく暗い印象のアルドとの対比が顕著だ。診察の時、アルドが「お母さんも不順だった？」と質問したのは問診の一つだが、それに対するクララの答えはイエスでもノーでもなく、「（お母さんは）まだ生きてます」というものだったから、まともな問診になっていないことは明らか。

　スクリーン上はその後、初潮が来たことをアルドに伝えるため、クララがわざわざ病院を訪れるシークエンスになるが、これも必要な診察（治療）なの？そして、クララはアルドの帰り道を一緒に歩きながら、生理に伴う体調の話をしたうえ、なんとアルドのアパートに入り込み、お茶をご馳走になっているからアレレ・・・。ハンガリー発の「ホロコーストもの」のストーリー展開はどうなっていくの？まさか４２歳の独身医師・アルドと１６歳の初潮が来たばかりの少女・クララがこのまま恋に落ちていく話ではないはずだが・・・。

■□■原作は？監督は？本作はホロコーストものにあらず！？■□■

　本作の脚本を書き、監督したのはバルナバーシュ・トート監督。１９７７年にブダペストで生まれた彼はユダヤ系ではなく、身内にホロコーストの犠牲者はいないらしいが、ブダペストは記念碑やミュージアムなどを通じて、ホロコーストの記憶が溢れているそうだ。パンフレットにある「Interiview」によると、彼がジュジャ・F. ヴァールコニの原作小説『Férfiidők lányregénye』に魅かれたのは、１０代の少女の視点で語られる"少女の物語"と、"ある男の時間"のコントラストが興味深く感じられたためだ。そのことについて、彼は「何より最も心惹かれたのは、美しく描かれた二人の登場人物です。セリフ回しも見事で、脚本にする際にその多くを短くしたり省略したりするのは避けられませんでしたが、書き換える必要がないほど巧みに綴られていました」と語っている。

　私は原作小説の展開はもちろん知らないが、本作では、アルドがクララを家の前まで送り届けた際、クララの望むままにアルドがクララを抱きしめる姿をオルギが目撃していたため、オルギから「娼婦を預かった覚えはない」と言われたクララが、再びアルドのアパ

ートを訪問するストーリーが展開していく。アルドに中年オヤジ特有の怪しげな視線が全くないことは明らかだし、クララの方もアルドを信頼し切っていることは明らかだが、アルドの部屋の中では、一見「アレレ、これは・・・？」と思うような情景が登場するので、それに注目！もっとも、いくら「帰りたくない」と泣きじゃくっていても、１６歳の少女を一晩男１人の部屋に泊めるのは如何なもの？さらに、アルドがベッドとソファーで別々で寝ようとしたのは当然だが、アルドのベッドに潜り込んできたクララをアルドが受け入れたのは、いくら「独りが怖くても娼婦じゃない。私も同じだ」と理屈をつけても、如何なもの？

　日本式の頭の固い教育委員会的観点からはそんな批判を免れないが、本作にそんな批判をする奴はよほどのバカ。本作では、冒頭から次々と展開されるさまざまなシークエンスでの２人の会話を、バルナバーシュ・トート監督がインタビューで語っているように、しっかり味わいたい。それを聞き、その会話の中で少しずつ明らかになっていく２人の過去、すなわち２人が背負っているホロコーストの傷を確認していけば、まさに『この世界に残されて』という邦題の意味がはっきり確認できるはずだ。

■□■男子はみんなバカ！クララの男性観アルドの女性観は？■□■

　本作導入部では、かなり不自然なアルドとクララの関係が目立つが、オルギがアルドに対して「クララの保護者になって欲しい」と頼み、アルドも「私は明るい父親にはなれないが、いないよりはマシかも」と答えたところから、この３人の極めて良好な関係が築かれ、円滑な日常生活が進んでいくので、それに注目！もちろん、アルドはホロコーストによって妻と２人の息子を失った悲しみを抱き、クララは母親と妹を失った悲しみを内に秘めていたが、この３人の生活が続けばノープロブレム。ところが、公園のベンチでクララがアルドの膝枕でおしゃべりしている姿をクララの教師・ヴィダークに見られたから大変。

　さらに、「男子はみんなバカだし、くさい上にくだらない」と言いながら、派手な化粧をしているクララは派手なダンスパーティーに出かけていたから、アレレ・・・。もっとも、そこでアルドが「口紅が濃すぎないか」と、アドバイスするのは、いかにも不自然だが・・・。本作は一貫して『この世界に残されて』というタイトルに沿ったストーリーだが、スクリーン上は４２歳の中年男・アルドと、１６歳の少女・クララとの微妙な男女関係、感情もチラホラと見えてくるから、それにも注目！

　アルドの誕生日を祝うサプライズのシークエンスを観ていると、アルドとクララにオルギを加えた３人の関係は順調だが、「男子はみんなバカ」と言っていたクララがパーティー会場で出会った男子学生・ペペ（バルナバーシュ・ホルカイ）のような同世代の男に興味を示さず、父親的存在のアルドに対して男性を感じてしまうと、ちょっとヤバいかも。そんな微妙な会話は、クララがアルドに対して、「再婚はしないの？」と質問するシークエンスで登場する。その回答は、「しない。何でも一人でできるから」とハッキリしたものだったから、クララは一安心。クララも私もそう思っていたが、その後のスクリーン上には、

アルドが以前に診察室で出会った３９歳の独身女性・エルジ（カタリン・シムコー）をカフェに誘うシークエンスが登場するので。アレレ・・・。

このような展開から見えてくるクララの男性観は如何に？そしてまた、アルドの女性観は如何に？

■□■スターリンのハンガリー支配は？共産党の影響力は？■□■

私は１９４９年１月生まれだから、本作冒頭の物語はほぼ私が生まれたのと同じ時代。１９４５年８月１５日に敗戦を迎えた時の日本は一面焼け野原だったし、原爆が投下された広島と長崎は「７５年間は草木も生えぬ」と言われる惨状だった。しかし、１９５１年９月に"サンフランシスコ講和条約"を締結した日本は、１９５０年～５３年の朝鮮戦争による特需が大きな追い風になった。そして、黒澤明監督の『七人の侍』（54年）、中平康監督の『狂った果実』（56年）等に見るように、日本映画も日本国も１９６０年の"安保闘争"の中での日米安保条約の締結という大きな転換点を含みながら、順調な高度経済成長路線をひた走った。しかし、本作導入部で描かれた１９４８年以降のハンガリーは、スターリンの支配下どんな国になっていったの？

その不幸を象徴する１つのエピソードが、クララに説教をする校長たちが、「これからロシア語の授業がある」と語っていること。校長たちが共産党員であることは明らかだが、本作中盤には、アルドの親友で小児科医の医師であるピシュタが突然アルドを訪れるシークエンスが登場する。そして、そこでは家族を守るためやむを得ず入党し、イヤイヤながらスパイのような仕事に就かなければならないという事情が語られるので、それに注目！

日本の敗戦直後に、マッカーサーが厚木飛行場に降り立った時は、占領された日本の将来像は全く見えなかったが、戦後の日本を統治した占領軍がソ連や中国軍ではなく、アメリカだったことに改めて感謝しながら、本作後半に見るスターリンによるハンガリー支配や共産党の影響力を確認したい。

■□■"今のままでいよう"が望みだが、それは可能なの？■□■

戦後の日本の総理大臣で、演説力を評価されるのは田中角栄と小泉純一郎の２人だけ。田中角栄は日本列島改造論で国民を牽引したが、「自民党をぶっ壊す」と絶叫した小泉純一郎の旗印は改革、つまり、停滞した現状を変えることだった。

それに対して、本作でアルドとクララが最も大切にしているのは、"今のままでいよう"ということだから、小泉総理の旗印とは正反対だ。日本でも、終戦直後、多くの戦犯たちが動きを封じられる中、獄中から解放された日本共産党の幹部たちの行動によって、日本共産党は急速に勢力を拡大させた。当時はそれが進歩であり、改革だとみられていたのと同じように、ハンガリーでも、スターリンの指導下で社会主義の方向に進むことが進歩、改革とみられていたのは当然だ。したがって、家族のホロコーストを引きずり、この世界に残されてしまったアルドやクララのような人物が互いに寄り添って"今のままでいよう"と願うのは、もってのほか。社会の進歩から更に取り残されるだけだ。たしかに、そう言

えなくもないから、"今のままでいよう"という２人の願いはかなえられるのだろうか？私はそこに注目していたが、結末に向けてスクリーン上は意外な方向に進んでいくので、それに注目！

　本作は１９５３年３月５日、スターリンが死亡したとのラジオニュースが流れるシークエンスで終わる。折りしも、１９５３年の日本では、小津安二郎監督の『東京物語』（５３年）が公開されていたが、その時、アルドとクララはそれぞれいかなる生活を？そして、この２人はそのニュースをそれぞれどんな思いで聞いていたのだろうか？そんな興味深い静かなラストは、あなた自身の目でしっかりと！

２０２１（令和３）年１月１８日記

Data

監督・脚本：ロネ・シェルフィグ
出演：ゾーイ・カザン／エスベン・
スメド／ジャック・フルトン
／フィンレイ・ヴォイタク・
ヒソン／アンドレア・ライズ
ボロー／パット・ソーントン
／デビット・マクレーン／グ
ーガン・ディープ・シーン／
ケイレブ・ランドリー・ジョ
ーンズ／タハール・ラヒム／
ジェイ・バルチェル／ビル・
ナイ／ニコライ・コペルニク

SHOW-HEY シネマルーム

★★★★★

ニューヨーク 親切なロシア料理店

2019年／デンマーク・カナダ・スウェーデン・ドイツ・フランス
合作映画
配給：セテラ・インターナショナル／115分

2020（令和2）年12月29日鑑賞　　シネ・リーブル梅田

みどころ

　格差社会の拡大とその問題の深刻化は日本のみならず、韓国も中国もそして
アメリカも同じ。もっとも、ニューヨークで100年も続く老舗のロシア料理
店"ウィンター・パレス"の経営がダメになったのは、コロナ禍のせいではな
く、自己努力の不足だが・・・。

　『天外者（てんがらもん）』（20年）は、五代友厚を軸とした面白い青春群
像劇だったが、本作は2人の子供を連れて、暴力亭主からニューヨークのマン
ハッタンに逃げ出した主婦を軸とした、"掃きだめ人間"の群像劇。よくまあ
こんな掃きだめ人間ばかり集めたものと感心するが、デンマークの女性監督ロ
ネ・シェルフィグはなぜこんな面白い脚本を書き、自ら監督したの？

　世界中の人々がコロナ禍につまずいた2020年ラストの心温まる物語を
しっかり鑑賞し、つまずいた人生をやり直す元気を新たにしたい。

——＊——＊——＊——＊——＊——＊——＊——＊——＊——＊

■□■デンマークの女性監督がなぜこんな映画を？■□■

　本作の原題は『THE KINDNESS OF STRANGERS』と抽象的だが、邦題の『ニュー
ヨーク 親切なロシア料理店』は具体的でわかりやすい。ニューヨークのマンハッタンには、
「ロシアン・ティー・ルーム」という有名なロシア料理店があるそうだが、邦題とされた
「ニューヨーク 親切なロシア料理店」の名前は「ウィンター・パレス」。同店は創業10
0年を迎える老舗の格式高いレストランだが、今は惨憺たる状況に陥っているらしい。本
作は2019年2月7日に、ベルリン国際映画祭のオープニング作品として上映されたか
ら、新型コロナウイルス騒動発生の1年前。したがって、「ウィンター・パレス」の経営破
綻の原因はコロナではなく、もっと根本的で構造的な問題にあることは明らかだ。すると、
本作を鑑賞するについては、その構造的な問題をしっかり考える必要があるが、映画とし

てはその問題追求よりも、そこに集まる諸々の人間模様を描くことをテーマにしているから、それに注目！

そんな本作の脚本を書き、監督したのはデンマークの女性監督、ロネ・シェルフィグ。私は彼女の出世作になった『幸せになるためのイタリア語講座』（00年）を観ていないが、『17歳の肖像』（09年）（『シネマ24』20頁）、『人生はシネマティック』（16年）（『シネマ41』未掲載）は観ている。パンフレットにある「Production Notes」の中で彼女は、「テーマとストーリーはずっと深く調べたいと思っていたもので、ある時点で線と線が絡み合い、一つの映画として成立させる術を見つけました」と語っている。また、「監督インタビュー」では、「これは大きな問題を提示している映画だけれども、普通の人々がどうやって生きていくかについても描いていて、実は見知らぬ人から多くのことが学べるということを教えてくれるのです」と語っている。本作については、鑑賞後、この2つは必読！

■□■ヒロイン役をエリア・カザンの孫娘が熱演！■□■

1950年代のハリウッドに、彗星のごとく登場した俳優がジェームズ・ディーン。中学生時代に3本立て55円の映画館で観たエリア・カザン監督の『エデンの東』（55年）は、感受性豊かだった当時の私に強烈な印象を残したうえ、そのテーマ曲は私にとって映画音楽ダントツのベスト1の曲になっている。

1950年代の「赤狩り」の中でハリウッドを追われたチャールズ・チャップリンの娘であるジェラルディン・チャップリンは、1960年代に『ドクトル・ジバゴ』（65年）（『シネマ38』未掲載）や『悲しみは星影とともに』（66年）等で大活躍したが、本作では、エリア・カザン監督の孫娘であるゾーイ・カザンが、ヒロインのクララ役として終始一貫スクリーン上に登場するので、それに注目！ジェラルディン・チャップリンと同様に（？）格別の美人というわけではないが、彼女の表現力、演技力の確かさはジェラルディン・チャップリンと同じように本物だ。

もっとも、本作では、暴力亭主のリチャード（エスベン・スメド）から逃げ回り、あくまで長男のアンソニー（ジャック・フルトン）と次男のジュード（フィンレイ・ボイタク＝ヒソン）の2人を守り抜く、たくましき母親役だから、本作にエッチシーンが全くないのが少し残念だが、それはぜひ次回作で！

■□■青春群像劇ではなく、雑多な掃きだめ人間の群像劇！■□■

近時は日本でも"格差の広がり"が強調され批判されているが、それは韓国も中国もアメリカも同じ。とりわけ、トランプ大統領登場後のアメリカは、人種差別問題の深刻化を含めて、格差の広がりの問題点が指摘されてきた。しかして、本作冒頭に登場するのは、車に2人の子供たちを乗せて、マンハッタンの街に入ってきた主婦・クララ（ゾーイ・カザン）だ。

バッファローというニューヨーク郊外の街から、橋を越えて摩天楼がそびえる夢の大都会・マンハッタンに入ってきた彼女は、明るく子供たちに「ニューヨークを観光しよう」

と話していたが、実は、警察官でありながら暴力をふるう夫・リチャードの家から何とか逃げ出してきたらしい。身分証もなく、カードも現金もなく、あるのは夫名義の車だけと

いう彼女は、まず夫の父親を頼り、「2，3日泊めてくれ」と申し出たが、息子の恐さを知っている（？）父親からは、「悪いが、どちらの味方もできない」と拒否されてしまったから、

アレレ・・・。もちろん、2，3日は車の中で寝ることもできるが、食事は？着替えは？お風呂は？

去る１２月１２日に観た『天外者（てんがらもん）』(20年) は、五代友厚を軸に、坂本龍馬や伊藤博文、岩崎弥太郎を中心にした青春群像劇だった。それと同じように、本作も冒頭に登場するクララを軸とする群像劇だが、大きく違うのは、本作は青春群像劇ではなく、掃きだめ人間の群像劇と言うことだ。したがって、クララに続いてスクリーン上に次々と登場してくる、マンハッタンで暮らす掃きだめ人間たち、１人１人に注目！

■□■本物とは大違い！店が落ちぶれると客も・・・？■□■

私はニューヨークの街は全然知らないが、ニューヨークには、ダスティン・ホフマンの女装姿が話題になった映画『トッツィー』(82年) をはじめ、『愛と喝采の日々』(77年)、『マンハッタン』(79年)、『ニューヨーク・ストーリー』(89年) 等の映画に登場した、「ロシアン・ティー・ルーム」という高級ロシア料理店があるらしい。そこには現在、全米ゴルフ協会が入っており、外見の壁にある熊の金の彫刻は以前のままで、かつてはカーネギーホールに近いことから、多くの芸能人や関係者が利用していたそうだ。

「ウィンター・パレス」もかつてはそれと同じような高級ロシアンレストランだったから、客もそれ相応だったのだろうが、現在のオーナーであるティモフェイ（ビル・ナイ）の投げやりな姿（？）や、ロシアなまりの英語を売り物にする（？）、ドアマンのジェフ（ケイレブ・ランドリー・ジョーンズ）のいい加減さ（？）を見ているだけで、経営破綻の実

情がよくわかる。そのうえ今、「ウィンター・パレス」内のテーブルでは、刑務所から出所してきたばかりのマーク（タハール・ラヒム）が、弁護士で友人のジョン・ピーター（ジェイ・バルチェル）とささやかな祝いの杯をあげていたが、何とそのマークが、かつてレストランを経営していたという理由だけで、この店を立て直す"マネージャー"としてスカウトされることになったから、こりゃひどい！

他方、そんな「ウィンター・パレス」に入ってくる客は如何に？いつも一人で来ている常連の女性客・アリス（アンドレア・ライズボロー）はそれなりの上客だとしても、お腹を空かせた息子たちのために、客を装って店に入り込んだアリスが、パーティーのオードブルを持ち帰ろうとするのを目撃したにもかかわらず、マークはそれをとがめないばかりか、逆に心配そうに見送ったから、こりゃメチャクチャ！

こんな風に、本作における「ウィンター・パレス」は「ロシアン・ティー・ルーム」とは大違いだ。店が落ちぶれると客も・・・？

■□■アリスのキャラに注目！こんな"女神"が現実に！■□■

本作の主役はクララだが、"青春群像劇"ならぬ、"掃きだめ人間群像劇"たる本作のストーリーを牽引するのは、クララを含めたすべての"掃きだめ人間"の「心のよりどころ」になる"女神"のような女性・アリス。アリスは、救命病棟で看護師として働きながら、教会で「赦しの会」なるセラピーを運営し、さらに無料食堂でも働いている、何ともパワフルな女性だ。

イエス・キリストは、罪人たる人間のすべての罪を背負って一人で十字架にかけられたが、アリスもそれと同じように（？）、結婚をはじめとする自分の幸せは横に置き、「他人のために生きること」を生きがいとしている女性。私は７２年になろうという人生で、１人だけそういう女性を知っているが、アリスのような女性はメッタにいるはずはない。しかし、"掃きだめ人間"ばかりが登場する本作で、「ある時点で線と線が絡み合い、一つの映画として成立する」ためには、きっとアリスのようなヒロインが必要だったのだろう。

しかし、クララがスレスレ、ギリギリの状態でその日その日を生きているなら、一見安定しているかのように見えるアリスも、肉体的、精神的にスレスレ、ギリギリの状態で生きていることは明らかだ。したがって、万一どこかでその緊張の糸がプツリと切れたら、さあどうなるの？当然そんな心配もあるが・・・。

■□■ここにも悪徳警官が！米国の病巣はここに！判決は？■□■

２０２０年５月２５日に起きた、米国警官による黒人男性ジョージ・フロイド殺し事件は、黒人差別の象徴として全米を揺るがす大規模デモに発展したが、ハンサムで、口から出る言葉に何の違和感もない警官・リチャードは、一皮むくと暴力亭主らしい。しかも、長男・アンソニーの説明によると、アンソニーに、次男のジュードを殴ることを強要したというから、そのやり方も陰険。私も小学校の低学年の時に、母親や子供に暴力をふるう父親を一瞬「殺してやろうか」と思うほど憎んだこともあったが、本作に見るアンソニーの"反

リチャード"魂は強烈だ。

　警官の情報網をフルに活用して、ウィンター・パレスで食事をしている（？）クララたち母子のテーブルに、いきなりリチャードが座ってきたことには母子も驚いたが、そこで、「俺が悪かった」と素直に謝る（？）父親を一切信用せず、一瞬の機転で「トイレに行きたい」と申し出て母親の脱出を手助けしたアンソニーはお見事だ。

　他方、本作後半ではクララ捜しを巡って言い争いになった父親を、リチャードがいきなり殴り倒すという"暴挙"を見せるからビックリ。そんなリチャードに怯えるクララからの相談を聞いたマークは、弁護士のジョン・ピーターに正式にリチャードとの"ある裁判"を依頼することになるから、後半はその展開にも注目したい。本作ではその法廷風景は細かく描かれないが、ジョン・ピーターは優秀な弁護士で、弁護活動は適切だったらしい。その結果、リチャードに対して下された判決は・・・？

■□■掃きだめ人間たちの収束は？それぞれの"幸せ"は？■□■

　とりたてた特徴を持った掃きだめ人間ではなく、どこにでもごろごろころがっているような掃きだめ人間の典型が、手先が不器用で、仕事上でもドジばかり繰り返している男・ジェフ。彼の不器用さは手先だけでなく、人付き合いでも同じだから、どんな仕事についても、また、どんな集団の下に置かれても、いつも掃きだめ人間に・・・。また、「ウィンター・パレス」のドアマンであるジェフも、店が続いている間は給料をもらえるだろうが、転職は到底無理な掃きだめ人間だ。また、たまたま「ウィンター・パレス」のマネージャーに抜擢される幸運に恵まれるものの、刑務所から出所したばかりのマークも、その友人の弁護士ジョン・ピーターも、アリスが運営する「赦しの会」に通わなければ生きていけない掃きだめ人間だ。しかし、本作は前述の通り、ロネ・シェルフィグ監督が「テーマとストーリーはずっと深く調べたいと思っていたもので、ある時点で線と線が絡み合い、一つの映画として成立させる術を見つけました」と語っているように、線と線とが絡み合い一つの映画と成立していくのでそれに注目！その手法の見事さは際立っている。

　もっとも、本作に登場し、群像劇を形成していくのは、「赦しの会」と「ウィンター・パレス」を舞台としたさまざまな掃きだめ人間たちの私的な群像劇で、社会性を持った物語ではない。唯一社会性を持つのはクララの夫で警官のリチャードを巡る裁判だけだ。しかして、冒頭に２人の子供を車に乗せて、ニューヨークのマンハッタンの街に登場したクララを軸として展開されるさまざまな掃きだめ人間たちの群像劇はどのように収束していくのだろうか？それをしっかり確認していくとともに、本作の最終局面では、「ウィンター・パレス」と「赦しの会」を結集点として集まっていた"掃きだめ人間"たち、それぞれの"幸せ"についてもしっかり確認したい。その上で、世界中の人々がコロナ禍につまづいた２０２０年ラストの心温まる物語から、それぞれのふらついた人生をやり直す元気を新たにしたい。

2021（令和3）年1月4日記

306

Data

監督：エフゲニー・ルーマン

脚本：ジヴ・ベルコヴィッチ／エフ
　　　ゲニー・ルーマン

出演：ウラジミール・フリードマン
　　　／マリア・ベルキン／アレキ
　　　サンダー・センドロヴィッチ
　　　／エヴェリン・ハゴエル

SHOW-HEY シネマルーム

★★★★★

声優夫婦の甘くない生活

2019年／イスラエル映画
配給：ロングライド／88分

| 2020（令和2）年12月24日鑑賞 | シネ・リーブル梅田 |

👀 みどころ

　“東西冷戦”時代のソ連でも、ハリウッドやヨーロッパの映画は母国語に吹き替えられて人気だったらしい。しかし、その職場で長年活躍した『GOLDEN VOICES』の2人も、1990年にはソ連からイスラエルへ移住！『声優夫婦の甘くない生活』という邦題はまさにピッタリ！

　妻は、夫に「香水を売る仕事」と嘘を吐きながらテレフォンセックスでの高収入の仕事にありついたが、声優のプライドに固執する夫の方は？

　コロナ禍の中、“鎖国状態”を強めている日本はイスラエルのことをほとんど知らないが、彼の国ではガスマスクが日常ならイラクからのミサイル警報も日常！？本作ではユーモアも皮肉もタップリの老夫婦の個人的な生態が面白いが、それを生み出す時代状況、時代背景もしっかり確認したい。本作を観るにつけても、つまらない邦画が多いことを改めて痛感！

──＊──＊──＊──＊──＊──＊──＊──＊──＊──

■□■英題は『GOLDEN　VOICES』それがこの邦題に！■□■

　日本で上映されるのは珍しいイスラエル映画たる本作の英題は『GOLDEN　VOICES』だが、それでは何の映画かさっぱりわからない。しかし、邦題の『声優夫婦の甘くない生活』なら、なるほど、なるほど。日本で声優という職業に従事している人がどれだけいるのかは知らないが、パンフレットの中で「声優夫婦対談」を繰り広げている古川・柿沼夫妻を始め、日本の声優たちは、この邦題に魅かれてこぞって本作を鑑賞するはずだ。しかし、同じ声優という職業でも、現在の日本と1990年当時のソ連やイスラエルとでは、政治・軍事情勢はもとより、映画館で上映される映画やその字幕の作り方、そして声優を巡る状況は全然違うはずだから、本作を観れば、まさに「声優夫婦の甘くない生活」がよくわかる。

新型コロナウイルス騒動の中、"鎖国状態"と言わないまでも、"インバウンド需要"を完全に失ってしまった日本では、徐々に対外的な閉塞感が強まっているが、そうでなくても、元々島国に住む日本人は、長い間祖国を持たないまま世界中に散らばって生きてきたユダヤ人のことはほとんど知らないし、理解しようとしない。したがって、第二次世界大戦後の"東西冷戦"時代のキーワードになっていた"鉄のカーテン"が崩壊した１９９０年９月に、声優夫婦の夫ヴィクトル・フレンケル（ウラジミール・フリードマン）と妻ラヤ・フレンケル（マリア・ベルキン）の２人が、大勢のユダヤ人移民と共にソ連からイスラエルの空港に降り立ってくる本作冒頭のシークエンスを理解するには、それなりの基礎勉強が必要だ。この２人はソ連に届くハリウッドやヨーロッパ映画の吹き替えで活躍する声優夫婦だったが、なぜそんな２人がソ連を離れてイスラエルへ？そして、イスラエルでの第２の人生のスタートは？

■□■この順応力の差に注目！やっぱり男はダメ？■□■

共に６０歳を超えての厳しい第２の人生のスタートだが、ためらいながらもすぐにテレフォンセックスの仕事に就き、高収入をゲットしたのはラヤ。それに対して、思うような仕事にありつけないヴィクトルは、違法と知りつつ海賊版レンタルビデオ店で働き始め、映画館で盗撮活動までする羽目に。ラヤが「電話で香水を売る仕事」と嘘を吐いたのは夫を気遣ったためだし、そこでの高収入だけで老夫婦の生活費ぐらいは稼げたのに、ヴィクトルはなぜ自分の収入や仕事にこだわったの？本作前半ではそんな夫婦のすれ違いぶりに注目すると共に、６０歳を超えてなお「私はバージン」と名乗り、次々と男（の欲望）を変幻自在の七色の声で手玉に取るラヤの才能にビックリ！どの世界でも、女の方が男より順応力が高いのは明白だが、本作ではそのラヤとヴィクトルの差に注目！

もっとも、ソ連の有名な声優であることに気づいた映画館主によって、ヴィクトルが危うく逮捕を免れたのはラッキーだった。さらに、ロシア系移民のために新作映画を上映するにあたって、ヴィクトルを高給で雇うと言ってくれたから、ヴィクトルにとっては願ったりかなったりだ。しかし、そこで『ホーム・アローン』の上映を狙っていた館主に対して、ヴィクトルが、フェデリコ・フェリーニ監督の最新作『ボイス・オブ・ムーン』を強力に勧めたが、その結果は・・・？やっぱり、男は不器用！やっぱり男はダメ？

■□■なぜ秘密がバレたの？これで夫婦関係は一気に破綻！？■□■

男は不器用で嘘を吐くのが下手だが、女は上手。その一般論がフレンケル夫婦にも当てはまることが、前半の展開を観ているとよくわかる。しかし、「天下布武」を唱えて上洛を果たした織田信長の天下が長く続かなかったように、また、彼を討ち取った明智光秀の天下も３日しか持たなかったように、マルゲリータと名乗って次々と顧客を獲得し高収入を得ていたラヤのお仕事が、夫のヴィクトルにバレてしまうと・・・？中国映画『活きる』（９４年）（『シネマ５』１１１頁）は、「禍福は糾える縄の如し」を地で行くストーリーが面白かったが、本作でも、やっと自分本来の能力に見合う仕事を見つけたと喜んだヴィクトル

が、「マルゲリータがあなたの妄想を叶えます」という新聞広告を見て、自分へのご褒美のつもりで電話をかけてみた後のストーリーと、その顛末は如何に？

第三者ならともかく、長年連れ添った夫なら、そして同じ声優としてプロの道を歩んできたヴィクトルなら、「私、マルゲリータよ」と名前を偽っても、それがラヤの声だとすぐにわかったのは当然。さあ、この電話によって「香水を売っている」という説明が真っ赤な嘘だったとバレてしまった夫婦関係の行方は？

■□■この女ゴコロは如何に？１０歳年上の私にも不可解！■□■

本作の脚本は、自分の子供時代の経験をもとにエフゲニー・ルーマン監督が共同で書いたそうだ。その“経験”とは、フレンケル夫婦と同じロシア系イスラエル人であるエフゲニー・ルーマンが、家族とともにソ連からイスラエルへ移住してきたことを指すもので、テレフォンセックスの描写は経験談ではないはず。なぜなら、エフゲニー・ルーマンはフレンケル夫婦がイスラエルに移住した１９９０年はまだ１１歳だから、まさか１１歳にしてテレフォンセックスにハマったことはないはずだから。しかしそれにしても、デヴォラ（アレキサンダー・センドロヴィッチ）を経営者とするテレフォンセックス店の実情は実によく描けているから不思議・・・？

他方、マルゲリータの声にぞっこんとなり、常連客となった男・ゲラ（エヴェリン・ハゴエル）とラヤの興味深いエピソードも面白い。もっとも、高い電話料金が妻にバレたため、これ以上電話できなくなったので「最後に一目だけ会いたい」と店の規則上無理なことを頼んできたゲラと、これに対するラヤのエピソードの結末は、ラヤより約１０歳年上でベテラン弁護士の私でも理解できない。そのエピソードは、パンフレットの「STORY」の中に詳しく書かれているが、なぜラヤはそんな行動をとったの？その時、本当にラヤはヴィクトルに見切りをつけ、ゲラに恋をしていたの？さらに、なぜラヤはゲラに対して「３０歳にしてまだ処女のマルゲリータは、実は私だ」と告白したの？私は７２歳にして、なお本作に描かれるこの女ゴコロが不可解だが・・・？

■□■この国ではガスマスクが日常なら、ミサイルも日常！？■□■

朝鮮戦争後の朝鮮半島における北朝鮮と韓国は「停戦状態」だから、いつ軍事衝突が起きても不思議ではない。また、香港情勢を見ても、台湾情勢を見ても、さらに中国vsインドの国境紛争を見ても、いつどこで軍事衝突が起きても不思議ではない。そんな世界情勢にノー天気なのは日本だけだ。本作を観ていると、イスラエルでは、ヴィクトルが一時、販売に従事していたガスマスクが日常なら、ミサイルが飛んでくるのも日常（？）だということがよくわかる。

１９９０年当時のイスラエルの“敵”は、フセイン大統領が君臨するイラク。フセインの化学兵器の脅威にイスラエル国内では緊張感が高まっていたから、ヴィクトルにはガスマスク販売というお仕事が回ってきたわけだが、これは足にマメができるほど歩き回らなければならない仕事だった。そのためヴィクトルは、やっぱり声優の方がいいと考えて、

309

それを模索したわけだが、イスラエルで一時的にせよそんな仕事に従事したことによって、ヴィクトルにはガスマスクが日常のものになったらしい。

　ウソの仕事がバレたことによってヴィクトルとの夫婦関係が完全に決裂したラヤは、その後店主のデヴォラの家に居候させてもらっていたが、そんな状況下にヴィクトルがガスマスクを届けてくれたからビックリ。これによって、一時破綻しかけていた夫婦関係は元のさやに戻るのかと思われたが・・・？

■□■ミサイル発射の警報が鳴り響く中で迎える結末は？■□■

　本作のクライマックスは、ヴィクトルがあれほど固執していたフェデリコ・フェリーニ監督の『ボイス・オブ・ムーン』の上映を巡るシークエンスになる。ヴィクトルが大きな期待感をもって映写室から観客席を眺めていたのは当然だが、観客の数はアレレ・・・。「これならやっぱり『ホーム・アローン』にすればよかった」と映画館主を後悔させてしまったから、ヴィクトルの責任は重大だ。

　ところが、そんな中で突然鳴り響いたのが、イラクからのミサイル発射を告げる警報音。日本でも時々避難訓練のためにケータイで警報音が鳴ることがあるが、ガスマスクやミサイルが日常のイスラエルでのこの警報音は訓練ではなく本物らしい。そんな"現実"を受けて、ラヤの身を案じるヴィクトルが向かったのは彼女の職場だが、その時ラヤは一体どこで何を？自分の子供の時の経験談をネタに本作の構想を練り、脚本を書いたエフゲニー・ルーマン監督が、私たちに見せてくれる本作のクライマックスは"想定の範囲外"だが、なるほど、なるほど・・・。

　イスラエルは近年、ネタニヤフ首相率いる右派の政党「リクード」を軸に、中東の地では比較的安定した政権運営を誇っていた。しかし、２０２０年１２月２３日が期限と定められていた２０２０年と２０２１年の予算が成立しなかったため、国会の解散が決まり、２０２１年３月２３日に総選挙が実施される見通しになった。これは、ここ２年間で４回目の総選挙だから、その政治的混乱ぶりは大きい。それと同じように（？）、本作ラストに見るイラクからのミサイル発射の警報は一大事だが、さあ、イスラエルはどうなるの？また、そこで新天地を求めてソ連から移住してきたヴィクトルとラヤ夫婦はどうなるの？それは、来年９月までに日本でも必ず実施される衆議院議員総選挙のことを考えながら、あなた自身の目でしっかりと。

２０２０（令和２）年１２月２８日記

Data

監督・脚本：フラレ・ピーダセン
出演：イェデ・スナゴー／ペーダ・
ハンセン・テューセン／オー
レ・キャスパセン／トゥー
エ・フリスク・ピーダセン

★★★★

SHOW-HEY シネマルーム

わたしの叔父さん

2019 年／デンマーク映画
配給：マジックアワー／110 分

2021（令和3）2月 日鑑賞	テアトル梅田

👀 みどころ

「家族の物語」を得意とする巨匠は小津安二郎、山田洋次など日本にも多い。
１９８０年生まれのデンマーク人監督、フラレ・ピーダセンもその１人だが、
彼は"最小単位の家族"から、その問題に肉迫！

　若い女性がなぜ叔父さんと２人だけで酪農業を？一生叔父さんの世話を？
そんな生活に満足できるの？

　人間は"改革派"と"保守派"に分かれるものだとしたら、本作のヒロイン
は後者の典型だが、ホントにそんな家族、そんな人生でいいの？

———＊———＊———＊———＊———＊———＊———＊———＊———＊———＊———＊———＊———

■□■最小単位の家族の在り方を問題提起！■□■

　コロナ騒動禍、山田洋次監督の最新作『キネマの神様』(21 年) の公開が遅れているの
が残念だが、小津安二郎監督の『東京物語』(53 年) から６０年後の２０１３年に、彼が
リメイクした『東京家族』(13 年) は、新たな日本の"家族のあり方"を描き出してくれ
た（『シネマ30』147 頁）。小津安二郎監督は、山田洋二監督のみならず、世界の映画監督
から"映画の師"と仰がれているが、１９８０年生まれのデンマーク人監督、フラレ・ピ
ーダセンもその１人らしい。

　『東京物語』も『東京家族』も、老夫婦と３人の子供たち（夫婦）との"ある日常"を
描く中で、"家族の在り方"を提示していたが、本作は、私＝クリス（イェデ・スナゴー）
とわたしの叔父さん＝ペーダ・ハンセン・テューセンとの"ある日常"を描く中で、最小
単位の"家族（？）の在り方"を問題提起！

■□■叔父さんと２人だけで若い女が酪農業を！■□■

　『東京家族』では、妻夫木聡演じる次男と蒼井優演じるその恋人との恋模様の展開が大
きなウエイトを持っていた。あの家族構成なら、"それもあり"だが、１４歳の時に兄と父
を失って以来ずっと叔父さんと２人だけで酪農業を営んでいるクリスの恋模様は？クリス

311

にはそんなチャンスは全くない。

　あの日叔父さんが倒れてから、クリスは獣医になる夢も諦め、今は朝起きて体が不自由な叔父さんを着替えさせ、朝食を準備し、日中は農場で作業し、夜はボードゲームでくつろぐ毎日の連続だ。しかし、２７歳のクリスだって生身の女。本音を言えば、毎日がこの繰り返しではやりきれないのでは・・・？

１月２９日（金）より、**YEBISU GARDEN CINEMA** ほか全国順次ロードショー

■□■親切な獣医との男女の物語の展開は？■□■

　獣医のヨハネス（オーレ・キャスパセン）の手伝いをして認められ、本を貸してくれたり、講演への同行を勧められたりする中で、クリスの生活は一気に転換するかも・・・？そんな期待（？）が生まれてくる。また、ある日教会で近所の青年マイク（トゥーエ・フリスク・ピーダセン）と出会い、デートに誘われる中でクリスは、年相応の女性らしい反応を見せたから、ひょっとしてここから生活が一気に転換・・・？そんな期待（？）も生まれてくるが、クリスには「叔父さんの世話をしなければ・・・」という思いが強すぎるようだ。これは生来の生真面目さに起因するものだが、その他にも何か・・・？

　私はこんな保守的な女（？）はあまり好みではないが、中国の女優、チャン・ツィイーが審査委員長を務

めた、２０１９年の第３２回東京国際映画祭での本作の評価は・・・？

■□■叔父さんを残して１人で出張！？その決断は？■□■

　少子高齢化と核家族化が進む中で、介護問題が深刻化する日本では、私を含め、老後、身体が動かなくなった自分の面倒を誰が見てくれるのかが心配になる。しかし、本作の叔父さんは、クリスという心強い味方がいるから安心だ。

　しかし、叔父さんが偉いのはそこに安住せず、少しでもクリスの負担を少なくさせ、獣医になる夢や、彼氏と交際するという当たり前の欲求を実現させてやろうと努力していることだ。クリスにとって、ストックホルムの大学で講演をするヨハネスの誘いに乗って２泊も３泊も旅行するのは、"清水の舞台から飛び降りる"ほどの決断だったはず。そのため、携帯の手配はもとより、"世話女房"もビックリするほど食事の準備や事細かな指示をする姿は、実にほほえましい。それに対して自分の荷物はボストンバッグ１つだけだったから、ヨハネスはビックリだ。

　そんな形でクリスを送り出した叔父さんだったが、ストックホルムに着いた後、クリスの電話に出たのは１回だけだったから、アレレ。この騒動は本作のハイライトだから、あなたの目でしっかりと！

©2019 88miles 配給：マジックアワー
１月２９日（金）より、YEBISU GARDEN CINEMA ほか全国順次ロードショー

■□■保守派 vs 改革派で分類すれば…■□■

　私は人間にレッテルはりをするつもりはないが、人間は常に改革派と保守派に分かれるもの。その観点から言えば、クリスは徹底した保守派。そして、私は基本的に保守派は嫌いで、改革派の方が好きだ。

　そんな私は、ストックホルムから急いで戻ってきたクリスのその後の変化に注目したが、それは私が期待していたものとは全く逆。クリスにとって、「わたしの叔父さん」が大切な存在であることはわかるが、ホントにこれでいいの？東京国際映画祭での東京グランプリ受賞にケチをつけるつもりはないが、私は、変化せず保守的立場を取り続けるクリスの生き方にあまり賛成できないことは、ハッキリ言っておきたい。

２０２１（令和３）年２月１７日記

Data
監督：ニル・ベルグマン
脚本：ダナ・イディシス
出演：シャイ・アヴィヴィ／ノア
　　　ム・インベル／スマダル・ヴ
　　　オルフマン

SHOW-HEY シネマルーム

★★★

旅立つ息子へ

2020年／イスラエル・イタリア映画
配給：ロングライド／94分

2021（令和3）年3月27日鑑賞　　TOHO シネマズ西宮 OS

■□■ショートコメント■□■

◆本作はイスラエル・アカデミー賞で4冠を獲得した、心の底から温かくなる映画。チラシに「実話に基づく、親子の旅立ちの物語」、「旅を経て父が下した決断に、涙が止めどなく溢れる——」と書かれた本作は必見！

　本作は冒頭から父親アハロン（シャイ・アヴィヴィ）と自閉症の息子ウリ（ノアム・インベル）の列車の旅と、自転車での旅の両者から始まるが、どこかその姿自体がユーモラスで温かい。なるほど、なるほど・・・。しかし、アハロンの苦悩は？父子の姿の実態は？

◆ヨーロッパの映画に説明調の名作はない。当然、本作もそうだ。しかし、父子2人の少ない会話と、父親アハロンと母親タマラ（スマダル・ヴォルフマン）の“口論”を聞いていると、ストーリーの背景や問題のポイントが見えてくる。

　それによると、かつては売れっ子のグラフィックデザイナーだったアハロンは、人生の全てを愛する息子のために捧げてきたが、今般ついに裁判所の命令によって、別居中の妻タマラの主張する通り、ウリを施設に入所させることになったらしい。アハロンは大きな心の葛藤を抱えたまま入所の日を迎えたが、さて、ウリはすんなりそれに協力を？

◆自閉症の息子ウリの“処し方”について、何度も登場する父親と母親の口論を聞いていると、弁護士の仕事を45年以上やって来た私の目には、どうしても母親の主張の方が正しいと思ってしまう。映画の中に登場する弁護士も同じ立場だ。したがって、そんな私の目には、アハロンが取る行動の正当性がすんなり肯定できない。そのため、本作中盤のハイライトになる、列車の乗り換えを嫌がり駄々をこねるウリを見たアハロンが、そこで下す“逃避行”の決断にも納得できない。

　さらに、本作後半の①逃避先のホテルでのウリとアハロンの2人の暮らしぶりや、②アハロンの弟を2人で訪問するストーリー、にもあまり魅力を感じない。このように、弁護士生活45年の中で培われた私の価値観は、どう見ても本作のプラス評価の妨げになるよ

うだが・・・。

◆本作で最初から思ったのは、自閉症のためお喋りだけ聞いていると、せいぜい中学生程度の知能に思えるウリの身長がべらぼうに高いこと。年齢は２０歳ぐらいだろうが、列車の中で大好きなチャップリンの名作『キッド』を iPad で観ている姿を見ていると・・・。また、自宅で飼っている魚たちの話や、大好きな星型パスタの話を聞いていると、この男、図体はデカいが知能は子供！、誰でもそう思ってしまう。

　それはアハロンも同じだが、父子２人だけの逃避行をしていると、アレレ、この男、ある面では一人前の男（オス）？そう思わされる面も・・・。そりゃ、自閉症であっても、生物学的に男なら当然のことだが、そんな新たな発見をすると、アハロンはウリの扱いに戸惑いが・・・。今の逃避行はこのままでいいの？そう悩みながら成り行きのままに進めてきたが、カードが使えなくなり、現金がなくなると・・・？

　そんな状況下、ある日アハロンが海岸に寝そべっていると、ウリが食べたアイスクリーム代を請求されたが、そこで取ったアハロンの行動とは？いやはや、こんなくだらない事態（事件）になっていくとは・・・。だから、言わんこっちゃない！それが弁護士の目から見た意見だが・・・。

◆本作の邦題は『旅立つ息子へ』。これは、自閉症ながら最後に施設に入ることになった息子ウリの将来への期待を込めたタイトルだ。それに対して、英題は『Here We Are』。これは、将来のことではなく、あくまで現在の父子の状態を表した言葉だ。

　本作のストーリー展開がラストにどういう形で落ち着くのかはほぼ想像がつくが、そこから先がうまくいくかどうかは、誰もわからない。現に、一旦は施設の中で落ち着くかに思えたウリだったが、ある日、石を投げて施設の窓ガラスを割ってしまうという狼藉に及び、アハロンとタマラが呼び出されたから、アレレ。その事件の状況によっては、最悪ウリの施設からの強制退去もありうるが・・・。

◆ウリは大のチャップリン好きで、彼の監督、主演作品すべてを DVD で観ているそうだ。ちなみに、あなたは、本作のスクリーン上に数回出てくる『キッド』のストーリーを知っている？そこには、子供が石を投げて窓ガラスを割るシークエンスが登場し、その後チャップリンが登場するが、それは一体なぜ？それを知っていれば、本作ラストに訪れる静かなクライマックスの理解がより深まるはずだ。もっとも、私は『キッド』をよく知っているが、そうだからと言って、私の本作への納得度が高まったわけではないが・・・。

２０２１（令和３）年３月２９日記

おわりに

1）4／25から始まった三度目の緊急事態宣言は5／11までとされていましたが、5／31まで延長。5／28には解除か再延長かが協議・決定される予定です。しかし、新たに沖縄県が「まん延防止等重点措置」から「緊急事態宣言」の実施区域に"格上げ"される見込みであるうえ、「6月末までの再延長が必要」と主張する専門家も多いため、その判断は微妙です。そして、その結論が、7／23からとされている東京五輪・パラリンピック開催の可否の判断に影響することは必至です。

2）新型インフルエンザ等対策特別措置法の一部改正によって、特定の区域において、国民生活及び国民経済に甚大な影響を及ぼすおそれがあるまん延を防止するため、「まん延防止等重点措置」が創設され、営業時間の変更等の要請、要請に応じない場合の命令、命令に違反した場合の過料等が規定されました。これによって、

①政府対策本部長（内閣総理大臣）は、特定の区域において、国民生活及び国民経済に甚大な影響を及ぼすおそれがあるまん延を防止するため、「まん延防止等重点措置」を集中的に実施する必要があるものとして政令で定める要件に該当する事態が発生したと認めるときは、措置を実施すべき期間、区域（基本的に都道府県単位を想定）等を公示する、

②「まん延防止等重点措置」の区域に係る都道府県知事は、感染の状況等を考慮して都道府県知事が定める期間及び区域（区画や市区町村単位等）において、感染の状況について政令で定める事項を勘案して措置を講ずる必要があると認める業態に属する事業を行う者に対し、営業時間の変更等の措置を要請することができる、また、当該者が正当な理由なく要請に応じないときは、まん延を防止するため特に必要があると認める時に限り、命令できることとする。要請又は命令をしたときはその旨を公表できる、ことになりました。

そして、5／21現在、東京・京都・大阪・兵庫・愛知等の9都道府県が緊急事態宣言の実施区域とされ、沖縄、埼玉、千葉、神奈川、愛媛等の10県がまん延防止措置の実施区域とされています。

3）昨年4／7から始まった最初の緊急事態宣言下では、小池百合子東京都知事が繰り返し訴えた、「ステイホーム」が奏功し、人流の抑制と感染者数の減少に直結しましたが、二度目、三度目になると効果は減少。ゴールデンウィーク中の繁華街への人出や新幹線の乗車率等は、昨年のGW中に比べると大幅に増加しています。そんな中、飲食店への休業要請、時短要請、酒類の提供禁止等の"締め付け"は続いているため、ホテル、旅行業界と共に飲食店は大変です。酒の提供を禁止しても公園での飲食や路上飲みが増えるだけ。そんな姑息な手段は無意味です。憲法は"公共の福祉"のために個人の権利を制限することを認めていますが、それには"正当な補償"が必要。しかして、飲食店の営業制限に対する現行法制度下の補償は如何に？

そんな根本的な議論がきちんと整理されないまま、テレビの報道番組とバラエティー番組では、連日連夜、面白おかしくその話題が提供されています。かつては、その発言の歯切れの良さで小池知事以上の人気を呼んでいた吉村洋文大阪府知事も、4月以降、大阪での感染者が激増し、医療体制が切迫する中で苦境となり、疲れ切ったその顔にはかつての精気はありません。それに対し、すべての責任を吉村知事と松井市長に引き継いで（押し付けて）、自らは何でもしゃべる、自由で無責任なコメンテーターに転身した橋下徹元知事・市長・弁護士は各局を出ずっぱりでチョー元気です。彼は大阪弁護士会の嫌われ者（？）ですが、私は彼の主張に大賛成。コロナ対策として①人流抑制は一定の限度でしかムリ、②感染対策はマスク・アクリル板・消毒による徹底した感染防止策を尽くせばOK、③感染者増は医療体制の拡充で対応すべき、という私の持論と彼の主張はピッタリ一致（？）しています。

そんな中、東京都は時短要請に従わなかった飲食チェーン店、㈱グローバルダイニング（GD）の２３店舗に対して、５／１８、改正コロナ特措法４５条３項に基づき、休業命令を出しました。そんな命令に正当性はない。そう確信しているGDは同日、「命令には従わない」と公言したから、近いうちに最大３０万円の過料という処罰が下されるのは必至。さあ、大変です。

４）実は、GDと東京都の対決はこれが二度目。すなわち、都は緊急事態宣言下にあった３／１８に時短要請に応じない２７店舗に時短命令を出しましたが、そのうちの２６がGDの店舗でした。同社はこの時は命令に従い、宣言解除の３／２１まで４日間、午後８時閉店とした上で、３／２２、時短命令は違憲！とする国家賠償請求訴訟を提起しました。この「コロナ特法違憲訴訟」は金額が目的ではなく、「コロナ禍、日本社会の理不尽を問うもの」であるため、請求額は１円×４日間×２６店舗＝１０４円としています。
　飲食業は観光・旅行業、ホテル業と並んでコロナ禍をモロに受け続けていますが、休業・時短要請に憲法上の正当な補償が伴っていないことは明白。これをすれば国家財政が破綻するため、協力金・支援金などの名目でごまかしているわけです。もっとも、現在の協力金でも、夫婦２人の小さな店なら休業はウェルカム。そんな声がささやかれる一方、飲食チェーン店の恨み節は強烈です。私ならそんなやり方に猛反発！俺は営業を続けるぞ！きっとGDもそう考えたのでしょう。東京、神奈川、埼玉、千葉で計３８店舗を経営するGDのこの提訴は当然。ホントの意味での人権意識が高い西欧や米国なら、訴訟ラッシュになっているはずです。
　「緊急事態宣言」とは別になぜ「まん延防止措置」が定められたの？その意義と効果は？その違いは？コロナ報道の垂れ流しが続く日本国ですが、これを正確に理解している日本人は一体どれくらいいるのでしょうか？政府の対応は遅すぎる！後手後手だ！もっと早く○○・△△しておけば！周りの顔色をうかがいながら、いかにも正論らしき持論（？）をぶっているお笑い芸人を連日見ていると・・・。「"ワクチン敗戦"下の"ワクチン狂騒曲"の開演をどう考える？」と題するコラムは１６頁に書きましたが、それとともに私が声を大にして言いたいのは、日本の医療体制の問題です。日本の感染者数はいくら多いとはいえ１日数千人。西欧諸国や米国とはケタが違います。それなのに、なぜ日本の医療はひっ迫・崩壊なの？その根本原因は？「文春砲」は各方面で威力を発揮していますが、なぜ日本医師会を含むその根本的問題に切り込ま（め）ないの？

５）「緊急事態宣言」と「まん延防止措置」が繰り返される中、映画館、劇場などにどこまでの私権制限ができるのか、が議論されましたが、その混乱ぶりは目を覆うばかりです。野球・相撲はOK、テーマパークもOK、それなのになぜ映画館はダメなの？シネコンはダメだが、単館ならOK？劇場は？コンサートは？デパ地下の食料品売り場がOKなら、化粧品は？生活必需品は一体どこまで？これらはすべて、「憲法上の私権制限には合理的な根拠（公共の福祉）が必要」という当たり前の議論ですが、こんな"線引き"が正確にできるのは神様しかいないのでは？私の事務所のすぐ近くにある日本一"おいしくて安い"焼き肉店「万両」は、緊急事態宣言下のGW中、お昼から酒類の提供なしで２割引きで営業しました。すると、１２時前から列をなす状態で連日満席。これは人流抑制策には反していますが、適法。しかし、不要不急の外出か否かは微妙です。また、いくら感染防止策を徹底しても、ワクチン接種を済ませていない日本人が集まる以上、感染の危険性はあります。私は平気でおいしい焼き肉を堪能しましたが、さて、あなたは？早く打って欲しいワクチンを未だ打ってもらえていないのは、私もあなたも同じはずですが・・・。

２０２１（令和３）年５月２１日

弁護士・映画評論家　坂　和　章　平

弁護士兼映画評論家　坂和章平の著書の紹介

＜都市問題に関する著書＞

『苦悩する都市再開発〜大阪駅前ビルから〜』（都市文化社・８５年）（共著）

『岐路に立つ都市再開発』（都市文化社・８７年）（共著）

『都市づくり・弁護士奮闘記』（都市文化社・９０年）

『震災復興まちづくりへの模索』（都市文化社・９５年）（共著）

『まちづくり法実務体系』（新日本法規・９６年）（編著）

『実況中継　まちづくりの法と政策』（日本評論社・００年）

『Ｑ＆Ａ　改正都市計画法のポイント』（新日本法規・０１年）（編著）

『実況中継　まちづくりの法と政策　ＰＡＲＴⅡ―都市再生とまちづくり』（日本評論社・０２年）

『わかりやすい都市計画法の手引』（新日本法規・０３年）（執筆代表）

『注解　マンション建替え円滑化法』（青林書院・０３年）（編著）

『改正区分所有法＆建替事業の解説』（民事法研究会・０４年）（共著）

『実況中継　まちづくりの法と政策　ＰＡＲＴⅢ―都市再生とまちづくり』（日本評論社・０４年）

『Ｑ＆Ａ　わかりやすい景観法の解説』（新日本法規・０４年）

『実務不動産法講義』（民事法研究会・０５年）

『実況中継　まちづくりの法と政策　ＰＡＲＴ４―「戦後６０年」の視点から―』（文芸社・０６年）

『建築紛争に強くなる！建築基準法の読み解き方―実践する弁護士の視点から―』（民事法研究会・０７年）

『津山再開発奮闘記　実践する弁護士の視点から』（文芸社・０８年）

『眺望・景観をめぐる法と政策』（民事法研究会・１２年）

『早わかり！大災害対策・復興をめぐる法と政策
　　―復興法・国土強靱化法・首都直下法・南海トラフ法の読み解き方―』（民事法研究会・１５年）

『まちづくりの法律がわかる本』（学芸出版社・１７年）　　ほか

＜映画評論に関する著書＞

『ＳＨＯＷ―ＨＥＹシネマルームⅠ〜二足のわらじをはきたくて〜』（０２年）

『社会派熱血弁護士、映画を語る　ＳＨＯＷ―ＨＥＹシネマルームⅡ』（オール関西・０３年）

『社会派熱血弁護士、映画を語る　ＳＨＯＷ―ＨＥＹシネマルームⅢ』（オール関西・０４年）

『ナニワのオッチャン弁護士、映画を斬る！ＳＨＯＷ―ＨＥＹシネマルーム４』（文芸社・０４年）

『坂和的中国電影大観　ＳＨＯＷ―ＨＥＹシネマルーム５』（オール関西・０４年）

『ＳＨＯＷ―ＨＥＹシネマルーム６』	（文芸社・０５年）	『ＳＨＯＷ―ＨＥＹシネマルーム27』　（１１年）
『ＳＨＯＷ―ＨＥＹシネマルーム７』	（文芸社・０５年）	『ＳＨＯＷ―ＨＥＹシネマルーム28』　（１１年）
『ＳＨＯＷ―ＨＥＹシネマルーム８』	（文芸社・０６年）	『ＳＨＯＷ―ＨＥＹシネマルーム29』　（１２年）
『ＳＨＯＷ―ＨＥＹシネマルーム９』	（文芸社・０６年）	『ＳＨＯＷ―ＨＥＹシネマルーム30』　（１２年）
『ＳＨＯＷ―ＨＥＹシネマルーム10』	（文芸社・０６年）	『ＳＨＯＷ―ＨＥＹシネマルーム31』　（１３年）
『ＳＨＯＷ―ＨＥＹシネマルーム11』	（文芸社・０７年）	『ＳＨＯＷ―ＨＥＹシネマルーム32』　（１３年）
『ＳＨＯＷ―ＨＥＹシネマルーム12』	（文芸社・０７年）	『ＳＨＯＷ―ＨＥＹシネマルーム33』　（１４年）
『ＳＨＯＷ―ＨＥＹシネマルーム13』	（文芸社・０７年）	『ＳＨＯＷ―ＨＥＹシネマルーム34』　（１４年）
『ＳＨＯＷ―ＨＥＹシネマルーム14』	（文芸社・０７年）	『ＳＨＯＷ―ＨＥＹシネマルーム35』　（１４年）
『ＳＨＯＷ―ＨＥＹシネマルーム15』	（文芸社・０８年）	『ＳＨＯＷ―ＨＥＹシネマルーム36』　（１５年）
『ＳＨＯＷ―ＨＥＹシネマルーム16』	（文芸社・０８年）	『ＳＨＯＷ―ＨＥＹシネマルーム37』　（１５年）
『ＳＨＯＷ―ＨＥＹシネマルーム17』	（文芸社・０８年）	『ＳＨＯＷ―ＨＥＹシネマルーム38』　（１６年）
『ＳＨＯＷ―ＨＥＹシネマルーム18』	（文芸社・０８年）	『ＳＨＯＷ―ＨＥＹシネマルーム39』　（１６年）
『ＳＨＯＷ―ＨＥＹシネマルーム19』	（文芸社・０８年）	『ＳＨＯＷ―ＨＥＹシネマルーム40』　（１７年）
『ＳＨＯＷ―ＨＥＹシネマルーム20』	（文芸社・０９年）	『ＳＨＯＷ―ＨＥＹシネマルーム41』　（１７年）
『ＳＨＯＷ―ＨＥＹシネマルーム21』	（文芸社・０９年）	『ＳＨＯＷ―ＨＥＹシネマルーム42』　（１８年）
『ＳＨＯＷ―ＨＥＹシネマルーム22』	（０９年）	『ＳＨＯＷ―ＨＥＹシネマルーム43』　（１９年）
『ＳＨＯＷ―ＨＥＹシネマルーム23』	（０９年）	『ＳＨＯＷ―ＨＥＹシネマルーム44』　（１９年）
『ＳＨＯＷ―ＨＥＹシネマルーム24』	（１０年）	『ＳＨＯＷ―ＨＥＹシネマルーム45』　（１９年）
『ＳＨＯＷ―ＨＥＹシネマルーム25』	（１０年）	『ＳＨＯＷ―ＨＥＹシネマルーム46』　（２０年）
『ＳＨＯＷ―ＨＥＹシネマルーム26』	（１０年）	『ＳＨＯＷ―ＨＥＹシネマルーム47』　（２０年）

＜その他の著書＞
※『シネマ40』以降はブイツーソリューション発行

『Ｑ＆Ａ　生命保険・損害保険をめぐる法律と税務』（新日本法規・９７年）（共著）

『いま、法曹界がおもしろい！』（民事法研究会・０４年）（共著）

『がんばったで！３１年　ナニワのオッチャン弁護士　評論・コラム集』（文芸社・０５年）

『がんばったで！４０年　ナニワのオッチャン弁護士　評論・コラム集』（文芸社・１３年）

『がんばったで！４５年　ナニワのオッチャン弁護士　評論・コラム集』（ブイツーソリューション・１９年）

『いまさら人に聞けない「交通事故示談」かしこいやり方』（セルバ出版・０５年）

『名作映画から学ぶ裁判員制度』（河出書房新社・１０年）

『名作映画には「生きるヒント」がいっぱい！』（河出書房新社・１０年）

『"法廷モノ"名作映画から学ぶ生きた法律と裁判』（ブイツーソリューション・１９年）

『ヒトラーもの、ホロコーストもの、ナチス映画大全集』（ブイツーソリューション・２０年）

＜中国語の著書＞

『取景中国：跟着电影去旅行（Shots of China）』（上海文芸出版社・０９年）

『电影如歌　一个人的银幕笔记』（上海文芸出版社・１２年）

＊著者プロフィール＊

坂和 章平(さかわ しょうへい)

１９４９（昭和２４）年１月　　愛媛県松山市に生まれる
１９７１（昭和４６）年３月　　大阪大学法学部卒業
１９７２（昭和４７）年４月　　司法修習生（２６期）
１９７４（昭和４９）年４月　　弁護士登録（大阪弁護士会）
１９７９（昭和５４）年７月　　坂和章平法律事務所開設
　　　　　　　　　　（後　坂和総合法律事務所に改称）
　　　　　　　　　　　　　　現在に至る

2021年1月26日、72歳の誕生日。
バースデーケーキとお花を前にご
満悦！

＜受賞＞

０１（平成１３）年５月　　　日本都市計画学会「石川賞」
　　同年同月　　　　　　　　日本不動産学会「実務著作賞」

＜検定＞

０６（平成１８）年　７月　　映画検定４級合格

０７（平成１９）年　１月　　同　３級合格

１１（平成２３）年１２月　　中国語検定４級・３級合格

２０（令和２）　年　７月　　HSK（中国語能力検定試験“漢語水平考試験”
　　　　　　　　　　　　　　（Hanyu Shuiping Kaoshi）

＜映画評論家ＳＨＯＷ－ＨＥＹの近況＞

０７（平成１９）年１０月　　　北京電影学院にて特別講義

０７（平成１９）年１１月９日〜　大阪日日新聞にて「弁護士坂和章平の LAW DE SHOW」を
０９（平成２１）年１２月２６日　毎週金曜日（０８年４月より土曜日に変更）に連載

０８（平成２０）年１０月１６日　「スカパー！」「e2by スカパー！」の『祭り TV！　吉永小
　　　　　　　　　　　　　　　百合祭り』にゲスト出演（１０／３１〜１１／２７放送）

０９（平成２１）年　８月　　　中国で『取景中国：跟着电影去旅行（Shots of China）』
　　　　　　　　　　　　　　　を出版

　　　　　同月１８日　　　　　「０９上海書展」（ブックフェア）に参加　説明会＆サイン会

０９（平成２１）年　９月１８日　上海の華東理工大学外国語学院で毛丹青氏と対談＆サイン会

１１（平成２３）年１１月　　　毛丹青先生とともに上海旅行。中国語版『名作映画には「生
　　　　　　　３〜６日　　　　きるヒント」がいっぱい！』の出版打合せ

１２（平成２４）年　８月１７日　『电影如歌　一个人的银幕笔记』を上海ブックフェアで出版

１３（平成２５）年　２月９日　　関西テレビ『ウエル エイジング〜良齢のすすめ〜』に浜村淳
　　　　　　　　　　　　　　　さんと共に出演

１４（平成２６）年　９月　　　劉苝懿の初監督作品『鑑真に尋ねよ』への出資決定

１４（平成２６）年１０月　　　日本とミャンマーの共同制作、藤元明緒監督作品『僕の帰る場
　　　　　　　　　　　　　　　所／Passage of Life』への出資決定

１５（平成２７）年　６月２９日　北京電影学院“実験電影”学院賞授賞式に主席スポンサーとし
　　　　　　　　　　　　　　　て出席

１７（平成２９）年１０〜１１月　『僕の帰る場所／Passage of Life』が第３０回東京国際映画祭
　　　　　　　　　　　　　　　「アジアの未来」部門で作品賞と国際交流基金特別賞をW受賞

１８（平成３０）年　３月　　　『僕の帰る場所／Passage of Life』が第１３回大阪アジアン映
　　　　　　　　　　　　　　　画祭・特別招待作品部門で上映

２０（令和２）年２月　　　　　『海辺の彼女たち』への出資決定

２０（令和２）年９月　　　　　『海辺の彼女たち』が第６８回サン・セバスチャン国際映画
　　　　　　　　　　　　　　　祭・新人監督部門にてワールドプレミア上映

２０（令和２）年１１月　　　　『海辺の彼女たち』が第３３回東京国際映画祭ワールド・フォ
　　　　　　　　　　　　　　　ーカス部門へ選出、上映

SHOW-HEYシネマルーム48
2021年上半期お薦め70作

2021年7月1日　初版　第一刷発行

著　者　　坂和　章平

〒530-0047 大阪市北区西天満3丁目4番6号
西天満コートビル3階　坂和総合法律事務所
電話　　06-6364-5871
ＦＡＸ　06-6364-5820
Ｅメール office@sakawa-lawoffice.gr.jp
ホームページ https://www.sakawa-lawoffice.gr.jp/

発行所　　ブイツーソリューション
〒466-0848 名古屋市昭和区長戸町 4-40
電話　　052-799-7391
ＦＡＸ　052-799-7984

発売元　　星雲社（共同出版社・流通責任出版社）
〒112-0005 東京都文京区水道 1-3-30
電話　　03-3868-3275
ＦＡＸ　03-3868-6588

印刷所　　モリモト印刷